eye.

守望者

——

到灯塔去

卡特制造

安吉拉·卡特传

The Invention of
Angela Carter

A Biography

[英] 埃德蒙·戈登 著　晓风 译
Edmund Gordon

南京大学出版社

目 录

引子   001

第一部分

第一章　母系氏族   011
第二章　蒙受神恩者恒为邪恶   028
第三章　逃离闭室   050
第四章　止于人妻   067
第五章　荒诞梦魇   084
第六章　给华丽的外表充填内容   105
第七章　快乐由自我塑造   126
第八章　不可思议的边缘   140
第九章　眩晕   161

第二部分

第十章　　心灵的装扮盒   177
第十一章　新生活的蓝图   197
第十二章　构建人格   212

第三部分

第十三章	另一个异乡	229
第十四章	这身份不脆弱吗？	255
第十五章	沉默是英国人建立亲密关系的方式	279
第十六章	恐怖故事的程式	295
第十七章	头号皮鞭女	318
第十八章	美国鬼魂	336
第十九章	迷幻版狄更斯	355
第二十章	注定的爱	367
第二十一章	貌似矛盾的体面生活	380
第二十二章	我拒绝出演悲剧	399
第二十三章	也许写作是生死大事	422
第二十四章	大团圆结局	437
第二十五章	多甜啊！	444

跋	459
致谢	464
文献来源说明	468
英中译名对照	471
安吉拉·卡特生平及其他	514

献给索菲

自有。拥有自己。这是唯一重要的事。

——安吉拉·卡特，1972 年日记

引　子

1991年11月底,安吉拉·卡特停止接受治疗,她的肿瘤已经像"小罗威纳犬"① 一样从肺部扩散到淋巴结了。英国广播公司(BBC)找到她,希望她能成为旗下王牌纪录片《文艺面面观》② 的一期主角。"我得强调,"制片人吉姆·埃文斯(Kim Evans)写道,"合作可能采取几种形式之一,最重要的是由你来选择最令你愉快的一种……合作的范围完全取决于你。"

安吉拉已经没有健康的五十一岁人士所拥有的精力。她时常呼吸急促;随着癌症恶化,她也越发困囿于室。现在有个机会让她回顾她的生活和工作,将自己呈现给子孙后代,特别是能(如她对看护所言)为她八岁的儿子亚历山大录下点东西,以供他日后观看。她同意接受节目采访,但解释说考虑到病情严重,如埃文斯所说"在明年春夏"录制是不可能的:没有时间浪费了。

1992年1月16日早晨,制作团队到达她位于伦敦南部的家,停留了大半日。他们不时中断录制,让安吉拉可以稍事休息。之后的日子

---

① 安吉拉把癌细胞比作"小罗威纳犬",详见第二十五章。(本书注释若无特别说明,皆为译者注。)
② 《文艺面面观》(*Omnibus*),1967至2003年间陆续播出的系列纪录片,主角都是文学、艺术界人士。

里，她仍在为这个项目贡献自己日渐衰弱的精力。她为埃文斯写了一大堆笔记，对制作的方方面面提出要求和建议，从音乐（她提议用《哥德堡变奏曲》）到视觉效果，"我们能为《与狼为伴》做遮片①吗？"（剧本是她与人合写。）几乎与此同时，她在事无巨细地规划葬礼，拣选她感觉能反映自身性格的朗读材料（来自她和别人的作品）和音乐段落。"一场葬礼，"她近十年前写道，"不再是邀请人来分担因人固有一死而产生的寻常悲戚。"——葬仪和影片都是她宣示个性的机会。这种需求自童年起就伴随着她。"我认为她一直都知道自己是谁，"她的朋友、同为作家的萨尔曼·鲁西迪说，"她知道她是安吉拉·卡特，但她不介意让别人也知道。"

她在访谈录制后刚好一个月时去世。在 9 月影片上映前，"安吉拉·卡特"已成了家喻户晓的名字。她的讣告在英国媒体上铺天盖地——所占据的空间仅次于同年发布死讯的弗朗西斯·培根②、维利·勃兰特③和玛琳·黛德丽④。讣告的语气狂热："安吉拉·卡特……是用英语写作的最重要的作家之一。""她以无与伦比的洞察力为我们阐释时代。""她的想象力是本世纪最为绚烂夺目的。"她去世后三天，"悍妇社"⑤（与她的名字联系最紧密的出版社）卖出了她所有的书。在下一个学术年间，英国人文与社会科学院⑥收到了四十份关于她作品的博士研究提案——而针对整个 18 世纪的研究提案只有三份。

---

① 又称"遮板""画托"，电影术语。
② 弗朗西斯·培根（Francis Bacon，1909—1992），生于爱尔兰的英国画家，作品以粗犷、犀利、具有强烈暴力与噩梦般的图像著称，风格怪诞。
③ 维利·勃兰特（Willy Brandt，1913—1992），德国政治家，1969 至 1974 年任联邦德国总理，任期内以与苏联和解的新东方政策打开外交僵局，1970 年的华沙之跪引起全球瞩目，1971 年获诺贝尔和平奖。
④ 玛琳·黛德丽（Marlene Dietrich，1901—1992），德裔美国演员兼歌手，好莱坞二三十年代唯一可以与葛丽泰·嘉宝分庭抗礼的著名女明星。
⑤ 悍妇（Virago）出版社成立于 1973 年，专攻女性作家作品，故以"悍妇"为名。
⑥ British Academy，简称英国科学院，成立于 1902 年，支持人文与社会科学研究。

引 子

她的长期拥趸对这波盛赞——与她从前获得的认可完全不能同日而语——十分愤慨。超过二十五年来，安吉拉·卡特一直在产出逆时代主流的长、短篇小说和新闻报道。在英国文学为清醒的现实主义者所统治的时期，她玩起了不登大雅之堂的哥特恐怖、科幻小说和童话题材，信马由缰地描写奇异和超现实的景象。她的作品时而滑稽，时而性感，忽而恐怖，忽而残忍，但始终具有锋利而颠覆性的智慧和华美的文风。她想要拆解支撑我们生活方式的神话角色和结构——尤其是关于性别身份的种种神话——在她生命的最后十年，她已经变成了女性主义的象征。但正是现在，在她已然销声之时，她的才华才得到广泛认可。

《文艺面面观》首次带人窥探这位新近封神的作家，给人留下了强烈印象。安东·弗斯特（Anton Furst）为《与狼为伴》制作的超现实绮丽布景的图像穿插着安吉拉本人的镜头，相比之下，她的小家环境温馨：她的肩膀后面是金黄的墙壁、猩红色的遮板，还有一幅画工高超的游乐场木马。她长长的白发由粉紫相间的头巾束起。从她饱满、潮红的脸上可以辨识出药物（类固醇和吗啡）的作用。她说这段话时，嗓音充满不明情绪：

> 我从不相信我写的是对自我的探寻。我从不相信自我是一头神秘的怪兽，被网罗、送还之后，才重归于完整。我谈论的是我们要发现任何一种现实所必需的妥协。我认为那是我们在森林中寻踪的世界。

"为什么人们要对我无聊、孤僻、渺小而又乱糟糟的生活感兴趣？"十年前，一小撮狂热的仰慕者第一次表达这种兴趣时，她就有此疑问。然而，尽管疑惑，她却指出了她的生活与工作之间最紧密的联系之一，即"异化的天性"。这对一个成长于大英帝国首都、接受私立学校教育并入读优秀市立大学的中产阶级女人而言，是个不寻常的话题。她拒绝认同以上所有身份，认为尽管疏离令人痛苦，"融合却意味着放弃人存在的自由，因为人就此臣服于自己所扮演的角色"。

这个观念——我们的自我不分真假，只是角色，我们要么统治它，要么臣服于它——是安吉拉·卡特小说的核心主题之一。她笔下的人物如穿着许多件华丽戏服一般呈现出自身的性格。她直白地将女性气质看作"社会虚构"，是由文化排演出的自我的一部分。她不是第一个发现此道的人——但她也许是第一个对此热情欢迎，将之视为破格的契机，无限构建自我的人。

她的经历就是她怎样构建自我的故事，从害羞、内向的童年，到胆大妄为、活跃叛逆的青年，再到快乐、自信的中年。"到最后，她的生活对她来说或多或少像手套一样服帖，"文评人洛娜·塞奇（Lorna Sage）写道，她自 1970 年代中期起就是作家挚友和最忠实的拥趸之一，"但那是因为她将它拼凑起来，去尝试、去犯错，修修补补，用的还是传统意义上的错误次序。"

她自身的性格也有点盛装的味道。她享受让人大笑，语出惊人，有让人捧腹的妙法。她在各个语境间游刃有余，从满嘴粗话的俗语到行话连篇的自诩博学之谈，切换之突然，哪种都不像是她自然的声音。其他时候，她说话时高雅有礼，伴有表达尊敬的姿势（歪头、合掌），滑稽到人们怀疑她是在反讽（"简直像是她在呈现一个讽刺版的自己。"小说家石黑一雄说。刚认识的时候，他是东英吉利大学创意写作课硕士项目的一名学生，她是一名导师）。她的热情慷慨感觉更加真实——她写信慰问在出版社遭到冷遇的作家同行，设法帮助后生晚辈，愿意放下一切事务去安慰失恋或丧亲的朋友，不止一次为他们烘焙蛋糕，穿越伦敦城去送给他们——但即使是这些品性也让人感到有一丝化装舞会的味道。"她和我在一起时有种奶奶般的人格，"洛娜·塞奇的女儿莎伦说，"我们俩都知道这是表演，但那仍然很棒。"

引 子

她的脸非常多变，表情从不确定到逗乐迅速切换。"看着她有时就像在看水下的人，有时又像看一个潜水员破水而出。"她的编辑朋友苏珊娜·克拉普（Susannah Clapp）写道。她有小女孩般尖细的嗓音，上流社会的口音中点缀着南伦敦的扁平元音，像散落的砂粒。她想要提炼观点或改进词组时，话题就兜了回来：听她讲话，你能强烈感受到她的头脑怎样运转，以及她怎样写作。她会在思考中长时间暂停，手在空气中挥舞，好似在捕捉那个贴切的词①。她有轻微口吃——也许她的静默有为此掩饰的因素——而且会把句中强调点放在奇怪的地方。她的言语时涨时落，暂停之后是一阵急促的发言，仿佛思考的压力在逐渐增强。她的笑也来得突然，有两种截然不同的情况。最常见的是一声几不可闻的嗤笑，同时她灰蓝色的眼睛里闪烁着淘气的、阴谋得逞般的光亮。但如果她放开了笑，她的嘴会张开，整个脸皱起来，脸涨得通红。这是很有感染力的笑。哪怕是在影片中看到，也很难不跟着笑起来。

人们看上去的样子、说话的方式、笑的频率和特性——都会帮助我们理解他们，因为我们不仅构建自己，也相互构建。安吉拉知道这点。1969年，她写道："我感觉像阿基米德，刚刚有了一条我认为的洞见——一个人的个性并不是个人的事，而是旁观者眼中的构想。"即便如此，她还是讨厌人们把她构想得跟她自己想的不一样。几个见证人都回忆起在一次派对间，一份全国性报纸的一个女编辑将她比作"新世纪的模范、大地之母"——请她写一写巨石阵②的夏至日。安吉拉"同情地"看着那个女人说："你不懂我吧，是吗，亲爱的？"

但作家们都在由读者不断地构建、重构，当作家自己早已辞藻穷

---

① 原文为法语。
② 巨石阵，著名的史前时代文化神庙遗址，位于英格兰索尔兹伯里平原。由巨大的石头组成，其主轴线、通往石柱的古道和夏至日早晨初升的太阳在同一条线上，在英国人心目中是神圣的地方。

尽时，读者却仍在继续。正如奥登谈叶芝之死时所写："他变成了他的众多拥趸。"安吉拉·卡特也成了自己的拥趸，尽管这种形式无视了她不愿为自己的角色所困的愿望。她的讣告显现出一种编造神话来崇圣的冲动。它们强调了她的温柔、智慧和"神奇"的想象力，忽略了她才智敏锐，偏好暴力和恐怖的景象，笔下充满感官刺激。"她有点像仙后①，"小说家、文化评论家玛丽娜·沃纳（Marina Warner）在《独立报》上写道，"除了她既不纤细，也没有超能力。"这类对复杂性的肯定非常罕见。《纽约时报》上，萨尔曼·鲁西迪直接将她称为"仙后"，并补充道："英语文学失去了它的女祭司，那仁慈的白巫师。"《星期日泰晤士报》上，安吉拉的编辑、闺蜜卡门·卡利尔（Carmen Callil）描述她为"我们都求问过的神使"，而她的朋友们成了"一个被施咒的圈子"。小说家玛格丽特·阿特伍德在为《观察者报》撰文时走得更远，将这位复杂的现代作家扁平化，描绘成一个古老的女性刻板形象："她让我惊奇的一点在于，一个乍看之下这么像神仙教母②的人……实际上确实这么像神仙教母。她看上去总是要赠出什么东西——护身符，走出黑暗森林需要的魔法记号，打开被魔法封印的门所需的咒语。"

有时安吉拉·卡特的神秘形象已经脱离了自身控制。她去世两日后，一篇"致谢"出现在《卫报》上。作者韦罗妮卡·霍维尔（Veronica Horwell）住在南伦敦克拉法姆区安吉拉家附近，她描述了她们在当地一家超市的初遇："她发现我正伤感地看着她的儿子。她没说话，打开我的手掌，往里面放了一个熟石榴。"霍维尔最后一次见到这个奇人是在"一个早晨，云移动得很快，她肯定已经得知了自己的癌症病情"。她发现她在醉鬼聚集的地铁站附近的长椅上抽烟，像个"躲在学校自行车棚背后抽烟的坏级长"：

---

① 人物出自英国诗人埃德曼·斯宾塞1590年出版的史诗《仙后》（*The Faerie Queene*）。
② 指在童话中帮助主人公、扮演导师角色的神仙，例如《灰姑娘》中为辛黛瑞拉找到幸福的仙人。

引 子

她引起了我的注意。她在长椅后面伸展开手臂,张开有力的手掌感受1911年建成的市政钟、电信话亭、公交站篷的南唐斯丘陵国家公园户外游广告,还有令人眼花缭乱的来自泰晤士河南岸的交通。"比东京野性多了。"她说,又用上一个烟屁股点了一支罪恶的烟。

霍维尔对安吉拉的描述对她的亲友来说简直是一锅放肆的大杂烩。经济学家爱德华·霍勒什(Edward Horesh)从1960年代起就与她过从甚密,他在盛怒之下写了一封信给报社,投诉霍维尔的回忆"完全不符合本人性格,包括默默地送出一个熟石榴",而关于他的朋友是个烟鬼的部分尤其牵强,"安吉拉十年前就不抽烟了。在她患癌症以后,她告诉过我她有多恨见任何人抽烟……她太诚实了,根本不会做戏"。他的痛苦和困惑随着信的内容变得更加澎湃。"安吉拉是活在霍维尔的幻想里,还是在克拉法姆区的街上?"他质问道。

可以说二者皆是。在我花时间研究安吉拉·卡特生平的五年间,她最亲密的朋友们(包括霍勒什)告诉过我一些不可能真实的事情。幻想惯于腐化记忆。传记作者们——那些从各种各样的证据,包括证词中构建主体的人——需要将此牢记在心。这个例子可以探究更深,因为安吉拉活在自己的幻想里,程度之深非比寻常(哪怕是对于她的职业而言)。"我会夸张,你知道……我夸张得厉害,"她曾警告一个朋友,怕后者把她说的话太当真,"我天生就是寓言家。"但她相信,即使是用幻想雕刻得最多的自白也可以反映自白者的经历:

> 自传更接近小说而非传记。从方法上来说是如此——记忆和幻想的过程很像,有时二者会相互混淆——从目的来说也是如此。"某人的生平"是,或者说应该是历史,即"某人的生平和时间点"。但是"我的生平"应该是(尽管罕见)个人经历的声明,把

日期搞对（尽管只是为了得体）就没那么重要了。你读某某写的其他人的生平是为了知道他或她身上到底发生了什么。但某某写的"我的生平"都是这个人对此的想法。

实际上，"他或她身上到底发生了什么？"只是我们期待"某人的生平"回答的问题之一。其他问题还有："遇见他或她是什么感觉？""成为他或她是什么感觉？"这本书用了他人讲述的安吉拉·卡特的故事，也有很多她自己讲述的故事。只要没有遇到明显降低其可信度的事情，我会倾向于相信她的叙述。我的指导原则是她最后留下的笔墨中的一句："真正重要的是叙事……我们像走钢丝艺人一样随着叙事线索行进。那是我们的生活。"

第一部分

第一篇

第一章

母系氏族

"很久以前,在这个国家的腹地深处,生活着一个漂亮的小女孩,她有爱她的妈妈,还有更爱她的外祖母。"安吉拉从自己的外祖母那里第一次听到《小红帽》的故事。这是在约克郡腹地深处,当她还是个小女孩时,老人在此地居住。她说话时,烛光放大了影子,投射在她那粗糙、皱巴巴的脸上。她长着多么大的眼睛,多么大的嘴啊……"能把你一口吃掉就更好了!"她说完,猛扑过来,像饿狼一样号叫着,而安吉拉则愉快地扭动、嗤笑、尖叫。

褐色的德恩河缓缓流动,沿着南约克郡的煤田北缘延伸三十英里,蜿蜒着通过为几个世纪的重工业所迷惑、损毁的土地。自1980年代关闭煤矿以来,两岸的城镇陷入困境——它们的中心商业街现在只剩下外卖食品店、博彩店和阴郁的酒馆——但它们曾是英国工业扩张的受益者,繁荣兴旺。

早在17世纪,德恩河畔的沃斯村落就在开采煤矿,1870年煤矿巨头曼弗斯·梅因公司开张后,煤矿业取代农业成了地区内的主要产业。工人从周边的乡村涌入小城:1871年,沃斯的人口仅2000余人,到1901年却暴涨至8500人。这儿有几座教堂,一个带篷的竞技场,音乐、戏剧社团,还有两个火车站,其中一个专用于运煤,另一个将度假者引向海岸线或北方大城市。安吉拉·卡特的外曾祖父亨利·斯通斯（Henry Stones）的工作是为铁路铺轨，但他之后像大多数当地男性一样，成了煤矿工人。

她的外祖母简·斯通斯（Jane Stones）1876 年出生于沃斯。简成长于城市边一所上两室、下两厅的矿工排屋①中（相邻的房子就是七十年后她给安吉拉讲童话故事的地方）。没有自来水——每周洗一次澡，得去城中心的公共浴室——去室外卫生间要通过一道公共走廊，这意味着睡觉前要打着烛灯走长长的一段路。两室排屋肯定挤得人难受：简是六个孩子之一，尽管他们中只有四个活过了婴儿期。

简十几岁时做过旅馆中整理房间的女服务员，安吉拉认为她肯定做得"特别差"。她是一个粗鲁、顽固、现实的女孩，说话时操着浓重的约克郡口音。"她的每一个动作、姿势都表现出天然的强势、原生的野蛮。"安吉拉写道。她信奉上帝又迷信，满口陈年老话，经常对摇篮中的婴儿发表看法："这是个认得父亲的聪明孩子。"——这句话被她的外孙女用到了其最后一部长篇小说的标题中。《明智的孩子》（*Wise Children*）围绕英国文化中"私生"②的一面展开了一场怪诞旅行（由年届七旬的双胞胎诺拉和朵拉·钱斯③引领），其中的许多辛辣味就来源于安吉拉对家族史的自豪。

她会强调外祖母性格中生动如民间传说的部分：她常将外祖母描述为"女巫"，还告诉过一个采访者她有"预见能力"，随后补充道，"当然，那其实都是猜测"。这是颇具个人特色的做法：短暂地放纵浪漫主义的冲动，然后用一句简洁的妙语缓和一下。若说她性格中的随

---

① 工业革命后在英国流行的一种小型居民楼式样，共两层。典型的英式排屋楼下是客厅、厨房，二楼有两间卧室，通常是联排建筑。
② 小说中的双胞胎主角是不被亲生父亲承认的私生女，此处一语双关，同时影射英国文化中怪诞的部分。
③ 中文版《明智的孩子》（严韵译，南京大学出版社 2009 年版）中译者结合主人公的性格，将"钱斯"这一姓氏译成"欠思"。

心所欲遗传自父亲,那么率直一定是来自母亲的家庭。她还宣称外祖母是"半文盲",这已经超出了浪漫想象的边界,成了完全的谎言。简远比安吉拉愿意承认的更加复杂。她受到的教育只是基础,但绝非不存在——她是受益于1870年《初等教育法》的第一代,该法案保障孩童接受教育直到十三岁——尽管迷信,她却有不少世俗的智慧和欲望。她尊重文学和艺术,而且明显有雄心壮志,敢于构想自己在德恩河畔的沃斯以外的生活。

在她离校以前,逃离这个城市已成为当务之急。1893年煤价下跌,矿工的收入受到重创。他们被捆绑在无法为突发状况提供保护的合同上。与此同时,他们的工作环境也是种折磨:矿井通风差,事故屡见不鲜。大部分矿工,哪怕是年仅十三岁的男孩,一天也要工作十至十四个小时,那些在地底下工作的只有周日才能见到阳光;四十岁前,他们的健康就已经被严重损坏,预期寿命远低于六十岁。现在连这些低标准都受到了威胁。

截至8月初,大部分英格兰和威尔士的矿区工人投票决定罢工。这是这个国家有史以来最严重的工业劳资纠纷:矿主们拒绝让步,煤矿出口基本中断,两个月后,威尔士、英格兰中部和北部就大面积面临饥荒。《泰晤士报》的社论称之为"国家的劫难"。9月7日,在西约克郡的费瑟斯通·梅因煤矿公司罢工的矿工和经理间爆发了一场争执,而且迅速升级为暴动:军队被召来,十六个矿工和旁观者受到枪击,其中两人死亡。第二天,为预防更多暴力事件,萨福克兵团被派往北方的加福斯、诺丁汉、巴恩斯利和庞蒂弗拉克特;庞蒂弗拉克特分队被打散成了许多小组,其中一个驻扎在沃斯的曼弗斯·梅因煤矿。

简·斯通斯那时十七岁。她的父亲和兄弟在煤矿里工作,他们很有可能反对她与士兵们亲善;但简不是个容易控制的人。沃尔特·法辛(Walter Farthing)是个二十四岁的二等兵,游历甚广,性经验丰富(关于他的早年生活,其中一件可以确认的事是他在参军后的八个月内两次因淋病就医)。他们的恋爱过程一定非常激烈：只持续了几个星期。10月21日前，所有分队都回到了总部。1894年3月，沃尔特被派往印度。七年间他每周都给简写信；一贯不多愁善感的她销毁了他的信，但留下了邮票。

* * *

沃尔特第一次寄信是从印度马拉巴，一个偏远多山的落后（哪怕是按维多利亚时代后期的标准）地区，如今为喀拉拉邦的一部分。1895年10月他被短暂派往仰光，从那儿又到了安达曼群岛的布莱尔港，一个关押了超过12000名罪犯（大部分是政治犯）的大型流放地。这个地方臭名昭著：1872年，印度总督梅奥勋爵（Lord Mayo）巡视到此时被一个犯人刺杀身亡。刺杀带来的震惊渗透至帝国最偏远的角落，被称为"现代圣战的早期行动之一"。自那以后，英国人在岛上坐立不安，遭受疾病（疟疾肆虐）攻击和当地人的猜疑。当地人不收钱，所有的商贸都得靠朗姆酒和高礼帽作为交易物。

对士兵来说，布莱尔港就像世界的边缘。一个与沃尔特同时服役的中尉描述过一种孤独感，强烈到在几周之后"我们（开始）认真地思考起把我们的衣服扔掉"——对普通的维多利亚时期读者而言，这个主意就像是被绝望逼得无法无天了。也许这份由自己被流放产生的怨恨可以解释他们对待囚犯的暴虐。鞭打是家常便饭，草率的死刑也成了日常。还有邪恶的医学实验：1880年代，狱医强制1000名犯人服用高剂量的金鸡纳碱（金鸡纳树皮以抗疟疾性能闻名），大多数犯人因此丧生。犯人的自杀率高得可怕。频繁地有人企图逃跑，最成功的坐着小筏子到了缅甸：朝内陆跋涉意味着要进入丛林，冒着被当地人用随身所带的竹制长枪和弓箭杀死的风险。

安吉拉看上去没有仔细研究过外祖父的服役史，但她对自己源自一位帝国主义者确实表现过不安。她沉溺在对他一厢情愿的想象中。

沃尔特在她出生前五年就去世了,她完全没有证据支持自己的一些说法:他在见证了"帝国统治与生俱来的矛盾"后变得激进,又或是他后来"主持了一场会议,其间列宁发过言"。这些细节属于她想象出来的外祖父的传记,而不是真实的人。她的哥哥在外祖父生命的最后几年见过他,将其形容为"非常典型的退役军人,腰杆笔直,高级军士的类型"。如果他转向激进,这也没有阻止他尽全力完成工作:在布莱尔港,对他印象深刻的上级说他是个"楷模"——1898年10月,他晋升为中士。

他离开军队也不是因为受够了当兵;他可能轻易地就继续晋升。然而在1899年的某一天不值勤时,他悠闲地坐着,用刺刀挑松皮带扣。他肯定是太用力了——刀片飞了起来,刺伤了他的右眼,角膜破裂导致半盲,云白色的物质让眼球大部都浑浊不堪。他再也不能服役了。他的医生写道:"他很抑郁,整体健康状况大受损伤,他迫切请求调回英格兰。"

在启航之前,他收拾了几年海外生活的几件纪念品:"一个乌木雕的大象,长枪,代表印度天体演化学说的椰壳,热带海滩上的漂亮贝壳,有的上面刻了字——来自安达曼群岛的礼物。"这些充满异域风情的小物件散落在外祖母家其他代表英国文化的东西和纪念瓷器中间,填充了安吉拉对沃尔特的印象。难怪她觉得"在所有去世的家人中,我最想与之交谈的是素不相识的外祖父"。当她还是一个受家庭环境局限、压迫的少女,她就把他当作浪漫精神以及世俗知识的灯塔:所有理想家人品质的化身。

相遇七年后,沃尔特·法辛和简·斯通斯于1900年6月4日在沃斯结婚。第二天,他们前往伦敦,沃尔特在那儿得到了一份文书工作,在皇家军服店记账(他受伤时不在当值,所以没能获得全额养老金)。据家族传说,简看了一眼他在泰晤士河南岸巴特锡贫民区磨坊街上找到的阴暗房屋，立即搭上下一班能搭的车回到约克郡。她的父亲吓坏了，将她送了回来。

像简这样坚毅的人竟然在即将成为新家所在地的那些拥挤、幽暗的街道面前动摇了，这很能说明问题。南伦敦实际上是独立于泰晤士河北岸那座恢宏的帝国首都之外的城市。自18世纪以来，它一直收容那些"异味产业"——制革厂，散发出过于浓烈的腐肉和氨水味；醋厂；酒厂；肥皂和脂油制造厂——以及别的不受欢迎的行当。生活方式有伤风化的人也同样被赶到了河流南岸：截至19世纪中叶，从大雅之堂逃来安家的难民包括妓女、异装癖者及像《明智的孩子》里的钱斯姐妹那样的"音乐厅"① 艺人，或是安吉拉·卡特的第八部长篇小说《马戏团之夜》中带翅的杂技演员费芙斯②。

和外祖母相反，安吉拉对来自被称为"泰晤士老爹的私生子"的地区无比自豪。她意识到"英文小说，尤其是长篇小说倾向于……书写西北3区③而不是东南25区的生活方式"，而她想要用自己的笔墨赞美自小邂逅的那些相对边缘化的英国特性。她对这个区域的描绘一半是戏仿北伦敦人对此地的印象，一半是带着挑衅的笑意确认印象属实：南伦敦是这样一个地方——"戴着平顶软呢帽④的老男人在公交车站抱怨他们的脚"；"当地报纸的典型……头条是'婴儿车里的宝宝被耗子咬了'"；"家暴、打碎玻璃和醉鬼唱歌的声音回荡，阴暗潮湿，散发着炸鱼薯条⑤的味道"。这些速写迥异于中产阶级的巴勒姆地区，安

---

① 英国维多利亚时代盛行的"音乐厅"（music hall），实际为杂技、喜剧、流行歌曲等通俗演出的舞台。
② 中译本《马戏团之夜》（杨雅婷译，南京大学出版社2011年版）中结合人物特点和音译，翻译成"飞飞"。
③ 与"东南25区"同为伦敦邮政编号。西北3区是地价高昂的汉普斯特德（Hampstead）区，知识分子、艺术家和富豪集中，东南25区在伦敦最南部，远离中心地带。
④ 平顶软呢帽（flat cap）一开始盛行于报童、司机和码头工人之间，被称为报童帽（newsboy cap）等。19世纪开始在整个不列颠、爱尔兰地区流行，现在也被称为高尔夫帽（golf cap）、常春藤帽（ivy cap）等。
⑤ 炸鱼薯条是最具英国特色的街边小吃，鱼肉裹上糊油炸，搭配炸薯条。

吉拉其实是在这里度过了大部分童年时期;它们更像是外祖母那鄙陋、荒凉的巴特锡。

法辛夫妇的第一个孩子埃里克(Eric)生于1901年4月24日。还有三个相继出生:辛西娅(称为凯蒂)生于1903年3月6日;奥利芙(Olive),1905年3月7日;塞西尔(Cecil),1909年8月9日。孩子们都拥有一头浓密的黑发和略微泛黄的皮肤,而且好争执、敏感、拥有艺术气质。简不愿意让社会流动的可能性在巴特锡贫民窟干涸,于是督促他们努力工作。"我的外祖父母……的确在深刻的道德层面上,信仰着被视为救赎的工作。"安吉拉说,而继承了无神论版本的新教徒职业道德。尊重艺术也是简对孩子们自小灌输的情感:尽管磨坊街的房子不比她的童年居所大多少,她还是在起居室安置了一架钢琴供孩子们弹奏(在安吉拉出生时,它已经"走调得不成样子,像台羽管键琴了")。他们被鼓励阅读和参与业余戏剧活动。周末,她带他们去沙德勒之井和老维克①的便宜座位观看易卜生和莎士比亚的剧作;大餐是看完一场下午场节目,再看一场夜场演出。在《明智的孩子》这部对母亲家族爱意绵绵的不绝礼赞中,安吉拉再现了这份工薪阶层对"严肃"观剧不加掩饰的热忱——到1991年小说出版时,这种追求较以往更为独特。她自母亲处继承了对观剧民主时期的记忆,对莎士比亚是个流行剧作家这点牢记在心。

法辛家的两个男孩都过得不错。仅仅两代,家族就走得如此之远,简一定心怀感恩:她的大儿子埃里克获得奖学金在牛津大学学习,还成了一名校长;小儿子塞西尔更为她增光。他才七岁时就整日独自待在维多利亚与艾伯特博物馆,八岁生日,大人提出送他一本书,他选了波提切利。他以伦敦国王学院的英文学者身份管理着文学俱乐部

---

① 沙德勒之井(Saddler's Wells)和老维克(Old Vic)都是伦敦著名剧院。

(Literary Society)①。短暂的教学生涯结束后，他又在科陶德艺术学院取得艺术史学位，接着被任命为康威图书馆管理员，在安东尼·布朗特②手下做事。1941年，国家建筑档案馆（National Buildings Record）成立，专为记录伦敦大空袭中毁坏的珍贵建筑，而他是最早受聘的工作人员之一。战后，他成为新成立的国家历史遗迹档案馆（National Monuments Record）主管。他是古迹协会成员，英国考古协会和伦敦地图学会的文书，1967年获得大英帝国官佐勋章。

"用爱恋来形容他对艺术的感觉毫不为过，"2001年登载在《泰晤士报》的塞西尔讣告中提到，"谈到最喜欢的诗画作品，他的声调和音色会明显变化，这些情感，这种与昔日人物、传统之间的亲近感是他生命的动力。"我们很难夸大他对外甥女的影响，毕竟她在十几二十岁时频繁拜访他，为人生中的重要决定寻求他的建议。

凯蒂和奥利芙没有得到与兄弟们同等的自由和机遇。尽管安吉拉有理由将这个家庭称为"母系氏族"，他们却完全不是女性主义者（她宣称外祖母曾经出现在学校运动会上，翻领上戴着印有"女性投票权"的胸章，但这跟她描述外祖父是列宁主义者一样，只不过是乍看之下有理的说辞）。法辛家的女人们在家里是绝对权威，在这儿男人被看作蠢笨、碍事的闯入者，被高声责骂、呼来喝去。然而，实际上有一种默契，即这个女性统治的家庭空间比起男人赚钱、发展事业的世界来较为次要，而且两者之间有天然的分界线。

简由着本能扮演女家长的角色：她期望女儿们、儿子们（程度稍低一些）都照她说的做。正如许多与子女生长于不同文化环境的父母，

---

① 由诗人华兹华斯与同好1807年创办于伦敦的著名文学社团，著名成员还包括沃尔特·斯科特爵士、T. S. 艾略特、汤姆·斯托帕等。
② 安东尼·布朗特（Anthony Blunt，1907—1983），英国著名美术史学家，以对法国巴洛克时期的研究闻名遐迩。他也是"剑桥五人帮"成员之一，1964年承认自己长期担任苏联间谍。

她似乎从未真正理解女儿们，理解她们的抱负和大都市做派——可能是觉得她自己无法为她们提供想要的生活方式，所以她反过来嘲笑她们的欲求，数落她们的软弱。两个女孩都稳稳地困居一隅，都没能走出她的阴影。奥利芙四十几岁时，为家人烹饪圣诞晚餐，她的母亲还是会时时警惕地对她下达指令，批评她的厨艺。

凯蒂的情况更糟。受童年老维克剧院之旅的启发，她想要登上舞台；她的抱负很快化作泡影，直到1966年母亲去世，她一直住在家中与她做伴，事实上担任着勤杂工。年近不惑，她开始精神恍惚。战争年间，她漫游在灯火管制的街道上，为飞弹目眩神迷。年龄愈长，她的怪诞愈发显著。她总在对火车上的人说再见，却忘记下车。她有次给银行经理写了一封正式书信，然后顺带一提："格罗卡·莫拉还好吗？"① 她有可能患上痴呆，但从未确诊过。小时候，安吉拉和哥哥都太喜爱她了。《明智的孩子》中唱唱跳跳的叙事者朵拉·钱斯的原型就是基于凯蒂：通过这部小说，安吉拉让疯姨妈死后能品尝一点生前从未获得的自由。

《明智的孩子》也是一幅肖像画，描绘那个令年轻的奥利芙为之颠倒的迷人伦敦。1920年代，她在塞尔弗里奇百货商店当收银员，每每敬畏地盯着多莉姐妹，这对匈牙利舞蹈演员也是戈登·塞尔弗里奇（Gordon Selfridge）的情妇，常常来店里大肆挥霍：她们的照片出现在初版小说中。奥利芙是个纤弱的小孩（自从婴儿时期患上风湿热，她的心脏一直不好），自小热爱阅读，得到了当地女子文法学校的奖学金，但十四岁肄业。后来，安吉拉认为她是个聪明、时髦、阅读广泛的母亲，一个女性潜能被埋没的经典案例。奥利芙将对时尚的兴趣传

---

① 《格罗卡·莫拉还好吗》（"How are things in Glocca Morra"）是一首流行歌曲，内容关于虚构的爱尔兰村落格罗卡·莫拉，因出现在音乐剧《菲尼安的彩虹》（*Finian's Rainbow*）中而走红。

给了女儿,但安吉拉将它与符号学相结合,从而相信"衣服是看得见的女人——是可分离的皮肤,传达着内心的野望、梦想和幻境",而奥利芙对时髦头饰和漂亮裙子的热爱揭示出她作为一个城郊家庭主妇不能实现的欲望。

她是个热情、有爱心、风趣的女人,溺爱孩子,认为他们天生就该具有音乐和语言天赋。她也有些神经质,性喜自省,"有时为自己遗憾",有"矫情自饰"的才能。她有数不胜数的迷信,涵盖从常见的(她认为绿色是不祥的色彩)到怪异的(雷雨天,她会把餐具遮盖起来,以免它们反射闪电)。她的恐惧症也同样花样繁多。她不信任罐头食物,这种东西大部分是外国制造,很容易被下毒。她还会因为触摸钱币感到焦虑,天知道它被谁碰过呢。她相信把身体浸入水中会清除精油,刷牙会损坏釉质(她的女儿将她自己反复发作的牙齿问题归咎于这种观念)。

尽管在政治上"左倾"——她终生都是工党支持者——奥利芙在大多社会问题上却极端保守。如果一个主持人或演员离婚了,她会关掉电视。她不能忍受咒骂和粗话。她希望一切都正派合宜。在她的孩子们记忆中她关于性的唯一评价是:"我希望上帝想出更好的方式来生孩子。"但她拥有纤细的身材,斯拉夫人一般的风姿,时尚的黑短发,到哪里都让人回头。在她二十岁左右的一个下午,在网球场上,一个衣冠楚楚、英俊潇洒的苏格兰人向她走来。

休·斯托克(Hugh Stallker)身长六英尺有余,鹰一样的脸被露出满口牙齿的笑占据了大半,半开半闭的眼睛,长长的鹰钩鼻。他站得笔直,穿粗花呢外套,戴五颜六色的领结和漂亮的"华莱士"[①] 帽,在街上遇见女士时就脱下致敬。他的品位传统,政治保守(他死以后,

---

[①] 埃德加·华莱士(Edgar Wallace, 1875—1932),英国犯罪小说作家、编剧、制片人、导演,代表作《蓝色之手》《金刚》等。

安吉拉发现他是苏格兰保守党的成员,在奥利芙身边时不敢承认),但身上有股抒情气质和稍显粗俗的幽默感。他抽烟斗,偶尔喝烈酒,带手杖,尽管腿一点毛病也没有。"要说他有些自命不凡,那严格说来应该是个人风格。"安吉拉写道。

一份休的录音(1980年代,在生命尽头时的谈话记录)保存了下来。他用有些偏高的长笛一般的嗓音,操着几乎未因四十七年伦敦生活而淡化的苏格兰东部口音,讲述着童年记忆。1895年6月24日,他出生于麦克达夫——这座阿伯丁郡海岸线上的小城黯然地瞪着北冰洋——修鞋师傅威廉·斯托克(William Stalker)与妻子克里斯蒂娜(娘家姓麦克莱恩)的第三个孩子。这家人住在商店楼上狭窄的房间里,在一排兴旺的小生意之间,其中有数不清的鱼铺和船具商。世纪之交的麦克达夫是个繁荣的小城:生机勃勃的渔港,轮船运来挪威的木材、法国的葡萄酒,出发之时,又已满载着谷物和鲱鱼。休还记得看着当地的苏格兰捕鲱船(传统打鱼船,有两条桅杆和又长又直的龙骨)离港:"真是个奇绝的场面……几百条船一同出海,人们聚在岸上目送它们启程。"

并不是所有船都能回来。在麦克达夫的墓地里,无数墓碑上刻着哀悼:"海上丧生"。溺死者的葬礼是头等大事。小城的环卫工(在这个场合下穿着围裙、绑腿和高礼帽)赶着马拉灵车,后面跟着一列刚擦洗过的渔夫,穿着束腰长外衣——这个景象给休留下了深刻印象。实际上,服丧是当地特色——他还记得维多利亚女王薨逝时,小城怎样飘满旗帜、黑衣肃穆——这种倾向影响了他。除了饶舌、浪漫,安吉拉最喜欢父亲的一点在于他的哭功。

另一方面,她发现他的家庭"怪得令人难以置信"。他们是严格的加尔文教派,用禁令和罪恶感约束自己,沉溺于清教徒的邪恶观。休的母亲星期天不会生火,将一日要洗的衣服堆起来,留到星期一。继承店铺的哥哥威廉,根据各方传言,是个小气、伪善的人。姐姐凯蒂要热情得多，但她喝太多酒了："打开房子的任意一处抽屉，都会听见叮叮当当的瓶子声音。"安吉拉的哥哥回忆道。还有四处弥漫的鱼腥味，因为凯蒂忍不住要去喂整个区域内的猫；要是知道斯托克家的店铺现在属于慈善组织"猫咪保护协会"，她会感到高兴的。

在十四岁离开学校时，休的文化程度已经相当高，也养成了读书的爱好（他已经读过《堂吉诃德》，大概是翻译版，这部小说后来一直是他的最爱）。他在《班夫郡日报》做学徒，几年之后，他成了《阿伯丁自由报》的记者，骑自行车去周围村落报道牧区集会。战争爆发，中断了他的职业生涯。1915 年 12 月，《兵役法》实施前不久，他加入苏格兰卫队①，1916 年 10 月 5 日被派往法国，当时二十一岁。在往后的生命中，他几乎不谈论战时经历，现在也不可能查出他被送去具体什么地方，但安吉拉感觉他是去了索姆河。如果真是这样，他肯定没经历最惨烈的情况。他的长官发现他有新闻从业背景之后——他一直在帮人写家书——他分到了文职工作，专职写战报。

所幸他能远离前线。回到麦克达夫时，他发现城中 117 人死于战壕中。1921 年，他们的纪念塔竖了起来。退休以后，每个国殇纪念日，他都会让医生开车送他去纪念塔前，为逝去的友邻送上花圈。

1922 年 8 月 15 日早晨，一行九人从苏格兰高地盖尔洛赫村附近的莫里湖酒店出发去钓鱼。酒店为他们准备了罐头肉三明治（带舌火鸡和带舌鸡肉味），只有两人没吃。当天晚上，吃了三明治的人开始呼吸困难；他们的言谈变得阻塞而缓慢；他们开始看到重影。没人认出这是肉毒中毒的症状，这种病在英国没有记录可查。七人之中，五人在第二天去世，另外两人多坚持了几天。如果死因还有疑点，那么在同一周内几日后，一个弃置的三明治附近围满了海鸥的尸体，那时所有

---

① 英国皇家卫队的一支，起源于 17 世纪查理一世的贴身卫队。

的怀疑也暂告一段落了。

从法国回来后一直为《邓迪通讯社》工作的休·斯托克受遣报道这一事件。他的报道有浓厚的记者风格，语调感伤，点缀着抒情的华彩。他将死者描述为"快乐的游客，满心只是用他们这一杆一线的技艺钓着大鱼"，然后哀悼，"这个悲剧的垂钓之日将被他们的亲朋故知牢记"。

事件引起了全国关注，休的报道在弗利特街①大获青睐。他得到"报纸联合社"记者的工作，搬去伦敦入职。上了三年班，报社任命了新主编，举社震惊，休被任命为夜间编辑。这个角色适合他的性情——让他白天能晚起、在家吃午饭，每两周休息一个周末——他直到退休都待在这个岗位上。

他是那类不仅自己写故事，也会成为故事话题的记者。其中一个故事是（在他的讣告中提到），有一回他给一个利奇菲尔德的记者打电话，这个叫毕晓普的人迟了几个小时交关于火车撞车事故的报道。休在电话这头破口大骂。得知电话实际上接通了利奇菲尔德主教②，他肯定吓得不清。但这就是休的魅力所在，他不仅安抚了教长，还为报联社写出了一份关于事故的独家评论。在几千个故事之夜，他成功地守住了同僚和读者的喜爱，因此赢得绰号"弗利特街的舍赫拉查德③"。

休和奥利芙于 1927 年 8 月 20 日星期六在巴特锡的神圣救世主教堂结婚，很快就在他们的第一个家——巴勒姆地区的贝德福德山 161号安顿下来。表面上，选择这个地区是因为它在地铁北线上，去弗利

---

① 弗利特街（Fleet Street）以弗利特河（古英语中为"潮汐河口"）得名，意义不同于同形词"舰队"，曾是英国传统媒体的中心。
② 姓氏"Bishop"（毕晓普）与"主教"（bishop）同形。
③ 舍赫拉查德（Scheherazade）是《一千零一夜》的女主角。

特街十分方便——但这儿到简·法辛的家也只需乘坐一小段公交车，而奥利芙似乎不能忍受和母亲相隔太远。

然而，尽管地理位置相近，巴勒姆所处的社会经济世界却与巴特锡迥异。斯托克家搬来时，这是个昏昏欲睡的中产阶级窝，拥有不羁的体面，自认比邻近的图厅地区高级，但因为穷邻居的关系不受时人青睐。在巴勒姆，银行经理和公务员在女贞树篱后一丝不苟地活着，将女儿们送进舞蹈班（古典舞和踢踏舞），出席教堂义卖会和扶轮社①聚会。巴勒姆竞技场为逾千名观众提供音乐厅和歌舞、喜剧、杂技的联合演出，当地还有几个电影院。这片地区也有自己的下流元素——万兹沃斯公园的露阴者，贝德福德山另一面的妓女——但这些易被忽略，而尽管奥利芙有时提到想搬去更尊贵的区域，休却一直觉得没有必要。

他们的第一个孩子威廉·休·斯托克（一般被称为休，而在家里叫休伊）生于1928年12月23日。孩子两岁时，斯托克家横穿巴勒姆，搬到雷文斯利路长达一英里的爱德华式排屋间。这里一面俯瞰万兹沃斯公园，另一面到巴勒姆高速公路只需步行几分钟。排屋南面的房子背后，在浅浅的河滩之上，是从维多利亚到布莱顿的火车线。每隔几分钟就有一列火车经过他们门牌为121号的房子——奥利芙担心共振会让房顶坍塌——但在这些间隙，他们能听到万兹沃斯公园的鸟啼。那些年是斯托克家的幸福时光，他们时常开敞篷跑车去乡村和海边。他们有一只垂耳小犬名叫乔克。休伊在邻居那里上钢琴课，和朋友骑自行车出行。他的童年——至少部分原因是他是个男孩——比妹妹自由得多。

这段心满意足的时光因为另一场战争而中断。1939年9月休伊十岁时，他被撤离到了伊斯特本。"撤离实际上就像绑架，"他回忆道，

---

① 一个国际性社交和社会服务类组织，因参与者来自各行各业，地区成员各自轮流主持集会而得名。

"没人告诉你要去哪儿,也没人告诉你的父母。"有撤离者回忆起与父母分离的创伤经历,但休伊不必担心这个。奥利芙收到他的信后,立即要求丈夫在伊斯特本的圣伦纳德路 15 号租下一套公寓,这条静谧的长街绿树成列,距海只有几分钟步程。那时奥利芙肯定发现自己又怀孕了,所以这一举动既是意在与自己的第一个孩子团聚,也是为撤离第二个孩子。

1940 年 5 月 7 日,安吉拉·奥利芙·斯托克(Angela Olive Stalker)生于伊斯特本的海德花园 12 号。反应激烈的孕期终于在漫长、艰辛的生产后结束;后来令安吉拉忧心的是,这个过程恶化了最终成为母亲死因的心脏状况。接下来发生的事就不受控制了。安吉拉出生后两周,决议定下,英国军队将从敦刻尔克撤军。英格兰南海岸成了前线:最初把伦敦的孩子们撤来这里就十分愚蠢。当权者命令他们立即回家。

但伦敦也不见得更安全。9 月 7 日,纳粹德国空军突袭首都,接下来三周内扔下了三万多枚炸弹。遭受火力网攻击几日后,斯托克家在雷文斯利路 4 号的邻居被炸弹击中。八旬之年的休伊还记得,他从克拉法姆公园的临时学校回家,在早晨还是房屋的地方看到一片瓦砾堆成的小山时是多么"惊恐"。几周过后的 10 月 14 日,巴勒姆有 25 条街通报因燃烧弹发生火灾;雷文斯利路再次处在其中。另一个炸弹击中巴勒姆高速公路,落点正好在有几百人避难的地铁北站台上方;隧道坍塌,污水从开裂的下水道涌入。66 人死亡——这是伦敦大空袭期间最惨烈的数字之一。还没来得及划出临时支路,一辆 88 路公交车在灯火管制期间径直开入了炸弹砸出的大坑里。半陷入地下的巴士照片登载在世界各地的报纸上:超现实图像,说明伦敦怎样变成暴行肆虐的荒原。

简·法辛意识到这座城市不适宜外孙们居住。她知道有个地方更安全,能躲避德军炸弹。她儿时居所(那里现在还住着她的兄弟姐妹)旁的一幢房屋空出来了。休的工作意味着他必须待在伦敦,但他同意让家人尽快离开。1940年末,简带着奥利芙、休伊和安吉拉去了德恩河畔的沃斯。

"她是我们的防空洞,"《明智的孩子》里朵拉·钱斯提到钱斯奶奶时说道,"轰炸一开始,她会走出去,对着空中的老家伙们挥舞拳头。"这可能是安吉拉(用极尽华丽的形式)在说自己的外祖母,后者那救星、保护人的角色给她留下了不可磨灭的印象。战时,德军飞机频繁飞过沃斯上方,让人心惊胆战,尽管最近的炸弹落在了15英里远的谢菲尔德。小城本身在四十年内几无改变:开采煤矿是免于征兵的职业——要令居民家中的炉火不灭,让工厂不断费力地制造出物资——矿坑仍然是城市生活的中心。安吉拉记得曾经看矿工们在一天的工作结束时"昂首阔步"地回家,然后半夜听到隔墙传来舅公的咳嗽声。她生命的最初五年都在这"脏兮兮的田园生活"中度过:她上当地的保育院,和矿工的孩子们在茅屋后玩耍。外祖母给她讲故事,唱歌给她听,教她吹口哨和"扒"(也就是说偷)用来烧火的煤。总的来说,将她塑造成了独立的女孩,不同于自己那两个伦敦长大的女儿。"从某些方面来说,我想我成了她从前的样子,"安吉拉回忆道,"她将我养成了坚强、傲慢、实际的约克郡孩子,我的母亲无力阻止。"

祖母的形象在安吉拉的作品中随处可见,她们都具有简的坚强、现实和民间智慧。安吉拉刻画她们时总是充满理解,哪怕她们结局艰难(像她在《染血之室》这部古怪而华丽的改编童话集中两次用到《小红帽》的元素)。相比之下,她很少刻画母亲,就算有,也一点不像奥利芙。这类明显的偏心有时也会在安吉拉提及家人的方式上暴露出来。她对简的亲近感——"对童年的我而言,这个女人的身体和精神都这么有分量,就像是她出生时带着比多数人更大的重力"——如此之强，后来她的表述仿佛是只有她们两人在约克郡住过一样。要是她有自己的女儿，她会为她取名叫"露露（来自 G. W. 帕布斯特 1929 年的电影《潘多拉的魔盒》中的露易丝·布鲁克斯）——和简"，以致敬外祖母——这个计划轻描淡写地抹掉了一代人。

对奥利芙来说，眼看着自己的女儿被仍将自己当作小孩的母亲接管肯定很痛苦，但她无力反抗简。安吉拉花了很长时间才注意到两人之间的紧张关系。"现在回头审视过去，"她 1976 年写道，"我想保护母亲，让她不受老妇人的毒舌和那套原始是非观之苦，但那时我不这么看。"

第二章

蒙受神恩者恒为邪恶

1945年斯托克家回到雷文斯利路时,街道已大非昔日景象。许多邻居的房子被炸塌了,阳光从排屋间的缺口漏进来。还有的被炸开一个大口,暴露出被硝烟熏黑的内部。父母和哥哥努力恢复从前的生活,而安吉拉却忙着探索轰炸后的废墟,收集碎瓷片和别的什么残骸。她记得有一次找到了一个纸袋子,里面有黑乎乎、血淋淋的东西,她在很多年后才意识到那肯定是个流产的婴儿。这个画面让她做了几个月的噩梦。

他们的房子惊险地避免了损毁:今天它还矗立于斯,从外观上看与从前相差无几。荒凉的红砖墙面上有一面凸窗,在安吉拉的童年时代,那扇窗永远蒙着一层纱帘。进门左边即是"前厅",围绕凸窗摆设而成,立式钢琴(休伊弹得最多,尽管奥利芙有时也会表演她的舞台金曲《斯特普尼的嘉禾舞曲》》①)和一架大型收音-电唱两用机(在1940年代中期还属于最新技术)尤为突出。漂亮的深色家具——皮沙发、红木餐具柜——占据了大部分空间。

在门厅尽头,走下几级台阶,经过左手边一个小型餐厅(专为圣诞大餐和来客人的时候使用)就到了厨房。这是个很小的房间,能安

---

① 斯特普尼(Stepney)曾是伦敦位于东区的一处贫民聚居区,1960年代后发生很大变化。嘉禾舞曲(Gavotte)原为法国民间舞蹈,16世纪后发展并盛行于宫廷。

置一个火炉、一张桌子，但中间就不剩什么空间了。这是一家人吃饭、放松、集合的地方。火炉意味着这是唯一可以倚赖的温暖房间。在房子的别处，冬天总是笼罩着浓雾：只要从厨房走上楼梯，他们就会被雾吞没。

厨房通向炊具存放间和一座小小的后花园，园中种满玫瑰，每年夏日都会盛放（克服重重困难，因为没人会特别照管它们）。花园背后是铁路。安吉拉的房间正处于厨房之上，俯视着铁路：路过的火车哐叮哐叮，是她童年熟悉的声响；要是自己在火车上，她会抬头看看房子，希望（按照她自己的怪异说法）瞥见卧室窗前的自己。哥哥的卧室与她的毗邻，而隔着楼梯平台面向街道的是父母的房间。房顶上是一间阁楼：休·斯托克的办公室。他从这里走到厨房总是会戴上帽子。

房子里有很多书，报纸随处可见，因为休会将早发版报纸从报社带回家。他的工作很大程度上决定了他们生活的模样：他工作的时间意味着他们的作息与邻居冲突，他和奥利芙不能享受太多社交生活。他们作为一家人相处的时间非常之多，这种不可分离的感觉既带来慰藉，又同样造成幽闭恐惧。在休放假的周末，他们会在周日早晨去一次教堂，然后在万兹沃斯公园散步。他在工作的话，奥利芙和孩子们就坐地铁前往斯特兰德大街，与他在"里昂街角餐厅"共进周日午餐。大部分工作日，他会在深夜回家，为奥利芙泡茶、把饼干带到床上；安吉拉听到他们聊天直到清晨。

安吉拉倍受宠爱，简直被惯坏了，总是礼物和零食堆成小山：不仅有巧克力、冰激凌和书，更有一个玩偶之家、一架玩具缝纫机、漂亮的裙子和昂贵的鞋子。她有接二连三的猫咪作为玩伴（她最喜欢的是查理，它曾在她母亲的鞋子里撒尿）。当她人到中年，回顾起自己的童年，她不记得曾受过惩罚。尤其是奥利芙——在和简分享女儿很多年后，终于让女儿完全归她所有——肆意宠爱着她。她在午夜休回家前从不会被强制上床睡觉：这之前，母亲要她陪在身边。1947 年 9

月，休伊获得管风琴演奏奖学金进入牛津铜鼻学院①（舅舅塞西尔鼓励他申请），之后安吉拉就更娇生惯养了。自那以后，安吉拉获得了母亲全部的关注。

即便在休伊离开家之前，安吉拉也缺乏同龄玩伴，经常被大人放任自流。这并不意味着她玩得很开心。正如许多同样孤独而想象力丰富的孩子，她有许多焦虑和恐惧。"她总是对一切都很严肃。"她的表姊妹妮古拉（塞西尔的女儿）回忆道。她热切地为疾病和——在冷战背景下，不无道理——核灾难担忧。"我的童年……有很多自己创造出来的怪兽，"她在 1960 年代的日记中写道，然后大胆诊断道，"我想我是为自己这样快乐、这样被爱感到愧疚，所以必须要自己制造恐惧来平衡。"这不明不白的解释很不像她的风格，让她，还有更明显的——她父母，都不必受到任何真正的责怪——仿佛愧疚是儿童的天性。

她的恐惧症在魔法和冒险故事中得到喘息。斯托克家直到 1950 年代才有了电视机，但收音机总是开着。早期影响她的是 BBC《儿童时光》(Children's Hour) 栏目播出的《欢乐之盒》(The Box of Delights)，根据约翰·梅斯菲尔德（John Masefield）1935 年出版的小说制作而成。安吉拉认为这个节目（在她小时候，分别在 1943、1948 和 1955 年播出过三次）是童年最深刻的记忆之一。"不知不觉，"她回忆道，"《欢乐之盒》里的鼠盗和穿越时空旅行的文艺复兴哲学家，那些难以描述的雪和神秘氛围……广播剧的表现手法应有尽有，创造出现在称为'魔幻现实主义'的东西。"

她最早喜欢的书也都是奇幻作品，她读哥哥的《格林童话》、刘易斯·卡罗尔（Lewis Carroll）写的爱丽丝系列、沃尔特·德·拉·马雷（Walter de la Mare）的《三只皇家猴》(The Three Royal Monkeys) 和

---

① 牛津大学的学院之一，始建于 1509 年，名字源自大厅门上的铜鼻把手，又可音译为"布雷斯诺斯（Brasenose）学院"。

乔治·麦克唐纳（George MacDonald）的《公主与小妖怪》（*The Princess and the Goblin*）。这些故事留在她的心中；她去世时，这些书还是她的所有物。她的童年挚爱还有弗兰西丝·霍奇森·伯内特（Frances Hodgson Burnett）的《秘密花园》（*The Secret Garden*），书中讲述了一个娇惯、任性的女孩，父母在海外去世了，被送去素未谋面的舅舅家里——这些情节被重塑后出现在安吉拉·卡特的第二部长篇小说《魔幻玩具铺》中。

她对写作的喜爱同对阅读的喜爱一样强烈，不能想象取舍其中一样。她的父亲带长长的白纸卷回家，而她会拿上一盒彩色粉笔，父母在一旁聊天，她就在一旁创作故事。许久以后，她才有了发表作品的念头。她写作是为了"让自己开心，打发时间"。

她总是宣称六岁就写了第一部长篇小说。《比尔和汤姆去小猫市场》（一说《汤姆猫去市场》，她在不同场合下提过不同的作品名称）的手稿要么遗失，要么就是某次被母亲扔掉了，但她向一位采访者保证那远不是一部奇幻作品，而是充满"社会现实主义：猫们为日常事务四处奔走"。她在别处将其描述为"满篇拼写错误的史诗"。尽管可能拼写混乱，但她在写作过程中找到了最喜欢的主题。除了《染血之室》中好色版的《穿靴猫》（"Puss-in-Boots"），她还为孩子们写了两本与猫相关的读物——《幽默好奇猫》（*Comic and Curious Cats*）和《海猫与龙王》（*Sea-Cat and Dragon King*）——猫也在她的众多供成人阅读的小说中担当主角。她一直将这个族类与家庭幸福感联系起来。"我同猫相处得很好，因为我有些祖先是女巫，"她在1974年写道，"我们一旦觉得舒适自在了，就会弄些猫来。"

尽管奥利芙是跟安吉拉相处时间最长也最宠她的人，休同样也是个溺爱孩子的家长。她出生时他已经四十五岁了——"正好是为一个女婴的降生欣喜若狂的年龄"——他经常给她带一堆零食回家，只有在她和奥利芙之间站队时才会批评她。"我会说我的父亲没有让我好好适应父权，"她在1983年回忆道，"小时候，他一直顺着我。"

尽管不利社交，休的工作还是有一些补偿，包括逍遥音乐会①的门票和格拉纳达连锁电影院的免费入场券。在休假的周末，他有时会带安吉拉去图厅的格拉纳达电影院。在英国30年代四处建起的"电影宫"中，这一座规模最大，恢宏至极，融合了多种建筑风格，极富感官刺激——安吉拉说它既是"梦中的教堂"，也是"虚假的极致"——它是后来所有格拉纳达电影院的样板，也是英国前电影院中唯一一座一级保护建筑。

从米查姆路的意大利门廊进入，观影者被穿着精致制服的员工带到休息厅，那里悬挂着多层枝形吊灯，有巨大的镶金圆柱、普金②式的拱门、张牙舞爪的龙形石刻。从那儿，他们再登上宽阔的大理石阶梯，进入奶油色、金色和尼古丁棕色相间的长廊。走廊两侧都是镜子：安吉拉屏住呼吸从中走过，因为"任何东西都可能在那如丝绒般顺滑的深渊显现"。最终，在出示过入场券后，他们被引着再上一段台阶，顶部庞大的观影厅——可以容纳3000余人——向他们敞开：一个让人起鸡皮疙瘩的戏剧性时刻。他们找到座位，安吉拉着迷地盯着精妙绝伦的墙壁镶板，乐池上方有一些中世纪和莎士比亚人物的巨型华丽壁画，还有（特别是）投射到顶层廊台天花板上的夜之天幕。

在"一个没理由追求任何真实的年龄"就接触到了这样穷奢极欲的时尚，她感觉这梦幻的装潢类似自己在那儿看过的电影，而且将炫技和华丽看作艺术的重要优点。格拉纳达是第一座引起她注意的公共建筑，也一直是对她来说意义最重的一座。在生命的最后几周，她谈

---

① The Proms，或称 BBC Proms：一年一度在伦敦举行的古典音乐节。Proms 是 promenade（漫步）的缩写，源自伦敦的露天逍遥音乐会传统，演出期间，有许多听众需站立欣赏，可四处走动。这个著名的 BBC 逍遥音乐节出售站票，因此而得名。

② 奥古斯塔斯·普金（Augustus Pugin, 1812—1852），19世纪英格兰建筑师、设计师，哥特复兴式风格的代表人物，代表作为威斯敏斯特宫内饰设计。

起它时，也隐晦地为自己的美学作结："那本身是无意识的——就像电影——既是面向公众，也是私人的。"

从1945年到1951年，安吉拉在赫恩维尔路小学念书，这是一座杂乱无章但颇为温馨的建筑，位于雷文斯利路的汇合点，离家只有几分钟路程。冬夜，学校有淡绿的煤气灯照明，焦炉供暖；室外卫生间常常结冰，但那并不能阻止在一堂关于达米安神父和麻风病人（这是她害怕感染的众多疾病之一）的《圣经》课期间，安吉拉将自己锁在里面。

女校长伊迪丝·考克斯（Edith Cox）小姐——一个身材高大、穿着淡色玛丽王后式连衣裙的女人，每天坐司机驾驶的劳斯莱斯到学校——至今她以前的学生还在深情地谈起她。她用可怜的资源达成了惊人的成就，令她自豪的是，每年她都会有五个左右的学生获得伦敦郡议会①奖学金进入基督公学，一座位于萨塞克斯郡的独立寄宿制学校。赫恩维尔路小学的课程包括英语、算术、《圣经》与地理，还有（女孩们的）女红。但校历上的亮点——也是考克斯小姐的骄傲与乐趣所在——是帝国日②。

每年5月24日举国同庆的帝国日是古老气息和宗教必胜信念的奇异混合体。赫恩维尔路小学的操场上挂满了彩旗和国旗。孩子们举着代表英国各个殖民地的象征物列队行进；队伍的最后，四个孩子穿着代表大不列颠四国的盛装亮相（安吉拉曾穿着绿裙子扮演北爱尔兰），手持四国的标志：玫瑰、蓟、黄水仙和三叶草。没有直接参与队列游行的站在周围唱着爱国歌曲——《世间总有英格兰》《英格兰玫瑰》《统治吧，不列颠尼亚》《希望与荣耀之地》——由副校长布里奇曼先生钢琴伴奏。然后是围绕着五朔节花柱舞蹈，紧接着是演讲，最后是蛋糕

---

① 1889—1965年存在，事务涉及现在的内伦敦地区，后由大伦敦议会代替。
② 指5月24日，1958年更名为"英联邦日"。

和果冻。"对我们孩子来说，那一天真是自豪极了，"一个曾就读于该校的学生说，"我们对一个伟大的国家，当然也是伟大的帝国，有归属感。"

这实际上是种错觉：1947 年，印度脱离英国；考克斯在操场上的学生们不过十几岁时，英国在苏伊士运河的耻辱表现昭告了他们在新世界秩序里的位置。但对于帝国日的自我陶醉，更迫切的挑战来自非洲和加勒比海的移民，其中许多人已经在南伦敦扎根。1948 年 6 月 22 日，492 个牙买加人从帝国疾风号下船，登陆蒂尔伯里港（Tilbury Docks）——这件大事被视作非裔加勒比移民涌入英国的开端——其中四分之一第二天在巴勒姆的升天教堂受到接待，在那儿，他们带来了非洲、加勒比地区的民间音乐。很快，规模可观的西印度群岛移民社区在南伦敦的斯托克维尔（Stockwell）、克罗伊登（Croydon）、克拉法姆（Clapham）和布利克斯顿（Brixton）建立起来，最后一处早在 1952 年就被称为"小哈莱姆"①。40 年代末，斯托克家在雷文斯利路就有了叫"马格博基布韦"和"昂耶克韦鲁"的邻居，而在希尔德雷斯街市场，人们可以买到薯蓣、豇豆等异域食物。

她生得正是时候，见证了伦敦彻底从一个臃肿帝国内阶级固化的中心转变为相对主张平等、文化多元的大都市；她将后者视为社会的显著进步。促使她去研究民间传说的部分原因——同 20 世纪五六十年代其他参与民俗复兴活动的人一样——是英国必须要发掘出一种不基于"海洋统治者"的民族身份。成年后，她回巴勒姆短住，很高兴地看到赫恩维尔路上"现在满是活泼的棕皮肤小孩"。

尽管帝国日的庆祝盛大隆重、气势逼人，学校却主要招收工薪家庭的孩子。安吉拉最好的朋友是个叫帕米拉的女孩，她（据着了迷的安吉拉所说）有个只比自己小一岁的侄儿，一个曾被耗子咬过的结了

---

① 纽约曼哈顿的一个社区，黑人文化与商业中心，20 世纪 20 年代曾发生"哈莱姆文艺复兴"运动。

婚的姐姐，还有一个训练灰狗的叔叔。她们在万兹沃斯公园一起吃牛肝菌，一起在操场上玩名为"窗内窗外""锁环人"的游戏，后者让一排排学生挽着手臂绕圈追逐。

安吉拉只有跟帕米拉在一起时才敢参与这些游戏。因为身体超重得厉害，交朋友变得艰难了。她年仅八岁时就重达六七英石[①]。母亲不得不为她购买成年人的衣物。在学校，她被叫作"肥仔""矮胖子"。她变得笨拙，而且过分忸怩；她练出了刻意矜持、干练的动作（后来从未改变），一位采访者曾在其中发现一种"让自己隐身的欲望"。她有口吃——这种痛苦使得她斟词酌句，可能最终为她铺张文字做出了贡献。有一次，她在"锁环人"游戏中摔倒了——"像许多胖姑娘一样，我的脚太小，不能支持我敏捷行动"——被脸朝下在沥青上拽着走。

整个20世纪40年代，肉类、糖、巧克力、厨用脂肪、牛奶、黄油和奶酪都是限量配给：发胖并不容易。奥利芙肯定从自己的那份里抽出一些来喂胖了安吉拉，肯定在罐头水果、炼乳（战争后期被移除出限量补给清单）等高糖分的食物上也很大方。"小时候，罐头水果对于我的阶级来说可是大事。"安吉拉·卡特的故事《织被人》（"The Quilt Maker"）中的叙事者说道。这源于亲身经历：

> 星期天的饮茶时间……桌上是一个玻璃碗装的罐头桃片。人人都道着家长里短，在屋子里转悠，母亲还没把茶壶端上桌，我已经觊觎着那堆桃片，想要吞掉至少三分之一，就像猫用前爪钩出金鱼一样从玻璃碗里偷走……
>
> 母亲当场捉住我在舔黏糊糊的手指，哈哈大笑，说我已经吃掉了我自己的份，没有多的了。但在她装满碗后，我还是跟别人

[①] 英制重量单位，六七英石相当于38—44公斤。

吃得一样多。

奥利芙宝贝安吉拉到了荒唐的地步——只要在公共场合，都在她脑袋后面裹上手绢来预防虱子；在她胸口涂了太多乌青膏，让她的上衣永久性地染上了绿色——而且乐于对她有求必应，只要这能让她们保持亲密。这意味着她那极不自信、内向、几乎没有朋友的女儿几乎完全依赖她来获得安慰和钟爱。

1948年，也就是休伊在牛津的第二年，他认识了传教士的女儿琼·斯莫利（Joan Smalley），她在中国长大，正在攻读历史学位。琼是一个实际而言语质朴的女人，性格正好和温柔、爱空想的休伊互补。她记得第一次见面时，安吉拉简直是"体型庞大"，她非常清楚应该怪谁："我觉得她的母亲疯了。她的母亲黏着安吉拉。她不想安吉长大。"

1949年的成绩单中，安吉拉在四十五人的班上排第六名，除了英语，每科都得到了"不错""好"的评价，英语一科获得了"非常好"。1951年，她在伦敦作文大赛中获得第一名——一年一度由英国皇家防止虐待动物协会赞助举办——内容是"人类对动物的责任"；她的奖品是肯尼斯·里士满（Kenneth Richmond）的《英国野生动物》。（她的获奖作文没能保存下来。）那个夏天，她在11+①考试中表现很好，获得奖学金进入了斯特里塞姆高地与克拉法姆中学，一座"直接拨款"的独立女校。②

1944年的《教育法》[又称《巴特勒法案》（Butler Act），因引入法案的保守党部长得名]给英格兰和威尔士的教育系统带来剧变。众多创新条文中包括保障几种款项，用于资助家境普通的孩子进入斯特

---

① 英国小学升初中的选拔考试。
② 在1945至1976年存在的中学，依靠学杂费、社会捐赠和教育部拨款，招收一部分免学费的学生。

里塞姆高地与克拉法姆中学这样的私立学校。安吉拉最偏爱的理论之一就是《教育法》无意间制造了英国历史上第一个真正的知识分子阶层——一个不相信自己生来就是统治者,无意维护英国社会的阶级结构,而是通过思考来营生的阶层。根据这个理论,由《巴特勒法案》诞生的第一代受教育程度高、性喜自由的男男女女到 60 年代已经长大成人,成为那个振奋人心的年代的生力军。他们中许多成了学术人才〔例如约翰·凯利(John Carey)、菲利普·多德(Philip Dodd)〕、报社记者(迈克尔·怀特、珍妮特·斯特里特-波特)、剧作家〔迈克尔·弗雷恩(Michael Frayn)、艾伦·本内特(Alan Bennett)〕、诗人〔托尼·哈里森(Tony Harrison)、杰弗里·希尔(Geoffrey Hill)〕、小说家(戴维·洛奇、马尔科姆·布拉德伯里①),他们还时常身兼多职。安吉拉认为自己是受益于这个教育系统的典型。人们普遍赞扬《巴特勒法案》为女性提供了受教育机会,而安吉拉也许还会感激它将她的眼界拓展到母亲的视域之外。

斯特里塞姆高地与克拉法姆中学有超过 500 个女孩,她们须得勤奋、自觉,还要着眼于扩展教育;学校(最初名为布里克斯顿中学)自 1894 年起就在送女孩进大学,这是它引以为傲的纪录。据与安吉拉同时代的人描述,任何选择针黹、家务而不是拉丁语、希腊语的人都会被认为"有点失败"。如另一个当时的学生所说,这种野心勃勃的学术环境让女孩们"决不屈从于扮演刻板女性角色的需求"。女校长玛格丽特·麦考利(对她照管的学生来说是个可怕人物:又高又瘦、衣着严苛,教拉丁语和《圣经》,权威不容置疑)的姊妹是玛丽·奥希尔维,后者自 1953 年起担任牛津圣安妮学院的院长;每年都有一些学生

---

① 马尔科姆·布拉德伯里(Malcolm Bradbury, 1932—2000),英国小说家、学者、剧作家,1970 年成为东英吉利大学的美国研究和写作教授。

从斯特里塞姆高地与克拉法姆中学进入这个学院，还有更多进入红砖大学①或接受职业教育。1972 年的一份报告中炫耀道："过去的二十年，（本校培养的）女学生成为医生、艺术家、音乐家、护士、律师、记者、小说家、教师、秘书、会计、社会工作者、药剂师和理疗师，种种职业，不胜枚举。"

安吉拉入学时，因大空袭受损的学校正在迁回它那庞大、扁平、不受欢迎的斯特里塞姆山顶校址——就像是个死气沉沉的医院。不过，这地方至少视野绝佳：从四楼往下看去，甚至能看到一边是汉普斯特德荒原，一边是埃普瑟姆丘陵；其间，圣保罗大教堂（在 1950 年代仍是伦敦最高的建筑）的穹顶如春天的初蕾在或尖或平的屋顶灌木中升起。学校建筑在遍布网球和无板篮球场的私用土地上；在克拉法姆公园可以打曲棍球。女孩们被分进四个学院，在体育和年度戏剧比赛中相互竞争。课外活动名目繁多，包括管弦乐团、合唱团、辩论社和文学社，还有班级组织的博物馆、美术馆之旅。

1952 年 3 月 22 日，在第一学年结束前，安吉拉决定长大后想成为埃及学家——在一次班级大不列颠博物馆之旅后。狮头女神塞赫麦特②的塑像，奥西里斯神③、阿努比斯④和阿蒙-拉神⑤的雕刻，装饰精美的木乃伊棺材，这些展品激发了她的想象。她将这种热忱写进了《帝王谷》（"The Valley of the Kings"）中，那个夏天，这首诗发表在校刊上：

---

① 红砖大学（Red Brick University），指在维多利亚时代创立于英格兰地区的六大重要工业城市，并于第一次世界大战前得到英国皇家许可的六所大学：伯明翰大学、曼彻斯特大学、谢菲尔德大学、利兹大学、布里斯托大学和利物浦大学。
② 塞赫麦特（Sekmet）是古埃及神话中的母狮神，最初是战争女神和上埃及的医疗女神，被描绘成一头母狮，埃及人公认的最凶猛的猎手。
③ 奥西里斯（Osiris）是古埃及神话中的冥王，也是植物、农业和丰饶之神。
④ 阿努比斯（Anubis）是古埃及神话中的死神，以胡狼头、人身的形象出现在法老的壁画中。
⑤ 阿蒙-拉（Amen-Ra）是古埃及神话中的太阳神。

底比斯，埃及古老的首都
正在沉睡，
在沉睡中度过
新一天的伤悲。

神庙里的祭司
吟唱诗歌与赞辞，
"阿蒙-拉！"声音呼唤。
"阿蒙-拉，我们深深感谢您——
死去了又一个夜晚。"

遥远的墓中，古代的帝王
继续漫长的守望，直至
最后的光明日将尽，
世界归于永寂。

底比斯已逝，神庙也逝去了，
乞丐不再乞恳
一点儿食物或钱，也许
一切将沉默如坟。

在那遥远的墓中，古代的帝王
继续漫长的守望，直至
最后的光明日将尽，
世界归于永寂。

对十一岁的孩子而言，这首诗非常惊人——与其说是因为文学成就

（尽管从祭司到世界末日的视角转换完成得相当巧妙），倒不如说是因为其中悲伤的低音。确实是"新一天的伤悲"。安吉拉面对消失的文明有深刻的悲伤，这种纪念的本能伴随着她日后对民间传说的研究。她还在校刊上发表过两首诗，主题都是古代神话。1953年的一首是关于耶稣降生（结尾是质疑、反讽的语调，显示出她在十三岁时已经开始怀疑自己的信仰），1954年的一首是关于弥诺陶洛斯（Minotaur）①。

写作这些诗的孩子通过阅读和想象，在自己的思想世界中日渐与世隔离。从前的同学记得她是个古怪、沉默寡言的人，从不参加集体活动，让人产生朦胧的敬畏感。尽管没人觉得她不受欢迎，也没人记得她把谁当朋友（她曾说自己是"很多人第二好的朋友"，但这看起来是种夸张）。她们都意识到她很聪明：她在英语方面的才能众所皆知。参加普通水准考试②时，她已经"背下了"《远大前程》，后来她承认自己小说中很多关于婚纱的描绘都源于郝薇香小姐③。但她在其他学科上的成绩不突出（用她自己的话说，她是"一人'混编班'④"）。她的数学成绩几乎年级垫底，还不止一次拉丁语普通水准考试不及格。她的老师将这种不平衡视作懒散的表现，对她十分严厉。这很有可能是不公平的——安吉拉很快就养成了端正的学习态度，而且她想在所有领域成功。其中一个困扰她的领域是体育；她的曲棍球毫无希望，也学不会游泳。但她仍然遭受批评，被催逼努力：她感觉受了迫害和误解。

"我讨厌学校，"她写道，"也许'恨'是个错误的词，太积极、太充满激情，不能描述我每天无精打采、拖拖拉拉地走向那个灰色的庞大校园时那种阴郁的怨恨。"她感觉上学是"当孩子的惩罚"。这种态度不算罕见，但安吉拉的问题似乎侵害了她基本的自我意识："我觉得

---

① 希腊神话中的半人半牛怪。
② 英国中学生在十五到十六岁参加的考试。
③ 狄更斯小说《远大前程》中的人物，是位服装装怪异、生活方式不同寻常、经历独特的女性。
④ 指由不同能力、水平的学生混编构成的班级。

我无权存在于世界上。"

这个用词——"世界上"——很能说明问题。她在学校的不快乐很大程度上是她在家时那种失控感的延伸。安吉拉进入青春期后，奥利芙还是没有停止过分的溺爱。她还是将她打扮成——如休伊所想，他的妹妹就像是——"一个洋娃娃"。尽管已经十到十一岁了，她还是不能获许自己去上厕所。十几岁时，她还必须在洗澡时开着门。奥利芙极度惧怕她一旦离开自己的视线就会遭遇厄运：她可能滑倒受伤，或者溺死在澡盆里。来自父母的过分关注不仅让安吉拉毫无主体感，还让她将孤独的价值看得很高。她在学校的孤僻无疑是种自我保护的形式。

精神治疗师——尤其是那些受了梅拉妮·克莱恩（Melanie Klein）影响的，安吉拉在 1970 年代曾热衷于阅读她的作品——经常谈论对"抛弃焦虑"和"亲近焦虑"的双重恐惧。前者支配着那些感觉自己童年时被忽视或不够被爱的人；在成年后，它表现为对情感关系疯狂的不安全感，极度害怕失去所爱。后者则影响着像安吉拉这样被父母的情感需求淹没的人；它表现为害怕"失去自我"，强烈恐惧被湮没，可能会养成恶狠狠的个人主义来作为唯一的防御手段。成年之后，安吉拉凶猛地保持、捍卫着自我。她穿戴、言谈、写作的方式都有别于众人，而且还会在感觉"受到控制"时突然中断友谊和性关系（从对方的角度，这常常是令人不知所措、十分伤人的）。然而在她的青春期早期——在她想出清晰、连贯的策略来解决问题以前——她那种亲近焦虑，那种自我被碾碎的陷溺感，严重地削弱了她。

她开始感到"令人盲目的不快乐"。哪怕是生活中最小的事情她也不能做主，想到"阴郁、沉闷"的未来她就心绪沉重。她睡得不好，常常花半夜时间来读书。受敏感的神经驱役，她越来越被灾难文学吸引。1951 年，《三尖树时代》（*The Day of the Triffids*）在《每日见闻报》上连载,这是她父亲每天带回家的报纸之一。全世界人失明这个情节让她"沉溺其中又深深恐惧"。她还阅读了科幻小说杂志《惊奇故事》(Amazing Stories),里面充满变形的外星人和邪恶的机器人。但这些幻想中的灾难并不能让她忽略自己身体开始发生的剧变。

在雷文斯利路,剥夺私人空间的亲密与严格的体面相互角力:二者结合,给一个正在走向成熟的年轻女孩带来了混乱。从没有人谈论性。直到十三四岁,安吉拉还以为肚脐跟性交有关。她完全没有准备好开始青春期。在1977年的日记中,她回忆起刚长出阴毛时的惊奇:

> 我还记得……刚发现它长出来时那种淡淡的焦虑;我摸着自己的那条缝,感觉不是毛茸茸的,而像是肉皱了起来。我那时多少岁了?十一?有一天早晨,也许是一个星期六的早上,有点晚了,我在床上,一边摸索一边陷入了沉思,父亲端着给我的茶走进来,说:"别让我再抓到你做这种事。"过了很多年我才知道他以为我在做什么。

在《萨德式女人》(她1979年关于萨德侯爵和性别角色的构建的非虚构作品)中,安吉拉·卡特将性活动描述为"最基本的自我宣言"——也许这个联想可以追溯到她还是年轻女孩时本体受到全方位的侵害,被迫对身体的性成熟感到羞耻。与此同时,她又不能把正在经历的变化当作隐私。她曾告诉一个朋友,在成长期间,奥利芙会定期去嗅她丢弃的内裤。就算这是经过了修饰或夸张的描述,安吉拉对侵扰无处不在的感觉是真实的。

在她的写作生涯中,女性特征是她努力推翻的禁忌。《魔幻玩具铺》——她的第二部长篇小说,写于1965到1966年的冬天,那时她正在筹划着逃出另一个压抑的家庭环境——重现了十几岁时令人窒息的家庭气氛。故事主要发生在1950年代的南伦敦("在我十三四岁时"),主人公梅勒妮被送去和恶魔式的木偶师舅舅住在一起。小说中满是清晰的时代细节:包装上印着罗伯特·彭斯画像的"甜美阿夫顿河"①牌香烟;健力士啤酒广告牌上推销着"男人的饮料";还有花样繁多的让人饱腹的甜食——桃片罐头、面包布丁、蛋筒冰激凌、蛋奶苹果派——梅勒妮不肯吃,因为她认为如果她长胖了,"就没人会爱她,她就会到死还是个处女"。她脑子里总是想着自己的处女身份。小说开头,她开始感觉到自己是个肉体存在:

> 十五岁那年夏天,梅勒妮发现自己的身子是肉做的。哦,我的美洲,我的新大陆。她着迷地展开探索全身上下的旅程,翻越自己的山脉,深入自己潮湿富饶的秘密幽谷,俨然科尔特斯②、达·迦玛或蒙哥·帕克③。④

然而,在舅舅的家里,她遭到监视,行动受限,梅勒妮无法满足自己的本能情欲。她感觉自己"身处地狱边境,余生都不得解脱";她怨恨自己"太年轻,缺乏经历,不独立"。性这个念头美妙又可怕,在天真消失前受到珍视——正如她受到舅妈的弟弟芬恩吸引,他那"可怕的男性特征"和"浓烈的、没清洗过的、动物的臭味"没有扫她的兴。20世纪80年代中期,重读这本小说时,安吉拉为其中"青春期强烈的渴求,一种对性不同寻常的渴盼所震惊。这令我想起在无尽的午后,独自待在散发着太阳烤热的地毯气味的房间里,困在青春期的马尾藻海,感觉像是永远也不会长大了"。

这也是一本创造自我的小说:梅勒妮在寻找自己的本体。她想弄

---

① 香烟品牌取自彭斯诗作《甜美的阿夫顿河》("Sweet Afton")。
② 埃尔南·科尔特斯(1485—1547),西班牙"征服者",带队占领今墨西哥大部,结束了阿兹特克帝国的统治。
③ 蒙哥·帕克,苏格兰探险家,是现在已知第一个到达尼日尔河中部的西方人。
④ 译文引自《魔幻玩具铺》,严韵译,南京大学出版社2019年版。

清自己想成为什么样的女人,但悲哀的是,能接触到的女性模范——哑舅妈玛格丽特、迟钝的保姆朗德尔太太——都不能提供启发。家庭是这一切的骨架,拒绝这家庭是唯一的出路。梅勒妮最后对自我——也是性自主权——的确认,带来了她一直乞求的戏剧转折,小说的结尾,她和芬恩站在花园里,背后是装载着童年所有物和记忆的家在火中坍塌。

《魔幻玩具铺》是安吉拉第一部关于人类从伊甸园堕落的小说,一个她称为"幸运地被驱逐出邪恶的伊甸园"的故事。在 70 年代的一次采访中她说:"伊甸园总是邪恶的……蒙受神恩者恒为邪恶。"这是一个曾在人为延长的天真中感到强烈不适的人——这个人的童年就像是蒙受神恩,而她渴望着从其间堕落。这是她还会反复探讨的主题。

烟雨蒙蒙的 1954 年 1 月 2 日,休伊与琼·斯莫利在南伦敦的珀利街区喜结连理。安吉拉是其中一个伴娘:结婚照中,她两手绞在身前,表情有些茫然,尽管身形庞大,她看上去却比十四岁的实际年龄小。休站在她身旁,像是为只有他听到的某个笑话纵声大笑。奥利芙站在他和新婚夫妇中间,面部微微侧转,没有对准相机,看上去是在留神着女儿。

第二年,奥利芙突发心脏病。从那以后她再也没有完全健康过:她失去了做很多事的力气。休最后在餐厅为她安置了一张床,这样她就不用爬楼梯了,还用托盘送来她的餐食。"很大一部分快乐从他们的生活中蒸发了。"安吉拉写道。但不论奥利芙必须放弃什么,她似乎还是没有放松对女儿的控制,也没有改变对她神经质的态度。

那个夏天,安吉拉选择了早到学校——一定只是因为想从家中逃离。她和下一级的女孩杰奎琳·安东尼(Jacqueline Anthony)同时到校。她们一起在操场上漫无目的地转着,等待着一天的开始——安东尼记得安吉拉"走路的方式很奇特,像爱丁堡公爵那样双手背在身后"。她们主要是谈论性。安吉拉解释了女同性恋(她可能是从某一本书里知道的),说到了她认为有这种倾向的教员。年长女孩的口才和对自己才智的自信给年轻女孩留下了深刻印象:"我想像她一样,"安东尼承认,"她舌灿莲花,观点又那么鲜明。"她已经成长为自尊、自信的人,而且开始享受自己让人吃惊的能力了。

在奥利芙与自己母亲的关系中,安吉拉看出了在亲子关系中存在一种幼化子女的动力,如果脐带没有被正确剪断,这种作用力可能持续几十年。十七岁时,她决定是时候拉开与奥利芙的感情距离了。她做的第一件事是向医生寻求减肥建议。她采取了严格的节食食谱:1958年初,她重达十三四英石;到那个夏天,她瘦到了十英石左右。她看上去健康多了,不管是因为对此心知肚明,还是因为终于能反抗母亲的意志,她在其他方面也更有决断。她开始自己选择衣物,挑选了在50年代末被视为"堕落的积极迹象"的黑色紧身套装(一种由"黑网袜、细高跟鞋、紧身裙和黑色狐领的夹克"组成的典型衣着)。休伊对这种转变深为震惊:"我还记得回到巴勒姆,门开了,这样一个窈窕的女孩走了出来。"尼古拉·法辛也同样吃惊:"我回到父母的公寓,安吉拉来了……像是'垮掉的一代'。穿着紧身衣的安吉拉,细得跟铅笔一样,尖头皮鞋,靠着墙,身体拗成一个姿势。她是过来炫耀新身材的。"

奥利芙心怀恶意地反对节食(琼说她想让女儿"继续胖下去,依赖着她")。但安吉拉决心要构建自我。她开始抽烟——奥利芙吓坏了,告诉她这会让她的肚子里一团黑。她还开始公开地、苦心经营般地说粗话。奥利芙只能承受这么多,于是恼羞成怒地向安吉拉刚找到的自信发动反击。

安吉拉和奥利芙的关系丑陋而迅速地破裂。尽管几乎整个童年时期安吉拉和母亲都非常亲密,她对母亲的印象已经永远被"后来的不合,尖刻的争吵"所污染。她承受破裂关系的决心是勇气的证明。尽管无论用什么标准看奥利芙的保护欲都十分过分,在 50 年代,人们却认为十几岁的女孩应该顺从父母的意愿。安吉拉的背景中没有任何因素让她叛逆,而(至少一开始)她必须迫使自己去伤害母亲。对奥利芙来说也不好过:经历了顺从自己母亲的一生,她现在感觉自己受了严重的背叛。她获得了休的支持,以休的愤怒来威胁安吉拉。然而,是她自己的愤怒给安吉拉刻下了最痛苦的记忆:

> 我的母亲……总是挑出可疑的点,插入她的解剖刀然后无情地拧转它。她将眼泪仅仅当作敌人的第一滴血,继续着杀戮;但她无法定性区分自己的众多怨恨。她对我穿的裙子太短的恐惧和我可能在悄悄注射海洛因的恐惧——程度相当,同样真实。翻阅菲利普·罗斯的《波特诺伊的怨诉》(Portnoy's Complaint)时,其中的叙事者受事事插手、激起罪恶感的母亲影响,感情上已经残缺,我一眼就认出了她。

听上去像是不快只流向了一方,但安吉拉才经常是挑事者。她享受激怒奥利芙,把最糟的话都说了个遍,冒犯权威,亵渎神明,污言秽语。无疑这其中含有恶意:她后来在未制作成型的电影剧本《基督教堂谋杀案》(The Christchurch Murder)里写了弑母情节,语含同情;在《萨德式女人》中,她讨论了比弑母更僭越、更扰乱心绪的事件,即萨德的《闺房哲学》(Philosophy in the Boudoir)中尤金妮·德·米斯蒂瓦尔强奸母亲的情节("对她针对享乐的犯罪而言是一种独特的惩罚")。不过,在一切有意的报复之外,她还感到快乐,不仅是因为能张扬自己的个性,也是因为在混乱无序中找到了趣味,像是一出生机勃勃的喜剧,她在一个恰当时机将句子像手榴弹一样掷给观众,然后看着它引爆。

塞西尔·法辛和妻子安对安吉拉的困境深表同情。她将他们算作在对抗母亲的战争中的秘密特工。奥利芙不许她同男孩一同出门,所以她就让舅舅、舅妈说她晚上和他们在一起。尼古拉·法辛记得她经常为这事打电话到家里。他们总是很乐于为她遮掩。在1989年安去世后,安吉拉给塞西尔写了封信,表达迟来的感激之情("我从未恰如其分地感谢过你们,如果我的'谢谢'最终没说出口,我会很遗憾。")。她回忆起他们:"无尽的善意,对我几个古怪的朋友也毫无畏惧地表示了欢迎!"

这些"古怪的朋友"是谁还不清楚——似乎不是她学校的女孩们。她可能是在斯特里塞姆高地与克拉法姆中学与其他五所学校(两所女校,三所男校)联办的六年级学生社团中遇见他们的(她认识其他男孩也是如此)。社团一年举办五次"讲座、音乐、社交类活动"。但她看起来不可能跟任何一个人走得很近。"我青春期的叛逆很大程度上因为没有人陪我叛逆而受到了抑制,"她在1983年写道,"现在想起这段时间,我感觉非常尴尬,因为我的父母想要保护我不受虎视眈眈的男孩侵扰,而我偶尔见到的那些男孩们也同样积极地保护着自己不受我的影响。"

也许在这段时间,另一个驱使安吉拉想要从父母手中解放自己的因素是她的正式教育程度已经比他们高了——她逐渐拥有了无法与他们分享的丰富内心世界。对于智识而言,这是重要的几年。除了出席一些六年级学生社团的讲座和音乐会,她更是定期只身前往国家电影院,在那儿获得了详尽的电影史知识。她为德国电影中标志性的女演员着迷——《潘多拉的魔盒》(*Pandora's Box*)中的露易丝·布鲁克斯,《蓝色天使》(*The Blue Angel*)中的玛琳·黛德丽——她们对于一个有身体意识、积极塑造自我形象的十几岁女孩来说,是被构建的女性特征典型:

> 我爱这些脸蛋,把她们当作脸蛋来爱。我把她们当作客体来爱……《蓝色天使》有趣的地方是在她的脸真正成为黛德丽的脸之前,在它真正上妆之前。我看着她的脸上妆的过程,她变得越来越不真实……越来越像一个客体,越来越像一个欲望的客体。这就是它的迷人之处。你知道,那张脸是如何用原料创造出来,如何被发明,像一件厨艺作品,一件高级烹饪的杰作。它的实现方式对我来说就是迷人之处。

后来她才开始自问为什么会这样做。这个问题吸引了她:1970年代女性主义运动背景下写成的《新夏娃的激情》(*The Passion of New Eve*)探讨了这个现象(通过幻想创造黛德丽之类女演员的形象)下隐藏的文化焦虑。暂时而论,注意到她改头换面的事实,去研究它的过程就够了。

在学校,她享受着英语和法语文学的乐趣。她现存最早的笔记显示出她对经典作品钻研颇深(一个普通勤奋的学生可能会邂逅《奥赛罗》和《哈姆雷特》,但《辛白林》① 和《特洛伊罗斯与克丽希达》② 可不在众多六年级生的阅读书单上)。她发现了许多今后对她意义重大的作家:乔叟、马维尔③、布莱克④。另外一则重要发现来自她那"不同寻常"的法语老师。西夫雷小姐借给了她一张法兰西剧院演员朗诵波德莱尔和兰波的碟片。这是安吉拉生命中的重要时刻。她"快把碟片听坏了"才归还回去,被那"黑暗、婉转"的声音和叛逆、轻浮的文字噬咬。在听过几遍之后,她决心要成为一名作家:"那张碟片是诱

---

① 《辛白林》(*Cymbeline*),莎士比亚根据薄伽丘的故事创作的剧本。
② 《特洛伊罗斯与克丽希达》(*Troilus and Cressida*),英国小说家乔叟的作品。
③ 安德鲁·马维尔(Andrew Marvell,1621—1678),17世纪英国著名玄学派诗人。玄学派诗歌的特色是语言口语化,意象新颖,比喻奇特,充满智慧和创造力。
④ 威廉·布莱克(William Blake,1757—1827),英国文学史上最伟大的诗人之一,英国第一位重要的浪漫主义诗人,版画家,基督徒。主要诗集有《纯真之歌》《经验之歌》等。早期作品简洁明快,中后期作品趋向玄妙深沉,充满神秘色彩。

因。就像是用罐头起子撬开了我的头颅，让所有的内在变形。"日后，她将自己奢靡、浮华的文风追溯自法国诗歌。值得注意的是，许多对她的一生造成了重要影响的作家——当然有波德莱尔和费尔班克①，但同时也有纳博科夫、梅尔维尔和乔伊斯——都有一定程度的花花公子做派，不厌其烦地装饰，突出个性的写作风格，将完善文字当作自我的展示。

老师们对她的投入程度印象深刻，鼓励她申请牛津。她对此心生向往，直到奥利芙宣布她和休会在城里租一套房子，以便和她保持亲近，就像当年休伊撤离到伊斯特本时他们做的一样。安吉拉知道母亲对此十分认真。她再也不提上大学的事了。1958年夏天，在高等水平测试②中，她的英语文学和法语获得了A（英语获得了A+），但其他科目都没通过。她开始考虑把结婚当作从家中逃离的唯一出路。

---

① 罗纳德·费尔班克（Ronald Firbank，1886—1926），19世纪末20世纪初期英国一名公开身份的同性恋作家。作品中充斥着被同代人视为奇怪的内容：戴着王冠的脑袋、黑色教袍、交际花、怪癖、蕾丝边等；作品语言则充满讽刺、黑色幽默、戏剧化的渲染与铺陈，模糊而跳跃的人物情节时时流露出一种"坎普趣味"。
② 英国学生申请大学时需要通过的考试。

第三章

逃离闭室

如果安吉拉曾想象只要自己放弃大学，父母就会放松要求——以为他们会让她在家里闷闷不乐地吃闲饭，直到丈夫出现——那她就严重低估了他们。休坚持让她工作：他不会让她嫁给"傻瓜"，浪费这些年受的教育。在她收到高等水平测试成绩的几周后，他为她在《克罗伊登广告人报》（Croydon Advertiser）找到了一份记者工作——《广告人报》集团在肯特、萨里和大伦敦地区九家地方报社中最大的一家——周薪2.5英镑，六周试用期后升为3英镑。安吉拉接受工作时"又踢又闹……大喊着不不不"。

"我从来没谢过他，"二十多年后的她回忆道，"那时我根本没想到他在做一件相当进步的事。"她沉浸在自怨自艾中，不关注她所处的世界怎样运行。在50年代末，女人占据了33%的工作岗位，但大多数都在传统女性职业中——秘书、护士、教师——那些同男人一起工作的基本上走不了太远。新闻（如同政治、金融、医学和法律）是男性主导的行业。安吉拉加入《广告人报》时，她是二十个作者中的"女性代表"，而她还不得不迅速适应一个有自觉意识的男性环境。

报社在一幢宏伟的四层建筑里——临街的正面是一条条壁柱，屋顶是繁复的三角墙——位于克罗伊登主街上。由旋转门进入，背靠嘈杂的萨里街蔬菜市场。新闻编辑室吵吵嚷嚷，充满烟味，打字机永恒的"叮叮"声和电话铃声意味着所有的对话都必须大声喊出来。相较于斯特里塞姆高地与克拉法姆中学那彬彬有礼的氛围,生活有了改变,安吉拉很快就对记者一行提起了劲。("这显然比我能做的其他众多事情更有希望,"过后她承认道,"连我都能看出来。")她从中找到的粗陋浪漫感一直是她自我形象的重要部分,哪怕到1983年——已写过七部长篇小说、两部故事集,还有长期教职——在被送到医院待产时,她报出的职业仍是"记者"。

同事们很快把她当作"一个小子"。这是因为她说粗话("我从没听过女人说'操',但安吉总是这样")、抽烟("她是员工中抽得最厉害的那几个之一,很少有嘴角不叼烟头的时候"),而且愿意下班后和男人们一起喝酒("在那个年代,如果你对女孩说'跟我们一群人去酒吧吧',大多数都会说'不,算了吧',但安吉拉会说'好啊,行'。这就是区别")。后来,安吉拉经常表达一个观点,即男性和女性特征都只是"行为模式",与事实上的性别分化只存在松散联系。这种信念奠基于她成功地进入记者这个传统意义上的男性角色,是她女性主义意识的核心。

但拒绝母亲娇弱的女性特点并不意味着她想被当作"一个小子"。她的几个同事自视为"女性杀手"。她不得不注意到他们调情的姿态和荤话——吵吵嚷嚷地抛向秘书和助理女编辑——从来不是冲着她来的。尽管她表面上有教养而自持,心里却为之苦恼。

至少在三十四五岁以前,安吉拉的冷静才智与激烈的身体意识共存。她长得挺高——十八岁前就接近五尺九[①]了——天生骨骼宽阔。她曾将自己描述为:"高大笨重的假小子,极度丑陋,贫乳、大屁股,像个曲棍球队长。"在别的场合,她说自己像是"老式便士上的不列颠尼亚画像",还有"俄罗斯自由式摔跤手"。对自己外表的强烈挑剔在

[①] 约为175厘米。

她走出家门即遭到认识的第一批男人的冷遇之后，自然不会好转。

一天晚上，她从克罗伊登坐火车回巴勒姆，车厢里只有她和一个法国水手。他们开始交谈，他给了她一支"高卢女人"。她弯腰去够火柴时，他的手毛毛躁躁地攀上了她的裙子。"我那时很高兴。高兴是因为六个月来第一次有个男人对我表示出兴趣，哪怕我是在一间全是男人的办公室里。"十多年后，她再回想起这次事件，这种态度让她沮丧，但在 1958 年——"青春期，聪明而又时常突然神经质"——她的不自信战胜了她的女性主义直觉。

当年年底，她身体上的不安全感已经完全膨胀成了强迫症。她现在体重降至九英石，但她还想更瘦。她觉得把自己搞得骨瘦如柴是令自己吸引男人的唯一方式。十五年后回想起这段时间，她称之为"用自恋的方式自杀"。"明显当时我的心理比这更复杂，但性虚荣是我的正当理由。"截至 1 月底，她已经缩到了五英石半到六英石之间。她开始呈现出体重不达标的病态症状。她停经了。她精力衰弱，感到抑郁。"这时，"她写道，"我患上了厌食症。"

诊断与安吉拉的心理相合。"有些专家分析说她拒绝的食物象征着她想要远离的母亲，"丽莎·阿皮尼亚内西（Lisa Appignanesi）在《疯狂、恶劣与忧伤》（*Mad, Bad and Sad*）中写道——这本书关注 19 世纪以来的女性与精神疾病史，"不管厌食症的临床医生倾向于哪种理论，记述中始终有一条：厌食症患者对食物的恐惧与拒绝也是对任何一种入侵的抵抗。"意大利心理治疗师玛拉·塞尔维尼·帕拉佐里［1974 年安吉拉为她的《绝食》（*Self-Starvation*）写过书评］指出了两个厌食症患者的特点：她们都对女性气质这一文化包袱高度敏感；她们都缺乏自主意识，而通常原因都是有一个保护欲过强的母亲。听上去和安吉拉很像。即便如此，我们也要谨防轻信安吉拉的证词：她没能保存下家庭医生记录，1959 年前半年的照片也未能留存至今，所以我们能仰仗的只有她"前厌食症患者的自白"和其他人的记忆。而且即便她在这件事上口气确凿，也只有极少数当年的熟人愿意支持她的说法。《广告人报》的同事记得她除了酸奶都吃得不多，而酸奶是她桌上的零食。但他们都不太记得她如自己所说的那样形容枯槁，像五尺八却只有五英石半的人那样。休伊认为"关于厌食症的说法是有点太夸张了"。琼的证词稍微配合一些，说她"肯定是接近厌食症了"。可能如此吧。但安吉拉自吹自擂的习惯无可救药："五英石半到六英石之间"是她面对公众的说辞，但在1969年的信件中，她对友人估计自己最轻的时候有七英石半。

有两件事证据确凿：在余生中，一旦感到不快乐，安吉拉总是会"自动……不吃饭"；以及，奥利芙为她的健康操心得快要疯了。她们的争吵有了一种新的歇斯底里的味道："她妈妈一直想让她吃奶油包还有别的什么东西，因为害怕她会饿死。"琼回忆说。尽管如此，奥利芙发现安吉拉停经的时候，第一个恼怒的念头还是她的女儿怀孕了——当然，她还是不会给安吉拉留多少隐私。

哪怕安吉拉没有自己声称的那样消瘦，她的体重也肯定掉到了一定程度，对她的健康造成了跟当年的肥胖症同样的伤害；而且这肯定源于她对自我形象的不自信，以及想要寻求自主却别无他法。她极度迷茫，仍然感觉受到父母种种要求的压迫："我不知道他们想要我做什么，我也不知道自己想要什么。"相比雷文斯利路上的动荡氛围，《广告人报》"像一个仁慈的日间诊所，好脾气地接纳着我父母的疯狂"。一年之后，情形好转了——但在此之前，她为从休和奥利芙手里夺回对生活的控制权采取了激烈的行动。

安吉拉在《广告人报》的同事从没觉得她自卑。办公室阳气过盛、极端保守的气氛很快就成了她那散漫天性的宣泄对象。她无视报社严格的着装要求，开始戴宽边帽、穿明亮的"民族风"长裙和黑色渔网袜。在她之后不久加入的乔·斯蒂普尔斯（Joe Steeples）认为她看起来像"介于昆汀·克里斯普①和西方恶女巫②之间"。有些同事就远没有这么善良了。她的怪诞风格让那些更大男子主义的同事感到困惑而愤怒，这几乎肯定是她的目的之一。1967年写关于"权力归花"③的"俗丽破布"时，安吉拉将过分的衣着当作隐藏自我的方式："人把自己塑造成另一个人的形象，不管这个人是否存在……尽管这种伪装只是游戏，不是有意欺骗，它还是让自己从自身的个性中放松出来，说不定还能让人发现新的自我。人会更自如地任意表现自己。"通过反传统的着装，她使自己对传统观点免疫。她的同事记得有一天，她涂着绿口红进来了。主任记者诺埃尔·韦恩（小说家约翰·韦恩的兄弟）突然向她开炮："这他妈是什么东西？"安吉拉问这他妈关他什么事。

要不是她的父亲在弗利特街声名显赫，她可能不会逃过监管。安吉拉入职后不久，休·斯托克就跟《广告人报》的员工们谈过话，他跟主编鲍勃·泰勒（Bob Taylor）关系也很友好。不管是不是因为这层关系，泰勒看上去对她比较放任。连她自己都承认，她在谈到事实时有种"恶魔般的不精确"。她擅长描写庭审的气氛，却在报道中忽略重要的细节（比如陪审团裁定内容）。她因为想在文稿中悄悄塞点双关和文学典故而惹恼了编辑。她不止一次因为"先锋"的穿着被勒令离开治安官法庭。被派去报道克罗伊登聋孩协会的年度大会时，她回来说没报道成，因为"他们没听见她敲门"。但泰勒没责骂她，也没撵她走，而是让她成了专题作者。

这真是神来之笔。安吉拉对庭审和议会会议压根不感兴趣，但现在她可以写自己关心的话题，同时还能打磨文风。她为书籍、戏剧和

---

① 昆汀·克里斯普（Quentin Crisp, 1908—1999），英国作家，表演家，从小喜欢描眉涂红，穿着艳丽，毫不掩饰自己的同性恋身份。
② 《绿野仙踪》中的人物。
③ 由美国诗人艾伦·金斯堡提出的和平反战思想，成为"垮掉的一代"的标志性口号。

碟片写评论；写《去年的海报女郎》和《火车站是一种艺术形式》；还能随口谈谈南伦敦的历史。整体而言，这些文章缺乏她后来的评论那种犀利的观点和绚丽的文采：它们通常带有 50 年代女性杂志那种冷酷的欢乐（"这场时装秀既不乏味，也不会显得正式"——看上去不像安吉拉·卡特的句子）。但是其中最好的几篇，尤其是在她越发自信之后，已经开始出现个人色彩。

这可能部分是出于精心策划：《广告人报》的大部分文章都是匿名的，但安吉拉意识到如果她经常用第一人称，助理编辑们就不得不给她署名。于是克罗伊登的日常见闻都成了哲思的对象。报亭橱窗上的卡片提供了"免费学习城郊社会学"的机会，引起了一个直接的道德问题："我从越来越多的出租房广告上写明'拒绝有色人种''仅限成年欧洲人'中看出了威胁……是我太过敏感了吗？"看到一组 1917 年的淫秽明信片（上面是一个周身基本裹满了衣服的模特摆出各种诱惑的姿势），她笑了好一阵，但接下来就开始想象未来：

> 实际上，再过四十年，今天杂志上常见的那些四肢修长、"富于表情"的模特女孩形象会进入 2001 年的某种类似的旧货商店。那时的人会善意地嘲笑 1960 年代的完美女孩，觉得相比之下，不如当代的金发维纳斯（这个人说不定真是来自金星①）和圆脸②的月亮少女。

文章里也闪烁着女性主义的声音。1959 年，评论玛琳·黛德丽的一张专辑时，她代表她的性别写道：

> 我想女人如此仰慕玛琳·黛德丽的原因是她看上去就像把男

---

① "维纳斯"（Venus）与"金星"（Venus）一词多义。
② moon faced，字面意思是满月一般的脸型，与"月亮少女"（Moon maiden）相对应。

人生吞活剥了一样——可能放在了早餐的吐司面包上。而且,人们会想"老天,他们活该"。她是女性对全体男性摧枯拉朽的报复。

这十分接近安吉拉·卡特成熟后的声音("老天,他们活该"中使人放下戒心的坦诚以及幽默、戏剧性的"可能放在了早餐的吐司面包上")。这个声音同样直率得惊人。20世纪50年代和60年代早期是英国女性主义运动的低潮期,社会文化强调核心家庭和家庭主妇的职责;贝蒂·弗里丹(Betty Friedan)的《女性的奥秘》(*The Feminine Mystique*)还有四年才出版。安吉拉后来宣称"我能追溯……到1968年夏天,我对自己女性存在的本质产生怀疑",这句话经常被用来描述她对性别政治产生兴趣的开始。这或许是她开始理性思考性别身份问题的开始,但她那女性主义意识的种子——无疑是在《广告人报》的沙文主义氛围中培育而成的——早已生根。

* * *

安吉拉在这个时期写作了大量乐评,关于玛琳·黛德丽的话出自其中的一篇。她喜欢"现代爵士乐那高耸、狂野的山地"——贝西伯爵[①]和艾灵顿公爵[②]是她挚爱的音乐家——她也喜欢乔治·格什温[③]、艾拉·菲茨杰拉德[④]和科尔·波特[⑤]。她不屑于"商业恰恰",对油腔

[①] 贝西伯爵(Count Basie, 1904—1984),美国爵士乐钢琴手、风琴手、乐队队长、作曲家。演奏钢琴的手法让人称奇,培养出很多爵士乐英才,几乎每一位20世纪50至80年代的爵士或流行歌手都曾与贝西伯爵的大乐队录过音。
[②] 爱德华·肯尼斯·艾灵顿(Edward Kennedy Ellington, 1899—1974),昵称艾灵顿公爵(Duke Ellington),生于美国华盛顿特区,作曲家、钢琴家以及爵士乐队首席领班。"公爵"是他童年朋友给他起的绰号,他成名后,人们还是这样称呼他。
[③] 乔治·格什温(George Gershwin, 1898—1937),美国著名作曲家,写过大量的流行歌曲和数十部歌舞表演、音乐剧,是百老汇舞台和好莱坞的名作曲家。
[④] 艾拉·菲茨杰拉德(Ella Fitzgerald, 1917—1996),美国著名爵士乐歌手,被誉为爵士乐"第一夫人""爵士乐皇后"。
[⑤] 科尔·波特(Cole Porter, 1891—1964),美国著名歌手、作曲家。

滑调的流行榜金曲歌手诸如克利夫·理查德①、汤米·斯蒂尔②和比利·法瑞③（她称他们为"那帮名字奇怪的家伙"④，显然忘记了自己还是杰利·罗尔·莫顿⑤的拥趸）。她认为有艺术价值的东西都产生于边缘文化，而且开始激烈地站在主流的对立面："对畅销金碟榜的长期研究让我不得不承认'流行'音乐已经成功抵达了白痴的盛世。傻子的音乐占据了上风。"

在50年代，随着独立唱片公司这种新现象的兴起，接触先锋音乐变得更容易了。1946年由科林·波默罗伊（Colin Pomroy）、罗恩·戴维斯（Ron Davies）和杰克·克拉夫（Jack Clough）创立的"节奏唱片"（Tempo）属于英国最早的一批独立唱片公司。1949年，波默罗伊与其他两位创始人分家，建立了更小的一家名为"爵士收藏家"（Jazz Collector）的公司，重录那些由已经停业的美国公司（如"派拉蒙"）发行的稀有留声机唱片。发行量很小，大部分都在波默罗伊的商店内销售，这家"像出租车办公室"的小店位于肯辛顿西部。安吉拉为他出品的几张碟片写了评论："爵士和民谣乐迷绝对不能错过这几张碟，"她写道，"尽管热衷于畅销榜前十位的顾客可能会吃不消。"

波默罗伊公司的二把手是个二十七岁的工业化学家（他大部分的工作时间都耗在了邓洛普的实验室），名叫保罗·卡特（Paul Carter）。安吉拉很可能跟他相识于肯辛顿的波默罗伊小店内。她的第一印象是

---

① 克利夫·理查德（Cliff Richard，1940— ），出生于印度，英国籍，英国流行音乐历史上最受欢迎和演艺生涯最长的艺人之一，被称为"英国猫王""金童子"。
② 汤米·斯蒂尔（Tommy Steele，1936— ），英国演员，被誉为英国第一位青少年偶像和摇滚明星。
③ 比利·法瑞（Billy Fury，1940—1983），英国音乐家，20世纪50年代末到60年代中期为歌手，之后直到80年代是一名活跃的歌曲创作者。
④ "克利夫"（Cliff）意为悬崖，"斯蒂尔"（Steele）与钢铁（Steel）谐音，"法瑞"（Fury）意为暴怒；安吉拉自己喜欢的"杰利"（Jelly）意思是果冻（胶状物），"罗尔"（Roll）是打滚、卷的意思。
⑤ 杰利·罗尔·莫顿（Jelly Roll Morton，1890—1941），美国爵士乐作曲家、钢琴家，爵士乐历史上最早的巨人之一，但因喜欢夸大自己对于爵士乐的贡献，产生负面影响。

"来自50年代苏豪区的典型'垮掉的一代'模仿者,简单而附庸风雅"。他说话轻柔而内敛:"谦逊"是朋友经常用来形容他的词,但安吉拉很快就发现他极度害羞,比她还要害羞得多。他穿着深色马球衫领的短夹克和破破烂烂的粗呢大衣。他的脸有点方,身材较为矮胖——安吉拉的一个朋友认为他看上去像只"友好的泰迪熊"——她却从他那热情的棕色眼睛、突出的耳朵和喉结以下的一丛丛浓密毛发中看出了类人猿的特质。后来,她看见他在床上吃香蕉时,她说自己为他们的孩子感到害怕。

有可能保罗是第一个对安吉拉产生恋爱兴趣的男人;无疑,在经过奥利芙狂暴的爱意涌流之后,她为他那种平静而不张扬的方式所吸引。尽管她后来将两人的关系形容为纯粹的权宜之计——1983年,她是这么说的:"我终于遇上了一个肯跟我性交的人"——在当时,保罗身上有好几处吸引她的地方。尤其是他的"温柔"和"美德"的表像——这两种特质都是她自认缺乏的。从那之后接近一年她开始记下的日记来看,她肯定是陷入了恋爱。

保罗对待音乐非常严肃。他能演奏几种乐器(包括小号、竖笛和英格兰六角手风琴),有一副好嗓子,而且比起白天在邓洛普实验室的工作,他更乐于在波默罗伊的小店帮忙。他最热衷于不列颠群岛的传统音乐。先驱收藏家彼得·肯尼迪、艾伦·洛马克斯(自50年代早期起就一直在英国广播公司电视台上演唱传统歌曲)给他留下了深刻印象,保罗说动波默罗伊建立一个副牌,就叫作"收藏家",用来发行英格兰、爱尔兰、苏格兰民谣的现场录音。他开始利用周末前往乡村地区,穿行于酒馆之间,四处搜寻不知名的小提琴手、风笛手、哨笛手和歌手,也会在美国乐手经过伦敦的大街小巷时堵截他们。他一开始为"收藏家",后来又为"主题唱片"实地录制了吉卜赛音乐家菲比·史密斯、哈里·李和威利茨家族的唱片,还与民谣复兴运动的领袖包括路易斯·基伦(Louis Killen)、桑迪·佩顿(Sand Paton)和佩吉·

西格（Peggy Seeger）都有合作。

伦敦50年代的民谣圈充满乐于社交的业余爱好者：酒馆楼上有很多自娱自乐的歌会；没人是受邀上台演出，也没人获得报酬。安吉拉为《广告人报》撰写过一篇关于克罗伊登民谣俱乐部的文章，说这个社团每周五在"天鹅与糖块"酒吧欢迎所有来访者："如果你知道些好歌，就进来唱吧，大门为你敞开。"保罗将她带去一些位于伦敦中心的名气更大的夜店（比如伯爵宫区的"吟游诗人"，鲍勃·迪伦1602年初访伦敦时演出的地方），将她介绍给朋友，例如音乐家、音乐史学家雷吉·霍尔（Reg Hall），后者发现她"善良、机智、有点尖刻，跟她的着装有点不般配"。

据她说，她所有关于传统音乐的知识都是保罗教的。这可能是他最重要的馈赠。"对这些岛屿上的民间音乐的研究本身就像是博雅教育，"她断言，而且她开始欣赏民间音乐的一些特点——它是一种民主的艺术形式，是所有人的消遣；是一种被文化当权者哪怕不是刻意贬低，也是无意忽视的传统；是"无名大众的创造欲"的出口——也可以毫不牵强地用来形容二十年前她在与世隔绝的约克郡矿工社群里初次听见的民间故事。她继续在保罗为"主题唱片"制作、录音的唱片封面上撰写专辑简介——佩吉·西格的《困惑的爱》（*Troubled Love*）和《早春》（*Early in the Spring*），路易斯·基伦的《民谣与宽边纸单①》（*Ballads and Broadsides*）——后来，她带着同理心和同样的洞见写出了《小红帽》《美女与野兽》。

民谣的风靡与新兴的核裁军运动（CND）紧密相关。作家J. B. 普利斯特里号召英国"要抵制被希特勒精神附体一般的核武器狂热"。作为响应，运动自1958年1月由一派左翼知识分子发起；2月，

---

① 宽边纸单（broadside或broadsheet）是盛行于英国16到19世纪的一种单面印刷品，上面通常印着民谣、诗、新闻和木刻插图。

它的启动仪式有五千人到场。当年复活节,从特拉法加广场到伯克郡奥尔德马斯顿附近的核研究所的游行吸引了媒体的热切关注,而CND也成了公众心中重要的政治力量。

安吉拉和保罗是其中热情的成员。他们是典型的积极分子:年轻,左翼,中产阶级民谣爱好者。"1958年,奥尔德马斯顿游行像是全国民谣俱乐部的聚会,"歌手约翰·福尔曼回忆道,"那是一个歌唱游行。"这个时期,保罗制作的其中一张专辑是伦敦青年合唱团的《奥尔德马斯顿之歌》。(歌词例如"有人说地球是个可怕的地方/它和人类一样邪恶或善良。")有人观察到CND"极大地催化了……恋情",共同对抗众多保守力量,对抗在核毁灭面前涎脸欢呼的人,这种感觉无疑加深了保罗对安吉拉的吸引力。"我们总是被揪出来,缓慢地走着,被警察送上警车。"她说——但她总喜欢为故事加油添醋,而且她不一定在"我们"之中。

她一度想写一本"关于CND的长篇小说",名为《明日即末日》——致敬浪漫主义作家托马斯·洛弗尔·贝多斯(Thomas Lovell Beddoes),他在晚期的诗作里写了这个词组——最后会是"一个黑色幽默,复活节(特拉法加)广场上的四分钟警报"。她没有抽出时间来写这本书,而且在古巴导弹危机的种种后续中心灰意冷,慢慢脱离了CND。但她还保留着早期游行中"动人的美丽记忆":"面对公众大规模表达自己平静的愤怒——就像是展示着大众的清醒……当时看起来,抗议会带来改变。"

一切都与雷文斯利路的传统、保守对比鲜明。毫无疑问,安吉拉深受保罗的吸引大部分是源于他看似代表的:不仅是一条从童年的家中出逃的路线,更是另一种全然不同的生活方式。她把他带回家见了父母,他送了他们一张自己制作的专辑:由一位年轻的格拉斯哥歌手罗宾·霍尔演唱的《罗伯特·彭斯歌谣集》。有的歌词有点淫秽——

"我的爱,她还只是个小姑娘/我们等她这样一两年/她就不会有现在的一半轻佻!"——让奥利芙不满,而让安吉拉愉快。休认为保罗"乳臭未干"。

1959年遭遇了人们记忆中最为炎热的夏天:几年后,安吉拉想起"查令十字街沿路煎蛋饼和炸土豆的气味,在马里奥餐厅吃沙拉,去看电影的路上烈日高悬,在美丽的周日下午穿过城市街道,在商店里亲吻好几个小时,阳光透过百叶窗溜进来"。他们的拥抱"有种急迫感,仿佛发生在午夜,在悬崖之上,雷电交加,世界末日将近"。也许那是因为他们还没有做过爱:保罗坚持说他们应该先订婚。离开学校仅一年后,安吉拉接受了他的求婚。

60年代早期结婚的人数比英国历史上其他时期都多。即便如此,十九岁的安吉拉还是稍显年轻了。在对她寄予厚望的父母看来,这是特别残酷的叛逆之举。她的父亲难掩失望——他为她设计好了一路进入弗利特街的职业生涯,而她就这样轻松地扔掉了,他感觉受到了毁灭性的打击。一开始他拒绝认同,但安吉拉告诉他哪怕不结婚,她也很满足于和保罗同居,如果那是她唯一的选择。休的态度有所缓和,但争吵并没有就此结束。奥利芙想到可能这么快就要失去女儿,气得几乎发狂,她的唠叨和窥视变得急迫。婚礼前夜,她因为安吉拉竟然没为这个特别的场合买一套新内衣而大光其火。

仪式于1960年9月10日在巴勒姆的圣玛丽教堂举行。保罗打了一条红色的领带(让安吉拉的外祖母简·法辛怀疑他是个共产党员),伴郎穿着磨损严重的茶色皮鞋,搭配黑色西装(遭遇已经跟不上潮流的新娘父亲的反对)。安吉拉终于没有挨母亲的骂:她穿着白裙子,将深色的头发盘到头顶,看上去很美;她现在体重大约是九英石半,似乎从厌食症中彻底恢复了。之后,他们在万兹沃斯公园外的酒吧午餐,其间简将糖舀进香槟还舀到熏三文鱼上,而且还评论说她不会"戴着那样的（大儿子埃里克的妻子莉娜佩戴的）帽子"走进卫生间。安吉拉和保罗离开宴会前往克罗伊登的"汉宫"（Palace）① 中餐厅，结果（每个人都感到尴尬）撞上了《广告人报》的同事在开派对。他们的蜜月期只有这么长——9月12号，安吉拉回到了工作中。

在安吉拉·卡特的小说中——在童话故事中也是一样——女主人公时常做出一个戏剧化的举动，舍弃一切，为不确定的未来放弃受压抑的过去。《魔幻玩具铺》——最能影射她童年的作品——的结局是梅勒妮和芬恩对视，脑子里充满"胡乱的揣测"，而眼前的家正在熊熊燃烧。在她的第四部长篇小说《英雄与恶徒》（Heroes and Villains）锋芒毕露的灾难寓言中，主人公逃离自己成长的社群那令人窒息的安逸生活，与一个野蛮人一同出走了："她不爱这个地方的任何人，但在此之外，一切都是未知的。"如果这个举动是结婚的话，作者的口气就更加充满怀疑。《新郎》——1979 年登载于《狂人》（Bananas）② 的一个短篇小说——最后女主人公用一个丈夫取代了另一个："在决定自己会成为谁的受害者之前，她会保持沉默，她只会活到沉默的这段时间结束。自由背弃了她。但她能做什么呢？她唯一的自由就是选择自己的主人。"这是安吉拉对自己嫁给保罗一事的感受。"我承认，"仅仅几年之后，她就在日记里写道，"婚姻是我众多破釜沉舟的举动之一，从一个封闭的房间逃到了另一个。"

即便如此，对比在父母家中的生活，婚姻带给她的自由不可计量。她显然很享受筑巢的过程。她和保罗搬进了一家带家具的公寓——他们俩别无他物——在南克罗伊登伯德赫斯特高地，荒凉的新月形街道上密布着臃肿的半独立别墅，两头连接的市郊街道也是同样安静，只

---

① 在地图上查无此餐厅，中文名根据英文转译而成。
② 1975—1979 年在英国出版的文学杂志。杂志名一语相关，既可指香蕉的复数形式，也可指代疯子、狂人。

不过稍长一些，也更易到达。根据拜访她的人回忆，参考她那个时期保存下来的作品片段，她似乎很享受管理一个家的感觉。尽管对于那些不感兴趣的家务（熨烫、打扫、洗濯），她从来算不上勤劳，却立即喜欢上了家务活中更具创造性的部分（烹饪、装饰、待客），而且在结婚后不到一年，她有这样的描写："在我打开橱柜，看到锡罐、坛子、包装袋，闻到浓咖啡溢出淡淡的香味时，我获得了……完美的秩序感。"

关于早期的性经历，安吉拉只写过"令人尴尬"，因为她几乎完全缺乏相关的知识。她的厨艺要好多了。她买的第一本烹饪书是佩兴丝·格雷（Patience Gray）和普丽姆罗丝·博伊德（Primrose Boyd）合著的《每日食谱》①，又名《海外佳肴》。伊丽莎白·戴维也对她产生了影响。安吉拉变得很擅长烹饪温馨、不复杂的欧陆菜肴，例如普罗旺斯杂烩和酒焖仔鸡。但她总是（几个朋友注意到）保持一个曾经的胖姑娘对食物的态度。她喜欢做饭，也乐于看见别人享用，但她不会纵容自己大吃。她也不太喝酒：客人有时会为她的习惯感到扫兴——为他们倒一杯酒，然后塞上瓶塞，把酒放进冰箱后就不再出现。

她的几个同事——乔·斯蒂普尔斯、彼得·卡佛、约翰·亨蒂（John Henty）——拜访过伯德赫斯特高地，过来听保罗的唱片，品尝安吉拉的手艺。周五晚上，他们会前往南克罗伊登的经典电影院看"新浪潮派的电影，先锋，而且永远都是这么无聊，只有安吉拉听说过"。这些无聊的电影中有一部是《精疲力尽》②，1960 年上映时，安吉拉觉得"受到了启示"。对她而言，让-吕克·戈达尔是最能强势定义时代的艺术家："要是记录之后十年的经历，内容都可以说与戈达尔的电影有关，仿佛他是块试金石。"

大概这时候，她开始写作长篇小说。她为《广告人报》写作的经

---

① 原文为法语。
② 让-吕克·戈达尔导演的电影，和特吕弗的《四百击》同被誉为法国电影新浪潮的开山之作。

验肯定让她更能胜任这一工作:"肯定从中获得了一点自信,我的意思是因为自己的名字以印刷的形式出现,这已经对我没有诱惑力或魔力了,我的名字每周都会见报。"据她的同事回忆,他们拜访伯德赫斯特高地时,安吉拉的便携式打字机经常冒出几页她正在写作的小说,她有时会请他们过目。

这个时期的小说没有留存下来,但我们知道哪些文学作品对这部早期佚失的小说产生了影响。英国50年代末到60年代初的小说形式僵硬、语言嶙峋,有意脱离现代主义的华丽与繁复。圈中大拿是例如安格斯·威尔逊①(大不列颠博物馆前图书管理员)、C. P. 斯诺(年长的公务员)等传统主义的人物,让人忍不住将其与身后隐约可见的19世纪伟大作家相比(用威尔逊去比狄更斯,用斯诺去比特罗洛普)。捣毁圣像主义的代表是金斯利·艾米斯②、艾伦·西利托③等"愤怒青年",他们大胆地将中产阶级中下层和工人阶级人物放到了舞台中心,但对社会现实主义风格却与他们想要推翻的文学统治集团同等忠诚。也有几个离群的人——安东尼·伯吉斯④可能是其中最突出的——使语言和想象力的能量凌驾于社会和心理现实,但安吉拉似乎60年代中期才读到他们的作品。

她觉得同时期的长篇小说无聊,转而在前人中寻找灵感("1903—1923年期间现在看起来像是英格兰最后一个重要的艺术时期了。"她在二十年后一篇关于凯瑟琳·曼斯菲尔德⑤的文章中写道)。这时,她

---

① 安格斯·威尔逊(Angus Wilson, 1913—1991),英国小说家、文学批评家。
② 金斯利·艾米斯(Kingsley Amis, 1922—1995),英国小说家、诗人、评论家,20世纪50年代文学界"愤怒青年"的代表人物之一。
③ 艾伦·西利托(Alan Sillitoe, 1928—2010)英国著名工人作家,"愤怒青年"代表人物,作品描绘了对现实和权威不满、愤怒的战后英国工人蓝领阶层。
④ 约翰·安东尼·伯吉斯·威尔森(John Anthony Burgess Wilson, 1917—1993),笔名安东尼·伯吉斯,英国当代著名作家,代表作《发条橙》。
⑤ 凯瑟琳·曼斯菲尔德(Katherine Mansfield, 1888—1923),生于新西兰惠灵顿,短篇小说家,新西兰文学的奠基人,被誉为一百多年来新西兰最有影响的作家之一。

最爱的作家是 D. H. 劳伦斯,《儿子与情人》是"我们每个人都最想写的小说":

> 众多主题——与自我赤裸裸的交锋,对资产阶级个人主义者来说最具激情的体验;与家庭的交锋;与性交锋;面对世界的挑战;这本书为你的存在正名,更重要的是,为弑亲正名,也就是说,谋杀幼年的自我,这是成人生命的开始。

吸引她的是劳伦斯"让人心跳加快的能力",除他以外鲜有作家对此展现出丁点兴趣。她相信要不是因为《查泰莱夫人的情人》那一抹性感意味和相关的丑闻,她"早年就会彻底放弃阅读了"。此书在她二十岁时才洗脱(只是在法庭上)淫秽的罪名。一位同事悄悄放了一本在她的桌上——"仿佛封面都在脸红"。不管怎么说,她对崇拜阳具的劳伦斯欣赏至此,说明这时她的女性主义思想还未成熟。她的态度很快转冷("D. H. 劳伦斯让我尴尬,"她在 1965 年的日记中写道,"我是在成长吗?"),但她弃决前任偶像的方式总含有一些俄狄浦斯情结(乃至在 1975 年一篇精彩的散文中揭露他是一位潜在的异装癖者),而在 1982 年她又写道:"一个令人不快的事实,他仍然是本世纪英国最出色的长篇小说作者。"

1960 年底,保罗辞去了邓洛普那份回报甚微的工作。尽管公司的人事变动文件不复存在,所以我们不可能完全确定,但根据推测,这是个人选择。可以确信的是,安吉拉一度成为家中唯一的经济来源(不过保罗还是会通过卖唱片稍做补贴),而且很有可能(按照当时的习俗)她还要承担大部分家务。这对她而言绝不可能是理想的安排,但似乎对保罗影响更为恶劣。他开始暴露安吉拉口中的"内在情绪"。这期间,他陷入全然的沉默——在她走进房间时,他也不会从书中抬起头，对她说的任何话只给予"简单，尽可能小的，陌生人式的回应"——有时一次持续好几天。她的同事毫不怀疑她受到了怎样的影响。1961年3月21日，保罗还在失业，约翰·亨蒂在日记中写道："安吉拉心情抑郁。"3月23日："安吉拉仍在沮丧。"4月11日："安吉拉不只是安静——她像是不在场——精神上的。"

休伊（他自离开牛津后成了音乐老师）为之忧虑。他看到《泰晤士教育副刊》上新成立的布里斯托技术学院（1970年并入布里斯托理工学院，现属于布里斯托城市学院）招聘讲师的广告，主动帮忙。保罗申请到了教职。

"我想你应该跟他一起走，"安吉拉想起母亲当时这样说。她没有犹豫：搬家是她彻底"结束孩童状态"的机会。7月底，也就是他们离开伦敦前一个月，她从《广告人报》辞职，开始寻找新的住处。她向英国广播公司和《布里斯托晚报》求职。开始新生活的感觉令人迷醉。8月4日，她向前同事们宣布自己怀孕了。"她很快乐，"约翰·亨蒂说，他是她报喜的对象之一，"无疑她对此感到快乐。"

第四章
止于人妻

布里斯托的克里夫顿郊区——倾斜的小巷和突起的乔治王式新月形建筑构成凌乱的网络，向埃文峡谷的峭壁延伸——是城市在到达丘陵公园、埃文河和远处原野前的最后一站。尽管遍布 18 世纪的庄严建筑，这片地区却有着轻松的乡村氛围。房屋漆上了柔和的色彩。海鸥在头上盘旋。然而在 60 年代，这片风光如画的街区——曾经是，也将会复归布里斯托奢华之首——却处在半倾颓状态。这种摇摇欲坠的气息在安吉拉的第三部长篇《数种知觉》（*Several Perceptions*）中得以表现："很多商店的门窗钉上了木板等待出租，或是售卖二手衣物，或是成了投注站……每个裂缝都钻出杂草，破损的窗户只用纸板草草糊上——如果有人去补的话。"

卡特家在布里斯托期间，大多时候住在皇家约克排屋中，这是一幢庞大而气势逼人的新月形建筑，俯瞰山丘各处。他们位于 38 号的底楼公寓有两间宽阔的房间，天花板很高，大窗户采光良好。前厅兼作卧室：他们在房间里摆满了书、乐器和深色的维多利亚式家具，墙上还挂了一件丝绸和服作装饰。厨房能看见克里夫顿吊桥的壮观景象，安吉拉称这座工程杰作"可能是 19 世纪最伟大的艺术作品"。连接两间屋子的双门时常打开，造出一块奢侈的完整空间。厨房另一侧是间小的后房，被安吉拉用作书房。没有卫生间——他们与住楼上的夫妻共用卫生间——也没有热水。他们不得不每天早上拨弄着火炉里的煤炭，冬天也在室内穿着外套。

克里夫顿之外，整个城市在60年代初蓬勃发展，急切地将自己推进20世纪后半叶。老式排屋被推倒，为新房产创造空间。舞厅和迪斯科兴起，还有几处二十四小时营业的宾果游戏厅。梅卡娱乐集团（The Mecca Leisure Group）斥资250万英镑修建新布里斯托中心，这座全欧洲最大的娱乐场所高耸于弗罗格莫尔街乔治王式的建筑之间。到60年代末期，娱乐场内已经包含了一座冰场，一个电影院，一家赌场，几个保龄球馆还有十多个获许卖酒的餐吧。它最重要的组成部分是能容纳两千人的洛卡尔诺舞厅，"谁人乐队"（The Who）、"吉米·亨德里克斯体验乐队"（The Jimi Hendrix Experience）等时常来这里演出；闪烁的小灯照亮了穹顶，午夜时分，舞厅放出成百上千的气球，任舞者用烟头戳破。

"每个人都非常清楚布里斯托在发生什么。"安吉拉在皇家约克排屋的一位邻居提到。艺术家、作家从全国各地涌来。截至1964年，当地已经有了300多个流行乐队（布里斯托本地专注于"垮掉的一代"文化的报纸《西境》列出过名单："约翰尼·斯莱德与维京人；迪安·普林斯与公爵；迈克·托宾与熟铁块；约翰尼·卡尔与凯迪拉克……"）。整个十年期间，城市因戏剧产出而颇具盛名，在安吉拉居住期间，布里斯托也住着著名剧作家，其中包括1967年因为《乔·艾格死亡的一天》（*A Day in the Death of Joe Egg*）大获成功的彼得·尼克尔斯（Peter Nichols）；彼得·特尔松（Peter Terson）同样在1967年因为《齐声燥呀》①引发轰动，这部剧是最早书写足球流氓的作品之一；还有查尔斯·伍德（Charles Wood），他在1965年写作了第二部披头士出演的音乐电影《救命！》。英国广播公司的纪录片部门设在布里斯托，

---

① 剧名的英文 *Zigger Zagger*，是英国足球队切尔西比赛时球迷的加油口号。

而且自1962年起由约翰·布尔曼（John Boorman）出任主管；与此同时，布里斯托老维克剧院的常驻剧团中包括彼得·奥图尔（Peter O'Toole），《布里斯托夜世界》的剧评人是汤姆·斯托帕（Tom Stoppard），安吉拉有次在"一个拥挤的房间里"见过他。据她后来所说，刚到城市的那几年，就像生活在博物馆里：走到哪儿都有奇人异物，但所见所闻对她的影响还被封印在玻璃之后。

离开伦敦后的生活不同于她的梦想。她在城里没有相识的人，保罗成天工作，她大部分时间都只能孤独地承担着家庭主妇的职责。她经常感到寂寞无聊，而她能出门的机会少得可怜。她裹着保罗的大衣，在老城里"病恹恹、麻木地游荡"，在劳工介绍所办理登记，获得每周一英镑十九先令的救济金。她在皇家约克排屋尽头的拍卖厅徘徊，买些维多利亚时代的小古玩，像是一大组沙丁罐头（她后来将其描述为"有意的怪诞和任性"行为）。她给英国广播公司和《布里斯托晚报》投出的申请都未能成功；她向乔治书店求职——这是当时城中心唯一的书店——也遭到拒绝。她说，这意味着她没有理由不遵循自己的梦想了："我终究要努力成为艺术家。"

我们知道很多安吉拉在这个时期的想法，因为1961年10月29号，她开始记日记了；之后三十年，她坚持不时写上几句，直到确诊癌症。这些分行的A4笔记本——封面粘了香烟卡纸和杂志上剪下来的图片——是非常具有个人色彩的文件。它们不是（比如弗吉尼亚·伍尔夫的日记那样）在记录她的日常活动和想法。它们结构更松散，内容没那么兼容并包。工作笔记——从所读的书中摘取的句子；故事的构思；段落草稿；正在写作的诗——占据了本子的偶数页。有时有生活的断章——场景、事件的描写；朋友和熟人的速写；对自己的心情、希望和恐惧的思考——写在奇数页上。在特别繁忙或混乱的时期，她常常不着一字。哪怕有时候写了，也在事后撕下这几页或用深色的毡尖笔划掉。不过这样剩下的内容也满是个人生活的细节。

她早期的日记不仅暴露出她在布里斯托的第一年过得多么寂寞，还显示了她怎样尽力沉浸于文学创作中。她写诗歌、小说，竭力发出与众不同的声音。小说涵盖了众多文学风格和体裁，从质朴的社会现实主义到罗尔德·达尔①式的荒诞喜剧轶事。没有一篇像她成熟时期的作品那样炫目。哪怕其中有些篇章展现了安吉拉此时的最高水平，但作品的缺陷还是使她沮丧而恐惧。每个失败的故事背后都蕴藏着一个可怕的念头，那就是她看上去不具备成为作家需要的特质："我很聪明，这我知道，但我没受过训练，不懂方法，仅仅生活就会蹉跎我的敏锐，黯淡银的光泽。"

在她留存下来质量最高的早期小说中，有一个自然主义的短篇《婴儿》（"The Baby"）。故事是关于一对年轻夫妻的，酷似安吉拉和保罗。男主角比女主角"大几岁"，"对她说话时带着玩笑口气，仿佛她还是个孩子"；"他时常忧虑、沉思，受挫时会被激起不可理喻的怒火……比如当电影院坐满了进不去，坐错了火车。还有一次，他丢了一只手套"。她想自己"再也不能自由了，由不是一条，而是百万条爱的锁链套牢"。故事有种萎靡的腔调：女人怀孕了，开始越发疏远丈夫。他们有了争吵——一次小摩擦，关于鸡毛蒜皮的事——最后他在床上生气，她在他身旁的黑暗中哭泣："她想，等孩子生下来了，她就能拥有称得上'她的'、由着她的意愿来爱的东西……流泪的时候，她对丈夫的忠诚也在瓦解；她更忠于在自己子宫里游泳的那个鱼形胎儿。"

《婴儿》有着坚实的自传基础。保罗的阵发性忧郁和烦人的冗长沉默也随他们进入了新家。安吉拉的日记里到处都是他"抑郁""沉默""缩得像针尖那么小"，或是陷入了"婴儿的狂怒中"。这些情绪让她非

---

① 罗尔德·达尔（Roald Dahl, 1916—1990），英国著名儿童文学作家、剧作家和短篇小说家，代表作有《查理与巧克力工厂》《了不起的狐狸爸爸》《玛蒂尔达》《女巫》等。

常难办,特别是因为她感觉(或被迫感觉)自己要为此负责。保罗沮丧的诱因之一是她对家务那种"鬼才管呢"的态度。她越来越觉得家务让人疲惫、回报甚微,限制了她的自由。

> 没完没了,脏盘子、煤桶、垃圾桶、尿桶、热水、洗涤剂……我没法停下;永远没有休息,再也没有了,永远、永远、永远……我才刚刷完水池。明天还得刷。我太累了,没法思考,没法写作,没法阅读。我从床上起来,跌跌撞撞,目光呆滞,膀胱充盈,晃进了火—水壶—粥—面包的一天。

据推测,1961 年,英国的家庭主妇平均每天花在家务上的时间是七个半小时。这样就没剩多少时间来写作了,而安吉拉不愿为吃力不讨好的琐事牺牲自己的文学抱负。不久以后,皇家约克排屋的厨房表面就积了厚厚一层灰,客人都可以在上面写字了。公用走廊上摆着十几个空牛奶瓶,安吉拉说这与她无关,"它们在走廊里繁衍了"。

她感觉保罗因自己的"邋遢习惯"而蒙羞。回到家中,看见妻子再次为了写作而在家务活儿上玩忽职守,他的一句"又白白消耗了一天"让她沮丧不已。她描述他"气恼……沉默……因为厨房地面是脏的(我忘了清洗);因为我切面包时在备餐桌上锯出了锯齿(忘记用菜板)"。还有一次生气是因为霍奇斯夫妇——和卡特夫妇共用卫生间的楼上邻居——抱怨安吉拉把尿液留在了马桶坐垫上。"上帝啊,"她在日记里写道,"女人的生理结构决定了她们会滴尿,这是上帝的安排。霍奇斯夫人肯定没有长膀胱。"

与保罗生活在一起不仅明显受限,也让人疲惫,但我们不应该把他妖魔化;几年之后,安吉拉写他"浑浑噩噩地生活着,大体算是愚昧无知,想要相信人性的善,想做好人,却为自己的心理所困……这是个飘忽不定的人，心里住着玩具风车"。他以为妻子会溺爱他——她会为了照顾他或多或少牺牲自己的抱负——以时代标准来看并不异于寻常。20世纪50年代的大男子主义文化在60年代初仍然坚不可摧。人们普遍认为——太普遍了，以至于在行政管理规则和流程中，这一点也被奉为圭臬——一家中的男人哪怕不是唯一的经济来源，也理所当然要决定家中所有相对重要的事务，承担更高的责任。在经济问题上，英国女人被当作小孩对待：她们从丈夫那里获取家庭支出经费，却无权占有自己从中存下来的钱；她们贷款需要男性担保人签字，而这种限制的理由是几乎没有女人的工作时间长到能自己还清贷款；女性个体经营者会发现税务局把她们的退税单直接寄给了她们的丈夫。为了获得经济保障，女人们得让自己活得像样一点，回应丈夫在性、情感和聊天上的需求，并且（最重要的是）把家里打理得井井有条。

然而，安吉拉结婚的目的正是要避免成为他人的玩偶，她不想再扮演这类角色了。她在这段关系中有意申明自身利益。尽管后来她告诉朋友和记者这段时间她都"只是一名妻子"，但当时这并不是她想要的自我定位。她想要作为一个有创造力的艺术家获得尊重和纵容；她想让保罗尊重她的抱负，对她尽量少提要求。

虽然她似乎并没有意识到这一点，但她对保罗的态度惊人地酷似童年时奥利芙对她的态度——"我一点都不想他有个性，"安吉拉在日记里坦白道，"我只希望他热情、回应我、爱我、完全服从我。"不过保罗绝非如此，因而她早期的日记透露出两人绝望的意志战争。他选择的武器是冷漠以对，她则泪流满面（"我崩溃了，一直哭，一直哭"）；这些只能让保罗越发自我封闭，而她很快就厌恶了"被他执拗、残忍的沉默伤害"。

安吉拉对孤独的恐惧和对浪漫的感觉总是相互冲突。她渴望温暖和激情，哪怕她也同样渴望着从别人对她的情感需求中解脱（她在小说《爱》和《霍夫曼博士的魔鬼欲望机器》中探讨了这一矛盾)。后者一开始将她带到了保罗身边,但他天生不能提供她在他身上寻找的那种爱意,甚至不能"优雅地接受爱意"。她发现自己将一部分过剩的情感隐藏起来了,因为她不知道该拿它如何是好。"我很想因为爱大喊大哭,我因为爱满心沉重、痛苦,"她写道,"我总是想抚摸他,用我的手,用我的嘴(可怜的爱啊,让他着恼了)。"他曾经告诉她这是他们的关系得以进行的原因:他太内向了,而她很热情。"这种逻辑有错误。"她写道。

即便如此,在保罗兴致好的时候,她还是可以相信这段关系能进行下去。11月4日,他们一起去丘陵公园看烟花的那天,这种逻辑就显得十分通顺。自他们搬到布里斯托后,气候一直较为温和,但那天夜晚气温骤降;人们穿着厚重的外套紧紧挨在一起,安吉拉看到闪烁的绚烂花火照亮了人们欢乐的面庞。她为这次演出深受触动。("太糟糕了,这么多作家在描绘烟花上浪费了时间,结果却这么笨拙。"她在日记中写道。说明她在这个阶段对自己的描写能力毫无自信,而她出版于1974年的第一部短篇集名为《烟火》)。回到公寓后,她和保罗关掉了客厅的灯,点燃了烟花棒。他们在沙发上做爱——"一种新体验"。

第二天醒来,她患上了重感冒。她很不擅长应付感冒——"感冒让我丧失了人性"——接下来的几天都缠绵病榻,抽薄荷烟,而且(从她的日记明显看出)非常黏人。保罗则变得"非常沉默"。安吉拉花了很长时间才最终承认他们俩是一对很不般配的夫妻:两人都不愿放弃独立,但都需要对方的无私和关心。多年以后,她对朋友说她"跟飞机邻座的关系都比这有意义"。

她疯狂地思念父母。一年之间,从过多关爱、过度熟悉的家到陌生、偏僻的布里斯托,她的遭遇远远超出预期。她二十一了,在日记里却像个小女孩:"我难过得快死了。我想回家。我想回家。我想回家。"

她圣诞节真正回到家中时,心中满溢着对父母和哥哥的爱。"我的家庭独一无二、不凡又可爱,"她写道,"我太爱他们了,爱让我痛苦。"即使这样,她还是忍不住戏弄奥利芙选了一大只冷冻火鸡作为圣诞大餐。那天早上十一点半,那只鸡还没解冻,"尴尬地在热水池里打滚,像个又老又肥的男人坐在浴盆里"。他们等了很久才吃上饭,但大家都兴致高昂、其乐融融,等待奥利芙终于将烤鸡端进餐厅。安吉拉抬起头说:"噢,很好,火鸡他妈的终于来了。"于是这只火鸡又被端了出去。休伊认为这件事很典型:"她喜欢故意惹恼母亲,破坏家里的美好气氛。如果一切进展正常,她就会像是,天啊,这就没意思了,我们得制造点趣味。"

节后回到布里斯托,她的情况变得更糟了。保罗"在周围默不作声地晃荡",写作也毫无进展,她感到绝望。"天啊,为什么我会结婚?"她问自己,"最初的自由已经消失了。我想继续走下去。不是逃离他,而是和他一起走下去,但他不像我这样无拘无束。"

像小时候一样,安吉拉的不快乐伴随着巨大的恐惧。1962年1月,位于布拉德福德的圣卢克医院爆发天花疫情,新闻占据了全国报纸头版。安吉拉——家住两百英里开外——却在难以抑制地担心染病。她觉得自己只有去医生那里接种疫苗才能消除恐惧。接待室里满是"胖胖的,欢快地咯咯笑着的婴儿";她是唯一为自己接种疫苗而来的成年人。她感觉自己就像是"从小婴儿和乳臭未干的孩子手臂里取走了疫苗",但她还是完成了接种。

拥有家庭以外的生活之后,安吉拉在写作和婚姻上面临的困难带来的压迫感稍有减轻。她在布里斯托最早交到的朋友包括彼得和珍妮特·斯旺(Janet Swan),一对平易近人的夫妻,住在康沃利斯排屋——位于皇家约克排屋下方的一条街上,同属于小丘向下铺洒至河岸的乔治王式建筑群。彼得是个艺术家,专攻抽象"风景形态"和单色肖像,作品有种淳朴的民间艺术倾向。珍妮特主要负责照看孩子们。

斯旺夫妇记得安吉拉"疯疯癫癫的",是个性情古怪、不善社交的女人。他们非常喜欢她,因为她热情、充满智性的好奇心,还有种调皮的幽默感。他们就像这时认识她的其他人一样,没看出她在日记中清晰透露的不快乐与自怜:她不会暴露内心深处的感受,只想向世界展示自己生气勃勃、聪明敏捷的样子。她着装出位——"她的风格比较夸张,与众不同——但她那些破破烂烂的毛皮大衣和松松垮垮的宽边帽更像是奇怪,而不是优雅"。老式的衣着,加上她对维多利亚时代事物的热爱、说话时的迟疑,都让她更显老。彼得说她"二十一,但看着快要六十一岁了",珍妮特则说她像个"老姑娘"。

珍妮特的回忆中也有安吉拉怀孕一事。此事她曾向《广告人报》的同事宣告,而且肯定是《婴儿》的创作源头:

> 她在小孩(比如我们的孩子)面前类似于上了年纪的阿姨。她有一个大糖罐,会说"给你一块糖"。她对孩子充满好奇。我第一次见她——之前已经认识保罗了,是他把她带到公寓来介绍我们认识,我记得她去了卫生间,回来的时候走去了孩子睡的婴儿床,几乎不带感情色彩地看着这个婴儿,说:"我以为自己也快生一个这样的孩子了。"她说这是假妊娠。她看上去波澜不惊。

假妊娠的人会有真孕妇的几乎所有症状——肿大的腹部,柔软的胸脯,停经——除了最重要的。假妊娠没有普遍认同的成因,但通常被认为源于对不能生育的恐惧。这种解读既适用于安吉拉对自己文学抱负的态度,也适用于她与保罗的关系。她开始身心失调。几年之后她对弗洛伊德产生了兴趣,于是半开玩笑地将自己比作歇斯底里症患者:"我老是不得不去解读自己的各种身体症状,仿佛它们是一堆讨厌的塔罗牌。"虽然她没有经常用"假妊娠"这个词,但她连续几次都相信——只要有些微迹象,比如经期推迟——自己怀孕了。1972年,在又一次被错误信号欺骗后,她向一个朋友的妇科医生求助,"(她是个)友好、老派的女性主义者,给我下了诊断:我很喜欢怀孕这个想法,但只想留作自己的幻想。"安吉拉认为诊断"完全正确"。但她只有在经历生命中特别迷茫、沮丧的时期才会沉溺于怀孕的幻想。

通过斯旺夫妇,她认识了住在萨维尔街的约翰和珍妮·奥斯本(Jenny Orsborn)。那是一条宽阔的岔路,与皇家约克排屋之间由破旧的摄政大街隔开。约翰自命为画家,但他卖出的画作从来不够谋生,除此之外,他在废弃大楼中翻找各种好家伙——比如华丽的马桶冲水栓、制作精良的门把手——卖给当地废品商,贴补自己微薄的收入。珍妮为了照看好孩子,做过所有能做的工作——例如在咖啡店、酒吧做服务员。

工作日早上,保罗出门工作了,奥斯本夫妇会来皇家约克排屋拜访安吉拉,喝杯咖啡。珍妮回忆起她时难掩喜爱——"她很有幽默感,笑起来能把所有人都吓跑。她的嗓音本身柔和,但要是有好笑的事,她就要发出隆隆的笑声"——不过,强烈吸引安吉拉的主要是约翰。他和她以往见过的男人都不同:高大英俊,像狐狸似的狡诈,浅色头发,络腮胡子修剪得整整齐齐,身上有股危险的气息,像是希斯克利夫[①]的野性。他有时候很残忍(他告诉斯旺夫妇他没法想象跟安吉拉睡,因为她"糟糕的牙齿"和"发紫"的脸),而且擅长利用他人达到自己的目的。但他也机智、富有感召力,浑身是能量和创意。他自视为知识分子,说话妙语连珠,情史丰富。安吉拉在日记中一度称呼他为"草包",下一篇中却又说道:"奥斯本还不错,是个好人。"

[①] 《呼啸山庄》的男主人公。

第四章 止于人妻

克里夫顿的文化生活中心——也是约翰·奥斯本最喜欢游荡的地点——是公主大道上的灰狗酒吧。安吉拉开始频繁光顾这里，而且将其作为《影舞》《数种知觉》中的酒馆原形。尽管店主是波兰人，这里却提供西班牙菜，引进西班牙酒保，在墙上贴着斗牛的海报（安吉拉在《影舞》中写到了"西班牙迷境花园的夜晚"）。酒吧常年满客，充斥着烟味和谈话声，在 1961 年，它已经带着点之后十年间影响广泛的非主流精神。顾客群体主要是胸有抱负的作家、失业演员、身无分文的画家和音乐家。他们滥交（安吉拉曾开玩笑说要拍一部关于克里夫顿社会的电影——摄像机在灰狗酒吧摇摄，展示所有常客，最后一个声音说"这个酒吧里的每个人都跟其他每个人上过床"），而且沉迷于感官享受（警察经常过来突击检查毒品）。

安吉拉着迷于其中"外省的波希米亚风情"。克里夫顿让她震惊，"非常天真、田园牧歌式的、带点罪恶的味道……肮脏下流而优美如画"。这还是一片未经探测的风景，和她童年时期的家乡南伦敦一样，完全为英语文学所忽视，却又同样生机勃勃、光怪陆离。她决定以此为写作的焦点，希望能捕捉到"这片奇怪区域的天赋所在……那种有趣的远离伦敦、远离一切的感觉"。

安吉拉在克里夫顿的生活中同样重要（尽管没有进入灰狗世界）的还有尼克和科琳娜·格雷（Corinna Gray）。他们都来自伦敦波希米亚式的艺术家庭——尼克的母亲是安吉拉尊敬的美食作家佩兴丝·格雷——据科琳娜说，两人都有意逃离这个背景。他们希望"过得越传统越好"，为了实现这个目标他们早早结婚，搬到外省郊区，连生了两个孩子。但对于安吉拉这种中产阶级背景的人来说，他们远非传统。在他们相识期间，尼克做过各种不同的工作，从鱼铺的货车司机到古董商助理；他每样都干不长久。科琳娜曾在中央艺术设计学院①学习，

---

① 建于 1896 年，后来与圣马丁学院合并，成了今天著名的中央圣马丁学院。

认识安吉拉之后不久，她开始在布里斯托大学修习动画电影第二专业。她留着长发，爱穿奇装异服，气质飘逸。他们在学校放假时表演潘趣木偶戏，后来又用自己的小船"红脚鹬"组织布里斯托运河游（正因为坐过这条船，安吉拉才受启发，在 80 年代买了一艘自己的小船）。安吉拉感觉他们"不属于这个世界"，"无论走到哪儿，都带着汉普斯特德的气息"。

她和保罗每周四晚上与他们会面，一起去酒吧，到那儿以后，男人们喝酒聊天，女人们坐在那儿，用科琳娜的话说，"感受他们的无聊"。安吉拉喜欢科琳娜那种事不关己的镇静，喜欢她毫不畏惧地接纳自己的怪癖，终生与她维持着亲密的友谊。友谊的核心是两人创作上罕见的亲近感：两人有个一起制作童书的流产计划（安吉拉负责文字，科琳娜负责插图）。科琳娜（已改回婚前的姓"萨古德"）为 1990 年悍妇社出版的《精怪故事集》和 1992 年的续书制作了插图，她那令人毛骨悚然的、狂欢节风格的木刻画与安吉拉精心挑选的故事相得益彰。"（安吉拉）是个视觉动物，"她说，"这就是我们相处融洽的原因。我们喜欢同样的东西。还有，我们喜欢对方也可能因为我们都是主流社会的弃儿。"

* * *

友情让安吉拉在布里斯托的生活不再闭塞；不过，写作还是她的头等大事。"我想要的是一种声音，"她在 1962 年 3 月写道，"个人的、准确无误的声音，人们一眼就能看出来'那是安吉'。现在，我无所谓自己写得是好是坏。"

从 1 月到 5 月，她加倍努力地寻找能体现个性的写作风格。她的初稿是亲笔手写，用的是一支老式钢笔："我喜欢用钢笔而不是自来水笔、圆珠笔之类的东西，为了蘸墨而持续停顿的时间让我能喘口气，来考虑、沉思、计划写作的内容。"然后她打出第二稿，再用钢笔在上面检查、修改。这个时期,她在写长篇《观星人》(没有存稿,不过从她的笔记中看出这是个发生在布里斯托的哥特式谋杀故事,渗透了天文学主题),还完成了五个短篇小说和十几首诗歌。她开始将故事寄出去投稿。2月10日这天,她承受了"初次被一家'小杂志社'退稿的巨大心理打击"。

她写的故事越来越多设定在她通过约翰·奥斯本和灰狗酒吧接触到的波希米亚式犄角旮旯,其中大多数人性行为开放。文字质量参差不齐,从漂亮生动的细节("她干燥的乱发在微风中像旧报纸一样簌簌作响"),到几处匆匆写就的戏剧化举动("'你他妈的太过分了不是吗?'戴维说。他的额头上冒出汗珠,一溜烟跑出了房间。")。但它们的风格都比《婴儿》丰富得多,安吉拉·卡特小说的独特腔调已经开始出现:融合了社会评论和心理剧,角色本质上是普普通通(尽管有些波希米亚式)的存在,却都过着非凡的生活。这些故事没有完全成形,但展现出了创造力的火花:它们迥异于其他人的作品。

这个时期的典型作品是《夜晚事件》("The Events of a Night"),故事里利奥妮和戴维是一对贫穷的兄妹,两人都抛弃了父母。一个深夜,他们在一座很像是布里斯托的城市里散步,最后却上了床。第二天,戴维把利奥妮锁在自己的公寓里,"她气急败坏地在他的公寓里乱转,因为只有她的哥哥才以为自己有权把她锁起来,把这当作家庭和爱不可让渡的权力,因为这就是相爱的人们做的那种不可理喻的事"。故事的结尾很戏剧化,戴维跳窗自杀,而他的妹妹顽强地加入了表演:"利奥妮呆板地发出了尖叫,就像知道人们都在期待她那样做一样。"几个安吉拉·卡特的典型素材——通奸、戏剧夸张、镜子、民间传说——都出现在这部早期作品中,尽管混合得稍显笨拙。

另一个短篇《爱上低音大提琴的男人》也设定在安吉拉当时生活的世界,但它的关注点更集中,口吻自信了许多。故事发生在传统爵士乐风靡的1960年代早期,讲了乐队"西区切分者"里的乐手,他们

"华丽版的《西区蓝调》（加上新人声）登上了金曲前二十排行榜下层"。主人公是乐队的贝斯手约翰·詹姆森，他是个极其诚恳的艺术家，甚至意识不到传统爵士乐已经成了潮流。故事介于当代风俗小品和探讨艺术的"疯狂"和可靠性的魔幻作品之间。1962年7月，它获得了《小说人》（*Storyteller*）杂志举办的短篇小说比赛第一名，也成了安吉拉·卡特发表的第一篇虚构作品。

《婴儿》与《夜晚事件》《爱上低音大提琴的男人》这些故事之间的差距可以归结为在写作这些故事期间，安吉拉受到了新的文学影响。1月，她初次阅读了《尤利西斯》，在日记里评价道"壮丽动人"。1960年代早期，乔伊斯对英国小说的影响微乎其微（不比兰波或波德莱尔大多少），而安吉拉对《尤利西斯》的兴趣佐证了她长期以来对周围文学环境的失望。这部小说向她展示出一种英语写作方式，不必屈从于大部分英国小说散发出的守旧气味。二十年后，她写道，要不是这本书的示范，她"甚至不可能拥有写作的语言"：

> （乔伊斯）雕刻出了一种同时代表着过去与当下的语言，恢复了它失去的质朴，同时给予它一种复杂性。心、想象力、日常和梦境的语言几个世纪以来被用作粗暴权力的金玉伪饰，遭遇蓄意损毁。乔伊斯将它爱尔兰化、欧洲化，他将英语去殖民化：将其裁剪以适应这个世纪。他在英国文学和英语文学间插入了一个巨人，因此让我（请原谅其中的个人色彩）获得了自由。

她还同时找回了做记者的感觉，作为自由职业者尽己所能地接活。1962年初，她在《西部日报》发表了两篇关于民间音乐的文章，这份报纸在60年代早期就是文学天才的熔炉：汤姆·斯托帕、佐勒菲卡尔·高斯（Zulfikar Ghose）和B. S. 约翰逊（B. S. Johnson）——这些作家到了60年代后期都写作了明显背离现实主义传统的小说。安吉拉的文章展现出强烈的自信,代表她在《广告人报》时期开始建立的机智、善用俚语的个人风格已有了进步。它们也充分说明了她对英国民谣复兴的兴趣:

> 极少有国家像英格兰这样花这么长的时间制作一张官方的面具……我们是什么样子?噢,你知道的。保守。冷静。反浪漫。现实。一提到性就尴尬,支支吾吾……但是如果去研究我们的民间艺术传统,我们那些粗粝、豪爽的诗歌,这项伟大的传统至今还存活着,那是我们真实的脸。从英格兰民谣里走出的人像蟋蟀一样快乐,像山羊一样淫荡,胃口和脾气像高康大①,身体里生长着抒情诗的血脉。

她在民间音乐中找到的"真正的"英格兰人所拥有的特点令她引以为傲。粗鲁、热情、浪漫、有趣:她努力成为这样的人。然而,将这些特点视作重要的民族性格则需要惊人的信仰支撑。生活中她见得最多的是英格兰人身上"保守""反浪漫""冷静"的假面,看上去酷似真实的脸,令人不快。

安吉拉这个时期写了一首诗《爱的不可能》("Love's Imposibility")。诗这样开头:"谈论爱即背叛/我独立的昨天。"将爱视作自我欺骗,这是她1962年上半年的日记里反复出现的主题。保罗的冷漠仿佛在嘲弄两人1959年夏天的亲密,她被刺痛了。她开始感觉自己对延续最初幸福的渴望是个幼稚的幻想,她现在已经足以摆脱:

> 通过婚姻和爱情,人学到了痛苦的一课,即彼此联系的短暂。

---

① 拉伯雷《巨人传》中的人物,脾气好,食量、酒量巨大。

> 爱是很多事的缩略语：尊重、崇敬、性和谐与理解。基本上这意味着知道什么时候让人独处，什么时候安静，什么时候尊重别人的孤独。
>
> 孤独只在我们不理解它的含义时才是一个悲伤的词。"自天地开辟至于今日，从来寂寞"才是我们内在的山景，我们的庄严、自尊和自制。

"自制"肯定不是她几个月前说自己"因为爱满心沉重、痛苦"时想要的能力。最终证明保罗的沉默比她的眼泪更有效，但安吉拉没有承认这点，而是说服自己她一直想要的也是同样的东西。这意味着她把自己想得比以前更坚强、更极端孤僻，把逃离奥利芙侵犯个人空间的育女方式看作从本源上逃离人类亲密关系。"我结婚是为了个人隐私，"她在5月5日写道，"基于爱，我们尊重彼此的隐私。"

保罗很有可能没有注意到安吉拉疏远他到了何种程度。表面上，他们在1962年夏天的关系很像1959年夏天时那样。他们去电影院，一起参加核裁军运动的游行，甚至在克里夫顿的兰斯当酒吧创设了"民歌与民谣之夜"。据乡村蓝调吉他手伊恩·安德森所说，它给人留下的印象是"很强硬、传统……带着吉他之类的东西都进不去"。科琳娜·格雷去过一次，却对"一群中产阶级唱着杜伦矿工的歌"望而却步。这大概就是有意戏仿嘲弄了：保罗与"主题唱片"公司的关系意味着他们能吸引来很多有名的表演者。乐手会到皇家约克排屋同他们待一会儿，安吉拉为他们做饭。（"看似奇怪，却与民间音乐现象紧密相连，我充当了大地之母的角色。"她几年后写道。）1962年夏，她提到一件令人肃然起敬的事："佩吉·西格①在我的地板上睡觉。"从西格的角度来看，这个场景就没有那么重要了：她完全不记得见过安

---

① 美国民谣女歌手佩吉·西格，是美国现代民歌之父皮特·西格（Peter Seeger）的妹妹，英国民歌之父伊万·麦考（Ewan MacColl）的第二任妻子。

第四章 止于人妻

吉拉。

1962年5月7日,安吉拉在她22岁生日之时感到"空虚、凄凉","除了一根白发没有什么能装点门面"。她的舅舅塞西尔·法辛来看望她,带她去外面的意大利餐厅吃午餐。他看出她很不快乐,建议她申请去布里斯托大学念英文专业。"有了学位,你总能找到工作,"她记得他说,"你随时可以离开丈夫。"没考过三科①高等水平测试这点也不成问题了,因为她可以作为成年学生提出申请。

那时,英国的大学在国民意识中的重要性再度提高。战前,它们就像是一小部分特权人士和书虫的圣所;大部分律师、医生,甚至首相,都没有取得过学位。然而,随着1944年《教育法》的实施,参加高等水平测试的人数激增。就在年初引入全体学生助学金后,任何有意向且能达到能力标准的学生,至少理论上都可以申请大学,实际上有限的地方却不够满足新需求,艰难的扩张项目还在进行中。安吉拉知道如果她当了大学生,会显得非常聪明、幸运而又野心勃勃:十八到二十岁之间正在接受高等教育的人不足百分之十,这其中又只有四分之一是女人。

安吉拉几乎肯定在后悔青少年时期的好斗让她亲手破坏了自己进入牛津大学的机会。无论如何,能让她走出现在的家,又可能有益于写作的事情——同时,若未能实现目标,至少可以提供安全网——她都欢迎。她提出申请,进行了面试,当年10月收到了英语专业特殊学士学位的录取通知("特殊"仅仅意味着不兼修英语以外的学科)。费用是每年67英镑,但学生助学金是每年380镑,于是属于她自己的钱比以往任何时候都多。这可能是——甚于以往记者和之后家庭主妇这两种让她依赖于男性的角色——她第一次真正尝到独立的滋味。

---

① 如前文所说,安吉拉只通过了英语文学和法语两科考试。

第五章

荒诞梦魇

克里夫顿与市区之交那几条宽阔、热闹、灯火通明的街道上耸立着布里斯托大学风格各异的建筑，周围是寥寥几所 18 世纪的房屋。在 20 世纪 60 年代，英文系位于伯克利广场，占据了树荫浓密的中心花园周围的一列乔治王式排屋，十分引人注目。隔着一条女王大道，是堪比教堂般宏伟的威尔斯纪念馆（Wills Memorial Building），图书馆就坐落其中；安吉拉每天早上从皇家约克排屋步行不过十五分钟就可以到达。

她的时间表并不紧凑，却让她每个工作日大部分时间都待在学校。课程包括讲座（"不算很多，也不全是必修课"）、研讨会和辅导课，还需要每天在图书馆待上几个小时。课程划分为三个时期——14 世纪；16 到 17 世纪；"现代时期"，意指 1800—1925 年——所有学科比重平衡，直到学生毕业前选择专业。乔叟和莎士比亚是必修，但除此之外，学生拥有极大的自由来选择期终考试的课题方向。第一年，安吉拉专注于 16 和 17 世纪文学，尽管也上了入门级的英语发展史课程，涉猎过古英语、撒克逊艺术与文明，但主要还是专注于实用批评①。

当时的英文系主任是杰出的莎士比亚专家 L. C. 奈茨〔《推敲》

---

① 一种专注于文本本身，弱化作者生平、历史背景等信息的批评方式。

(*Scrutiny*)的创刊编辑,《多少孩子拥有麦克白夫人?》的作者],安吉拉同时期的学生对他关于实用批评的必修研讨会赞不绝口。安吉拉的最初印象可没那么好:

> 奈茨教授是个瘦弱的白痴。他的黑框眼镜快融到脸上了,鼻子薄得能透光。说话时总有一丝犹豫,不停地往前伸脑袋,就像一只瘦巴巴的长颈鸟——鹤或者鹳什么的——心不在焉地跟一只看不见的顽劣小虫子做斗争。

安吉拉讨厌奈茨这点并不奇怪:她天然地反感他信奉的批评传统。如马克思主义批评家特里·伊格尔顿(Terry Eagleton)所说,《推敲》"不仅是一本期刊,更是道德和文化圣战的中心"。以可敬的剑桥大学学监F. R. 利维斯①为首的编辑们憎恨流行文化,而且对于文学批评的作用有一套偏执的看法,包括要对文学进行"成熟""复杂""严肃"的回应,维护美学"标准"。他们根据一套固有规则将文学划分为好、坏和轻浮的几类——对所谓情感和写作意图上的错误,煽情的形容词和浮夸的头韵大肆批评——而且鄙视历史和哲学分析,相信批评家的任务就是带着好眼力读书,而不是做研究。这本杂志1953年就停刊了,不过它的影响力却延续到60年代末期;而且虽然奈茨有时会偏离《推敲》的路线(实际上,在安吉拉遇见他之前,利维斯已经谴责过他的不忠——"作为一系之长……我必须同与我品位迥异的人共事。"他怯怯地解释道),但他至死都坚信他所说的"《推敲》相关的教育项目"。

他的研讨会旨在向学生灌输一种态度,让他们去抗争现代文化的旋涡,做出正确的审美判断,比如莎士比亚是好作家,约翰·高尔斯

---

① F. R. 利维斯(F. R. Leavis,1895—1978),20世纪英国著名文学批评家,主张文学是培养人的道德意识和人性关怀的重要途径,代表作《伟大的传统》等。

华绥是坏作家。实际上,安吉拉应该会同意这种判断——她自己也有一套严格的标准——但她不喜欢有人来告诉她应该喜欢什么,也不赞同"严肃"是最高的文学素质(甚至在莎士比亚的例子中,严肃都不是显而易见的素质)。她后来嘲弄利维斯派,说他们是"吃完你的西蓝花"派的批评家,说《推敲》文学运动"傲慢而狭隘"的观点对英国小说家影响恶劣,因为他们大部分都在顶尖大学学习过英文。

课程大纲中唯一不受利维斯影响的是中古英语文学(部分原因是语文学①是其重要的组成部分);安吉拉说这是她倾向于它的原因,不过乔叟、朗格兰②和"高文诗人"③笔下融合淫荡、浪漫和民间文化的传统在任何情况下都会引起她的共鸣。课程由受欢迎的中世纪学与语法学家 A. B.(巴兹尔)科特尔(A. B. Cottle)教授,他的教学方法怪诞,却颇见成效:他喜爱双关,妙语连珠,为了展示中世纪文本的严密,让学生们从书上抄下他们根本不能读懂的段落。他烟酒不沾,谦逊、慷慨而机智,兴趣无所不包,从词源学、考古学、教会史到五行打油诗、讽刺诗文、滑稽闹剧(最后一种"因为缺乏情节而独具一格")。他战时加入了布莱奇利公园的恩尼格玛密码破译团队,后来又成为古文物协会的成员,不过他对这个组织始终保持怀疑、调侃的态度,这也许可以解释为什么尽管他作为学者和教师都已经成就斐然,职称却(在五十五岁的年纪上)止步于高级讲师。"故事分为虔诚的和不虔诚的两种,"他对学生说,"后者较为罕见,但要有趣得多。"这种捣毁圣像式的顽皮宣言对安吉拉很有吸引力,尤其是在 L. C. 奈茨的上层精英主义反衬之下。她笔下的科特尔"让中古英语文学长期是快乐之源","有时……教室消失了,我们像是在追逐狮身鹰首兽,或是与高文一起骑马穿行于林间"。

---

① 语言学的旧称。
② 指威廉·朗格兰(William Langland),英国 14 世纪诗人。
③ 指英国 14 世纪后期的传奇叙事诗《高文爵士与绿骑士》的作者,具体生平不详。

第五章 荒诞梦魇

布里斯托大学的所有学生在大一时都要额外选修一门（辅修）课，安吉拉选的是哲学。她要听讲座，阅读重要文献，比如笛卡尔的《论方法》（她对此嗤之以鼻——"读了这个，谁还会把他当真呢？"）和休谟的《人性论》（她很欣赏——"我对休谟五体投地，他太棒了"）。同一时期，她也读了弗洛伊德的《梦的解析》。心理分析的语言让她震悚，像是解锁了一张黑暗织锦，暴露出日常语言中的象征主义——与中世纪文学那暴力和充满暗示性的意象如出一辙。它深刻地影响了她观察世界的方式，这份影响在今后的十年中日益强烈，而且在她1979年出版的两本事业成功路上的关键作品《染血之室》（将著名的童话故事洗劫了一遍，加上意淫的元素，比如小红帽引诱大灰狼，美女变成了野兽）和《萨德式女人》（认为萨德侯爵狂暴的想象先于弗洛伊德对女性存在的思考）中更为戏剧化地呈现出来。

已婚，比课堂周围坐着的应届生大四岁，拥有三年工作经验，安吉拉在大学的第一学期感到与环境格格不入。她的疏离感不可避免地加重了身上不被同学欣赏的自闭气质。毫不意外，这种表面的疏远——加上她通过衣着和言谈表现个性的决心——让有些学生觉得傲慢。她总是穿着牛仔裤，戴着标志性的宽边帽或贝雷帽，抽着烟。这有意塑造的波希米亚形象让他们深感震惊。她在保守的大学氛围中鹤立鸡群。一位男同学回忆道："大部分女学生都是年轻、好相处的淑女，来自伦敦周边地区，戴着发箍那类东西。"他们基本上不来招惹她，而她的花哨外表至少部分是克服天生羞怯感的一种策略。"我希望在大学里，他们至少能跟我说话，"她在日记里写道，"说'你好'，'你过得怎么样啊'，'你是谁？'。我有种感觉，如果有天我在哲学课上倒地而亡，也没人会过来扶我起来。"

她开始被那些同样成熟的同学吸引。其中一人是尼尔·柯里（Neil Curry），现年二十八，比她还老。他进入布里斯托大学前，已经在家乡纽卡斯尔和爱丁堡的艺术节上发表过戏剧作品，诗歌也刊登在《泰晤士文学副刊》上。安吉拉没有为他的作品倾倒，不过她确实觉得他有趣而迷人，他的成就激起了她的竞争心。她开始在课堂上与他同坐，下课后和他一起去拍卖所。他们一起拿应届生取乐——称呼他们为"孩子"——也一起谈论文学。"很明显，安吉拉当时正在写作，"他说，"她自视为作家。她那么自信，看上去一点也不可笑；你也会把她当成作家。"

与她相处融洽的"孩子"中包括丽贝卡·尼普（Rebecca Neep）——后来成了丽贝卡·霍华德（Rebecca Howard）——一个来自利物浦郊区富有家庭的十八岁女孩，光彩照人，热衷于校园戏剧。丽贝卡与安吉拉终生保持着友谊，回忆两人在布里斯托的那段时光，印象如下：

> 她给我的感觉总是对于这个地方来说太大了，因为她充满太多的能量和活力，大脑特别活跃。我们都知道她总有一天会起飞。但她身上总有一种天真。她是那么特别的一个人，身上肯定有些方面连自己都不太明白。我是说实际层面的东西。我们第一次见面时，我就感觉她有种内向的存在。她学得很快……总是有这些古怪的形式主义，我想是因为害羞……她力图表现得外向，而且有了成效，所以她就变本加厉——她很喜欢挑战极限——我认为，人们对她的外向有所回应，于是她就更加爱炫耀。

后期认识安吉拉的人很少认为她害羞、忸怩或天真——在60年代认识她的人中，也不是所有人都这么想——但丽贝卡的观察暗示她"语不惊人死不休"的外表仍是刻意的表演：通过在公众面前高声诵读自我，填充自我身份。

第五章　荒诞梦魇

市外学生生活的中心在女王大道上的伯克利咖啡馆，从英语系步行一小段路即可到达：安吉拉和朋友们下课后经常去那里。这是一幢宽敞但昏暗的建筑，从内散发着浊气（现在成了威瑟斯本酒吧），高高的天花板下面总是烟雾环绕，地板上有一块暗沉的污渍，有人说是彼得·奥图尔的呕吐物，还有人说是他的血，跟人打架时流出来的。

菜单传统（烤茶点、格雷伯爵茶是主要内容），常年有老年女士光顾，伯克利咖啡馆不像是年轻人反叛精神的摇篮。然而，安吉拉至死都在谈论在那里遇到的境遇主义者和无政府主义者，说他们对她政治观点的影响最大。这个说法令人生疑——她似乎没有被卷入过任何学生极端主义思潮，而且在 1966 年大选时，她随大流投了工党一票（"为了证明潘克赫斯特①夫人为我赢得投票权的英勇斗争没有枉费"）——但也说明她同情那些充满活力的、颠覆式的边缘政见。她的社会主义观点很像是承自母亲，却总是带着尖锐的个人主义色彩。尽管对工人阶级充满感情，她却反对高度发达的资本主义里根深蒂固的阶级划分，反对自由因此被不平等地分配予人。在晚年的采访中，她被问到社会主义和个人主义哪点更为重要，她毫不犹豫地回答：后者其实是前者的分支。

在丽贝卡·霍华德的描述里，伯克利有种轻松的知识分子氛围："你会经常谈论女性主义、政治，什么都行，而且我们经常聊八卦，因为安吉热爱八卦，关于谁跟谁又睡了啊。这之类的事情。"马丁·霍伊尔（Martin Hoyle）——一个老维克戏剧学校的成人学生，住在皇家约克排屋卡特家楼下，这个时期与安吉拉交好——在伯克利跟她只是面熟，"她会坐在那儿盯着人看。"他说。其他人记得她"是一群人的焦点"，像着火一般的吵闹笑声在整间屋里回荡（仰仗拱顶的奇异声学效果）。

---

① 艾米琳·潘克赫斯特（Emmeline Pankhurst，1858—1928），英国女政治家，女性投票权的政治运动领导者。

被囚禁多年、不能随心所欲生活以后，安吉拉感觉忽然视野洞开。"最近我才终于跟自己真正喜欢的人待在一起了。"她坦承。世界生机勃勃，充满可能：智识、艺术、政治、性。但她太在意建立自己的身份，无力尽情享受。"我谈论自己太多，"她在日记里写道，"而不是观察、倾听别人，我试图展示自己独特而有趣的个性——实际上我就是个年轻的蠢婆娘，只有通过观察、观察、倾听、倾听，才能学到更多。还要加上逼别人说话。"

独特而有趣的个性在让人捧腹时最能得以展现，而安吉拉的玩笑不全然温和。有次晚宴后，丽贝卡的男伴因为工作疲惫，径直走进了卧室睡觉，马丁·霍伊尔听说安吉拉到处跟人宣扬"马丁把人家无聊到睡着了"，感到很受伤。尼尔·柯里也同意"她有时很刻薄……她很清楚怎么把人惹生气。她时而热情，时而冷漠。有时很难跟她交上朋友"。丽贝卡跟安吉拉的关系从来都比他们俩更近，她看见的安吉拉一向讨人喜欢："如果你说了傻话，她可能会严厉批评你，但我不记得她说话恶毒……她一直是个热情、关心朋友的人，在我生命中的几次低谷里，她真的帮了不少忙。我的意思是，她真的非常关心朋友。"

所有认识她的人公认她晚上很少出来社交——"大概是因为保罗在家吧，"丽贝卡说，"我去皇家约克排屋的时候见过他几次。他看上去亲切、安静，很爱猫。"尼尔·柯里也对安吉拉的婚姻生活印象模糊："我不记得她说过保罗的坏话。但是，我也不记得她怎么谈起过他。"

1963年9月，在她进入大学的第二年，安吉拉在日记中简短、干巴巴地写道："保罗在忧郁。"1965年5月回顾这篇日记时，她意识到这是"十八个月炼狱"的开始。保罗陷入了深度抑郁。他的"内在情绪"侵吞了整个人：他和安吉拉像住在同一屋檐下的陌生人一般，连续几天只说几个字。她尽己所能地照顾他，但这件事不简单，哪怕她的校园生活让人兴奋，她还是感到越发不快乐。接下来，在12月16

日，她又草草写下一句："可能我厌倦的是保罗？噢不。"

很明显，保罗的第一次重度抑郁障碍发作碰上了她刚开始在家庭以外建立生活。后来她的书出版让保罗也进入了类似但不太明显的状态。但这不能否认他患病的现实。1968 年保罗病情复发后，安吉拉写道："显然他的抑郁是一种生物化学和环境的畸形，与存在的痛苦无关，但是，唉，与他的'羞怯'密切相连。"后来她告诉朋友们，他这时在接受长期电休克治疗。这可能是真的：这种治疗方式盛行于 60 年代的英国，每年都有五万名患者接受治疗，其中很多人患有抑郁症。不过我们只有安吉拉的话来证明保罗是其中之一，而她直到几年之后才与人谈起这种治疗。还有，她这时似乎从未谈起保罗的病。

他们在巴勒姆和她的家人度过了圣诞节。有一天，琼路过他们的卧室时听到安吉拉在里面哭泣。她下楼告诉了保罗："我以为他会上楼安慰她。"但他没有插手。这是琼第一次意识到小姑子的婚姻出了问题。

安吉拉本性中的坚强、自制力在她独自承受这一切的过程中显露无遗。她同时还刻苦学习，独自持家，而且他们还几乎不间断地在家中接待来访的民谣俱乐部乐手。在 1968 年的信中她写道：

> 在保罗的病最严重的时期，我们过着最疯狂的生活，该死的，公寓里随时到处躺着心平气和等饭吃、等水喝、等取乐的人，他们甚至从来不会自己铺床、洗碗，如果我们有朋友来，或者自己想出门，他们都会发怒。（我想是因为他不能忍受跟我独处）。

尽管"厌倦"了保罗，她这时似乎没有考虑过离开他。部分原因是她担心一旦她离开了，他就会自杀。用煤气自杀这个主题在她 60 年代的小说中反复出现，一次比一次荒凉，愈发令人毛骨悚然：《影舞》中莫里斯考虑过；《数种知觉》中约瑟夫尝试过；《爱》中的安娜贝尔做成了。在这种焦虑之外，我们可以窥探出安吉拉并不确定自己在世界里的位置。她有种照顾人的本能，而且她对保罗的重要性让她感觉良好。几个月后，她让《影舞》中的莫里斯有了这样的想法："你不能浪费爱。只有最任性的家庭主妇才抛弃爱。"

家庭生活的冷淡和沉默意味着安吉拉更加沉浸在文学中。阅读对她而言是一种发自本能的活动——她对小说狼吞虎咽，剥皮拆骨——从她的笔记中看出，1963 至 1965 年间她读完了至少两百本书：平均每周两本半。大部分和她的学业相关，虽然她不研究 1925 年以后的作品，也不需攻读译作，她这个时期还是读了很多当代小说，包括库尔特·冯内古特的《猫的摇篮》、艾丽斯·默多克的《一支非正式的蔷薇》，也阅读了欧洲经典文学，比如卡夫卡的《城堡》和陀思妥耶夫斯基的《白痴》。

她读过《曼斯菲尔德公园》（"令人作呕"）、《爱玛》（"恶"）、《傲慢与偏见》（"完全受不了她"）之后，对简·奥斯汀极度讨厌，也批评亨利·詹姆斯（"他废话太多了"）和 W. B. 叶芝（"他十足像个说疯话的傻瓜"）。但也有让她心悦诚服的作家作品：《莫洛伊》和《瓦特》（"贝克特太好了，太好了，太好了；我怎么不能像该死的贝克特一样写作"），安东尼·伯吉斯的《恩德比先生的内心》（"佳作"）和诺斯洛普·弗莱（Nothrop Frye）的《可怕的对称》（"漂亮，好极了，奇绝"）。《洛丽塔》对她影响深远。她觉得纳博科夫不该固执地拒绝透彻的心理分析——由此让小说减色，成了"精雕细琢的黑色艺术喜剧"——但她为他文笔的华丽和黑色喜剧的视角而激动。

在大学第二年，安吉拉和尼尔·柯里接管了文学社。他们邀请作家来谈话会，不过他们发现很难吸引到任何有名的作家：其中名气最大的当属诗人弗农·沃金斯（Vernon Watkins）和《泰晤士报》的艺术评论人戴维·汤普森（David Thompson）。他们给 R. S. 托马斯

第五章 荒诞梦魇

(R. S. Thomas)写过信,但他没有回复。当查尔斯·汤姆林森(他自己作为诗人可能比弗农·沃金斯和戴维·汤普森更大牌,也是大学讲师)说他能为他们联系到巴兹尔·邦廷(Basil Bunting),安吉拉说她不赞同邀请一个名字这么傻的人①。

他们还办了一本杂志刊登学生作品——几页用订书机装订的 A4 纸打印稿,取名《视觉》。从内容上说,它是一本典型的本科生评论融合短篇小说和诗歌等多种题材的合集,大部分都缺乏独创性,矫揉造作。其中最好的显然是安吉拉用笔名兰金·克罗伊(Rankin Crowe)发表的诗歌——笔名拼错了——也可能是故意的,20 世纪早期一位牛仔的名字,她肯定知道他的回忆录《兰金·克罗与俄勒冈乡村》。她觉得牛仔浪漫极了,那时还去看过不止一次《荒野大镖客》②。但为什么她要用笔名呢?可能部分是因为尴尬(尽管自己担任编辑,她却称《视觉》"令人作呕"),抑或是战略上的谦逊(编辑和明星撰稿人是同一人,这怎么也不能激发信心),但她当时给出的解释是"因为从事写作的女人早晚都会用上男名,除非她们是那种特别小情小调、细腻煽情的女人,把女作家当作卖点……我写得不像女人,有的男人会感到不满"。

这明显是个玩笑,但把"细腻煽情"等同为"像女人"不应被视作简单的戏谑。尽管她后来承认还有别的方式来"写得像个女人"(而且肯定会为自己曾经想冒充男人写作而尴尬),安吉拉还是对一种女性文风产生了深刻的厌恶——她点名批评了埃德娜·奥布莱恩(Edna O'Brien)、琼·迪迪翁(Joan Didion)、简·里斯(Jean Rhys)——她在这些作品中感觉到女人被呈现为一种受害者状态。她厌恶这种态度。她自己的女性主义源于一种认知,即男人和女人根本上很相像。不管多么厌恶英国社会的父权意识,她还是感觉女人如果只是简单地怪罪

---

① "巴兹尔"(basil)意为罗勒,"邦廷"(bunting)可以指旗帜或一种鸟类。
② 也可译为《一把美钞》(*A Fistful of Dollars*)。

男性的侵犯，她们就要为这种意识的延续负一定责任——在此过程中，她们作为同谋固化了"女性是柔弱的性别"这一臆断。唯一能阻止自我被归类于性别之中的方式就是自信专断，拒绝相信男女存在巨大差异。正如她在《萨德式女人》中所说："我的剖析只是一个无限复杂的系统的一部分，这个系统就是我自己。"

离开大学几年后，她给朋友卡萝尔·罗芙（Carole Roffe）写信：

> 在我看来，男人和女人只有生理结构上的不同。有次，有人问我最喜欢的女作家是谁，我想那人问的是特别能表达女性感触的作家——我说埃米莉·勃朗特，但她是个假小子。后来我暗骂自己，因为有史以来最伟大的女性气质作家是陀思妥耶夫斯基，紧接着是赫尔曼·梅尔维尔，他有那种你这类思想解放的女人想展露的美少年的味道。如果我们谈论的是敏感、脆弱、感知能力这些男性批评家口中的女性小说家特质，D. H. 劳伦斯简直比简·奥斯汀女性化无数倍……D. H. 劳伦斯的悲剧在于他认为自己是个男人。

根据这套理论，安吉拉以兰金·克罗伊为名发表的诗歌就趋于男性化——"敏感""脆弱"远不是其显要特质。其中最有趣的一首长诗《独角兽》，是一首特别故作高雅、有点火候不足但十分不同寻常的作品，融合了自由诗、散文和民谣诗节，预示着安吉拉成熟作品中对神话的讽刺态度。该幻想取材自托马斯·布朗爵士的指示：抓独角兽的唯一方式是将一个处女送进森林，这样野兽"一见到她就跳进她的腿间，然后就能抓住他了"。这幅令人目瞪口呆的香艳情景让安吉拉颇感有趣。她笔下的处女不仅全身赤裸，还充满没羞没臊的肉感，"生涩而粗壮"，胸脯"像两个手提袋"，"阴毛丛生"。独角兽是"为她潮湿的花园香气/引来"。但她拒绝被动的性玩物角色：

第五章 荒诞梦魇

> 我的嘴里齿锋尖利,
> 深红的嘴唇里,
> 红色的指尖灵活地
> 将爪子藏起。
>
> 于是我藏起了武器。
> 而你图穷匕见。
> 你以为正支配着我——
> 　我的牙齿却已没入了你。

这时,诗歌或多或少是她探索观念、放纵幻想的体裁。"听起来有点自命不凡,"她在被《立》(Stand)杂志拒稿时,在信中说道,"但我在尽力混合着让人大饱眼福的视觉形象和有意义的,甚至是有点说教的内容。"为了体现她的意图,她为自己的《为鲁滨逊作诗》——诗中流浪汉教岛上的胡萝卜"记下他的身份('鲁滨逊!')/于是他间离[①]了自怜/用布莱希特的方式"——写了评论,说它"关乎有益的创造性活动的必要性"。

十二年后,她告诉血斧出版社(Bloodaxe Books)的尼尔·阿斯特利(Neil Astley),她60年代的诗作"是那个时代的典型,怪异的嬉皮士风格"。从某些方面来说确是这样,但她的风格与当时的文学潮流截然不同——这是质朴、直白、半忏悔式的作品,如伊恩·汉密尔顿的《假装未眠》(Pretending Not to Sleep)和菲利普·拉金的《五旬节的婚礼》(The Whitsun Wedding),享有盛誉之时——而安吉拉最早得以发表的诗作也是安静、自然主义、缺乏创意的,很不像她。1963年9月,她和保罗得到了一只猫(白色,长着"薰衣草色的耳朵"和"青

---

① 德国戏剧家、诗人贝托尔特·布莱希特提出的戏剧表演理论"间离效果"。

苔色的眼睛"；安吉拉在日记里不能自拔地一遍遍描述她，但好像没想过给她取名字——总是称呼她为"我的猫"或"小猫咪"）。安吉拉用自由诗体为她创作了两首习作：《我的猫在她的第一个春天》和《关乎一只孕期小白猫的积极诗作》，两首都毫无感情色彩，用简单的语言描绘小动物的身体特征。彼得·雷德格罗夫（Peter Redgrove）把它们收录在了《大学诗歌》第七期。这是一本声名赫赫的年刊，1964至1965年的一期吸引了来自256个作者的1030份投稿。

　　这是安吉拉的写作迄今为止获得的最高认可，她肯定为此高兴。不过她也很清楚自己还未发表过——甚至是写出过一部重要的作品。60年代的人们迷恋年轻作家——谢娜·麦凯①（安吉拉欣赏她）和弗朗索瓦丝·萨冈②（安吉拉对她不感冒）最为突出。安吉拉已经比她们俩出版处女作的时候老了好几岁。1964年5月13日，生日的一周后，她按照惯例在为年岁增长心痛不已："我已经二十四了，我恨这一点——我为此恐惧。"她感到自己这么多年的生活乏善可陈。然而这点即将迎来改变。

　　1964年夏天——在她上学的第二、第三学年之交——安吉拉开始写作一部长篇小说，设定在"一座外省城市边缘，掺杂着犯罪和'垮掉的一代'气息的城市"。早在1963年初，她就构想了一个名叫"哈尼德里普"③的人物——一个滥交、迷人、似乎有点精神失常的年轻男子。在最初的刻画中，他是个有点可怜的角色：

　　　　哈尼德里普充满戒备地蜷缩在深蓝色的呢子大衣里。他长着
　　一张松弛、时髦的脸，上面的嘴唇呈暗红色；茂密的深棕色头发；

---

① 谢娜·麦凯（Shena Mackay, 1944—　），生于爱丁堡，苏格兰女作家。
② 弗朗索瓦丝·萨冈（Françoise Sagan, 1935—2004），法国女作家，代表作《你好，忧愁》。
③ 原文为 Honeydripper，意为很会说甜言蜜语或性感的人。

第五章 荒诞梦魇

修长的手,上面青筋暴起。他说自己在写论文,但除了给他每周4英镑10先令买书和保障基本生活的委员会之外没人相信他。他整天都在散漫地读报、闲聊、勾搭女孩,晚上就喝苦啤酒、寻找哪里有派对,深夜在性爱中度过也不少见,朱莉曾挖苦说这是他唯一的天赋。①

她在几部难产的作品中都尝试用上这个角色——包括一篇"很嬉皮士的短篇小说"名叫《肏》("Fucking")——但他的懒散将几个故事的活力都榨干了。她想将艺术生命赋予克里夫顿的风流社会,但这份渴望还需寻找另外的出口。她还是经常见到约翰·奥斯本,这是她想要书写的世界的典型居民;她决定以他为原型塑造哈尼德里普。角色的深棕色头发变成了金色;他失去了学术上的收入,开始买卖二手货;他的创造力激增;他变得充满魅力、擅长操控人心;他长了一张"难以言状的肉食者的嘴",浅色的大眼睛。在珍妮·奥斯本看来,这就是丈夫的形象"稍作掩饰"的样子。

然而哈尼巴萨德(哈尼德里普最后的名字)比约翰·奥斯本要恶劣、恐怖得多:他是个性虐待者、性犯罪者,最后还是个杀人犯。安吉拉宣称这个角色是"基于我认识的一个把名字刻在别人身上的人",但没有线索表明这另一个原型到底是谁,很有可能就是即兴编造出来的人物:她觉得没有必要告诉出版社他的存在。无论如何,不管他是糅合了几个人,还是个约翰·奥斯本的混账升级版,现在恶魔般的哈尼巴萨德填满了她的想象,她为他制订的计划已经膨胀成了一部长篇,主题是命运的反复无常、人性的疯狂和假面舞会。小说名叫《影舞》。

7月底之前,她的初稿已经写完了三分之二。最初的手稿已经佚

---

① 原文如此,有删除线。

失，但她寄给出版社的概要保存了下来，故事的大纲没有改变。小说是关于一个名叫吉莱娜的女孩，被哈尼巴萨德用刀划伤——暴虐地在她的"从眉毛到肚脐"留下伤疤——可能还强暴了她。出院之后，她回到酒吧去找他对峙。在那儿，她遇上了和他一起卖二手货的伙伴莫里斯·格雷，一个抑郁、婚姻不幸的"蹩脚画家"，一张脸就像"格列柯①画中的基督"（批评家马克·奥代曾示意莫里斯和哈尼巴萨德是约翰·奥斯本的两面人格，实际上奥斯本的履历在这两个方面都有均衡的体现）。但哈尼巴萨德远在伦敦，而且在整本书的三分之一中，他都是个不祥的幕后存在，只有莫里斯在代他饱受心理煎熬，因为他自己以前也利用过吉莱娜。现在她只想着"哀哀哭泣，在公众面前闪着泪光，用眼泪养肥她营养不良的小身躯"，但是她连这样小小的需求都不能得到满足。在小说的末尾，哈尼巴萨德在一幢废弃房屋"乱糟糟的阁楼"里扼死了她，在她赤裸的尸体旁摆满蜡烛，手交错在胸前，眼睛用硬币关上，大张着嘴，等莫里斯发现。

读者能感觉到《影舞》不是出自一个幸福的人之手。这是篇黑暗、尖锐、厌世的作品。其中也包含了玩笑，但它们都是一个无情的世界对浪漫语言的刻薄讽刺。当莫里斯问及哈尼巴萨德的女友埃米莉与他在一起是否幸福时，她说："我爱他，我爱他。当他在米查姆公园碰我的时候……"书中时有丰满的暗喻，但它们常常让人满嘴回苦：打烂的啤酒瓶"洒出的几滴棕色酒液，闪着光，像一窝受惊的甲壳虫在石头上奔命"；吉莱娜受到袭击的教堂墓地长着一种花，"边缘成了棕色，发出臭气，最后掉到地上死了"；在公园里玩耍的孩子仿佛"黄油不会在他们眼里融化"一样。

这是安吉拉第一次在一部作品中毫无保留：她的厌恶和不安，她对服装、音乐、维多利亚时期古玩和外省波希米亚风情的兴趣，

---

① 格列柯（El Greco, 1541—1614），西班牙画家、雕塑家和建筑家，因为其希腊血统得名 Greco（希腊人）。

最重要的是，展现出了她之前的阅读。文字显然是受了其他作家的影响：

> 莫里斯像变成了影子，悄悄地走过那些闪烁着电视机蓝白色荧光的窗户，窗边虹彩花瓶的红、黄和粉色的塑料纸扇上铺展着玫瑰，石膏制的德国牧羊犬像在红色长绒窗帘间嬉戏。他们几乎看不见别的行人。一个穿着短裤的女孩骑着年轻漂亮的自行车急转而过。一辆轮子上安着减震垫的轿车经过。仅此而已。

闪烁着"蓝白色荧光"的电视机有纳博科夫的色彩，而那个骑着"年轻漂亮的自行车"的女孩更是直接从《洛丽塔》中走出来的，书中不止一次跳出过这个短语。在《影舞》的别处，出现了"一个气喘吁吁的少女，嘴唇湿润，已经成熟的胸脯凸起"，不时还会有爱伦·坡、陀思妥耶夫斯基和斯威夫特的痕迹，混杂着《爱丽丝漫游仙境》、童话、民间传说和流行歌曲的影响。

但也许整部小说的最高成就还是对男女关系浓墨重彩的刻画和对女性角色毫不煽情的处理。按照书中的说法，吉莱娜"曾经是那种让人没法想象她坐马桶、剃腋毛或是挖鼻孔的年轻女孩"；但她受到袭击后，莫里斯再见到她时，他坚信自己的啤酒尝着像她的味道："像她那涂过除臭剂的金属味的汗，她为了让嘴唇显白而抹在上面的粉底霜，避孕药的化学物质，充满性欲的汗。"

某种程度上，吉莱娜毁容事件是安吉拉·卡特设置的一个关于女性外形的隐喻——在1960年代大部分小说和诗歌中，仍存在这种无瑕的"女神"形象。她一开始是符合男性幻想的形象（"洁白甜美，天真无邪，像一朵冰激凌"），却有着强烈的性活力（那句描绘她的纯洁的话是在形容她为情色照片摆拍的样子）。正如安吉拉·卡特后来的诸多女主人公，包括《马戏团之夜》的费芙斯和《明智的孩子》的钱斯姐妹,她的身体特征饱受渲染。她脸上的伤疤像个"深渊",暗示着血液:男人们看了感觉难为情。她变得更人性化,她的性存在却因此变得可怖——成了让人心神不宁的讽刺。

如果说小说呈现了一种女性主义的意识,它肯定不是精心规划的成果,而且不太合群。莫里斯的妻子埃德娜就是安吉拉鄙夷的那类自封的受害人。性欲不强的时候,"她就唉声叹气,脸上挂着殉难者般的笑容……然后绞着修长的双手,说如果他真的很想要她的话……"莫里斯的不忠让她失望,但仅仅是因为他的婚外情太不频繁了:"她会从丈夫持续的不忠中获得满足,类似于她会因身体受虐而获得快感。"在80年代,这种对女性(或至少是部分女人)的看法引来了很多女性主义者的严厉批评。

小说的三大女主角中还有一个角色,即埃米莉,哈尼巴萨德从伦敦回来时带来的姑娘。她是个现实、毫无想象力的女孩,喜欢感官享受,自立而平和,是作者唯一透露出喜爱之情的角色。她迷恋哈尼巴萨德,但得知他对吉莱娜的所作所为后立刻甩了他。在最后的场景中是她叫了警察(莫里斯试图阻止)。不过,对于其他非强暴、谋杀之类的冒犯,她的态度要宽容许多("她是个仁慈的女孩"),这点在她与莫里斯的对话中清晰可见:

"你的猫叫什么名字?"莫里斯礼貌地询问。
"汤姆。"她说。
"为什么?"
"因为它是公的。"
"不过它不会射得房子里到处都是吗?这不是挺不方便的?"
"随它去吧。你不会为了方便就把人阉割了吧,会吗?"

但愿不会。但无论男女(甚至是猫)都能多少随性行事,自由自在——这种观点对安吉拉来说日趋重要——是《影舞》中鲜明个性之关键所在。

安吉拉的终考包括九场时长三小时的考试；她选择了毕业论文来代替第十张试卷，导师是科特尔博士。论文名为《关于中世纪和 20 世纪民谣诗歌关系的一点思考》，篇幅很长（120 页打印纸），逻辑不着边际，内容主观，观点鲜明。它作为学术论文太过离经叛道，但又通篇是学科术语，很难讨好普通读者。它有趣在传达出她那时日益浓厚的兴趣——结合新欢（民间音乐、中世纪文学）和源自家庭背景的旧爱（欧洲民间传说和音乐厅）——而且显露出对二十四岁的本科生而言难得的渊博。

她在 1964 年 9 月到 12 月间完成了论文。整个过程不断地受到家中来来往往的民谣歌手的打扰，让她倍感压力。"为了放松"，她翻译起了威廉·邓巴（William Dunbar）的（中古苏格兰语）长诗《两个已婚妇人与寡妇》，称之为"该语言历史上最淫秽的诗篇……冒出一块块瘤子疙瘩一样的头韵"。实际上，她的版本更像是翻唱而非翻译。她把一处"丑陋的穆罕穆德"换成了"有个黑杂种"，因为她认为前者在几个世纪来已经失去了煽动情绪的力量，但她笔下"法西斯式的、不自由的"平行世界却能恰如其分地扰人心神。译稿发表在 1966 年 3 月的《伦敦文汇》① 上。

1965 年 1 月 13 日，安吉拉将《影舞》的手稿寄到威廉·海涅曼公司，即陀思妥耶夫斯基、D. H. 劳伦斯和一些当代作家如安东尼·鲍威尔（Anthony Powell）、帕特里夏·海史密斯（Patricia Highsmith）和安东尼·伯吉斯在英国的出版商（她声称决定投向这个公司是因为

---

① *London Magazine*，英国始于 1732 年的文学期刊。

在书目名单上,卡特这个名字会紧随在伯吉斯之后)。在投稿信中,她将这部小说描述为黑色喜剧:"我认为它很好笑;它让我大笑……写作时,我想要同时保持幽默和可怖,制造一种荒诞梦魇的效果,因为生活正是如此,不是吗?"

安吉拉没有经纪人,也没有把信寄给具体某位编辑,于是手稿连同其他满怀希望的不知名作者的作品一起最终落到了无名纸堆里。在那儿,它由一位年轻的编辑贾尼丝·罗伯森(Janice Robertson)发现,后者正在创立自己的计划书单。她当即知道自己找到了想要的:"我当时想:'这个作者天赋非凡。'每句话都很精彩。你差不多每五年才能见到一部这样的作品。"她把它寄给了为海涅曼公司担任特邀审稿人的玛格丽特·福斯特(Margaret Forster)征询意见,还给了小说部总编罗兰·甘特(Roland Gant)。两人都显得很热情,但甘特认为内容应该删减,最后的结局必须重写。

4月7日,在安吉拉寄出手稿将近三个月后,贾尼丝回信说《影舞》在办公室内几经审阅,所有人都对出版一事抱有热情,但她想要探讨"几处删改"的可能。当月,安吉拉去了伦敦,她们在梅菲尔区柯曾街旁海涅曼办公室附近的一家"非常好,还便宜得不像话"的意大利餐厅就餐(贾尼丝记得安吉拉"几乎没吃什么")。她们相处融洽:年龄相仿,文学品味相投,还都很喜欢猫。安吉拉"特立独行,讨人喜欢,还有些迷茫。她的观点非常明确"。尽管如此,她还是接受了海涅曼提出的修改建议。贾尼丝问她是否还有别的写作计划,安吉拉构想了一部基于梅林传奇的非虚构作品,还计划写作现代文版的《高文爵士与绿骑士》。

贾尼丝担心约翰·奥斯本会因为哈尼巴萨德太像他自己而起诉他们。安吉拉成功地劝说他签署了一封信,保证不会起诉:"我的伙计说,读过《影舞》后,他丝毫看不出我在纠结什么,因为他完全不觉得里面有丁点反映出他的形象……他完全接受。"但珍妮·奥斯本记得

第五章 荒诞梦魇

丈夫为书中对他的描写"非常丧气"而"恼火"：不只是因为这形象多么不讨喜，他还担心里面莫里斯和哈尼巴萨德闯入废弃大楼的场景会让自己陷入麻烦，里面至少有一处是直接借鉴了他的经历。

安吉拉花了"差不多三周"来修改《影舞》——同时还在应付终考——6月27日，将二稿寄给了贾尼丝。"我没有改变主体结构，"她解释道，"但想要让主要的人物关系（我想，你费神读过之后，应该明白它可能是两个男人之间的关系——如果你现在还记得故事的话！）更加突出。"她删掉了不少地方，让整部作品"更有诗意、更为委婉"。贾尼丝这次满意多了，但还是对结局颇有微词；8月初，安吉拉又去了一趟伦敦与她商谈此事。她修改了结局，寄出时（8月16日）声明这是她的终稿——"我认为已经没法再改了，对它现在的样子很满意"。一周之后，她和保罗（他已经从最深的抑郁状态中恢复了）一起去了爱尔兰。

旅行的目的显然与民间音乐有关：或许保罗在为"主题唱片"公司录制爱尔兰歌手的唱片，或许他们又在物色能在他们的俱乐部表演的乐手。他们从都柏林开始，先到了一家小提琴俱乐部，这是一座瓦楞和铁皮围起的小屋，在一家书店背后。安吉拉认为这座城市"跟乔伊斯描述得一模一样"，尽管她发现"是贫穷让它如此漂亮"，也同样不减对它的喜爱。

从那儿出发，他们前往斯莱戈，然后是康尼马拉，最后到了戈尔韦市，那里"苦啤酒色头发"的吉卜赛人睡在他们的马车里，白天出来乞讨。这是安吉拉第一次出国，这个经历让她激动不已。她在日记里记下了充满感情甚至有点矫情的几页："这里蓝色的眼睛望向美洲"；"在远古的山川间，你会想象翼手龙出没的情景"。她决定要学"爱尔兰盖尔语"，还说"如果我的钱够多的话"就定居在康尼马拉。她终生未能在此生活，不过之后几年间她和保罗几次重返这里。

他们回到皇家约克排屋后，安吉拉得知自己获得了二等甲级学位——她本期望获得一等学位①。但贾尼丝的来信大大驱散了阴云，信中附上了《影舞》精装本的 150 英镑预付稿费。当日，安吉拉写了回信："我高兴极了……就像他们说的，太好了，太好了，太好了！"1977 年接受采访时，她却说自己并没有为这笔预付款感到特别兴奋："我知道这有点糟糕，但我其实想的是：来得真不是时候。"

---

① 英国本科生毕业证书按照学业表现依次分为一等学位、二等甲级、二等乙级和三等学位。

第六章

给华丽的外表充填内容

"大学毕业后，我的第一任丈夫不许我出去找工作，"安吉拉在1980年时曾告诉一位朋友，"所以我待在家里写书，这样那家伙就满意了。"这是安吉拉典型的夸张。保罗从未特别支持她写作，但（也许正是为了这个原因）他似乎在对她施压，让她去找别的工作。在她上大学之前，他们之间有一次"小口角"。"我就是不想工作，"她那时写道，"我想舒舒服服地坐在火炉边，写作、写作、写作，因为，只要我想写，这就是我最大的快乐所在。"学习成了另一个快乐之源，两者她都不想为了工作而放弃。

夏去秋至，她申请写作一篇硕士论文，暂时取名为《中古英语中的梅林传奇》——这个话题可以放进她对海涅曼出版社构想的那本书中——11月，她在科特尔博士的指导下开始硕士阶段的学习。标准的做法是先当硕士研究生，然后扩展论文，获得博士学位，可能安吉拉当时就是这么计划的。她被推荐为"国家重点奖学金"（赫赫有名的助学基金，由英国科学院颁发）的申请者，但她的申请似乎被拒绝了，可能是因为她只获得了本科二等甲级学位。

她当时并不缺钱——西蒙与舒斯特出版社花了2000美元（折合约700英镑）买下《影舞》美国地区的出版权，英国的平装本以750英镑的价格卖给了潘神出版社（Pan）。但她没理由相信自己能持续好运。

除了这本小说,她这段时间的输出只剩下纯艺术的诗和实验性的短篇,习惯了小规模出版社、学生杂志和穷困的世界。她为《大学诗歌》投的稿被一个住在利兹的诗人巴里·特布注意到了,他将她的几首诗编入了《五个安静的呐喊者》;这本文集又被时任利兹大学《特拉洛克》(Tlaloc)杂志学生编辑的卡万·麦卡锡发现,这是一本主要关注具象诗的杂志。麦卡锡为安吉拉发表了几首诗,还主动提出为《独角兽》出一本独立的小册子。她还在利兹大学的《诗歌与读者》上发表了诗作和两个短篇小说,在布里斯托大学的校刊《典范》上发表了评论文章。她还开始为《埃尔斯福德评论》供稿,这本加尔默罗会①的文学杂志主要供稿者都是罗马天主教会的诗人。这些作品让她获得了些微曝光,但没带来钱财,而她为了登上更有名、稿酬也更多的杂志所做的努力都未获回报:1966年1月至4月期间,她从《巴黎评论》《伦敦文汇》《大西洋两岸评论》《诗评》和《议题》(Agenda)那里均遭退稿。除非再写一本长篇,否则她没法以写作为生。

《魔幻玩具铺》的灵感最早来自安德烈·布勒东②《超现实主义的首次宣言》中的一句话。1965至1966年的冬天,她反复在日记中写道:"奇妙本身即美。"她欣赏超现实主义者对孩童惊奇感的再现,他们对想象力和欲望的珍视,他们的浪漫主义——对他们来说,"美要为自由服务"。在之后的几年中,尤其她的第六部长篇《霍夫曼博士的魔鬼欲望机器》里,超现实主义的影响达到了顶峰——在70年代中期有所下滑,因为她发现这个运动对女性理想化、天真而居高临下的认识(女性是神秘和美的源头,而非自身拥有创造精神)与她日渐发展的女性主义意识相悖。但哪怕到了1978年,她还写道:"当我听到超现实主义者最重要的宣言'奇妙本身即美',还是会像以前一样震颤

---

① 天主教会的一个分支。
② 安德烈·布勒东(André Breton,1896—1966),法国诗人、评论家,超现实主义创始人之一。

不已。"

她肯定是通过翻译读到的这句话（原文的法语"il n'y a même que le merveilleux qui soit beau."语意并不模糊），因为她很快就加入了自己的阐释：

> 到底"the marvellous alone is beautiful"的意思是a.奇妙本身即美（the MARVELLOUS alone is beautiful）还是b.奇妙的独处即美（the marvelous ALONE is beautiful）？将来，我会把"独处"（ALONE）理解成名词。

其中两种观念——即奇迹之美和独处之美——在她的脑海中奇异地纠缠，让她想起童年和青少年时代。她再次感觉到陷入了幽闭的家庭环境中，外面未知的世界令人恐惧。1964年，她再读了一遍《欢乐之盒》。1965年11月，她开始为《魔幻玩具铺》写下笔记：

> 机械猫捕捉机械鼠
> 红色眉毛的笨女人
> 可以亲身参与的玩具剧场

一开始她并不清楚这些画面的意义。"我认为写作——或者说我的写作方式——是个自我分析的过程，是阐释自己描绘的画面、不断向内心挖掘的过程。"她在1968年写道。对梦境的表现力拥有弗洛伊德式的信仰，加上写作即自我发现这种论述，听上去仿佛是超现实主义的宣言。若干年后，她很喜欢引用巴尔扎克的观点，即所有虚构作品都是"由象征构成的自传"；另一次，她还写道："外在的象征必须分毫不差地表达我们内在的生命，否则还能怎样呢？毕竟是生命创造了它们。"

安吉拉·卡特早期的短篇中有一个固定角色，《魔幻玩具铺》里的梅勒妮是其第一个化身，第四部长篇《英雄与恶徒》中也有现身：聪明而神经质的少女，百无聊赖，沉浸于自己的世界。1982 年，安吉拉将她称为"资产阶级的黄花闺女……在写作这些书时，我肯定会激烈辩解说她不是我，但现在我能看出来她一定是"。也许安吉拉那些"由象征构成的自传"——如果这个短语可以用来描述她的全部作品和几部特定作品的话——最明显的一个特点就是早期那些乖戾、内向的人物后来被精神饱满、幸福的女性形象所取代。

《魔幻玩具铺》被构造成一则黑暗童话，透出作者令人毛骨悚然的清醒。一开篇，梅勒妮是在位于英格兰乡村的父母家中，环境充满资产阶级情调：父母在国外，而她纵容自己任性妄为。一天晚上，她无法入睡，就穿上母亲的婚纱爬上了花园的苹果树。第二天早上，她听说父母死于空难，她迷信地将灾难归于她前一晚的僭越："她走进卧室。她遇见镜中的自己，苍白的脸，黑色的头发。杀死她母亲的女孩。"

孤女梅勒妮和弟弟乔纳森以及襁褓中的妹妹维多利亚一起被送到关系疏远的木偶师舅舅菲利普位于伦敦南部的店铺中寄养；舅母玛格丽特（一个沉默的爱尔兰女人，像押花一样脆弱）和两个兄弟芬恩、弗朗西斯（一对流里流气的乐手）也在此居住。菲利普舅舅实际上是个有施虐倾向和操纵欲的封建家长，对木偶的兴趣远大于人。有一次——在小说最接近催眠、引人不安的片段中——他强迫梅勒妮在木偶剧中扮演丽达，让她演出自己被机械天鹅强暴的场景[1]。他无处不在的监视和诡计让店里的生活处处笼罩阴霾。哪怕是梅勒妮和芬恩日益强烈的相互吸引也因此变味："他想让我干你，"芬恩有次解释道，"即使我真的喜欢你，也不会满足他的。"最终，在发现弗朗西斯和玛格丽特舅母乱伦之后，菲利普舅舅放火烧掉了玩具铺。梅勒妮和芬恩

---

[1] 来自希腊神话场景，宙斯变成天鹅诱奸丽达的故事。

逃进花园。"只剩我们了。"她对他说。

在小说成形之际，过往和当下在安吉拉的想象中碰撞。菲利普舅舅是一个畸形夸张版的保罗·卡特（"但他是个抑郁的化学家，不是什么疯狂科学家。"她对一个困惑的采访者解释道）。芬恩和弗朗西斯的形象源自她写作之时，在布里斯托家里"进进出出"的爱尔兰民谣乐手。50年代的种种细节，精心织就的南伦敦背景，对性的渴望和受损的隐私都来自童年经历。显然，有种解读可以阐释这样的交织融合：现在的家庭情景让她感觉自己回到了婴儿期。她自己的解读更加直白："我推测，这可能大致是关于成长过程中发现身上舒服的东西一样样剥落，但我可能是错的。"

主题决定好之后，小说越发有意呼应着《失乐园》（据她说，弥尔顿教会了她"很多幻想的方法"）。我们很容易从小说中找出长诗的遗传基因：关于一棵苹果树的致命僭越；独裁的类神形象菲利普舅舅；玩具铺就像一个世俗化的伊甸园。芬恩和弗朗西斯的姓是乔尔（Jowle），因为字形看上去像 jowl，即康沃尔郡方言里的魔鬼。小说的结局中一男一女站在花园里是"有意借鉴了《失乐园》的结局"。安吉拉认为长诗的结尾非常精彩："我想不是因为什么宗教的东西，而是因为纯粹神话的特点——可以作为人类关系的范式。"亚当和夏娃被逐出伊甸园：

> 世界尽在眼前，神命
> 将为指引，任他们选择安身之处。
> 二人携手，缓缓迈出流浪的脚步，
> 背向伊甸，开始孤独的旅途。

1966年末，安吉拉已经写完了成书五万字中的三万字。她在信中对贾尼丝·罗伯森描述说这是本"哥特传奇剧，关于伦敦南部郊区的蓝胡子①木偶师和他的家庭……如果运气不错,梅林允许,这本书应该能在树木发叶前完成"。她实现了自己的话,4月初就寄出了手稿。贾尼丝很感兴趣,但收到了一份来自芭芭拉·科明斯(她写作了十一部特立独行的小说,50年代时短暂风靡,现在最为人所知的身份是"安吉拉·卡特的先驱")的审读报告,认为它是本"古怪的小书"。安吉拉没有否认:

> 她指出了我最大的弱点,那就是倾向于疯疯癫癫的异想天开。如果控制得好就不要紧,可是一旦失控,就会令人难堪……关键是,这本书本来就是要失衡、断断续续、像梦魇一样,要是现在它有这些特点,我可不想把它们改掉!但是我相信我们会找到让人满意的解决办法。

5月19日,她与海涅曼签了合同,收到150英镑。6月,西蒙与舒斯特出版社给出了2500美元预付金,作为对她未来前途"信心的估价"。尽管如此,她的美国编辑彼得·斯古德(Peter Schewed)还是明确表示,比起新作更欣赏《影舞》。

后来,安吉拉说她在1965至1969年间完成早期几部小说的速度是"神经质强迫症的产物",而《魔幻玩具铺》似乎暂时让她忽视了对婚姻的怀疑和焦虑:书一写完,她就心神不宁。4月3日,她开始怀疑自己怀孕了:"我感到恶心,隐隐作痛。我的反应很矛盾,理不清楚。以后我肯定会把它当成教训。"尽管她和保罗关系紧张,他们还是有性生活。(到了1969年2月,在她离开他前几个月,她还写道:"我很少讨厌触碰他,哪怕有也坚持不长。触碰他一直是我最简单、最明

---

① "蓝胡子"是法国民间传说中连续杀害妻子的人物。

媚的快乐之一。"）但他不情愿当父亲，安吉拉也知道她为婚姻关系中扮演的母亲角色而失落，现在还想当母亲不太明智。"我最想保护保罗的时候，我也最想要他的孩子，"几年后她告诉一位朋友，"很有可能我在家里制造出糟糕的母子关系部分是因为缺一个真正的孩子，部分是因为这就是人们相互配合的一种方式。"然而，她还是很难压抑自己的母性本能。从日记中看，她有时好像将生孩子当作他们所有问题的解决方式："要是他能让我生孩子就好了。要是这样就好了。"

这次，受孕幻想没有持续很长时间，接踵而来的却是身心失调症：她写字的手臂逐渐"麻痹"，她感觉"几近绝望"。她的医生认为焦虑是可能的成因，给她开了利眠宁。5月24日，她在日记中写道："药好像生效了，我的手臂几乎完全恢复了。但是我感觉很糟糕。"听上去已经非常有希望了，但她接下来又加了一句话，暴露出焦虑没有完全消除："我不知道感觉糟糕和为了让自己更有趣而夸张糟糕的感觉之间有什么区别。"不久以后，她写道：

> 我彻底困惑了，不知道该怎么做。我是个作家。我是作家吗？这意味着什么。我知道我应该继续，应该提高，别这么华而不实，或者说，给华丽的外表充填内容。如果我是男人就简单很多，尽管我不想变成男人，我太爱自己了，我觉得自己性感、漂亮，而且感觉哪怕可能事实并非如此，实际上我是个邋遢鬼，我也没有因为身为女人而烦恼，因为我对自己的女性特征很自信，自信到会想象和女人做爱会是怎样。呸，我这些话是为肩头上的读者写的。我是世界上存在过的最羞怯的生物。

她可能是在为伏在肩头上审视她的读者所写，但这段话最能反映出她紧张过度的精神状态。"身为女人"那个长句像是个语义的真空，盘绕着矛盾和前后不连贯的陈述。不过至少有一点是确定的："我想——我知道我想——放弃硕士项目。"她向科特尔博士写信说：

> 您已经知道我因为非常紧迫的个人原因，无法继续做全日制研究生了。我很难过，因为我觉得自己让您失望了，但我希望能在情况好转后继续做在职学生。
>
> 我想对您可能自己也没意识到的种种善行表示感谢，并对能有幸接受您的指导深怀感激。希望来日还能一起工作。

把"非常紧迫的个人原因"作为放弃硕士论文的理由也好，之后还想继续研究也好，这些说法可能半真半假。比起她想要扮演的角色而言，学术圈是个太过狭窄的舞台。在1966年春天她写下的众多饱含情绪的日记中，有一行鸣响着真正的自我认知："我要与众不同。"

抛弃学术似乎让她焕发了生机，她开始带着全新的目的感专注于文学生涯。在写《魔幻玩具铺》期间，她已经为《数种知觉》写下笔记，但她的点子还在不断变动，几个月后才正式动笔。与此同时，她寻找着做记者的新机会。

5月11日，她到卡迪夫的朱庇特神庙剧场观看鲍勃·迪伦演出。这是迪伦英国巡演的第三天（第一天是5月6日在贝尔法斯特的ABC剧院，第二场是5月10日在布里斯托的科尔斯顿音乐厅），但他已经在别处公开过他的电音作品了，而且音乐会激起了很大反响。他先是伴着民谣吉他和手风琴唱了一组独唱，还是那个民谣界宠儿的风格。短暂休息过后，他带领着五人电音乐队再次出现。这个转变得到了大片观众的嘘声和责难，媒体也不见得有更多同情，暗指他在模仿米克·贾格尔①。而安吉拉对新音乐形式保持开放心态，明证就是她对此充满热情。尽管她还在为保罗的"主题唱片"公司专辑写封套文字，

---

① 米克·贾格尔（Mick Jagger, 1943— ），英国摇滚乐手，滚石乐队的创始成员之一。

她觉得自己已经成长到不再身处"天真的自由党人"的世界，不再对那些民谣歌会和核裁军运动感冒了。她欣赏《像一块滚石》《瘦男人的歌谣》等歌曲"成熟的野性"，感觉迪伦是在"用最始料未及的方式接近艺术的成熟"。

很快，她又去洛卡尔诺音乐厅看了"谁人乐队"。尽管她对他们不如对迪伦那么喜欢，但她还是为之吸引，用丰富的词汇来加以描述，"噪音的冲击""听觉的疯狂路面被铲除了""出神取魄的过程""科幻的声音"。她在后台采访了乐队成员，那时他们正在打包在音乐会尾声的捣毁仪式后存活下来的乐器（"这毁灭式的狂欢像一次净化，在紧张结束过后的全力释放"）。她草草写下了对演员休息室的印象："几个漂亮姑娘坐在里面，金发，只是坐着……门口是嘈嘈杂杂的粉丝，男孩女孩都有。是因为性吗，还是知道这些孩子年纪轻轻就发迹了，想摸一摸他们，沾上点魔力？"皮特·汤曾德（Peter Townshend）让她意外，因为他看起来比在舞台上的时候年轻一些——"像是二十出头，而不是二十五六岁"——但她对他的聪明和毫不自傲的姿态印象深刻。贝斯手约翰·恩特威斯尔（John Entwistle）倚在椅子上，闭着眼，疯狂的演出过后已然耗尽精神。现已成为传奇鼓手的基思·穆恩（Keith Moon）用毛巾擦干"有少量斑点的"背部。安吉拉把她关于迪伦和谁人乐队的文章卖给了《伦敦文汇》，分别获得了 7 英镑和 12 英镑的稿费。

6 月，她在布里斯托动物园找了份刷盘子的工作。很明显她一开始就计划用这个经历当作另一部作品的素材，而不是纯为了每周 3 先令 6 便士的薪水：她在日记中做了详细记录，后来写到了文章中，发表在 9 月 17 日的《卫报》上。

咖啡厅售卖火腿或者猪肉派，附加薯条或沙拉，又或是薯条加上沙拉；通知上写着"很遗憾我们不能单卖薯条"。也有蛋糕、冰激凌和涂了黑加仑酱的司康饼，后者会让洗碗槽里的水变成"最恶心的紫色，类似于死亡的颜色"。一天结束后,安吉拉发现手上"黏糊糊的",因为要从没喝完的茶杯里刷下来成堆的糖。

厨房里工作的还有另外八个女人。"她们都老了,大多肥胖,"安吉拉写道,"她们的双脚肿胀,但移动起来像舞者那样精确。"芙洛(在文章里化名为鲁比)是领班的。她"大块得要命,不过是选择性的大块",她的脂肪主要"堆积在上半身,像降下一场雪"。她"非常粗鲁、粗俗",经常大笑。唯一的男人是弗雷德(文中化名为阿尔夫),他负责操作薯条机。女人们让他成了各类轻佻玩笑的对象——"他跟这儿每个女人都在一起过,"芙洛告诉安吉拉,说着眨了眨眼,"但还是一样,有人为他的茶加糖,还总能得到最好的蛋糕,毕竟他是个男人。"他的时薪还是4先令:比每个女人都高6便士。

引起安吉拉注意的是那些女人。她仔细观察她们,写下她们的对话、习惯和身体上的特别之处。"这些女人……就像石头,像岩层,地球基础而生机勃勃的构造。工作就是她们要做的,她们接受了它,从不质疑它。这让我几欲落泪。"除开给弗雷德的特别优待,整个咖啡厅是个女人自治的区域,有点像她母亲家族的氛围,但更贫穷、更粗鲁,有更强烈的姐妹互助精神。这个环境在安吉拉成年后更为少见,因为性别形象的两极分化在缩小,男人和女人都在越来越多地占据对方传统的空间。或许这就是为何它给她留下了如此深刻的印象。1991年6月,面对癌症病情,她回顾半个世纪来目睹的社会变迁,再次激动得难以自持:"要是西蒙娜·德·波伏娃路过时来喝了一杯咖啡,芙洛和她的同事们不会认出她来,但她们所有人都对女性道德上的优越性有种内在的深刻信念,也坚信男人拥有独裁的经济力量。"这是本能的女性主义,她在70年代的女权运动中感受到同样的精神。

* * *

1966年8月22日——满九十周岁之后的一个月,安吉拉的外祖母简·法辛突发心脏病身亡。安吉拉上次见她是在4月,那时就已经被她的脆弱所触动,"彻底远离了过去的自己",她的手"肥胖,因关节炎而扭曲","双眼深陷"。现在,她童年早期生活中最高大的人物去世了。这是安吉拉第一次失去亲近之人,很久以前在约克郡烛火边听故事的记忆占据了脑海。第二年,她开始为儿童创作一系列童话故事。

葬礼在伦敦南部郊区的莫登地区举行,离简在巴特锡的家不远。斯托克家乘车而往,加入灵车后缓慢前进的车队。最后时刻,他们发现这个庄重的送葬队伍将带他们前往错误的葬礼:他们必须紧急掉头才能按时到达教堂。安吉拉说仪式本身是"不自然的","管风琴音乐"是其特色。之后,送葬人聚成一圈,简的棺木入土。奥利芙担心她的舅舅悉尼栽到坑里去。"人们总是在葬礼时掉进坟里去。"她说。两个"垮掉的一代"外形的掘墓人,"简直就是《哈姆雷特》中的人物",穿着牛仔裤,在附近懒洋洋地晃荡,等待送葬人散去。安吉拉认为这个场合缺少她的情绪所需的庄严感:"我很惊讶它什么都不是。"

当月晚些时候,《影舞》出版了。护封上是安东尼·伯吉斯的推荐,宣称自己"羡慕"安吉拉·卡特"杰出的描写天赋",预测她将会成为一个重要作家。伯吉斯夸起人来一向铺张,但他对安吉拉作品的欣赏似乎是发自真心的。仰慕是双向的:"在所有人中,安东尼对《影舞》的喜欢最让人晕眩。"她通过海涅曼出版社写信("几行结结巴巴的信")给他,他邀请她去位于伦敦奇西克的家,两年之后,他们才终于在那里见面。在那之后,他们只见过对方两次——一次是1973年在布里斯托,一次是1982年在都柏林——但他们许多年来都保持通信。这是安吉拉的第一个文学盟友,她对此感到"无比荣幸,无比幸福"。

1966年,英语文学还被语言质朴、结构工整的社会现实主义统治,许多作品关注的是本国当代历史。当年最受关注的小说包括保罗·斯科特(Paul Scott)的《皇冠上的珍宝》(是"英治印度四部曲"

的第一部分，该系列追随 E. M. 福斯特《印度之行》的传统，描绘了英国在印度次大陆统治的末期景象）和安东尼·鲍威尔的《士兵的艺术》(《伴时间之乐起舞》的第八部，情节始于1920年代的伊顿公学，恰如其分地写到了"二战"时期的军官食堂，至此已经有了一些伊夫林·沃《荣誉之剑》三部曲的色彩）。一股革新、叛逆的文学浪潮滚滚而来——比如汤姆·斯托帕的戏剧《罗森克兰茨和吉尔德斯特恩已死》在爱丁堡艺术节上首演——但引起的关注远远不及。

《影舞》收获了广泛评论，虽然通常只是放在"文坛新人掠影"栏目里一笔带过。不管怎样，大部分评论者认为它是一部时髦的作品，诉说了正在兴起的反主流文化的兴趣和焦虑。《星期日泰晤士报》的评论者玛格丽特·赫尔德勒支写道，"尽管那么怪异"，"但感觉非常具有当代特色"，而匿名为《泰晤士文学副刊》写稿的玛丽戈尔德·约翰逊赞美它在"当代世界胡子拉碴的年轻旧货商"中叠入了"对天堂和地狱的诗意想象"。为《新政治家》撰稿的苏格兰诗人埃德温·摩根（Edwin Morgan）则提到小说的主题——他总结为"维多利亚时期的古董，波普艺术，比尔兹利①风格的房间，墨镜，漫不经心的欲望和暴力"——"有点太时尚了"，但他对安吉拉·卡特"描写畸形的场景、梦魇的气氛和令人警醒的人情无常"印象深刻。在英国广播电台对内广播中，弗农·斯坎内尔（Vernon Scannell）评价此书"其实非常有潜力……勇敢而美丽"，指出"我们距离荒原谋杀案②发生的时间太近了，无法将（哈尼巴萨德的）种种怪癖视为不实。"他总结道："《影舞》的每页都是在冒险，有时会栽跟头，却成功地画下了一个结局，有些荒诞却又光彩照人，就像青春该有，实际上也不时呈现的样子。"

---

① 比尔兹利（Aubrey Beardsley, 1872—1898），英国插图画家，代表作为王尔德《莎乐美》插图。
② 1963年至1965年，伊恩·布雷迪和迈拉·欣德利在曼彻斯特附近残忍杀害了五个10—17岁的青少年，对其中至少四个实施了性侵害。

最坏的消息来自《曼彻斯特晚间新闻》，它那匿名的评论者似乎是唯一认识到《影舞》是有心的滑稽作品的人。注意到安吉拉收集维多利亚时期废品的习惯（写在内页的作者简介中），他提出"她可以将这本书加入她的收藏"。这话肯定伤了人：虽然安吉拉表面上对自己的才华相当自信，她却对批评非常敏感。在1992年写信安慰受到负面评价伤害的帕特·巴克（Pat Barker）时，她承认自己也过分在意评论：

> 从我的经验看来，尖刻而廉价的评价——来自我压根不认识的平庸文评人——留下的伤害最深，伤口溃烂的时间最长。不知怎么，它们竟好像能抵消来自才学过人的文评人的赞美……天知道这是为什么；可能是由于不安全感、恐惧或者类似《皇帝的新衣》——仿佛在新教的逻辑里，只要一个人有了异见，他就是对的。

然而，除开《曼彻斯特晚间新闻》的批评，《影舞》获得的赞誉对二十六岁的小说界新人而言依然非常鼓舞人心，而安吉拉也初尝了受到公众认可的滋味。她在克里夫顿成了名人。人们开始装作跟她比实际上更为亲近，这个现象既让她得意，也给了她同等苦恼。她的几个熟人都说在小说中看到了自己的影子，但安吉拉拒绝承认她的小说人物是基于任何真人形象（约翰·奥斯本对于她让他签署信件一事保持沉默）。她有点让关注冲昏了头脑："我在赢得诺贝尔文学奖之前都不会给人签名的，"她对卡万·麦卡锡说——一个玩笑，但也稍微暴露了一点她的自恋。（上一个获得诺贝尔文学奖的英国小说家是约翰·高尔斯华绥，在三十四年前。）

她的朋友觉得成就感让她进一步放松了对保罗的依恋。"世界在安吉拉面前打开了，"丽贝卡·霍华德回忆说，"你能感觉到她已经放下了……她清醒了，他还留在原地挣扎。"休伊和琼·斯托克也有类似的印象:"保罗开始怨恨她的成功……他不拆英国广播公司、印刷厂、出版社或者别的什么地方的来信,他会一言不发。"安吉拉后来告诉朋友,《影舞》出版后,他三周没对她说话。

保罗不是唯一一个埋怨她写了这本小说的人。她的母亲认为这是本"下流不堪"的书,质问她:"你写这些性交是为了什么?我们在电视上已经看够了。"1月,安吉拉收到《魔幻玩具铺》样稿时,脑子里还想着这句批评。封面画着一个木偶,它的脸部因为狂喜而扭曲,裤子里伸出一只阴茎般的肥大舌头——安吉拉吓坏了。"猥亵的暴露已经成了当季潮流了吗?"她问贾尼丝,"我该怎么对我的母亲解释?"

1966年底,安吉拉写了一篇关于英国民谣歌手弗雷德·乔丹(Fred Jordan)的文章寄给《新社会》周刊,杂志从非学术视角发表社会和文化评论,立场在中间偏左(尽管谨慎地独立于政党之外)。发刊于1962年,旨在"自我质疑,反大都会,反威斯敏斯特[①]的闲言碎语,反文学……人道,理性,拒绝自命不凡"。发表的散文长于解构日常生活琐事(青少年价值体系的变形,色情影像的政治,冰激凌车的美学),撰稿人行列中包括约翰·伯格[②]、E. P. 汤普森[③]和迈克尔·伍德[④]。如安吉拉在1982年所说:

> 它开创并且坚持了一种社会报道和纪实写作的方式——将背景推向前景。因此,它很少为大事件所惑……它历来善于提出笨拙的问题——关于儿童福利、高耸的公寓,关于对老人、疯子和

---

① 伦敦市内的自治市,英国皇室所在的白金汉宫和首相所在的唐宁街十号都位于其中。
② 约翰·伯格(John Berger, 1926—2017),英国艺术史家、小说家、公共知识分子、画家,被誉为西方左翼浪漫精神的真正传人。
③ E. P. 汤普森(Edward Palmer Thompson, 1924—1993),英国著名历史学家、作家、社会主义者、和平活动家,提出过重要的概念"道德经济学"。
④ 迈克尔·伍德(Michael Wood, 1948—),英国历史学家、纪录片制片人、主持人、作家。

被遗忘的人的关怀。

60年代是英国新闻的丰饶时期,但在这个不服从文化兴盛的十年里如雨后春笋般冒出来的刊物中(包括《澳大利亚人》《休闲时光》《新左翼评论》和《第三只眼》),《新社会》的编辑立场最贴近安吉拉的心声,这家杂志的支持在她的职业生涯中最为重要。她关于乔丹的文章被采纳了,杂志的编辑保罗·巴克(Paul Barker)感觉可能发现了一位明星撰稿人,建议她来伦敦见他。据他回忆,见面过程有点尴尬:

> 她全身着黑,戴着一顶黑色的大软帽……我们有间办公室在古老的考文特花园,隐藏在大楼背后的蔬果批发店中间。她走了进来,身体笔直,说话时夹杂着犹豫和不加掩饰的自信,有些奇异……她看上去就像是巴黎左岸来的人。

他对她说,她的有些文章有点太"赫加斯"[①]了——他后来解释说,这就是他对"煽情的工人阶级史"的简略表达——鼓励她写得更有批判性:"她那具有攻击性的置身事外和机锋给了她针砭时事的出发点。"之后二十年,她为该杂志写的文章(通常每年十三四篇)话题包括从对化妆品和商业街时尚的分析,到关于日本文化的报道,再到对色情杂志和电视广告的思考。自从1967年2月首次发表文章到20世纪80年代早期,杂志是她作为非虚构文体作家天然的家,而她一直为《新社会》供稿,直到撒切尔夫人当政时期杂志读者数量下降,1988年被《新政治家》兼并。如巴克所说:"她对杂志的意义至关重要。"

那年冬天,安吉拉起念写一部关于外省夜生活的非虚构作品。一

---

① 威廉·赫加斯(William Hogarth,1697—1764),英国油画家、版画家、艺术理论家,作品表达出对底层劳动者的同情和对上层贵族的讽刺。

开始命名为《美好时光》，但很快改成了《纵情声色：城市夜生活场景》，是一部社会报道，刻画当下新旧娱乐方式相伴而兴，英国外省生机盎然的情景。贾尼丝喜欢这样的声音，付了200镑买下，一半预先支付，一半在出版时付清。

作为调查的一部分，安吉拉在洛卡尔诺舞厅找了份服务员的工作，负责端饮料、收拾空杯盘，与此同时，舞厅乐队奏响流行金曲，"50年代出生，轻柔摇滚类型的"年轻男人和"摩登、漂亮"，偏好"黑框眼镜、短发和无袖宽腰身罩衣"的年轻女人翩翩起舞。每个工作日夜里她工作4小时15分钟，能赚到17先令6便士；星期五多赚5先令，舞厅会开到凌晨1点；周六是1英镑5先令，舞厅最为繁忙，要从晚上7点15分一直开到凌晨1点。这些钱难以维持生计，很多女服务员白天还有别的工作，尽管大部分人还不满二十岁（安吉拉没有透露自己的年龄）。吧台后有两个男人：一个"男孩……在上大学前来打发时间"，还有一个"穿白色外套的年轻男人，高个子，骨瘦如柴"。后者在女服务生路过时试图揩油，但她们都挣扎着跑开了，转头骂他不是个男人。

舞厅里不经意的厌女文化让安吉拉气恼。女服务生被迫穿着黄白条纹的紧身旗袍和白色腿袜；这种穿着让她觉得很滑稽。裙子左边高开衩露出大腿，于是

> 一个大动作，整个裙摆就滑开了，将整条大腿暴露给有心人看。如果这事发生在正在擦桌子的时候，现场就会照例故作色欲难耐，发出一阵喧闹，要么问你："你知道你的裙摆撕裂了吗？"或者："裙子上有这么大个洞，你不冷吗？"几乎没有别的问法。我们这群女孩就回应一个严厉的微笑。

"要是年轻男人太无礼了，我就把饮料洒在他们身上。"她对贾尼丝报

告。不过,如果不是无礼的类型——他们往往只是战战兢兢地坐在那儿,尤其是那些特别年轻的人——他们就激起了她的同情。她想象着他们在夜幕降临时穿上整洁的衬衣,将头发往后梳,"可能满心期待着舞厅里的魔法和浪漫";最后只是僵硬地坐在男孩们中间看女孩们跳舞——"无限折磨地展示着天真的挑逗"——甚至是衣着华丽地喝得烂醉。她记得有的人是从威尔士远道而来。

《纵情声色》从 1966 年冬天写到 1967 年 1 月,她发现它"比小说更难写,可能还更不真实"。她在洛卡尔诺的经历构成了第一章。书里很多地方机智而生动,也有对 60 年代夜生活的尖锐观察:"跳舞不再是社交活动,而演变成了一种纯粹的自我表达形式。女孩们要么独自跳舞,要么成群结队地跳,而且哪怕跳舞时对面是个男孩,人们也只能通过她们手指的方向判断她们是在一起的。"尽管如此,有可能这本书现在能作为历史文献提供给我们的东西比当年带给同时代读者的要多。安吉拉在书中基本上是新闻工作者的口气:她证明自己是各大事件明察秋毫的见证者,但几乎没有试图破解过其中奥秘。书更大的问题是内容零散:章节内容五花八门,摔跤,摇滚乐,几个克里夫顿酒吧的跨年庆祝会,而写作方式也不太一致,在几个章节里把作者本人当作行动的中心(比如写到舞厅时),而在其他章节中却采访了一些参与者,或者只是简单地待在外缘观察。

1 月底,她将手稿寄给了贾尼丝,然后在 1967 年 3 月 17 日收到了一则令人心碎的消息:海涅曼决定不出版这本书了(尽管出于对她写作生涯的信任,他们决定不收回已经付给她的 100 英镑)。她成功地将其中的几章作为独立文章卖给了《卫报》《每日电讯报》和《新社会》,还有一些她收集来的素材被安插进了小说中。舞厅场景出现在了《爱》中,而退休的卖艺人——一个章节的主角,她已经在投给《埃尔斯福德评论》的诗中使用过——成了《数种知觉》里的桑尼·巴尼斯特。

总的来说，这结局算不上灾难，而安吉拉好像没有因为损失这本书难过太久，后来她在笔记中写道，"它五个月后就死了，这是自然流产"。

布里斯托技术学院位于一丛庞大的灰色维多利亚建筑内，一开始是作为孤儿院的宿舍使用：走廊和楼梯间十分逼仄，大部分的窗户都高得没法向外眺望。自 1965 年起，学院开始同新设立的巴斯大学分享这块阴郁的地方，因为后者的常驻校址还在建设当中。据随后的调查报告，两个机构"像乱伦一样住在一起"，"情况混乱，很难分清彼此"。

在安吉拉为硕士论文做研究期间的一天晚上，保罗邀请了他巴斯大学的同事来到皇家约克排屋的家中。爱德华·霍勒什是个对文学艺术兴趣浓厚的左翼经济学家。他身材瘦长，戴着眼镜，极富理性，很喜欢争论，经常只是纯粹为了争论而站在他的同伴们最有可能反对的一方。安吉拉对他既着迷又敬畏。"他抽象思考的能力既让我打寒战，又使我钦佩，"她写道，"比起钦佩，打寒战更多一些。冷静地谈论肉体刑罚意味着忘记鞭笞肩膀的疼痛。"即便如此，他某种意义上是在克里夫顿的朋友圈中极少数能和她在智力上旗鼓相当的人，她很享受和他交谈。那一年间，他们的友情渐入佳境，到了 1967 年初，他们每周三晚上都会一起到森宝利①购物。

这个罕见的家庭程式和安吉拉这时塑造的古怪形象不符。她的头发理成了她口中"相当平滑版的吉米·亨德里克斯发式"，而且用了红褐色染料来遮掩灰白头发，所以它现在是黄铜色而不是天然的深栗色——但她把它藏在了巨大的宽边帽下。她失去了一颗门牙（很可能是拔了而不是磕掉了：她这段时间频繁去看牙医，而且在 1968 年写道，"我唯一真正希望终结这场悲伤的哑谜的时候，是有一次我牙痛得无

---

① Sainsbury，英国大型连锁超市。

第六章　给华丽的外表充填内容

法形容"），但几个月间她都没装上假牙，笑起来露出大牙洞。她在第五部小说《爱》中赋予了李这个特质，他也失去了一颗门牙，而且感觉"这可能会消除人们对他头脑简单的怀疑，因为这给他有裂缝但仍然灿烂的微笑一种模糊感"。那可不是安吉拉的微笑带给人们的感觉："我觉得她模样大变，看上去很怪异。"爱德华·霍勒什说。她家附近的报亭老板将这个全身着黑、戴着软帽、稀着牙缝的人称作"女巫"。

通过爱德华——尽管保罗显然没有阻止——她开始以自由职业者的身份为巴斯大学的经济学专家们教授"博雅课程"。她好像享受着这份工作：她给学生们放民谣和流行唱片，鼓励他们吸大麻（其实她自己很少吸大麻），扮演着异域的艺术世界来的传教士角色。现在已经很难弄清她受聘的条件了——大学没有她的任何工作记录，她日记中写下的收入从数目和频率上来说都变化很大——不过，她似乎在1967年间通过不时在巴斯大学和布里斯托技术学院授课而赚到了60英镑。一次在学校时，她主动结识了卡萝尔·罗芙，一个正在巴斯大学读心理学系的研究生。

卡萝尔比安吉拉年轻，但早几年从布里斯托大学毕业，已经经历了一次婚姻和离异。她遭受了"严重的抑郁症"，但保持了略带嘲讽的疏离感和智性的自信。她对女性解放——这时已经有了这个名词——充满热情。在她的婚姻结束后，她接受了性宽容社会——据她估算，在遇见安吉拉以前，她已经有过超过一百个情人——还在欧洲四处游历，搭便车围绕大陆转了几圈。她身材娇小瘦削，长长的金发、有色眼镜和烟不离手的习惯十分引人注目。她成了《爱》中心理医生的原型："一个年轻女人……全身上下都是黑色，泛着金属光泽的大把黄色头发垂在肩上。她的眼睛藏在有色眼镜背后，声音仿佛是烟熏过的，昏暗暗哑。"

在她们相遇之前，卡萝尔就听说过安吉拉的大名，读过她在《典范》上的故事并且颇为欣赏，也知道她已经出版了一部长篇小说。但她的第一印象不算好：她回想起"一个又丑又笨的女孩，脸上长满斑点，一大丛钢丝绒一样的头发，好像在自己身体里特别局促不安"，走近了她在技术学院的书桌。她听说安吉拉和保罗被称为"唱民谣的卡特"，她说这件事"很难让我喜欢她"：卡萝尔很能跟上时代思潮，而1966年民谣音乐已经过时了，"闻着一股50年代末期的气味"。安吉拉对卡萝尔最早的评价也差不多吹毛求疵。她在日记里描述她是个

> 不错的小姑娘，但太自以为是了，这很可笑。我想知道作为智力精英团体的一员这一点对她影响有多深；在我这种充满清教徒美德的人看来，她和她的朋友似乎挺浅薄的。尽管我想自己有点嫉妒她有这么多朋友。

尽管两人初见时相互鄙夷，她们却显然为对方吸引，向着友谊发展了。卡萝尔喜欢安吉拉是"不自信与大胆的奇妙结合"，而安吉拉尊重卡萝尔有更丰富的经历，欣赏她的"力量与特有的诚恳"，认为她"如他们所说，在很多方面都比我更艺术"。她们都读过而且欣赏萨尔瓦多·达利（Salvador Dalí）的小说《隐藏的面孔》（安吉拉在《霍夫曼博士的魔鬼欲望机器》中借鉴了其中的画面），而发现她们竟然有这样小圈子里才懂得的共同爱好之后，这段关系立下了一块早期的里程碑。

她们几乎天天相见：坐在安吉拉的前厅里，一人占据火炉的一边，坐着维多利亚时代的扣背椅（安吉拉坐蓝色的，卡萝尔坐橘色的），抽着烟聊一个下午，直到保罗下班回家。据卡萝尔说，她们聊了"我们的生活，我们的爱情、家庭……每一本读过的书，每一部看过的电影，记忆深刻的经历"。这成了安吉拉生命中最亲密、最重要的关系之一。"她们会用两人间的行话来交流。"卡萝尔一个经常看见她们在一起的男朋友说。卡萝尔的语气更加断然："就像一次恋爱。"

她们的通信——安吉拉那边就有超过1000页，大部分是她在日本

期间写的——就给人这样的印象。安吉拉终于找到可以与之谈论保罗的抑郁症，谈论她自己的迷茫和沮丧的人了。卡萝尔与生俱来的自信对她很管用，她珍重卡萝尔的建议，曾在1972年感谢她"刺激、督促、对我传播你的信念，让我得以重新掌控自己的生活"。这个任务并不轻松。"她的背景如此，"卡萝尔几年后写道，"所以她只能慢慢接近自由观念。"

第七章

快乐由自我塑造

1967年，嬉皮士已经成了克里夫顿一景：穿着土耳其长衫的男人，头上插花的女人；安吉拉管他们叫作镀金蝴蝶①。如果说她对他们的态度里有一丝嘲讽，她仍然认同他们炫耀的不服从姿态。"空气中有着躁动的气息……来自无拘无束、目中无人的轻浮，"她后来回忆道，"哪怕是在我住的地方，在布里斯托，每日的生活都像是无休无止的即兴创作。"年底，她写下了《六十年代潮流理论》的笔记，满心激赏地分析了"刚刚解放的年轻人身上惊人的浮华做派"。她说，嬉皮士一代着装上的折中主义——从军装外套借用到墨西哥婚礼长裙——意味着着装"被剥离了它们的象征意义"，或多或少变为"个体的夸张表达……把自己呈现为三维立体的艺术品，由人欣赏、触碰"。

自我的即兴表演是她1967年3月开始创作的小说的主题，而"权力归花"（"混沌的色彩"）也成了精心渲染的背景。《数种知觉》回到了《影舞》的领域——克里夫顿波希米亚区滥交的风流社会——但气氛已经变得无法辨认。胡子拉碴的旧货商和长期忍受苦难的家庭主妇消失了；现在的男人们戴着耳钉，穿着牛仔裤，留长发，光着脚去往报亭；女人们则穿着南美式披风或T恤，名字印在胸上，吸毒，甩男

---

① 原文为法语，*papillons dorées*。

朋友就跟男朋友甩她们一样容易。对越南战争的频繁提及增加了时代感。在一篇回顾60年代的文章中,安吉拉写道:

> 战争是社会变革的巨大催化剂。哪怕越战不是我们的战争,它也是第一世界和第三世界间、白人和非白人间的冲突,最后越来越成为美国人民,或者说数据显示的高比例人群,和美帝国主义之间的冲突……但为什么英国要这样受到美国海外事务后果的影响呢?我越想越觉得奇怪……似乎在越南,很多事情都面临危机,也许包括我们未来的方向。

她告诉一个朋友,小说中生活混乱的主人公约瑟夫·哈克的原型是皇家约克排屋的一位邻居,但他也很像原版的哈尼巴萨德/哈尼德里普——尽管辍学了,他却保持了"不受承认的知识分子状态",劳神费力地"思索着离奇而绝妙的新鲜性交方式",这个追求被描述为"他唯一的创造性活动"。他的内心孤僻疏离("忧伤,绝望,充满混乱的谋杀欲望,就像小笼中的困兽"),他的微小举动偶然表现出善良或残忍,受畸形的梦折磨,分不清梦境和现实。

在女友离开他之后,他打开天然气,划了一根火柴想要自杀;但爆炸只烧毁了他的手,炸开了窗户,"甜美的夜风"吹进了屋子,让他免于窒息而亡。这次逃生消除了他对外在现实的信仰("他觉得自己在某些方面违背了因果规律"),决定以后只凭冲动行事。他从动物园放跑了一只獾,和他最好朋友的母亲睡觉,用航空件给林登·B. 约翰逊①寄了一块粪团。所有这些描述都是欢快的:小说有种莎士比亚戏剧的活跃气氛。小说的结尾也是一场狂欢,一场喧闹的平安夜室内派对(安吉拉这里是有意亵渎,而且很失望没有评论人发现这点),在派

---

① 林登·B. 约翰逊(Lyndon Baines Johnson, 1908—1973),美国第三十六任总统,任期为1963至1969年。

对上约瑟夫自发决定"重新与时间做朋友",遵守社会规则重新进入社会:把自己从疯狂的边缘拉回来。然而,这个意料之外的欢喜结局可能是小说最后一个,也是最黑暗的玩笑:有可能最后一个场景是个梦境,约瑟夫陷入了精神错乱的无底深渊中。

苏格兰精神病学家 R. D. 莱恩(R. D. Laing)——60 年代反主流文化的明星知识分子——对《数种知觉》的影响最为重要。莱恩把精神疾病理解为病人与社会之间关系的产物:精神病患者和精神分裂者是那些不能理解周遭失调环境的人,他们的病是对随之而来的极端异化的表达。安吉拉那代人普遍接受了这个阐述:我们可以将疯狂看作对不真实的世界做出的真实而美丽的回应。安吉拉坦承了这些观点对小说的影响:"泛泛而论,《数种知觉》谈到了疯病是人们无力应付疯狂世界的结果。"

莱恩最著名的书《分裂的自我》(The Divided Self)——出版于 1960 年,在接下来的十年里都保持着热度——通过分析在格拉斯哥的精神病院数年间遭遇的案例,总结了他关于精神病学和心理分析、哲学和宗教以及社会与家庭的观点。它对安吉拉影响深远:"它让疯狂、异化、对父母的憎恨……变得富有魅力。"那些本体感到安全的人"对自身和他人的现实和身份有着内在的坚定信心",而本体缺乏安全感的人则对自己是谁这一点缺乏固定的认识,因此陷入了维护个人身份意识的长期挣扎之中。在极端情况下,"内在自我"和展现给世界的"虚假自我"之间会出现一条鸿沟。

安吉拉被这些观点深深吸引。然而,她不能信服于莱恩提出的一点,即存在本质的"内在自我",而精神分裂者的"虚假自我"是种背叛。在《数种知觉》中,她将莱恩的"本体不安全感"与由经验主义哲学衍生而来的自我概念相结合。小说的标题和警句来自休谟:"大脑是个剧场,数种知觉在此接连出现,经过,再次经过,溜走并混入无限的姿态和情景中。"这是安吉拉口中自己获得体验的方式。她写过

"我坚持的个人形象就是一堆令人眼花缭乱的随机反应",她相信这种自我观念"给了人一定的自由。如果性格是流动的状态,是反应、映像、暗示和别人脑海里的虚假映射构成的随机而不定的集合,好吧,这就是自由"。

在《分裂的自我》末章,莱恩通过一个名叫"朱莉"的精神分裂患者案例说明了他的观点。她的病看上去是由她和母亲的关系导致的:严苛而压抑她的家长想将女儿塑造成自己想要的样子,却无意识间遏制了朱莉的个性发展。"我没有母亲,只有窒息。"① 朱莉告诉莱恩,后者总结说遇上这样专横的母亲,孩子必须要建立坚定的自我意识,否则只能走向疯狂。

可能这点触到了安吉拉的痛处。约瑟夫的父母在《数种知觉》中短暂出现,但远不是莱恩刻画的那种作威作福的恶人:

> 他的父亲是个报亭老板,也卖烟草,一辈子都在卖命工作。母亲是个普通的家庭主妇,一辈子都在卖命工作……他那不知所措的父亲审视着一个几乎从未出现的孩子,说:"但是我们已经为你尽力了,我不明白。"而他那发丝上沾着烤火鸡味的母亲抗议道:"别再对孩子说这样的话了,爸爸,这可是圣诞节啊。"

但约瑟夫有一个替身妈妈,她身材壮硕,嗜酒如命,浓妆艳抹:他最好的朋友维夫的母亲波尔德夫人,一个妓女——"爱是她的职业"——我们第一次见到她时,她"赤裸裸的眼睛令人害怕","满是孤独和纯粹的母爱","毫无表现力的声音……却仍然承载着深蓝色的暗示,回荡着尖锐而充满象征意义的弦外之音"。她的存在混合着母性和扰人心神的性魅力,渗透了整本小说。天然气爆炸以后,约瑟夫是

---

① 英文里"母亲"(mother)和"窒息"(smother)的拼写和读音近似。

在她的枕头上（"还残留着幽幽的女性香水味"）休息的；在最后的场景中，覆盖全城的大雪被比作她的裸体。约瑟夫能打出这个比方是因为几天前他去家里拜访了她，和她做了爱："他想要到达她深处那喷泉和森林的永恒领域。"他梦想着"在波尔德夫人腹中的极夜下取食、死亡、埋葬"。这段关系的原型是炼金故事中的加布里克斯和他的姊妹贝雅①〔荣格在《神秘契合》（*Mysterium Coniunctionis*）中叙述过〕；他们性交时，她将他整个吃了下去——一个安吉拉觉得"很具有攻击性"的"吞噬画面"。

在1967年3月写作这部小说之前，她已经花了一年时间写下笔记。它曾经名叫《梦之书》。她一开始用第一人称写作，但立即就放弃了这个尝试。哪怕在这之后，她还是发现这比之前写作的小说都难。不可靠的中心视角加上"从戈达尔那儿借鉴而来的跳切手法"，它涉及前所未有的技术挑战。写到最后一章时，她发现自己必须回头重新修改前面几乎所有内容。12月初她终于完稿，感到"既愉快又兴奋……挖掘出了我以前也没发现的潜力"。她写信给卡萝尔："对这本书，我会少一点鬼鬼祟祟、含糊其词，因为它就像我第一本潜力无限的处女作，而不是另外两本那种疯癫的怪胎。"12月16日，她把手稿寄给贾尼丝时附上了一封信：

> 它很短（只有45000字）但真的，太过复杂了……从技术上说，它是部失败之作……主角只是时断时续地存在……但从另一个角度来说，它又写得很漂亮。我想它真是部有趣的失败之作，它对我极其重要，因为在写作它的过程中，我找到了自己的能力和局限，帮我解决了一些个人执着的点，指出了我应该从这里去往何处。它别扭、脆弱，却是一部有想法的作品，而且它提出的

---

① 原文中误将加布里克斯当作女子，贝雅当作男子，此处已做修正。

问题不会因为不能解决而减损一分真实。它可以说是在探讨道德责任。

贾尼丝很热情:"我想这是你目前为止的最佳作品。"她付了 250 镑,比起海涅曼之前买下两部小说的价格大大提高。西蒙与舒斯特则付了 2500 美元,与《魔幻玩具铺》等价。

在寄出稿件和等待出版期间,安吉拉找了个经纪人。艾琳·约瑟斐(Irene Josephy)的客户名单相当亮眼,包括记者尼古拉斯·托马林(Nicholas Tomalin)、保罗·富特(Paul Foot),幽默作家兼电视名人帕特里克·坎贝尔(Patrick Campbell)和诗人阿德里安·米切尔(Adrian Mitchell)。约瑟斐是个古里古怪的犹太女人,满身金酒味,相信占星术,宣称从来没洗过她那一头长长的白发;她将时间分出来,既做经纪人,也翻译俄罗斯文学。她的客户盖尔斯·布兰德雷斯这样描述她在伦敦克雷文街的办公室:"空旷的房间角落里摆着一张小书桌。光秃秃的地板,光秃秃的墙壁,她周围的地上是成堆的文件。她整天都待在那儿,啜饮着金酒和水,接电话、打电话,做着交易。"贾尼丝见到她时,觉得她"真的,有点像安吉拉"。

* * *

在后来相对快乐的几十年间,安吉拉回顾起 60 年代,用当初描写浮夸的新潮流和飞扬跋扈的流行乐的敏锐笔调来描写性革命。在一篇谈论色情明星琳达·洛夫莱斯(Linda Lovelace)的文章中——写于 1974 年,安吉拉对性宽容社群有了一手经验以后——她对性宽容进行了一番才华横溢的马克思主义分析,提及这个概念从根本上隐含着专制主义:

现在我获许尽可能满足自己的性欲了。哇，好啊！但是谁来准许① 我呢？啊，正是那个禁止过我的体制！所以，我还在同一条船上，只是船画成了另一种颜色。我还是不被允许享有真正的性自主，可能比过去更为残忍……自由的幻觉令我盲目，让我比从前更看不清自由的真谛。

纵贯 60 年代——作为一个只与丈夫睡过觉，对自己的处境越来越躁动而怨恨的人来说——自由的真谛看上去有所不同。卡萝尔想和谁睡就和谁睡，而且声称压根不在乎爱情。安吉拉被她随性的态度打动。"对于你的生活方式②，我唯有赞美和欣赏，"她告诉她说，"当然还有羡慕。"

很难理清这些事件的先后顺序——我们能仰赖的只有一些没标注日期的信和参与者、旁观者们经常自相矛盾的证词——大约在她离开大学以后，安吉拉似乎就开始寻觅背叛保罗的机会。她在克里夫顿的朋友珍妮特·斯旺注意到她这个时期的改变："她出门比以往多了，去有人吸毒的派对，她肯定是有目的的。"但直到 1966 至 1967 年的冬天，她打过主意的男人看上去都对她不感兴趣："不是因为保罗，而是因为她的笨拙。"一个男人——皇家约克排屋的邻居将她带回了家，和她并排坐在床上——记得被她没刮过毛的腿套着棒球靴的画面倒了胃口。另一个在她触碰他时，"反应就像是葛兰朵克丽琪把格列佛③捧起来一样……害怕又惊愕"。安吉拉认为这些午夜时分的拒绝是男人们在面对一个性主动的女人时丧失冷静的表现：

> 女人是带着关于"男性"的单一意识长大的，就像男人是带

---

① "性宽容"（sexual permissiveness）中的 permissive 来源于动词 permit，通用的含义是 "准许"。
② 原文为拉丁语 *modus vivendi*。
③ 葛兰朵克丽琪和格列佛都是《格列佛游记》中的人物。

着单一而不加区分的"女性"概念长大的。刻板印象。"真正的"男人,特别是在遇上那些行为不像女人该有的样子的女人主动靠近,可能就会表现得像摄影杂志里的十五岁小女孩。

她第一个成功捕获的对象似乎是朋友约翰·奥斯本(他曾经告诉过斯旺夫妇他不能想象和她睡觉;把他写成《影舞》里的恶人形象显然成了一流的引诱技巧,哪怕这并非安吉拉的意图所在)。在1966至1967年的冬天里他们有过一段短暂的性关系。安吉拉说它是"单方面的""夭折了",而奥斯本告诉朋友他"和她做了"。珍妮·奥斯本说她与安吉拉的友谊并未受损——"这完全不影响我对她的感觉"——但根据安吉拉的日记所说,至少从她的角度来看,两人当时关系紧张:

> 这是这么多年来的第一次,我不想停下。而且,我的自尊心乐于(快乐是由自我塑造的)自视为约翰眼中的我,一朵阳光下的花,甜美而淡然;更乐于自视为珍妮眼中的我,一个外来的蛇蝎美人①。

她将自己与蛇蝎美人的形象联系起来,把珍妮想象成了受委屈的悲剧妻子。1967年初她在日记中写道:"让这类情景的漂亮逻辑自圆其说的经典高潮应该是,珍妮企图自杀……我希望珍妮自杀。"

值得我们注意的是,安吉拉最丑陋的人性在这时爆发——说明她在这段关系中投入了强烈的情感。这不是她愿意见到的自己(她把一张杂志照片粘在了她写这行字的纸页上,不过纸页后来脱页了),这也不是她通常愿意暴露给别人看的一面。但它确实埋伏在阴暗中,不时出现。

---

① 原文为法语 femme fatale,是大量存在于文学作品中的一类女性形象,通过各种手段引诱男人,邪恶而致命,典型的有希腊神话中的塞壬和《莎乐美》中的同名女主角。

从很多方面来看，约翰比任何时候的保罗都更像安吉拉的类型——更艺术，更阳刚，更像无产阶级——这种反差迷住了她。他结束这段关系时，她忧心如焚。她告诉卡萝尔自己被他施了魔法，只能寻求魔法来治愈（"祖母不能白当一回女巫"）。她在日记里说：

> 因为我不能完全理解"爱上"的含义，我只能说我想他想得太多，他的形象在我的幻想中结网，像王子一样戴满思想的珠宝。他的形象/而非他本人占据了我，赶走了我所有通常的思虑，比如天气啊，观察我的猫竖起勺子般的耳朵听背后的风声啊。而现在我很高兴自己又有空来想这些事了。我把他的名字写在纸上烧了。再看见他的时候，他已经彻底消失，像一缕烟，或是彻头彻尾的蜃景。

即便她如文字所示轻易放下了对奥斯本的迷恋，这段关系的结束方式却让她失望。韵事本身（或许无意中）是离开保罗的预演，但它带来的不快让她没那么愿意冒险离开了。加上保罗正处于一段情绪较好的时期，这也抑制了她的漫游癖。大约在她和奥斯本结束关系的时候，她在日记里写道："我们在一起太幸福了，我和保罗，我现在明白了。"不久以后，她对卡萝尔写信说：

> 保罗现在焕然一新了，他身上有种荒谬而奇妙的新鲜感。我一直知道，在内心深处，我正在忘却他，这点很容易转化为对他正在忘却我的怨恨；我想，这是我们与自己性格阴暗面相安无事的一种途径。不过，既然他需要我当母亲的时期已经过去了（他确实曾有过，现在也确实过去了），我们现在至少可以尝试着变得独立而平等，因为不论经年累月，有多少荒唐事构成了我们的情感体系，其中确有足够的相互尊重……至少现在于我而言存在一

种动态关系的可能,为对方最大限度地发生改变而留有足够的空间,与此同时像最为守序的家庭一样继续相爱……我的家庭不是这样;我学会了爱、保护和珍视,但没有学会适可而止。

* * *

《魔幻玩具铺》出版于 1967 年 6 月 12 日,首印 1600 册,收到的几乎都是正面评价。《每日电讯报》的伊丽莎白·贝里奇认为她"完成了一件难得的事:在第一部小说评价甚高的情况下,第二部居然取得了长足进步……她的天赋只能用'强大'来形容"。为《泰晤士文学副刊》匿名撰稿的安东尼·柯蒂斯表示赞同:"安吉拉·卡特的才能虽然怪异,但毋庸置疑。"克里斯托弗·华兹华斯说这本书是"残酷而抒情的小幻想","真正引人入胜"。几乎唯一的反对声音来自影响深远的诗人、文评人伊恩·汉密尔顿,他曾说自己将"痛苦"和"控制"当作重要的文学美德。他在担任《文评》编辑期间,一直赞颂那些用朴实、利落的语言写作,而且笔下能够控制痛苦的诗人:阿尔·阿尔瓦雷斯(Al Alvarez)、约翰·富勒(John Fuller)、乔恩·西尔金(Jon Silkin)、克莱夫·詹姆斯(Clive James)。[《文评》到了第九期才出现了女诗人,献给刚过世的西尔维娅·普拉斯①;发刊十年,它只提到过两位在世的女诗人——1964 年的丹妮丝·莱芙多芬(Denise Levertov),1970 年的莫莉·霍尔顿(Molly Holden)。]汉密尔顿压根不可能很欣赏安吉拉·卡特。在《倾听者》中,他说《魔幻玩具铺》"太过放纵",拥有"不懈的创造力",最后得出结论"本应是很可怕的事情(从女主角不断瞪大的眼睛可以看出)很多时候只剩下舒服的猎奇,很容易就摆脱了"。

几个文评人都强调了小说的童话特质。克莱尔·托马林在《观察

---

① 西尔维娅·普拉斯(Sylvia Plath, 1932—1963),美国著名女诗人,小说家。诗集《庞然大物》《爱丽儿》被认为是 1960 年代"自白派"诗歌的代表作。

者报》上提到"安吉拉·卡特写得像现代的汉斯·安徒生",而《星期日泰晤士报》的凯伊·迪克则说小说像是"安徒生和格林兄弟的结合"。安吉拉肯定很喜欢这类比较。那个夏天,她在写作小说的间隙,写了三个童话故事——《杰克和他忠诚的朋友》《带魔法的玫瑰》《迷迭香和伊丽莎白》——每篇都在2500字左右。没有一篇留存至今,但根据安吉拉信件里的描述,它们都是传统的睡前故事,"更像格林而不是安徒生童话,一点也不像奥斯卡·王尔德,写得很简单"。她很享受这样的工作——称之为儿童文学写作的"清澈明朗"——计划凑足一本短篇童话集。

贾尼丝帮她联系上了海涅曼的童书编辑玛丽·怀特黑德(Mary Whitehead),她很喜欢这些故事,但怀疑一本童话故事集能否卖得出去。安吉拉建议用"一个简单的叙事框架"把故事联结起来:叙事者是猴子,而这本书可以叫作《猴子的魔法读者》。怀特黑德对这个主意更不感冒,但她喜欢安吉拉送过来的新故事,特别是《黑姑娘Z小姐》和《驴王子》。

第一个故事反映出她对童话形式的确切理解,它必须要混合世俗和幻想的元素,如安吉拉后来所说,"童话故事就是一个国王要到另外一个国王那里去借一杯糖"。在父亲杀掉鹦鹉国王后,Z小姐"穿上魔法裙,提着一纸袋的奶酪三明治"前往绿狮的国度,劝说别的鹦鹉回到"鹦鹉丛林"中。有的女性主义批评家——例如安德烈娅·德沃金(Andrea Dworkin)在她1974年的书《仇女》(Woman Hating)中谴责这个故事的父权主义,然而在安吉拉的眼中它绝非如此:Z小姐一路都在处理脑热的愚蠢男人。她的父亲用弹弓射死了鹦鹉国王。"我觉得你太鲁莽了。"她告诉他。一个独角兽说他会为她消灭掉绿狮。她心想,她不要消灭他们,"只想和他们理性对话"。当独角兽与狮王交战时,她感到无聊,把裙子扔到他们头上,让他们沉沉睡去。

《驴王子》中也有女人冷静面对好斗的男人:布鲁诺被一个女王收

养时，他不知道是她的父亲把他的人民都变成了驴子，而这是她弥补的方式。她的魔法苹果失踪了，他出门寻找。在小女孩黛西的帮助下，他爬上了野人的家园野人山。是黛西想出了为他们渡过难关的所有策略。（"劳动的女孩知道怎么动脑子。"她说。）

玛丽·怀特黑德把故事转交给了西蒙与舒斯特出版社，想到如果美国出版商愿意分担请人绘制插图的费用，那么一本"包含10—12个故事，25000—30000字的书"就值得一试了。几个星期后，美国人回复说他们很喜欢这些故事，但它们太像格林童话了。他们问安吉拉能否写一点不同的东西，也许更加"血腥"的。她回复道："我恐怕自己的强项是写更加温柔、更加诗性的东西。"西蒙与舒斯特最后决定将《Z小姐》和《驴王子》各自出版成书，为每本付了1500美元，而海涅曼加了250英镑买下两个故事在英国的出版权。这几乎跟安吉拉为成人写的小说同样值钱。她为美国艺术家埃罗斯·基斯（Eros Keith）纤细精致的插图震悚不已，说它们"完完全全、不可思议地贴合"故事内容。1970年10月，《Z小姐》在英国和美国出版；海涅曼计划下一年出版《驴王子》，但在安吉拉把她的成人长篇交给其他出版社后，他们觉得再为她出版童书已经毫无意义了，便取消了合同；《驴王子》只在美国出现过。

那个夏天，安吉拉报名参加了西英格兰艺术学院的晚课，这个学校被她愉快地称为"全国最差的艺术院校"。她一直很喜欢画画，觉得很放松，整个过程是专注而开放的观察，不涉及写小说时的繁重脑力支出。她一生中用墨色和彩色铅笔画过无数的静物和肖像画（很多都是画的猫）。她的风格稚拙，一堆粗线条、球形和基本色；她的花有点像乔治娅·欧基芙①的风格，西瓜像是从弗里达·卡罗②画的水果中摘

---

① 乔治娅·欧基芙（Georgia O'Keefe, 1887—1986），美国女画家。
② 弗里达·卡罗（Frida Kahlo, 1907—1954），墨西哥女画家。

下来的。

上晚课的大部分是年纪偏大的女人,"来做治疗,四处溅洒着油画颜料",而老师在她们之中走动,夸奖着她们的作品:"只有吉福德太太才能画出这样的画"——"太棒了,真的太棒了"——"这个开头真有意思"。即便如此,安吉拉也不觉得这个经历一文不值。第二年她申请作为全日制学生进入该校,但因为不满足学生须得全力获得学位这个条件而被拒绝(她是这么说的),而她写作和发表小说的习惯意味着对视觉艺术始终只有半吊子兴趣。她以此为荣,经常在给朋友的签名赠书上随手涂鸦,在下面还会写下类似的文字:"他们不让我进艺术学院,那群混蛋!他们说我是个半吊子。"

夏日将近时,保罗又陷入了抑郁期,安吉拉对婚姻新近产生的热情开始动摇。这一时期她日记中的语气尖刻而苦涩:"我在成长,在全心全意地改变他、帮助他,我给他时间,温柔以对,做了所有贤妻该做的事,我天杀的理解,我的善心,我每天都在用尽办法给自己修筑更坚固的牢笼。""没人应该为他人负责。"她告诉自己。她感觉自己花了太多时间被动接受一个让自己变得一团糟的情况:

> 我好像最近才成了一个人,开始认识到迷宫的本质并且看到了出路。已经是1967年9月了,多么奇妙。又是秋天,满地落叶。日子越来越短。

圣诞节前后,保罗进入了"自主缓和期";但安吉拉在之前艰难的几个月后已经无法重拾心情:"在我没法因为他抑郁就为他某些方面的行为找到借口时,它们就逼得我静悄悄地失控了。"在给卡萝尔的信中,她反复掂量着继续和他待在一起的理由和离开他的理由,仿佛只要把利弊一样样列出来,她最终就能够知道自己的心意。"我想让你告诉我你这双训练有素、观察敏锐的眼睛怎么看待我的婚姻，"她有一次要求道，但马上又推翻了自己，"我想我需要一个证实，那就是我的情况已经不可忍受了，当然这对你来说要求太多了。"实际上，安吉拉请求的范畴并没有超过卡萝尔已经提供的意见，但安吉拉不想再听一遍："我不认为自己能承受分开带来的情感风暴，而且我还有种可怕的自恋，不敢想象保罗没有我之后不快乐的样子。所以我大概只能继续忍着了。"在另一封信件中，她发出了更愤世嫉俗的声音："我依赖于别人正在依赖我的这个念头；有人把这种症状叫作'爱'。"

第八章

不可思议的边缘

一天下午，安吉拉在乔治书店闲逛时看见了一本《新世界》杂志。先锋的外观——封面上是 M. C. 艾雪①的版画和爱德华多·保罗齐②的拼贴作品——该季刊在迈克尔·莫尔科克（Michael Moorcock）的编辑下已经成了"新浪潮"科幻小说的展示窗。这个运动与超现实主义关系紧密，旨在把科幻小说从少年书呆子的幻想中解脱出来，使其重新成为探测不远的未来社会和心理环境的工具。《新世界》中的故事主人公比起大胆走入外太空，更有可能在真实可信的灾难后果中发疯。杂志的长期供稿人兼编辑 J. G. 巴拉德（James Graham Ballard）用吸睛的词概括了他们的信条："地球是唯一真正的外星球。"

这是安吉拉自童年阅读约翰·温德姆（John Wyndham）和《惊奇故事》杂志之后首次接触到该类题材，她立即陶醉于莫尔科克和巴拉德作品中"光洁无瑕的野性"。"读到 60 年代中期发行的《新世界》时，我意识到它能够丢掉（主流）小说结构中最让人难受的部分，"她写道：

> 对我来说这就是 60 年代末期的感觉，就是它的样子……在我

---

① M. C. 艾雪（M. C. Escher, 1898—1972），荷兰版画艺术家，以错觉艺术作品闻名。
② 爱德华多·保罗齐（Eduardo Paolozzi, 1924—2005），意大利裔英国雕塑家、版画家。

来看，只有那群由《新世界》松散联系起来的作家在关注我们新的生存环境，关注在我们成长的这些年已经发生了翻天覆地的变化的英国社会；不仅如此，还关注我们在世界上的存在，因为我们这一代人成长在核武器的现实中。

她在1968年1月至1969年1月期间创作的小说——"差不多每天十二小时把自己关在后房里"——用这些新技巧探索异化过程。《英雄与恶徒》是一部末日后童话，一往无前地远离了她之前三部小说的家庭环境设定。创作意图是写一部"爱情故事，发生在人们的字典里没有'爱'的时期"。然而随着创作进行，故事的背景由遥远的古代变成了反乌托邦的未来：在核灾难彻底消灭了西方文明的几十年后，生命变得凶险、野蛮而短暂，爱的概念已几乎被遗忘。在这个衰退的社会中，人们被划分为三个世袭的阶级：教授（知识的守卫者，住在高墙大厦内，保护着从前文明的程式和传统），工人（包括农业和家务劳动者）和士兵（意在保护、监管他人，却很快形成了一股"自治力量"）。社会之外是野蛮人（土匪团伙，住在丛林中，经常血腥洗劫居民区）和外人（核辐射突变体，游荡在被毁灭的城市中间，被教授和野蛮人认为是有害的）。"我是在想象世界被分成两类人，一类可以得到庇护，另一类没有。"安吉拉在1985年告诉一位采访者。她一方面把小说作为人类堕落的寓言（有段时间她的脑子里一直浮现一个念头，想把小说命名为《世界末日的亚当和夏娃》），另一方面则是一种"让-雅克·卢梭①和亨利·卢梭②的交叉繁殖"的尝试（创作期间，她在杂志上剪下了一幅后者华美而超自然的画作钉在书桌上方）。

玛丽安娜——一个教授的女儿，小说中冲动鲁莽的女主人公——

---

① 让-雅克·卢梭（Jean-Jacques Rousseau，1712—1718），法国启蒙运动思想家，安吉拉的小说可能受其《论人类不平等的起源与基础》影响。
② 亨利·卢梭（Henri Rousseau，1844—1910），法国后印象派画家，擅长画丛林场景。

已经被警告过野蛮人很危险,却还是希望他们能来一次她住的地方,因为"这至少可能带来一些改变"。她是(正如《魔幻玩具铺》中的梅勒妮)"资产阶级黄花闺女"形象的又一化身,一个被宠坏的中产阶级女孩,百无聊赖,希望什么人或事来搅乱一切。她住在一座白塔中——从未离开过她居住的这片圣地。等到真有野蛮人来袭击时,她从高高的窗户观察地上战斗造成的"巨大混乱",看到一个强盗受了伤跑去躲避时,与其说是害怕,倒不如说是兴奋。

她等到天黑,然后为他送去了食物;他告诉她他的名字叫朱厄尔,问她是否会跟他离开。但他不太在意她是否同意,而是立即宣布她成了他的人质。在他把她带回部落后,她很快就从浪漫幻想中清醒了过来;他强暴了她,而她被迫和他结婚。于是她从让她变得麻木迟钝的童年家中来到了一个遥远群落,困在一段梦魇般的婚姻中,丈夫有"一种不快乐的慢性天赋"。我们不难从中拆解出象征性的自传成分。

她为小说做了仔细的研究,让幻想依托于可靠的事实:她找到了哪种动物在逃离动物园后能在英国乡村生存,还读了关于部落文化、蛇咬创伤、接生和巫术的书。一开始,她想象中的野蛮人是像摩托车帮会那样的组织,她还阅读了亨特·S.汤普森(Hunter S. Thompson)的《地狱天使》(*Hell's Angels*)以便偷取细节。但当她的初稿完成了一半时,1968年5月巴黎爆发了罢工和抗议活动,占据了她的注意力,小说只得搁置了。"我开始感觉像是生活在一个房屋拆毁现场,"她后来这样描写这段时期,"人感觉自己就像生活在不可思议的边缘。"她记下了这场运动的口号——"我把自己的欲望当作真实,因为我相信自己欲望的真实性";"做现实的人,问不可能的事";"不允许禁止"——而且了解了其中一些思想标准。

六八年革命者推崇的几本书对《英雄与恶徒》和安吉拉随后的思想发展都产生了深刻影响。在《野性的思维》一书中,克洛德·列维-斯特劳斯提出"野蛮"和"文明"的观念根本上相似,所有的社会存在共同的分类系统和神话体系,这种神话是艺术品的对立面。安吉拉在她的日记里摘抄了几个长段,还读了西奥多·阿多诺①的《最低限度的道德》(*Minima Moralia*),他提出了"女性角色和为她奠基的理想女性气质都是男性社会的产物"。在读到他的观点后,安吉拉感到"对周围的社会有了更高的意识",并且对"那些规范我们生活的社会虚构"产生了好奇,尤其是那类"关于我'女性气质'的社会虚构是怎样通过我不能控制的方式创造出来的"。她迄今为止还是发自本能的女性主义正在磨出智性的棱角。

"我想我开始对这类事产生兴趣是在二十八岁的时候,"她告诉记者,"我开始对思想产生兴趣,结果就有了《英雄与恶徒》。"它关于女性社会地位的探讨比以往更加自觉。即便如此,它也不是部精致完美的作品。安吉拉是小说家中少有的偏爱理论的人,但她不是哲学家,也不是蛊惑人心的政客,在小说中她糅进了马克思主义、女性主义、结构主义,乃至后殖民主义和心理分析理论,只是因为她对此感兴趣,而不是为了融合其精华,写出一部看似光鲜的思想作品。"我的思维方式就像寒鸦,将闪闪发光的东西都捡起来带回巢里。"她在 1984 年的阿德莱德艺术节告诉观众。

对《英雄与恶徒》进行女性主义解读的最大障碍在于朱厄尔强暴玛丽安娜的情节:它被解读为她欲望的后果(尽管安吉拉通常对欲望而非其后果更感兴趣),受到 70 到 80 年代极端批评家的严厉谴责。一位学者曾问她如何看待对这些女性主义者的谴责,她回信说她加入了那个"特别意识形态化的蹩脚强暴场景⋯⋯只是为了纯粹的轰动效应",而她"无法为它辩白,除非说《英雄与恶徒》本就应该使用讲述压迫的小说语言⋯⋯不过请注意,这件事并没有让玛丽安娜蒙羞——而是激起了她的愤怒"。

---

① 西奥多·阿多诺 (Theodor Wistuqrund Adorno, 1903—1969),德国著名哲学家、美学家、社会学家。

不管怎样,从安吉拉当时的信件中可以明显看出她没把朱厄尔当作恶人。她在 6 月时写道:"我自己也不太清楚小说在讲什么,除了说爱是失效的(新词)的幻影,还有朱厄尔应该有点像《黄金年代》(*L'Age D'Or*)[①] 的主人公,或者说一个终极的魔法他者。"六个月后,她的想法就有点纠结了:"它看上去就像人在凌晨四点时狂妄自大的胡诌。"她对贾尼丝坦承。

它透露出了安吉拉这时主要考虑的问题,即不让对小说思想内涵的不自信拉低它在自己心中的价值。写到尾声时,她告诉卡萝尔:"我对它很满意,它是场刺激、饱满的哥特式轰动大戏。"她的出版商认为它"非常好"。1969 年 3 月 20 日,她和海涅曼签了 400 镑的合同;8 月,西蒙与舒斯特花 2500 美元买下了美国出版权,简装版则在 10 月以 625 英镑卖给了潘神出版社。本书还在荷兰出版,成了她第一本被翻译的小说,给她带来了 80 英镑的额外收入。她"非常满足……部分是因为我很想有一天能在阿姆斯特丹住一阵子"。

那年令她分心的事前所未有的少,写作变得更为容易。到 1968 年夏天,安吉拉在布里斯托的圈子比以前小了,而且似乎要继续缩水。爱德华·霍勒什已经准备好搬去巴斯;丽贝卡·霍华德毕业后很快就去了伦敦,而现在卡萝尔·罗芙被文官系统录用为心理学专家,正在出租她的空房间。她在像美国独立日这样的时节还会回来探望安吉拉(为此安吉拉煮了一锅波士顿炖黑豆,爱德华朗读《葛底斯堡演讲》),有时还会带来她的新男友约翰·洛克伍德,一个和她同在文官系统工作的赫尔大学哲学系毕业生。他非常英俊,有一头华丽的长发、完美的下颌线和发达的肌肉;安吉拉认为他长得"有点像(让-保罗)贝尔蒙多",他因为出演了戈达尔的电影而成为她这个时期最喜欢的演员。

[①] 路易斯·布努埃尔导演,由布努埃尔和萨尔瓦多·达利编剧的超现实主义喜剧电影,1930 年首映。

第八章　不可思议的边缘

1969年，约翰和卡萝尔搬去了布拉德福德，卡萝尔在附近的利兹大学找到了工作，之后她们就更少见到对方了，但还保持通信。

还有马丁·霍伊尔，他在为英国广播电台的布里斯托分部工作，但那个夏天他大部分时间都待在伦敦录制一个名叫《自由竞艺》(Free for All in the Arts)的节目。节目邀请了评论家、艺术家、作家与普通人对峙："我们的想法是普通人可以用自己牢固的常识让矫揉造作的评论家难堪，"他解释道，"结果是根本不行。爱德华·露西-史密斯站起来口若悬河地谈了一番艺术后坐下，来自斯蒂夫尼奇的家庭主妇只能在一旁战战兢兢。"他邀请安吉拉来听史蒂维·史密斯（Stevie Smith）读自己的《黄色纸上的小说》。观众围着她坐成一圈，从四面八方向她提问——"一个奇怪的马戏场。"安吉拉想。A. S. 拜厄特①也在现场，说它"就像个斗牛场"：

> 出门时，有个非常讨厌的女人咚咚地走过来，说："我的名字叫安吉拉·卡特。我认出了你，而且想告诉你，你现在做的事一点用都没有，一点用都没有。没有意义——那可不是文学的方向。"这之类的话。说完她又咚咚地走了。

拜厄特正在做的事即结合19世纪的稳健和20世纪的精巧，把乔治·艾略特和艾丽斯·默多克加上少许形而上的复杂性，意在创造她口中"自觉的现实主义"。安吉拉觉得这个工程太乏味了。她可能还把拜厄特和妹妹玛格丽特·德拉布尔（Margaret Drabble）给联系了起来。德拉布尔是被后人称作汉普斯特德小说的践行者，和拜厄特同样都是F. R. 利维斯的崇拜者（在另一个版本的故事里，拜厄特记得安吉拉说的是"你和你妹妹做的事肯定不会成功的"）。这个事件明显暴露出

---

① A. S. 拜厄特（A. S. Byatt, 1936—　），英国小说家、诗人，代表作《占有》（又译《隐之书》）。

安吉拉对她同辈的两个女性小说家有竞争意识，这两位在当时都比她有名得多——却也同样显示了她将自己定义为哪种文学风格的反对者。

拜厄特从指责她的人的语调中听出了一丝紧张："我知道她说那话的时候很害羞……我觉得那只是一种社交上的笨拙，也没有因此反感她……这是她相信的事情，她只是觉得自己应该表达清楚。"安吉拉自己对这件事的记述支持了这种解读，还加上了新的一层心理细节。"拜厄特是个非常聪明的女作家，仿佛读完了所有小说，态度极其严肃，"她对卡萝尔写信说，"我被她吓着了，感觉自己无能又轻浮。"

如果说自卑感在她与拜厄特的交锋中起了作用，却实在没必要在她的文学事业刚刚起飞之时出现。5月2日，她听说《魔幻玩具铺》获得了约翰·卢埃林·里斯奖（John Llewellyn Rhys Prize），奖金100英镑，打败了奈杰尔·帕滕（Nigel Patten）、杰里米·西布鲁克（Jeremy Seabrook）和安格斯·沃尔夫·莫里（Angus Wolfe Murray）。正要出简装本的潘神出版社想要好好利用这次成功，安排了《星期日泰晤士报》肯尼思·皮尔逊的采访。"他们没意识到这可能对每个人来说都是创伤之旅，"安吉拉告诉卡萝尔，"我的感觉就像是自己有责任让（这本书）能有多难卖就有多难卖。"这有点像"惺惺作态"（她的推断是哈罗德·见鬼·麦克米伦是董事会的一员，①尽管一开始潘神出版社来买简装本时她非常开心），但她信守了诺言。"卡特小姐有很多想法，但把它们说出来显然不在她的主要考虑之列。"皮尔逊在他那格外简短的传略中抱怨道。7月17日，安吉拉在海涅曼办公室接受了由约翰·卢埃林·里斯的夫人亲手颁发的奖金支票，她还邀请了卡萝尔作为宾客。她穿着一条带软盘领的大裙子，戴着眼镜。她的头发剪得很短。在那晚的照片中，她看上去很高兴。

---

① 潘神出版社当时隶属于包括麦克米伦集团在内的一个出版财团，1987年之后单归麦克米伦所有。哈罗德·麦克米伦（Harold Macmillan，1894—1986），英国保守党首相（任期为1957—1963），其祖父丹尼尔是麦克米伦出版集团创始人。

第八章 不可思议的边缘

奖项可能缓和了下一部小说受挫于媒体带来的打击。典型的反应包括约翰·希金斯在《星期日电讯报》上称《数种知觉》为"失望之作",与她的前两本小说比起来"黯然失色"。哪怕是赞美,大多也十分无力。约翰·黑明斯在《倾听者》中谈到"卡特小姐的写作最具吸引力的地方在于,书中鲜少透露出这是出自女性作家之手"。《晚间新闻》则说它"晦涩而迷人";《观察者报》的一位匿名作者承认"卡特小姐给我们呈现了几个短暂而有趣的场景";《卫报》的克里斯托弗·华兹华斯称赞其中有很多"大放异彩"的片段;《新社会》的迈克尔·伍德将它比作"你喜欢过但可能不会铭记的一张流行唱片"。出人意料的是,对这本书展现热情的人中包括理查德·丘奇——已步入古稀之年的诗人、传记作家,担任着《乡村生活》的评论人;他赞美其中"惊艳的技巧","文字之美","诗意的描绘",还有反对"我们正在崩塌的习俗和禁忌"的愤怒呐喊,推荐这部"艺术之作……深奥、微妙而不粗劣"。这是篇很好的评论,但《乡村生活》的读者并不是安吉拉想要讨好的群体。她最后得出结论,这部小说"因为错误的人喜欢它而成为彻头彻尾的失败"。

比不冷不淡的评论更糟糕的是她发现她的朋友们没有为《数种知觉》倾倒。爱德华阅读的时候控诉它是个"矫揉造作的怪物"。卡萝尔示意把越战当作一块表现主义的背景布"或多或少承认了精神的贫瘠"。这个批评挫败了安吉拉的傲气,她回复:

> 我开始安心接受你不喜欢我的书这件事了;它让我伤心,但事实如此……我猜想这本书最大的错误在于它的界限不够明确;它辜负了它在思想价值上的自傲,部分原因是类现实主义形式不是我的类型。我想要施展魔法,但没能成功;我把灰狗酒吧深处几个很有代表性的人物放了进去,让我懊恼的是他们竟然淹没在

> 人群中无人问津……有一段写得很好，也有趣，以及如我所说，有些笑话还挺滑稽的（至少对我而言）；坦白说，它比我从前完成的都好。

这比她完成本书时的观点已经低调了很多，而她还会对此持续修改，步步后退。几年后，就在 1977 年《新夏娃的激情》出版之前，她说《数种知觉》是自己的小说中让她唯一无法忍受的一部："它让我尴尬。因为我太年轻了，无法做这类尝试。在书里，痛苦看起来像种装饰，我觉得很糟糕。"

事业在蒸蒸日上，但安吉拉感觉她的生活在 1969 年初就陷入了泥潭。她还在纠结是否离开保罗，但她从没告诉过他她的感受——她似乎从没想过要告诉他——结果是他完全不了解他们的关系正处于绝境。2 月，她写道：

> 这几天我脑子里一直回荡着《永远的草莓地》（"Strawberry Fields Forever"）①；"闭上眼就会活得简单"。多么老生常谈。多么正确。如果能做到的话生活就会简单；保罗可以。我不能。他太满足于美好婚姻的幻觉了，我已经感觉自己被压扁了，成了二维的，成了他的想象。

这些感受持续到了春季。至此，在她的想象中，"爱的夏天"的平和心境已经被 1968 年 5 月的狂暴和骚动取代。3 月，她开始为关于克里夫顿的一本新的小说写下笔记，笔调迥异于《数种知觉》中的乐观。它的灵感来自本杰明·康斯坦特（Benjamin Constant）1816 年的小说

---

① 披头士乐队的一首歌曲。

《阿道夫》(Adolphe)，她声称在年初读到这本书时"深深为之倾倒"。也许她产生如此强烈的反应是因为她从小说中找到了她和保罗境况的影子：《阿道夫》讲述了叙事者想从矛盾混乱、摧毁双方的爱情中挣脱的故事。安吉拉读的是法语版，"牺牲了无数字里行间的微妙含义及导言的助益，只为了欣赏那四重奏般的语言之美"，欣赏"对心情的修辞"保持"绝对的诚实"。

这本小说就是《爱》——在写作过程中，书名曾暂定为《天堂之门》。它继承了《阿道夫》中的几个特点。两本书都是精心创作的关于"心的修辞"的短长篇；两本书都将爱情当作对个人自由的限制，让人难以忍受；二者结尾都是戏剧化的女性死亡。不过康斯坦特的小说是冷静的沉思，彬彬有礼，安吉拉的却是野性、原色的表现主义。它描写了一段三角恋，主人公是安娜贝尔，一位"病恹恹""心理失常"的年轻艺术生；她的丈夫李是中学教师，"心性温柔"，对"自由"有着"最大的激情"；他的继兄弟巴兹，一个"有害的"，性格扭曲的卑鄙罪犯。

《爱》浸没在一段无以延续的婚姻制造的幽闭气氛中。李发现安娜贝尔"很难以理解"。她涂染了他们的房间，在里面塞满了自己的东西——"她拥有秘密的明确证据"——让她的丈夫在那儿像个陌生人。她幻想着"彻底吞了他"。从他们关系的开始，他就对她不忠。当他在自家公寓的派对中途和一个名叫卡罗琳的女人发生关系时，安娜贝尔割腕了："她不能将他这种绝对他者的表现融入她的神话里，融进那个彻底以自我为中心的宇宙。"她接受治疗的那家医院有位心理医生告诉李，为了他妻子的健康，他必须让她远离同住在一个公寓里的巴兹。"有种共同的，或者说相互刺激的心理障碍被称为'二人疯'。你兄弟和妻子就是发这类病症的高危人群。"

巴兹正在一步步深入地赢取嫂子的喜爱，而且似乎对李并无对竞争对手的反感。在李将他赶走后，他终于和安娜贝尔上了床。她回到公寓后用煤气自杀了。

李起初为安娜贝尔的孱弱所吸引；但在小说进展过程中，他意识到自己帮不了她。他感觉被责任压垮了（"这么想吧，"她的心理医生告诉他，"有个女孩生病了需要照料，她只能求助于你。"）娶了她以后，他为"自己做了不可修复的事"而饱受困扰。但在她自杀后，他又意识到"只有死亡是不可修复的"。

安吉拉认为《爱》是一部"反莱恩小说"，与《数种知觉》中"赞同莱恩"的立场正好相反。1969年，在她和保罗的关系中，她慢慢感受到心理疾病远非对世界虚伪性的勇敢反抗，而是对人性联系的懦弱回避。她告诉记者李是个"以我的标准来看非常道德的人，他想成为好人，想提供帮助，但他做不到。他不能实现对自己的道德期望，这点最后彻底毁灭了他"。她也开始这样理解自己对保罗的责任。"《爱》是自传性的。"她在书出版之后对卡萝尔写道。"我可能就是李；我甚至加入了这样的提示，磕掉了他的门牙，他妈的，结果居然没人猜到！"在另一封信中她写道："如果在遥远的将来有传记作家发现了保罗的影子……我将他比作安娜贝尔——噢，他们会有所发现的！"

在读过这些句子后，我们很容易受到诱惑，将这本小说当作直言不讳讲述自身婚姻的自传作品，其中夫妻的角色互动被巧妙地交换了性别。书中的很多内容适用于这个解释。安娜贝尔怨恨李的隐私，"她认为隐私是她的独有财产，别人都没多少权利享有。"她想"将他的存在减少到虚无"。他试图温柔以待，但遭到了拒绝。在这样的情况下，他的不忠诚"就可以预料了"。最后，他变得疏离，借此"维护他危险的自主性"。至此，安吉拉和李、安娜贝尔和保罗之间的联系看上去已经十分坚固了。但《爱》仍然是一部想象之作，不是每个内容细节都能被套用到如此简单的解读中。李将安娜贝尔绑起来打了她；我们可以自信地推断安吉拉从来没对保罗施暴。

如果李和安娜贝尔就是梦中的安吉拉和保罗,那么巴兹则完全来自安吉拉心理中的阴暗面。二十年后重读此书时,她写道:"他从书页间跳出来,萦绕在我的脑海中。无论他是谁,他是脱胎于不幸福感的创作……他可能与我的力比多有关,源自永恒喷薄的欲望之泉,是女性对于男性的神话或梦幻的想象,是女人想象中的男性存在。"

她写小说的方法实际,考虑得更多的不是观念,而是叙事技巧。"《爱》很大程度上是一部写作风格的练习,"她1976年告诉采访者说:

> 我可能会受到一些观念的困扰,比如说关于异化的本质,但这些都不是我的作品带来的——实际上,我考虑更多的是怎么让A离开房间,所以B进来的时候两人不会碰上。它们是结构问题,语法问题,场景描写的问题(可能会过犹不及),制造紧张、冲突的问题……我仍然觉得《爱》的前半部分叙事非常令人兴奋……它有缺陷,它分裂成了两半,前半部分很平衡,结构合理,叙事流畅,但之后怎样结束它就成了问题,叙事变换了齿轮。

为了解决这些问题,她的目光转向了其他作家。她沉浸在法语文学中,除了本杰明·康斯坦特之外,还读了巴尔扎克、卢梭和雷蒂夫·德·拉·布勒东纳(Rétif de la Bretonne)。4月,在写书的同时,她列出了一张自己想读、想重读的书目,包括纳博科夫("精确")和《呼啸山庄》("激情")。结果是造就了可能是安吉拉·卡特风格中最古典的小说。华丽的长句和朴素的短句相结合,写就了质感优美的文字。李的学生乔安妮爱上了他:

> 一个不快乐的少女会抓住任何一根身边的救命稻草。乔安妮这个不满生活的女孩将她的老师编进了幻想的网中,而他浑然不觉,也完全没征得他的同意。他的生活忙碌而活跃,满是激动人

> 心的冒险和持续的性交。她从未获得过多少真正的喜爱。她的母亲死了,父亲是个酒鬼。小时候,她在铁轨边发现了一只受伤的鸽子。它的胸口和腿都受伤了。她看护它,陪它逐渐好转起来,锻炼它在自己的房间里飞。一开始,它重新学习飞行,在壁炉架和抽屉间慌慌张张地扑腾,但很快它就获得了自信,在天花板下疾扑,展示着鸽子深刻的优雅。它睡在她的衣柜底下。有天晚上,它从她的房间逃了出去,扑腾到楼下厨房,坐在煤气炉的餐具架上咕咕作响,直到这声音惹恼了她父亲。他把它踢死了。

这段话从乔安妮想象的自由到鸽子真正的自由,以及之后自由的突然终止,暗示着他们都不能得偿所愿。5 月 19 日,安吉拉对卡萝尔写道:"如我之前保证的,这本小说会保持法式风格,但严格来说,它成了一部阿兰·雷奈①的电影……当然,它成了哥特式的。"

1986 年,"快乐丰饶的中年"安吉拉在修改《爱》时,"不乏痛苦地将自己代入那个忧郁干瘪的年轻女人,她写了这样一本激烈、剧痛的书,描写人心的蛮荒之境"。她有点被它弄糊涂了,而且感觉到有必要澄清:"我对爱本身并不反感,我针对的只是它强加给人的关系。也许我应该把这本书命名为'婚姻'。"

《爱》一直被解读为一则关于父权压迫和女性主义自决的寓言,安娜贝尔被当作李和巴兹两兄弟叛逆倔强的受害者——从中我们可以看出安吉拉·卡特的作品是怎样被她的仰慕者和贬损者共同狭隘地分类。这种解读将文本扭曲成不自然的形态,但仍然有很多原本理性的批评家着了道。"女主人公拒绝成长,对卡特来说这显然是她最诚实、最显著的特点",洛娜·塞奇写道,将小说解读为"一则童话故事,关注点

---

① 阿兰·雷奈(Alain Resnais,1922—2014),法国电影导演,作品有《广岛之恋》等。

是完美而痛苦的女性"。约翰·贝利（John Bayley）抱怨说："尽管（卡特）对巴兹抱以同情，但她坚守住了……基本路线，告诉我们女性身体不应当被视作物体。"凯蒂·加纳赞赏小说努力"为安娜贝尔提供了日益强大的女性气质，而苏·罗则看法完全相反："她没有女性气质……她是荣格所说的空心女人"——宣称她自杀是因为"这种原始女性的终极化身在男性的想象中前所未有；她的死亡从艺术的角度来看，部分是因为卡特想要从女性的视角来重写本杰明·康斯坦特的阿道夫"。如果那是她的计划，这本小说就成了一部奇怪的失败之作，看得人心急，因为它实际上更多地站在李的视角，而非安娜贝尔的。但这些读者都不能想象安吉拉·卡特的同情竟然在男主角一方。他们虚构了一个作者，对自己的意图无比清楚，对自己的观点坚信不疑，完美适用于他们的赞美或审查。

她想到过事情的走向。1969 年，在她写作《爱》期间，波士顿大学（可能是因为她获得了约翰·卢埃林·里斯奖）写信来希望获得她的手稿。她"做着一群英语系的学生在我的坟头跳舞的美梦"，觉得"极度让人满意，又激起人深刻的愤怒"。满足是因为她相信自己作为作家所做的事，享受恭维，而且希望自己声名渐盛；愤怒是因为她意识到了学院派想要吸干书的生命，让它们表达特定的观点，选择自己的立场。许多年后，在生命的尽头，她对一位请她解释书中的每个意象的学者写道：

> 自首次出版小说以来，我一直无意将小说写成近年的女性主义理论的插图教科书，不想让我的作品被用于教学。想到有人在大学课堂上谈论我，我感觉糟糕透了。自从我意识到博物馆是美丽的事物死去之后的归宿，我就不再喜欢逛它了；我现在对文学系也是同样的感受。

自她死后,她的声名就一直葬于学术的大理石棺之内,真是个令人伤怀的讽刺。一直到了1982年,她的书几乎还引不起学术界的任何兴趣。("我碰上过论文想写我的人,但他们跟我谈过话之后就放弃了。"她在一次科幻小说会议上告诉观众。)然而,在她死后,每年都会冒出几十篇论文,文题诸如《"他的疾刺":安吉拉·卡特〈新夏娃的激情〉中失败的生殖崇拜》或《性别区分的暴力:安吉拉·卡特〈魔幻玩具铺〉中的阉割画面》。她沦为一个政治宣传册作家,一个创造的不是艺术而是争论的作家。

她并不是总为自己澄清:在一场引用广泛的采访中,她告诉约翰·哈芬登(John Haffenden),自己的小说经常是"直截了当的思想表达";在纪录片《文艺面面观》中,她说她的角色"总是有种要告诉你什么的倾向"。但也说过这类话:"我在写完一部小说之前都不知道它是写什么的",还有"我写作是为了提问,是与我自己争论,而不是提供答案"。这些自我评价则或多或少为学界忽视,后者似乎总认为她是照着严格的议事日程来写作的。

在理智公正的读者看来,她作品中表现出来的性格与死后学术界眼中一本正经的辩论家形象毫无相似之处。如同简·达利(Jan Dalley)在她死后出版的《故事集》评论中所说:"给安吉拉·卡特加上这些添油加醋的政治正确对她无益——她比这尖刻、晦涩、固执得多,也比这更具有原创性。"她有各种各样的离经叛道,拒绝被放到任何一种文艺运动或体裁中,永远在生活和工作中尝试新角色、新身份。"我会把自己当作一个女性主义作家,因为我在别的方面都是女性主义者,而人没法将有些事分类。"她写道。她的几本小说和一些短篇故事都将女人的经历作为一个显要主题。但正如她的行动并非都在评论性别不平等(她没有烹饪女性主义的食物或者洗女性主义的澡,尽管她在做饭和洗澡时仍然是女性主义者),所以她的小说不能被工整地归类为几种思想立场。她最不喜欢的就是工整的归类。

第八章　不可思议的边缘

1969 年 2 月，贾尼丝联系上了安吉拉，提供了一份诱人的报价：一位名叫莱昂纳德·菲尔德（Leonard Field）的美国制片人想将《魔幻玩具铺》拍成一部"在英国制作的小成本电影"。安吉拉能收到大约 25000 美金，加上她如果同意为电影编写剧本的话，能得到电影总支出的 10%。这可能是一笔能改变人生的钱，她渴望这次机会。

贾尼丝听说菲尔德"有电影方面的背景，在百老汇做过戏"，但这说法可能有点美化。他电影方面的背景其实只是继承了爱荷华州的几个连锁电影院。他在百老汇制作过几部戏，但它们大部分上演周期都很短。战时他和约翰·契弗①一起担任通信兵，后者的传记作家布莱克·贝利（Blake Bailey）称菲尔德为"不太成功的戏剧制作人"，完全没提到电影。不过，他有钱来挥霍在自己的爱好上，而且言出必行；除了一大笔改编电影的授权费用（关于确切的数目没有记载，但它多得足以让安吉拉 9 月份收到钱时庆祝一番了），他还给了她 3500 美元来编写 140 页剧本，保证在电影上映之后再给 1500 美元。

安吉拉从没见过电影剧本，更别说写一部了，所以她让他寄来了一些样本。5 月，她去伦敦和他商讨一些点子，告诉贾尼丝"他们相处得非常融洽"。不过，回到布里斯托后，她的热情立即大减。她告诉卡萝尔："编剧是件特别烦人的事……我想部分是因为回顾以前的作品让我沮丧，因为《魔幻玩具铺》是我三四年前写的，满篇都是讨厌的错误，我害怕打开它。实际上，它就是工作，而且很难让我投入。"

8 月中旬，她好不容易码出了一稿，但只有 86 页，远低于合同上规定的数目。她获知菲尔德不太情愿付钱给她，因为剧本没达到合同上的要求："这不是说他对收到的内容不满意（实际上，他觉得你开了

---

① 约翰·契弗（John Cheever，1912—1982），美国现代重要的小说家，被誉为"郊区的契诃夫""20 世纪最重要的短篇小说作家"。

个好头），而是他希望你多写一点。"她勤勤恳恳地堆上了内容，但这时她已经对这个项目失去了所有兴趣。不久，她就写道，"电影的事好像要黄了"。12月5日，她收到来自菲尔德的讯息，说他仍然想拍电影，但远距离工作太过艰难，他想在美国找个编剧。安吉拉乐坏了："我靠浪费时间整了一大笔钱……我很满意他不想再让我写剧本了，因为我还有别的事要做。"整个计划很快就失败了，而安吉拉差不多忘记了整件事。1985年，格拉纳达电视台找她为戴维·惠特利（David Wheatley）的电影《魔幻玩具铺》编剧时，她压根儿没提到自己已经写过一次了。

春天的晚些时候，3月26日，她惊讶（而非常乐意）地听说《数种知觉》获得了毛姆奖，奖金为500英镑。根据毛姆本人的规定，这笔钱须得用作出国旅行。安吉拉除了爱尔兰没去过别的国家，这次想要去日本。她的很多熟人都觉得这主意简直是疯了。保罗·巴克写道："现在很难理解当时这决定有多难以理解。那时日本仅仅是个卖便宜玩具、模仿西方的品牌商品、战时作恶多端的国家。没人了解它。"后来，安吉拉为自己的决定给出了几种解释，从想要去一个没受到犹太—基督教道德影响（但又有好吃的食物和能喝的水）的地方，到对日本电影的热爱，到跟朋友打赌。也许这些理由相结合促成了此事。她一直认为日本文化很美——她1960年代的小说不时提及——而且她已经读过了谷崎润一郎的《细雪》，认为他是"世界上最伟大的小说家之一"。

保罗更想去美国，因为音乐。他们决定在美国一起旅游一个月；然后，在夏季末，保罗回到家中等待新学期开始，安吉拉一个人继续前往日本待上六周，然后再经由香港到达曼谷（她乐观地将这城市想象为"东方威尼斯"），奖金快用完时再回到布里斯托。该计划让许多朋友惊诧不已。科琳娜的丈夫尼克·格雷说如果安吉拉自己去了亚洲，

第八章　不可思议的边缘

她就再也不会回来了；保罗生气地拒绝了这一警告。

他有充足的理由感到安全：表面上，安吉拉给人的印象是专注于与他共度未来。7月15日，在他们出发去美国的两周前，他们从皇家约克排屋底楼的38号搬到了六楼的27号。这是一次典型的"克里夫顿式搬家"：他们的朋友都觉得有点滑稽（尤其是卡特一家请了搬家公司来帮忙把东西移到楼上），但新公寓比旧的更敞亮，楼上还有独立的卫生间和厨房。

15日天气很热——气温达到了三十度——是英国西南部十年以来阳光最充足的一段时间。搬家工人很快就烦透了，因为要把乐器和一箱箱的书拉上六楼。"我想他们特别反对在脑袋上扛着67本《锐舞》（'Rave'）的过期杂志、几十个空基勒果子酱罐子和鸽子、大猫带小猫的照片，诸如此类，"安吉拉写道，"我们给了他们啤酒和额外的钱，他们一直在说我们可能要开个图书馆……我从来没有感觉自己跟无产阶级如此疏远，我卑躬屈膝，不断道歉。"底楼27号的马丁·霍伊尔记得回家发现走廊被"那些搬家具的可怜人给堵住了去路"，安吉拉在其中显得有点狂躁：

> 安吉拉到了她那有点天真/神经质的时刻：她看上去很沮丧。我说："发生什么事了？"……她说："有个搬家工人问我：'这要放在哪儿？'我说：'放在废物间里。'他问：'哪个是废物间？'"她说自己很恼火，但我觉得这只是个玩笑。

她可能比他意识到的更加沮丧。这次搬家让她意识到自己生活矛盾的本质和她竟任其继续下去的胆小天性。在皇家约克排屋38号打包行李时，她"一直在寻找那些被丢弃的琐碎自我……公寓就像是个下水道，一个废弃仓库，储存着被浪费的（九年）时间"。

7月29日，卡特夫妇飞往纽约。他们到达时，石墙暴动①刚刚结束，炎炎夏日的城市暴躁不安。几周前，第一批美军从越南撤军（安吉拉认为这个结果"对人性而言……是废奴以来最值得称道的事件"），但占据8月报纸头条的是警察和黑豹党②的枪战、极端左翼分子制造的马林·米德兰银行大厦爆炸案、曼森③家族谋杀案和旧金山的黄道十二宫杀人魔④。安吉拉感觉"现状不可能持续下去。战争被带回家了"。她发现曼哈顿是个"非常非常陌生、暴力、引起恐慌和不安的地方……号称要对我施暴的人层出不穷"。这次旅行为《新夏娃的激情》中表现主义的纽约图景打下了基础——纽约被刻画为道德和经济崩溃的最后阶段——她说"这景象只是略带夸张，不是纽约本身的样子，而是纽约那个夏天带给人的感受"。她遇见了特里斯特莎（小说的异装癖女主角）的原型之一——在东村的传奇夜总会马克斯的堪萨斯城，那里驻店的是地下丝绒乐队，客人主要是艺术家、作家和音乐家，包括鼎鼎有名的安迪·沃霍尔⑤、威廉·巴勒斯⑥和帕蒂·史密斯⑦。

安吉拉在城里待了三天，然后坐灰狗巴士辗转康涅狄格、马里兰、弗吉尼亚、田纳西、密西西比、路易斯安娜、得克萨斯、新墨西哥、亚利桑那和加利福尼亚州。安吉拉对卡萝尔写信说：

---

① 石墙（Stonewall）是位于纽约格林尼治村的一家酒吧，常有同性恋、异装癖等少数人士光顾。石墙暴动发生在1969年6月28日，警察临检导致了一系列自发性暴力示威。
② 非裔美国人的民族主义、社会主义组织，活跃于1966至1982年之间。
③ 查尔斯·曼森（Charles Manson，1934—2017），美国前音乐人、邪教领袖，他领导著名犯罪团伙"曼森家族"犯下九起连续杀人案，被判终身监禁，死于狱中。
④ 黄道十二宫杀人魔（Zodiac killer）是20世纪60年代晚期在加州北部犯下多起谋杀案的凶手，曾寄给媒体多封挑衅信件，其中的密码仍未完全解开。
⑤ 安迪·沃霍尔（Andy Warhol，1928—1987），20世纪艺术界最有名的人物之一，画家、视觉艺术家，波普艺术的倡导者和领袖，同时也是电影制片人、作家、摇滚乐作曲者、出版商。
⑥ 威廉·巴勒斯（William Burroughs，1914—1997），美国作家，与艾伦·金斯伯格、杰克·凯鲁亚特同为"垮掉的一代"文学运动的创始人，成名作《赤裸的午餐》。
⑦ 帕蒂·史密斯（Patti Smith，1946—），美国摇滚女诗人、画家、艺术家，1970年代美国朋克音乐的先锋人物之一。

第八章 不可思议的边缘

> 坐长途巴士感觉诡异,因为我看到的是另一个美国——穷人、铲锹、墨西哥人、山里人和欧洲游客。剩下的人都在车里或飞机里。异乡的黎明,在巴士站的咖啡店吃东西,每个站点都只能靠商店里不同的明信片和打上"来自诺克斯维尔(或菲尼克斯、孟菲斯,取决于城市)的礼物"标签的棒棒糖区分……黑人女孩把头发编成穗,涂上防打结药水,巴士以70码的时速轰隆隆地碾过密西西比的夜晚,广告牌上的欢迎辞宣告我们到了下一个城市。

文字匆匆而就,显示出一个月内拜访十一个州的混乱。她还来不及整理自己对一个州的印象就到了下一个州。在新英格兰,他们在红树林的小木屋内住了几晚。在弗吉尼亚,他们住在一个苏格兰织工家里,后者"煮台风牌热茶,小口啃着进口的白脱甜酥饼,因思念血肠而唉声叹气,仿佛那是失乐园的果子"。在亚利桑那州("最最美丽、荒凉、野性的地方")他们路过了一个科曼切人的村庄,透过车窗,安吉拉看到一个小男孩朝着一辆废弃的雪弗莱扔石子——"我在旅途中唯一一次亲眼所见消逝的美国"。在加州大学伯克利分校的校园内,"让我极度尴尬的是,一群穿着橘黄色袍子的人跳着《摩诃迦罗颂》[1],到处都有人在宣传汉堡——火腿汉堡、牛肉汉堡、烤鸡汉堡,应有尽有,甚至还包括墨菲的爱尔兰三叶草汉堡"。她觉得美国"像戈达尔的电影,所有的戈达尔电影同时播放的效果",但也是个"完全不能给人感官享受的国家"。尽管后来几次回到美国,她一直保持着这样矛盾的印象。在生命将近之时——她那时已经在得克萨斯、爱荷华、罗德岛和纽约州分别住过一段时间——她写道:"想到美国,我既敬畏又悲伤的是,这个国家从来没有彻底背弃过刻在自由女神像上的美好承诺……却又把自己搞得一团糟。"

---

[1] 印度克利须那派教徒礼拜大黑天神时唱的赞歌。

唯一稳定不变的是她的旅行伴侣。但她在为英国广播电台第三频道和《作者》写作的记录此次行程的短篇报道中，在日记中和给卡萝尔写的信中，都丝毫未提及保罗。这种忽视很能说明问题，她在之后对旅行的描述中也做了阐释。《织被人》的叙事人回忆起在美国的巴士旅行，"在我三十岁左右时"，身边是"我那时的丈夫"。在得克萨斯州休斯敦的巴士站，她向他要钱（"他带着我们所有的钱，因为他不相信我能管得好钱"）去售货机买了个桃子。机器里有两个桃子，装在不同的格子里，她选择了较小的那个；他笑她这种本能的忘我精神。"如果我那时的丈夫没有说我是傻瓜才选择小桃子的话，"她说，"那么我永远都不会离开他，因为说实话，从某种角度说，他对我来说就是那个小桃子。"

即便如此，在 9 月 3 日他们在旧金山机场登上不同的飞机时，她还是没有最终决定离开保罗。从之后的信件中明显看出，他们的分别很友好，没有戏剧性的争吵，她的计划仍是 10 月下旬返回布里斯托。两人都没想到这会是他们夫妻关系的最后时刻。

第九章

眩　晕

在1971年夏天写的未发表的自传片段中，安吉拉写出了对那座改变她人生的城市的第一印象：

> 我是坐飞机到的，是在夜里。夜色降临在海平面上，许多我不熟悉的星星从天上冒出来；在我们接近降落时，一丛丛不规则的灯晕在下方盛放，很难分清星夜在上还是在下。飞机起飞或降落，都会进入一个通电①的城市，一切都与第一眼看上去不同，让我迷惑不已。眩晕侵袭了我。

这是段表现主义的文字，但"眩晕"这个词相当准确。这是安吉拉第一次独自旅行，而东京那灯红酒绿、川流不息的景象，哪怕是最富经验的旅行家也会为之驻足。这是地球上最大的城市，人口直逼1200万：令人眼花缭乱的交通枢纽和迷宫般的小巷塞满了"一群群目标明确的人"，所有人似乎都很忙——买东西、卖东西、修东西——"对劳动无休止的狂热井然有序"。不过，安吉拉愉快地发现摩肩接踵的人"永远在大笑或者微笑，这对城市居民来说很少见"。尽管东京的"建

---

① 这里应是双关，"electric"比喻天上的星星同城市的灯火一样，也可指给人高度刺激的感受，与后文的眩晕感照应。

筑糟透了"，她还是认为它是个无处不美的城市："杯碗盘碟是美的。包装纸无一不美。周围的脸也通常是美的。"她描述这个城市既是"过分耀眼、俗气、无比庸俗的大都市"，又是"这个世界上真正文明程度最高的城市之一"。

她到达时，这个国家正处于历史上不稳定的节点：它已经不是战败国遭受掠夺、满目疮痍的首都，也尚未成为后来的经济巨人。它遍布着超现代社会的俗艳装饰品——街角的自动售货机，出租车后的口香糖机，视平线上的霓虹灯牌和头顶上生动炫目的电灯广告——但它的基础设施却只比发展中国家略好一些。下水道发臭，空气污染严重，过街老鼠在阴影间窜来窜去。有无数条电车线，但只有六条地铁线和一个小机场。它本质上是建筑低矮的城市，正在蠢蠢欲动地向天空延展：500英尺的霞关大厦①重塑了视野，另外几幢摩天大楼也在施工。安吉拉——来自一个走向衰落的经济体，那里房屋老旧，骄傲不复——很兴奋来到一个地方，"它将在前方创造历史，而不是在身后或体内拥有过往历史"。

"这可能是世界上最不无聊的城市。"她对卡萝尔写信说。逐渐了解它凌乱的地形后，她越来越多地走向新宿和欢歌宴舞的歌舞伎町，那里鳞次栉比的酒吧、舞厅、咖啡屋和舞女夜总会②吸引众多艺术家、学生和其他喜爱廉价娱乐和想要轻松邂逅的人在此徘徊（安吉拉向英格兰的朋友解释说"有点像格林尼治村"）。她开始"把大部分时间都花在咖啡屋里，听唱片机里的现代爵士"。它们是躲避城市喧嚣的好去处："点一杯咖啡，就能待上几个小时，跟人聊天、读书、写信，或者别的什么都可以。"

她最喜欢的咖啡屋风月堂占据了两层传统木楼，要通过一条窄巷，从点着灯笼的门口进去，气氛"像吸了大麻之后进入了沉沉的梦境"。

---

① 日本首幢摩天大楼。
② 这类夜总会一般请了女服务员来为男客人调酒、点烟、陪唱歌、聊天等，但不涉及色情服务。

它像磁铁一样吸引着西方背包客——很多人直接从机场而来——而大量的白人女子反过来又让它吸引着当地男子。"日本男人追求欧洲女人，"1972年，安吉拉告诉一位采访者，"欧洲女人是他们性好奇的对象，兴趣程度高得难以置信，差不多快要歇斯底里了。是我们的体型，是我们高大的身体和白皮肤让他们着迷。"她享受吸引他们的注意，尤其是年轻人的。"如果他们头发长点，就会像最好看的红印第安人，而且幸运地拥有突出的颧骨和多情善感的嘴唇，"她热情地描述道，"而且他们的动作姿势优美。是的，就是这样。"独自旅行的经历——一个人成功独闯新路——唤醒了她的力比多。她感觉到了"新生的独立感……并且人生第一次感到欲求不满"。

一开始，她对满足自己的欲望还保持谨慎态度。在行程的早期，她提到遇见一个俄罗斯摔跤手，跟他回了酒店房间，他把她扔到了床上。她找了个借口离开了。"我不想跟他睡，不然就成真了，对不对？"她问卡萝尔，"还是我母亲从心里跳出来，再次挫败了我的欲望？"若果真是如此，她很快就让她投降了。之后不久，她遇上了一个"中年的布鲁克林犹太人"，和他在东京站宾馆待了一周，这段经历被她称为"我的第一段成人性关系"。她口中的这个男人几乎肯定是哈尔·伯内尔（Hal Burnell），一位住在布鲁克林的插画师，1969年时年满四十六岁（不过并非犹太人）。三十多年后，他回忆起在"东京火车站"遇见安吉拉："这个漂亮的红发女人背对墙站着。满脸红晕，快赶上她头发的颜色了，看上去彻底迷路了。我已经在日本待了不少时间，看出她的问题，解救了她。在我继续西行之前，我们在一起待了一周左右。"这段关系不足以消除她对保罗的情感，却让她对保罗的态度更加漫不经心。她决定无论他会有什么动作，她都要在日本待上一年："如果他想来跟我一起，他可以来，如果不想来也没事。"

9月末的一个晚上，在风月堂，一个二十四岁的日本人向安吉拉的桌子走来。他比她矮了几寸，整洁精致，衣冠楚楚，行动优雅。他有轻微口吃，脸上挂着亲切的微笑，英语说得不算流利，但很是迷人。他的皮肤"颜色像是棕色的包装纸"，有些微粉刺的痂——这是他上镜的好形象上唯一的缺陷。一个未发表的故事描述了这个场景："'你来自哪儿？'他问她……'英格兰。'她说。'那儿肯定特别无聊吧。'他说，给了她一个国际通用的诱惑式微笑。"

他名叫荒木创造。他刚刚从早稻田大学的政治学专业退学，想要成为小说家；他一边在写自己的处女作，一边靠当家教谋生。他们聊了陀思妥耶夫斯基、福克纳和艾伦·西利托，谈论了震撼全城的学生抗议活动。但不论他们从彼此身上获得了多少智性的乐趣，他们的相互吸引主要源自身体。"我觉得她就像个好莱坞女演员，"荒木回忆道，"像凯瑟琳·赫本。"安吉拉那面则认为他"漂亮得不可思议"。

他带她前往散落在东京最体面的区域周围的众多"情人旅馆"之一——那种以小时计算的房间。这些旅馆从最粗陋的功能型到奇异的豪华型应有尽有。安吉拉为其吸引，在这段时期写作的日记、诗和小说中描写了好几处：其中一间"天花板上有镜子，淫荡的滚带垂落在感觉很不正当的床上"；另一间"有一盏真正的红灯，还有个"情趣机，100日元一次，可以听到女孩越来越强的喘息声，后面是尖声尖气、极不搭调的音乐背景——我想是《蓝色多瑙河》，演奏速度很快"。但那天荒木带她去的地方可能就是《一份日本的纪念》（"A Souvenir of Japan"）里的重要场景，她在这个短篇中极其直接地化用了亲身经历：

> 我们被引进了一个纸盒子一样的房间。里面除了地上的床垫别无他物。我们马上躺下来，开始亲吻对方。然后一个女服务员无声地打开了推拉门，脱掉拖鞋，穿着筒袜爬了进来，一边不断致歉。她在我们身边的地垫上放了一个托盘，然后一边鞠躬、道

歉,一边退出了房间。整个过程我们不受干扰地继续着亲吻。他开始解开我的衬衣,这时她又回来了。这次,她的手臂上挂着几条毛巾。她第三次进来送他的收据时我已经被脱得溜光了。她显然是个十分体面的女士,而且哪怕感到尴尬,她也丝毫未将其暴露在语言和手势中。

第二天早晨,在荒木打日式弹子球的时候(他对此有点上瘾),安吉拉回到宾馆洗漱更衣。她兴奋而详细地记下了这一时刻:"女服务员……用明白的肢体语言问我,'你昨晚去哪儿了?'我脸红了;她尖声笑了起来。"

她安排好早上 11 点在新宿的纪伊国屋书店前见面。他们到一间咖啡屋吃了吐司和水煮蛋作为早餐,然后走路到了早稻田大学。过了一会儿,他们又到了高田马场站附近的一家情人旅馆。安吉拉对前晚的性爱有些失望,这一次两人都尽情享受了云朝雨暮。荒木留下了安吉拉事后坐在床上梳头发的记忆。

漫漫余生,安吉拉将这段时期视为"我第一次真正的风流韵事"。接下来的几日内,她对荒木的一切都如饥似渴。她形容他是"极端浪漫的人中之最……他魅力无穷,头脑里全是分析性的思维方式,完全不会辩证统合,还坚信着一切都将是徒劳,这些地方让他更加特别"。他主要的兴趣在于猫王和弹子球,他也同安吉拉一样热衷于陀思妥耶夫斯基。她给他取了外号阿廖沙(来自《卡拉马佐夫兄弟》中快乐的小儿子),而他叫她梅什金(《白痴》中饱受爱情折磨的主人公)。她这么多年来第一次如此耽于现状。保罗像是"望远镜中的人,在错误的那一头"。她意识到这种即时感受和动力正是她一直以来的追求,"像一本烂俗小说里的角色一样"恍然大悟。

她与荒木坠入爱河的速度也有着言情小说的特点。从他们初次见面到她不得不离开日本,他们在一起的时间也就刚过两周;在那段时间内,她还去了奈良和京都(她认为后者"非常像布里斯托",还定位了"京都版的伯克利"),所以他们真正互相陪伴的时间不可能超过十二天。她告诉卡萝尔,他们只在一起睡了九次还是十次。这段时间对于做出人生重大决定来说太短了。但她对荒木的兴趣与新获得的自由感密不可分。几年后回忆起这段关系,她接受了这一观点:

> 初见时,他的脸对我而言不像是陌生人的脸;它像是一张相识已久、记忆深刻的脸,就像是一直在意识中的一个迫近的概念得到了完美的视觉呈现……简而言之,他是幻想的产物;他的形象显然在我脑海中的某处,我渴望在现实中找到他,在每一张脸上寻觅对的那张脸——那张符合我想象中应该爱的那个人的脸。

离开日本的日子将近,她决意离开保罗。她接受了一份在东京"跟一个醉醺醺的爱尔兰人一起教职场人士英语"的工作。这听起来"跟死了差不多",但她觉得比在女校教书好,而且她要是想再回日本的话就需要一张工作签证。"我确实有点害怕,"她写道,"我感觉自己回到了十九岁,只是这次像个成年人了。"她预订了10月15日飞香港的机票。在机场她哭了,向荒木保证她会回来;然后,她悄悄地做了一个富含象征意义的动作——摘下戒指,扔进了离港休息室的烟灰缸。

她在香港待了五天,期间主要是在坚定自己离开保罗的决心。她写信给卡萝尔解释道:"我坠入了爱河而且意识到保罗是头自私的猪而且床上表现拙劣,而且无比麻木。我花了一点时间才克服对他的同情,但在某些方面,他就是个怪物,我再也不想见到他了。再也不想。我想真到了那天,我会过分残忍。"最后一句话只是虚张声势:她还写信给爱德华·霍勒什和科琳娜·格雷,让他们注意下他。然后她给保罗本人写信:写这封信肯定很艰难,尽管信没能留存下来,我们却能推

第九章 眩晕

断她并非残忍无理。接下来她写给了贾尼丝,请她从现在开始把所有信件转交给经纪人艾琳·约瑟斐。她还给约翰·奥斯本写信——要么是为了消弭上一段痴迷的影响,要么因为他是少数了解她在保罗身边经历的人:

> 我计划回到日本生活,不想在布里斯托和保罗生活了。我告诉你这点,部分是因为我认为你会感兴趣,部分也是那封告知我意图的信现在差不多要投进他的邮箱了,他可能需要人帮助他消化。我再也不能和他共同生活,不然我会自杀的,就是这样,我不在意他会怎样了,哪怕我感觉自己理应在意;尽管如此,如果你能关心一下他……唉,会有用的。

最后,她写信给荒木重申她的承诺,附上一本在香港书店找到的《魔幻玩具铺》(她在东京时就想送他一本自己写的书,但搜寻无果)。

见识过中英文化杂交的香港,她从心底生出了对英国同胞"不情不愿的尊敬":

> 英国人在做出肮脏的妥协上天赋异禀——这个污秽凌乱的城市已不再是殖民主义的遗迹,而是一个腐败而又真正充满希望的大型象征物,预示着无论方式有多粗鄙,我们的民族终将生存下去。这点让我高兴,因为在这里,我强烈意识到自己是欧洲人、是白人,来自世界上一个历史行将结束的地方。在日本,说我来自英国就像是在说我来自亚特兰蒂斯,我是个独角兽。

她从香港到曼谷度过了行程的最后四天。也许她对这个城市的看法源于疲倦,总之她觉得它肮脏堕落。"真的,"她写信给卡萝尔,"美国人接触到的所有东西都被他们变成了大型妓院,这个堕落的天堂让人压抑。白女人独行并不安全。"尽管如此，她在那儿时肯定外出过了，毕竟她后来说和一个在阿尔及利亚战争中服过役的法国士兵上过床。但她好像把大部分时间都用来读博尔赫斯，"惊讶于这种新的行文组织方式带来的无限可能"。她对他作品的强烈欣赏加上过去三个月内造访十多个城市的经历让她恢复了元气，她决定要写一部新的小说，发生在"一系列虚构的城市"。这部逐渐打磨成型的书就是后来的《霍夫曼博士的魔鬼欲望机器》。

　　安吉拉的飞机于 10 月 25 日早晨降落在伦敦希斯罗机场。在东京，在香港，远离亲朋好友的责难，很容易就能基于情感规划未来；如今她不得不面对后果。她知道布里斯托"有太多人关注我了"。但更让她焦虑的是面对父母。奥利芙把离婚视作可耻的道德堕落，是人（尤其是女人）的品行上抹不去的污点。这也许就是安吉拉和保罗共处了这么长时间的原因：她知道离开他会给母女关系制造新的危机。她写信给卡萝尔问是否可以和她一起在布拉德福德住上"三个月左右"；这段时间，她暂住在丽贝卡·霍华德位于蔡尔德街的家中，周围是西伦敦伯爵宫区破破烂烂的过渡地带。

　　身处如此平淡无奇的环境，她开始不安地意识到，"在创造我陷入爱河这件事上，虽然不是自欺，却投入了多少巧计"。她在日本时的种种感受如今都像是空想，而风流韵事留下的实证也远不像爱情童话：她感染了一种通过性传播的疾病，也许来自荒木，也可能来自曼谷的那位法国人；无论如何，这都是"在性宽容社会糟糕的初次体验"。她还怀疑自己怀孕了，哪怕她也知道这个想法"不理智而且……真的，我想，这是无意识的最后一搏，一次打破文化障碍的绝望尝试"。

　　如果她想保持冷静，打破文化障碍就重要了。对陷入爱情的深信曾给了她掌控自身命运的勇气，但现在既然怀疑这份感情，她更不能让自己的解放意识动摇。到达伦敦后不久，她给荒木写了封信，其中

第九章 眩晕

犯了个"有趣的弗洛伊德式笔误":

> 一开始,我还沉浸在危险的兴奋之中,对他写道:"我感觉自己属于你。"然而,重读的时候,我发现我实际上写的是:"我感觉自己属于我。"所以我将信撕了,因为我感觉突然找到了存在的位置。如果他忘了我,尽管我会很伤心,但那真是他的错,与我无关。

*　*　*

很快,安吉拉的独立意识遭受到了持续压力。保罗用信件和电话轰炸了蔡尔德街,"他连哄带吓,还告诉我如果我不回到他身边,以后就不能用他的名字了"。她告诉卡萝尔。他的策略从告诉她旅行只是"一次冒险",她很快就会出离;到自己也开始一段新的关系,向她倾吐种种细节,以期引起嫉妒;到换了公寓的锁——这个举动在安吉拉看来就像是"在《泰晤士报》上宣告自己不会为丈夫/妻子的债务负责的当代版"。关于她对两人婚姻问题的评价,他写道,"没必要说我从来没听你说你不幸福,我感觉你并不想说出来",以及"交流障碍很容易打破,只需要一点相互理解"。这些回复让她震怒,她对待他越来越"冷酷残忍","他显然很难受,但我发现自己并不在意";她对卡萝尔说(她把他的信件转给她看了),"我再也不想看见这头猪了。"她告诉他自己马上就回日本,但实际上她申请签证遇到了麻烦,教职场人英语那事砸锅了,她准备蛰伏在布拉德福德以待问题解决。

值得注意的是在这几周内,她对保罗的鄙夷如何越演越烈,她变得如何无情。也许这种努力在心理上是必要的("不自由的社会中自由的女人会成为怪兽",十年后,她在《萨德式女人》中写道)。如果她允许自己为他感到抱歉,哪怕只是短短一瞬,她的勇气可能就容易动摇了。在保罗收到香港来信后不久,马丁·霍伊尔看见过他:

那天早上我碰到他了，我一直记得，因为他的眼睛是通红的。我正在朝排屋街道走去，他出现了，说："安吉拉离开我了。她写信告诉我'谢谢你与我共度九年的婚姻，我不会回来了'。"他受了非常、非常、非常大的打击。我不得不和他聊了很久，因为他晚上睡不着觉。他有时下来和我聊会儿，或者就坐在那儿……他彻底崩溃了。

他的心情似乎没能随着时间流逝而痊愈。四十多年后，我写信问他是否愿意谈谈和安吉拉共度的时光，收到一封礼貌而坚定的拒绝函："我不愿再回顾那一段往事……请不必费神联系我了。"

在个人经历动荡的背景下，《英雄与恶徒》在11月出版了。这部小说本可能疏远卡特原来的仰慕者，但所有评论都赞赏了她作品的新方向。《泰晤士报》的朱迪斯·弗兰克尔称赞它是"迈向黑暗的精彩一步"，说《影舞》和《魔幻玩具铺》中邪恶的气氛变成了新书中"直接坦率的哥特风"。"安吉拉·卡特总体上说是个特立独行的天才。"她宣布。哪怕是那些不算热情的评论人也在《英雄与恶徒》中找到了不少闪光点。简·米勒在为《泰晤士文学副刊》匿名撰写的评论中承认，它"想象丰富，又不至于异想天开，很令人信服"，但觉得它因为后面章节玛丽安娜加入野人部落后"时有过分炫技"而减色。这个失误没能让她放弃赞美它"在很多方面都是成功的佳作"。

各界评价很好，但安吉拉几乎没注意到："我感觉自己这次对评论没有那么在意了，尽管我的书出版了，却没人关注，这让我隐隐感到有点虎头蛇尾，也不怎么好受。"她的"没人关注"指的是出版商。他们没为她开派对，她也没有接到采访邀请。贾尼丝请她出去喝一杯，这就是"海涅曼在宴请上能付出的极致了"。

第九章 眩 晕

曼宁厄姆位于布拉德福德中心城区以北一英里，是一片迷人的维多利亚式郊区，蜂蜜色的石块建成了微微倾斜的排屋、庄严的市政大楼和高高矗立的工厂（尽管安吉拉到来时离90年代的清洁行动尚早，大部分建筑都被煤烟熏黑了）。对今天的访客来说，它那优美的时代风情建筑可能是个惊喜：近几十年，这个地区声名狼藉，是种族纷争、经济衰退的危险地带。它可能最出名的是1995年和2001年的骚乱，当地人口占绝对优势的穆斯林和极右派煽动者、警察发生了对抗。然而在1969年，它却是个文化多样的繁荣社区：大量移民自19世纪末期以来就在此定居——德国犹太人、匈牙利人、意大利人、波兰人，还有新近的印度和巴基斯坦移民——都是被舒适的住宅和大量的纺织业工作机会吸引而来。安吉拉喜欢各民族杂居带来的文化共生："外卖酒店窗口的伏特加挨着英国雪莉酒、棕色艾尔酒、蒲公英酒和牛蒡酒"，"到处都是乌尔都语的标牌"，背景是满目煤气灯、冒气的烟囱和维多利亚时期实业家板着面孔的雕塑。

卡萝尔和约翰住在阿索尔路，整条街排列着上两室、下两厅的房屋，为世界上最大的丝绸厂——利斯特工厂投下的巨大阴影笼罩。安吉拉趁保罗在上班，把她在皇家约克排屋里所有的东西搬到了这里的空房间。11月28日，她写信给贾尼丝，说自己"愉快地搬进了新家……与书、打字机、旺盛的炉火为伴，还能共享家里养的猫，棒极了"。白天，她继续写作自四个月前赴美以来几乎没碰过的《爱》。约翰正在利兹大学读研究生，比卡萝尔待在家的时间长，于是就有机会观察安吉拉的工作习惯。"她没把写作当件容易事"是他的印象，"我的意思是，看看她抽了多少包烟……她从早上就开工了，在家待上一整天，很可怕，让人战战兢兢，生怕惹怒了她"。她还特别不情愿出门："她似乎有种疯狂的想法，如果出门的话就会撞上谁，这样保罗就知道她还没去日本。我想很有可能，很多人在类似情况下也会如此，她有点担心如果她很快看见他，他就会劝她回去，而她会同意。"

卡萝尔和约翰能把她哄出门的情况就是去布拉德福德戏院和利兹电影院看点什么，又或是参观画廊。有时他们会去附近两家酒吧"北半球"和"南半球"，但安吉拉不太热衷于酒吧。约翰认为，部分原因是社交增加了她的不安全感：

> 我们要出门去看看画廊什么的，不会待很久，回来的路上可能坐下来喝一杯。安吉拉穿着牛仔裤和套头衫出现，典型的民谣风格打扮——然后她突然就消失了，出来的时候换上了一条小短裙和渔网袜，头发上插着花……我想安吉拉有诸多方式来处理自己的羞怯，但它们大多无效，反而让人更加注意到她的怪异。

不过，她是个慷慨细心的室友。通常，如果约翰出门去了，她会在书中找到一段，等他回来后分享。两人一天中大部分时间都独处一室，一段时间之后，他们上床了。卡萝尔从一开始就清楚事情的进展，而她和约翰两人都坚持说这不是问题：他们是开放关系，两人都会跟其他人约会。但是，安吉拉显然愧疚于心，几个月后，她写信给卡萝尔，为"圣诞节前我与他短暂的失态"道歉。在约翰看来，问题变了："自从我们有了性关系，安吉拉……就消失了。"他的意思是她退回到了自己的世界。"这让人非常恐慌，"他回忆道——

> 我想如果你对人产生了强烈的喜爱，其中总是伴随着性欲……我们都期待如果性爱顺利，就会让人更加亲近，因为你们分享了某种特别的东西。不必执着于一夫一妻制，但不是说它因为不是一夫一妻就不特别了。但是，我们一开始做爱，感觉就像是："你去哪儿了？"

当他主动结束了他们关系中性的部分，说他认为两人在这方面不合拍，

第九章　眩　晕

安吉拉非常生气，宣称是卡萝尔在挑拨。约翰觉得这"完全是无稽之谈"：无论是在安吉拉漫长的不幸福婚姻旅程中，还是面对它俗不可耐的结局，卡萝尔一直以来都是支持的态度。但安吉拉再次把自己代入了蛇蝎美人的角色。她在日记里写道："我感觉自己拥有的一切都已插草为标：我最隐秘、变态的欲望，我爱的事物。我可能在任何时机背叛任何人，对此我不能负责。"这是她对自己的最新认识：不再是逆来顺受、郁郁寡欢的妻子，而是贪婪、善变、不受压抑，像踩灭烟头一样不带一丝伤感地抛弃丈夫的女人。近十年后，她在《新社会》的文章中写道："蛇蝎美人的重要性不在于她的性别，而在于她的自由。"

安吉拉为自己写下的命运发生了不愉快的转折。回到英格兰后，她一直避免见到父母，但圣诞节前不久她收到了一则悲伤的消息：奥利芙倒下了，被紧急送往医院，在那儿查出大型肺栓塞，这是多年以来损害她健康的心血管疾病的直接后果。安吉拉和哥哥休伊、嫂子琼一起去了巴勒姆的圣詹姆斯医院，奥利芙只看了她一眼，就转头面向墙壁。她一开始就好不容易才接受了安吉拉的婚姻，现在更是永远不会原谅她从中逃离。她去世于 12 月 20 日，遗嘱中完全没有提及女儿。

安吉拉如此努力地与他们拉开的距离现在已经无限遥远而无法填补了。奥利芙的去世恶化了这种感觉。这如实揭露了她一直以来害怕的事情：独闯新路会让她无人可以依靠；她唯有从过度亲近和被抛弃之间选择。从她对朋友的叙述中诸多的失真和遗漏可以看出她多么希望现实逆转。几个月后，她给卡萝尔写信谈到了"我母亲在临终前求我去保罗那里取回的餐具柜"。她好像从未谈起过她们之间真正的结局。

那是一个"让人记忆犹新的可怖"冬天。她搬回雷文斯利路陪伴父亲。她坐在厨房里试图写作，而他——"突然变得苍老羸弱"——进来冲速溶咖啡，不断地调整桌上的台灯。房子显得陌生：她十年没在这儿住了,现在它空荡荡的,阴森可怖。但当休宣布他要卖掉房子回苏格兰,她还是被吓到了。安吉拉余生都将失去童年的家和失去母亲联系起来(一次被问到她的作品中少有母亲的角色,她解释道,在她想象的地图中,房子就代表了母亲)。

她完全不知所措。在一封给卡萝尔的信中,她记述了一件事:一天下午回家时,她满腹心事,走到了一辆大卡车前;卡车在距离她几英寸远的地方紧急刹车。她开始大笑。司机可能被惊吓得不轻,对她大发雷霆。"之后,我想的是,'我怎么确认自己没死呢?'"

她只有专心准备回东京。她在"一个很好的女孩"(一位东京大学医学教授的女儿)那里学习日语,而且埋首于办理签证的种种复杂官僚程序,买机票,让一切就绪。她不断地和出版商、会计还有日本大使馆打交道。3月19日,她获准以参与"文化活动"的名义在日本待上一年,然后买了4月19日的机票。她在牙医那儿耗费了不少时间:她的牙齿"惨极了",她想要学着笑不露齿。这些活动都让她分心,但临近出发之日,她还是回想起了初见日本时的眩晕感受。她开了一个日本的银行账户;拿到地址后,她回到家中,心神不宁得直犯恶心。在写1970年初的日记时,她的手在颤抖:

> 我感觉奇怪极了。没有家。再也没有熟悉的事物。我感觉很空,像个没有籽的豆荚,无精打采,易惊易惧。我的胃紧张地绞成一团;我不是不快乐,只是有点担心害怕。我想,就像新生儿想要缩回子宫,知道并不可能,也知道哪里都没有子宫的替代物。

第二部分

第十章
心灵的装扮盒

1970年4月19日——天气寒冷阴郁，一反季节常态——荒木创造站在羽田机场的到达大厅，腿不受控制地颤抖。他没想到安吉拉真的信守承诺回到了他身边。他用目光扫过从护照检查点随扶手梯而下的疲惫人脸，感觉自己束手无策。安吉拉终于出现了，看上去（如他后来回忆）跟他一样充满忧虑，比他记忆中老了许多。看见他之后，她"挤出了尴尬的微笑"。

尴尬延续到了去往宾馆的出租车上。哪怕是在安吉拉离开的这短短六个月间，东京也发生了剧变——视线中的摩天大楼如雨后春笋般冒出，铲走并替代了熟悉的地标建筑——她看向车窗外，很难找到自己在其中的位置。她感觉这个城市"就是不长久的化身"，它的风景极其易变，让人"惴惴不安地怀疑什么都不是真的"。但也许最奇怪的是她就在这儿。为一个（六个月前）相识不过两周的男人飞越半个地球是个近乎疯狂的大胆举动。她意识到他们是陌生人。实现这事需要她库存的所有浪漫情怀、想象力和意志力。

一到宾馆，他们几乎立马脱光了衣服上床：安吉拉告诉卡萝尔他们直到第二天下午四点半才出门。她随即在日记中写道："我们只靠激情支撑，不带安全网，踩着欲望的钢丝绳耍起了双人杂技。"这句对她意义重大的话在此首次出现，后来又稍做变动出现在《一份日本的纪念》、诗歌《只是爱人》和短篇小说《肉体与镜》的草稿中（三个作品都取材于她和荒木的关系），还进入了《霍夫曼博士的魔鬼欲望机器》（她用相对委婉的方式在这段关系中取材）和《马戏团之夜》。这句话直接将爱和表演相联系，似乎在暗指她之前所说的"想象自己坠入爱河"的心理机制。在两年东京生活的末期，她写道，自己"将很多想法（比如为爱而活）尽力实践到了极致"。她的说法再次引人注意——仿佛她这一重大、激情的举动主要是对一种思想的践行。

荒木先前没想过在她回到东京之后就与她同居，但她是这么想的，而他被她的美好幻想深深打动了。3月22日早晨，他们开始寻找出租房。两人都没觉得这是件难事，但他们不能寄希望于70年代初方方面面充满偏见的日本文化。他们到了宾馆附近的一家房屋介绍所：桌子后面的老者看了一眼安吉拉，粗暴地告诉荒木他不接受外国租客。一天下来，这种情形屡见不鲜。他们一家家寻找介绍所——假装自己是未婚夫妻、表亲、生意关系——结果都是一样。那天晚上，安吉拉写道："创造开始哭了，默默地，说他没意识到他的同胞都是怎样的讨厌鬼。"

一个显而易见的解决方案是让荒木自己去安排住房，不告诉中介他会和一个欧洲女人同住。但她十分固执，不愿在任何方面出让自主性。"我不想搬到一处完全由他做主的公寓，"她告诉卡萝尔，"我感觉如果再住在别人的房子里，身后的监狱门就会当啷一声关上了。"第二天，她联系了英国文化教育协会，由此接洽了专门负责为外国人寻找住所的中介。周五早上，他们被领到了目黑区的一所公寓，这是个体面的住宿区，目之所及都是一排排木瓦屋顶、精心照料的植被和晾衣线上被风吹皱的干净衣物。花60日元坐火车可以到达丸之内商务区，那里每天早晨都是摩肩接踵的通勤族；同样花60日元，向另一个方向则可以到达夜夜笙歌的新宿。但目黑区本身，如安吉拉写的那样："永远像是星期天的下午……很难在东京找到无聊的地方,但是天啊,我竟然做到了"。

公寓位于一条倾斜的小巷中部一所两层小楼的底层;主卧室由六张榻榻米构成(每张榻榻米差不多是一个日本成年人躺下那么大)。一旦他们装进了一张"差不多五尺十乘二尺六"床垫和在古董店买来的一张矮几,空间就所剩无几了。卫生间和厨房都只有卧室的一半大。尽管拥挤,房租用英国的标准来衡量有点夸张——38000 日元(40 英镑)每月——因为荒木赚钱比她少得多,安吉拉预计自己需要负担大部分。"我必须要养他,"她对卡萝尔写道,"他的反应算是对他性格的考验。"

他们在 4 月 29 日搬了进去。那天是天皇生日,所有本地小孩都放假回家了。她在刊登在《新社会》的一篇文章里描述了当日情景:

> 他们在房子背后玩"躲猫猫",一个小男孩藏到了窗下。他四处张望,看到了我。他没暴露出吃惊,但迅速消失了。接下来是一阵静默,紧接着,细碎的脚步声像隐隐的雷鸣。他们围在窗边,躲在我看不见的地方窥视,然后窸窸窣窣的声音响起,就像风中枯叶飒飒声,他们在小声地嘀咕着"外人,外人,外人①",透着努力压抑的纯粹惊奇。

她发现她是"街上第一个混血人家"。这个词组含有深重的讽刺意味,但并不意味着她在这种环境下待得自在。"被当作有色②人种是段痛苦而颇有启发意义的经历……在我被定义为女人之前,首先被认作白人。"几个星期间,小孩们捉弄她,在门上设陷阱,放了芬达罐子,她一开门就被淋了一身,还将泥土塞进信箱里。"等他们往里面装屎的那

---

① 原文为日语的罗马拼音 Gaijin,不如一般称呼"外国人"的 Gaikokujin 郑重。
② 这里指白色。

天,"她说,"我就搬家。"

* * *

他们的日常作息有些散漫,每天差不多中午起床,在水壶里煮鸡蛋,坐在地上用筷子吃,然后回到床上看书、做爱、继续打盹儿。很快东京的感觉就像是伯爵宫区了。他们分工购物、做饭和打扫卫生。荒木每周要去日黑区另一端看望卧病在床的嫂子,为她做饭和打扫卫生,带她的孩子(也就是他的侄子)去公园;下午他大多在做家教。他不在时,她就去风月堂咖啡屋,在那儿给英国的朋友们写信,与外国人交谈;回家路上,她会在超市停下,搜寻架子上所有标签上是英文单词或者英国图画的罐头。她在皇家约克排屋的生活似乎已非常遥远了。

在关系开始的头几个月,她觉得荒木活生生就是保罗的反面。一开始,他"非常快乐、好玩",喜欢孩子气的玩笑,经常充傻扮愣。虽然他也有神经质的一面,却不认为她有责任照顾他。"他完全没有依赖我的迹象。"她写道,显然松了口气。她感觉他(再次不同于保罗)在思想上同她是平等的,心理上又同她十分相似:极度浪漫,时而极度忧郁,但不是真的抑郁症。他也浪漫成性,经常(安吉拉认为是开玩笑)说他们应该殉情。"在这段关系中最让人激动,同时也最引人不安的,是他简直就像我本人。"她写道。他们可以连续聊上几个小时。保罗能听懂她说的每个字,"但不能听出语言背后的思想",而让她感觉"特别痛苦"的是,她发现荒木"要是语言学得更好些,便能理解所有的深意"。

她知道有些想法只是一厢情愿:她关注的是荒木像她而不同于保罗的地方,没有直接看向他本人。"我对他如此熟悉,就像看到镜中自己的影像。"她在《一份日本的纪念》中这样描写以他为原型的人物。"换句话说,我只了解跟我有关的他……有时候我感觉自己一直在创造他这个人。"

哪怕在热恋早期,她也并非看不到他的缺点:"我既满心爱着他,仿佛他成了这个世界唯一真实的东西,又为他的不守时、含糊其词、不专注(对),还有那种明明在说真话却像是撒谎的能力,而恼火万分。"她发现他无意识的懒惰(她认为他花了太多时间用"高更式"的姿势躺在垫子上玩弹子球),还有"极不可靠"(尽管只是在某些方面:"在性上我可以完全依赖他,他也够温柔、贴心,而且始终在尝试阐释,而非理解。"),他还非常骄傲,她把这看作一种日式滑稽。他很为自己的写作骄傲,她感觉要是他不出版什么作品,感觉自己和她在这方面平起平坐,就没法继续跟她在一起。于是,她担心要是他真是个天才,她也没法心安理得:"因为他还没出版作品,我就没认真对待橱柜上那一摞手稿,"她坦承道,"不过,当然了,在我二十四岁的时候也没发表过作品,而他确实展现出了作家的大部分症状——具体而言,就是心平气和地从自己幻想的后果中抽离……还很喜欢自我夸大。"

荒木决意要向安吉拉证明自己有用,在他们关系的早期,他傍晚做完家教回来就教她日语。结果不太成功:"最多五六节课过后"她就放弃了。她在日本生活三个月还不会说日语,除了一句"欢迎,猫先生",用这句话来跟隔壁的暹罗猫打招呼。荒木认为她为这方面的失败感到羞耻;不过,她告诉卡萝尔她喜欢荒木没有迫使她学日语,她在别的地方还写到不会说日语,就能让她完全从视觉角度来阐释日本文化,这对于"学习符号语言"来说是无价的经历。

晚上,荒木坐火车去新宿和朋友喝酒,起初安吉拉也随他一起去。但他的朋友都是男人——"我有点像只稀有的凤凰或者独角兽。"安吉拉写道——而且没人能说多少英语。荒木感觉到"英语对她享受生活来说是必需":

她和外国人说话的最大问题是她拒绝用幼儿园保姆的口气跟他们讲话。她跟每个人说话都像是她和英国朋友那样。她从不改变自己的发音，也不会说更简单的句子。她总是想极尽所能地表达自己。

她也不避讳抒发己见，这意味着"她跟每个人都有些小争执"："要是她不同意别人的意见，她不会隐藏感受，而会说'那是我听过最蠢的话'。"荒木说他的朋友喜欢她，但觉得她有点吓人（"安吉拉不喜欢我们这些笨小伙。"其中一个朋友告诉他）。几周后他开始独自夜出了，安吉拉将此归结于文化差异。"换过来说，"她想道，"要是个克里夫顿人和一句英语也不会说的日本女孩同居了，她就不至于如此破坏灰狗酒吧里的交流。"

她三十岁生日这晚过得跟这段时期的其他日子一样，独自坐在公寓房内等待荒木，忧心忡忡。她几乎确定他在和别的女人约会，但宣称这不是让她担心的地方："我只是希望自己知道他什么时候回家，只是这样。"列车到早上五点才重开。有时他回来后她会生气，但她不喜欢自己这个有占有欲强的角色——"跟别人的自主性过不去是相当糟糕的事"——而且真相是她已经开始享受夜间独处，把时间用在工作上，看着天空逐渐转亮，倾听黎明时分的合唱。这段时期养成的整晚写作然后睡上半天的作息，在今后的日子里，只要情况允许，她也会重新捡起来。

荒木不记得在他们同居期间安吉拉写过什么东西。他说她的时间都花在"读书和聊天上了……她喜欢一直不停地聊天"。他的视角不可避免地受了蒙蔽——她都在晚上他出门的时候写作——但他对她的写作没有印象也说明了她对此态度已经放松了很多。1972年重返英格兰后，她告诉采访者，自从她离开保罗后，她对写作的强迫心理就减退了,而且我们有据可依:在跟保罗结婚的不到十年中,她写了七部长篇小说(包括佚失的头两部);在生命余下的二十年内,她只写了四部。这个比较不完全科学:她增大了短篇小说、新闻报道和剧本产出,还写了一篇与书等长的专题文章。但在 1970 年以后,她几乎不写诗了,而且总的来说,她的产出量肯定是在下降。

起初,她将此归罪于周遭环境变坏了:"我没法在这个奋蛋的小屋里工作,因为这里没有别的房间让我起床之后可以走过去。"然而,她住在这里时还是完成了三个短篇故事——《刽子手的美丽女儿》写于 5 月到 7 月间,《一份日本的纪念》写于 8 月到 9 月间,《紫女士之爱》写于 9 月到 10 月间——后来都选进了《烟火》中。"我住的房间太小,容不下长篇小说,这之后我就开始写短篇了。"她在小说的后记中宣称——话说得不太诚实,因为她从二十岁出头就开始写短篇了。不过她在日本写下的短篇与她之前的尝试拉开了几光年的距离。它们显示出博尔赫斯的影响,几乎完全抛弃了人物和情节这类传统装饰,将精力集中于迅速渲染出有独特气氛的世界——冰山上的王国,表现主义版的东京,施了黑魔法的游乐场——通过摇曳生姿的语言和思想吸引读者。她告诉一位采访者《刽子手的美丽女儿》源自"我在咖啡厅里和一个人关于静止和运动的小说展开的对话……《刽子手的美丽女儿》完全是静止的……是个文字的结构,全然关乎语言"。如她所言,这可能不是"我尝试过的第一个短篇",但这是她用这个迅速成为个人标志的形式写就的第一篇成熟之作。

这段时间她还在写电视剧本,她发现过程是"持续的创伤",让她回想起一年前夭折的《魔幻玩具铺》剧本带来的折磨。项目(受英国独立电视台委托)是为大致根据《堂吉诃德》情节创作的科幻喜剧《唐·奎克①的冒险》(*The Adventures of Don Quick*)编写一集剧本。

---

① 英文原名为 Don Quick,与西班牙语"堂吉诃德"的拼法 Don Quixote 相似。

电视剧中，笨拙的主人公唐（由伊恩·亨德里扮演）和他的跟班萨姆·乔攀萨①每周降落在一个不同的星球上，想要修正他们看见的问题，但通常都会惹恼当地居民。

安吉拉写的那集是《它是个如此可爱的小星球》。唐和萨姆到达第一城，一个有行星那么大的超级城市（人口10亿），和东京有些许相似（霓虹灯彻夜通明，到处挤满了人，在公众场合露齿被看作"十分不得体的行为"）。不同于东京的是，它是个集权国家，有个"快乐监察队"确保每个人随时都是快乐的。于是不快乐秘密滋长，被当作毒品。唐联系上了一个郁郁寡欢的人，名叫门达修斯②，和他一起推翻了政权。然而公民震怒不已。他们不想要自由意志："他们想要祥和、秩序和快乐；也许加上点廉价刺激，比如不合法的眼泪，一次受辱，一张去看忧伤西洋镜的门票，在那儿不用待上很长时间。"唐和萨姆被赶出了星球，在他们离开之后，整个星球向太阳坠去。

安吉拉在6月底完稿，告诉卡萝尔说它"特别做作，可能不会拍成电视剧，因为大部分设定比巴尔巴雷拉还巴尔巴雷拉③"。她说对了——它没拍成——但其中有很多聪明的想法，还有些很值得回味的台词。让安吉拉尤其自豪的是这两句对话——问："你这样的好女孩在这里做什么？"答："让自己堕落。"

尽管有众多小项目要忙活，1970年却是十年来安吉拉首次没有花太多功夫在长篇小说上的一年。她1969年11月还在布拉德福德的时候就写完了《爱》的一稿（这时还叫《天堂之门》），但贾尼丝表达了保留意见，尤其是对于一稿中直白的性描写。安吉拉在雷文斯利路陪

---

① 萨姆·乔攀萨（Sam Czopanzer）也是取的《堂吉诃德》中桑丘·潘萨（Sancho Panza）的近音英文名。
② 原文为 Mendacious，意为好撒谎的，不真实的。
③ 《巴尔巴雷拉》(*Barbarella*) 是1968年的一部科幻电影。

父亲的时候修改了稿子。

我删掉了舔阴情节,修改了在巴兹之后李和安娜贝尔的性爱部分,从中去掉了关于残留的兄弟精液的指代。我还花了一整天加一整夜来将情节急转而成一个福楼拜式的结尾;于是,我彻底搞砸了。我把稿子交给贾尼丝,指出我已经删掉了舔阴,她满意极了。我在一阵筋疲力尽中意识到,我做完了所有需要做的事。

但她完事的松懈感来得太早了些。尽管贾尼丝坚定地支持这本小说,海涅曼的销售部门却态度谨慎,觉得这书太短了,可能卖不出去——安吉拉之前小说的销售量支撑着这个看法。公司为这本书讨论了几个月。最终,到了6月,他们出价250英镑(比他们为《英雄与恶徒》支付的少了150英镑)。安吉拉认为这个价"太他妈荒谬了"。她给艾琳·约瑟斐拍了一封电报,让她告诉海涅曼"把这些碎钱塞到他们的大屁眼儿里"。说也奇怪,她不怎么在意这个举动的后果。"毫无疑问,弗洛伊德会说这与我每晚都难受得想尖叫不无关系,但我想更多是为了刺激。"在别的场合,她用与英国文学圈地理上的疏远来解释自己的漫不经心:"我离得太远了,没法对我的职业生涯保持灵敏。"

话虽如此,她确实有生以来首次自力更生,必须将失去的收入找补回来。"我他妈的该做什么来谋生?"她问卡萝尔。最后证明她无需为这个问题恐慌:1970年代的东京对说英语的人来说有足够多的工作机会。她很快找到了一份"微不足道"的工作——每天五小时,每周三日——在日本NHK广播公司将日本人翻译的蹩脚英语改得"像我们的母语一点"。在与卡萝尔的通信中,她对这份工作的描述非常可笑,极有卡夫卡的味道:他们不断地拿出她保证从来没有签过的合同,上面让她延长工时、减少收入。接下来,几个月后,聘用她的人离开了公司,鉴于他是唯一一个会说英语的人,她发现自己没法递出辞呈了。当然这不是说她着急这么做。工作既有趣，也有体面的薪水——她似乎每个月有 10 万日元（折合 120 英镑）的收入——还有很多时间，可以整天待在公司的英文图书馆内读书。

这段时期，荒木可能没有完全意识到夜间的缺席是他在竞争关系内占主导地位时唯一真正的武器。他比安吉拉小六岁，相对缺乏经验，而且（尽管他否认了她实际上在主动资助他的说法）经济状况相差不少。在 70 年代的英国，这个状况对很多男人来说就很难接受；对大部分日本人而言，这更是难以想象。用他的社会标准来衡量，荒木可算得上是懒散，但他仍然觉得男性自尊受到了伤害："因为我那时年轻愚蠢，我对她比我大这点感到恼火。"他承认："我感觉女人就应该比男人年轻，体型比男人小……这对我很重要。"

安吉拉对这段权力竞争的运行方式更加敏锐："我怀疑自己在主导着他，到达了可怕的程度，将他逼得越来越不像日本人。"她没有后悔。她的大半辈子都生活在别人的独裁之下——一开始是奥利芙，后来是保罗，尽管她尽了全力——她决心不再重蹈覆辙。比起过去，她更容易把自己的愿望强加在荒木身上。不过，他还是拥有一种文化赋予的粗陋权力：保有男人的角色（可以随意进出家门），不像她作为女人的角色（即待在家里）。在《一份日本的纪念》中，安吉拉写道："日语里的妻子①意思是待在里屋而且很少出门的人——如果还会出门的话。因为我经常就像他的妻子，我就只得被这样对待，哪怕我一直痛苦地抗争。"

6 月初，安吉拉在给几个朋友的信里写到了一个很能说明问题的家庭场景。一天晚上，他们脱衣服时，她瞅到了荒木内裤上的口红印。她自己不涂口红。荒木坦白他在地铁站碰上了个女孩，把她带到了公

---

① 原文为罗马拼音 okusan，日语写作奥（おく）さん。

第十章 心灵的装扮盒

园，简单交谈几句之后让她为他口交了。在写回家的信里，安吉拉说她觉得这事非常滑稽。"如果他热衷于在日本的公园里被陌生人口交，我只能说我自己已经度过了女人相应的那个时间段了，对整件事全然无所谓"：

> 我认为他想让我生他的气，但我笑得过分了。内裤上的口红印。天啊，我跟保罗从来没遇到过这种事……我屏息期待下周又会有什么惊喜。我很可能会在他肛门里发现残余的火星巧克力条。

故事听上去像是漫画一样生动、富于表现力而不真实，但后来荒木确认了基本细节（实际上，他是在酒吧里遇上了那个女孩，带她去了宾馆——出于一些模糊的原因，他编造了地铁和公园的细节）。安吉拉对他五点前夜不归宿的种种怀疑得到了证实。（"我还年轻，"他说着，半是尴尬、半是骄傲地耸肩，"我想保守住秘密。"）她愉快的语气似乎显示出这个阶段她对两人关系的超脱态度，哪怕她写下了华丽的爱情宣言——荒木后来还有不忠行为，她失望的反应也证实了这点——不过，此事也暴露了她在权力的游戏中使用的伎俩。她坚称无意限制荒木的行动自由，但是那不意味着她不想让他活在自己的阴影之下。"无比坦诚地说，"几个月后，她对卡萝尔写道，"我觉得比起支配人们做事，我对被人们深刻铭记的兴趣更大……冷血地写下这些话，它们看起来像是夸大狂患者的幻想。不管怎么说，我的小小梦想就是语出惊人和鹤立鸡群，真的。"

东京像所有大城市一样满是各类流浪汉和与环境格格不入的人，而安吉拉天然与这类人亲近。在风月堂，她认识了一群衣衫褴褛的欧洲人、美国人和澳大利亚人，他们——不同于外交官、商人和记者构成的主流外国人群体——来到日本只是出于对文化的兴趣。即便如此，他们还是喜欢聚在一起。大部分人在教英语,要么就是在做翻译和文字加工。他们聚在咖啡厅、西式酒吧(经常去的是左翼人酒吧,"完美复刻 40 年代电影中浮华的纽约酒吧",火柴盒上还写着一行鲜艳的座右铭:左翼人酒吧,此地一切都好①)。"它相当像是海明威笔下的异乡人世界,"安吉拉这样描写她的新环境,"我们管日本人叫'他们',时时都在讨论他们。"

她觉得这些新朋友是她"自选的家人"。这些人中和她走得最近的是约翰·约克斯尔(John Yoxall),一个来自斯塔福德郡的二十七岁英国人,爱热闹、冲动,相处起来有趣极了。他先搭便车从英格兰到了印度,然后继续旅程,由澳大利亚到了日本。他的库存里满是旅行故事,独白中东拉西扯,时常惹人发笑。人们要么喜欢他的热情和幽默,要么讨厌他的鲁莽和自我陶醉。他的笑容孩子气,轮廓分明,留着一头卷曲浓密的长发:安吉拉认为他哪怕"骨瘦如柴"也"非常漂亮"。这是个纯学术的观察,因为她很清楚他更喜欢男人。但"他确实喜欢、欣赏、尊重女人",她向卡萝尔保证,甚至说他是个"热忱的女性主义者"。"实际上,他是我想一辈子留在身边的人,"她有次说道,"他很好。"

她在 1972 年写道,是约克斯尔"将我变成了一个极端女性主义者"。尽管她和他的对话肯定对她的性别政治思想产生了影响,这种说法仍然十分可疑。她在搬到东京之前就开始自称女性主义者了,但是在该地生活的经历肯定增添了她对这项事业的忠诚。日本社会似乎在拙劣地模仿她在英国感受到的那些性别偏见,如此却暴露了它们的虚伪〔"至少(在日本),他们不会掩饰这些情况。"她后来写道〕。她被"两性的两极分化"吓坏了,但与此同时,性别身份被夸大到令人捧腹,这现象很有启发性,似乎证明了她坚信的一点,即性别身份是人为的创造。她在东京遇见的女人培养出了"纯粹的女性气质和魅力",

---

① 原文 all right 一语双关,right 既有好、对的意思,也可指右边,即"左翼一切皆在右",形成幽默对比。

掩着嘴咯咯地笑，穿着和妆容都为了最大程度地显得可爱，仿佛"已经变成了自己的洋娃娃"。她们通过这种方式物化自己，让自己的身份完全取决于男性社会的指示。安吉拉的新朋友之一，一个会说日语的欧洲女人，经常听到别的男人问她的日本男友："她床技好吗？她的阴蒂有多大？这之类的话。"安吉拉觉得这类事极度让人气馁。"这是个让女性主义者心碎的国家。"她对小说家安德烈娅·纽曼（Andrea Newman）如是写道，后者是她年初在潘神出版社的派对上结识的。

"潘克赫斯特夫人说得对，"差不多同时，她也在给卡萝尔写信，"男人生活在一个蓄意降低女人身份的社会，也同样会降格。天啊，这个社会贬低了女人。"她的观察结论显然没有排除她最了解的日本男人，他每晚心安理得地留她在家里，自己在外面表现得像只"流动的阴茎"。不过，他大男子主义的特点并没有让她想要离开他。他们关系之激烈——尤其是性的部分——足够让她保持兴趣了。"人总是忍不住好奇为什么东方女人能忍受这么多个世纪的男性主导，"她写道，"实际上，答案可能非常简单。"

此话对一个"极端女性主义者"来说可谓罕见，它可能显露出这个角色深刻的矛盾。安吉拉激烈地抗拒为她的性别所限，但她也不想被任何一场运动的会籍所定义，还乐于打击纯粹意识形态的信仰者。"我在任何一次革命（性革命或者其他）中的角色都注定是模棱两可的，因为我基本上不想被卷进去。"她写信告诉卡萝尔。她这个时期认识的一个旅居当地的外国人是

> 一个美国妇女解放组织的女士……她蹩脚地满足着每个男人心中对参与女性解放运动的女士的想象。她就像是抓住每个过路的日本人的蛋使劲儿一拧，然后狂吠道："这就是被当成性玩物的感觉！"她大声抱怨自己想去北极圈探险，但她的母亲让她玩布娃娃……她还——可怜巴巴的——男人稍微靠近她一点，她就神采奕奕。

对比之下，在东京跟安吉拉走得近的女人"还不那么极端"。她是奈恩·伍德罗（Naine Woodrow），来自布里斯班，最近和英国男友泰德·霍尔斯特（作曲家古斯塔夫·霍尔斯特的后人）搬到了日本。安吉拉笔下的奈恩对身为女人的态度有种"汤姆叔叔式的有趣成分①。最恰当的形容就是如果她是男的，会是个完全不同的人"。尽管如此，安吉拉很快还是在给卡萝尔的信中说她是"我除了你之外最爱的女人"。同往常一样，安吉拉为一个人所吸引是因为彼此性格的差异："奈恩感觉很敏锐，只有一点零星的才智。但是，她能清楚地意识到很多事，还能表述清楚矛盾的情感状态，而大部分人甚至都不知道它们的存在。"她宣称自己对奈恩早上吃了什么比她在思索什么"革命的伪理论"更感兴趣，因为奈恩的体验永远"真实"。

奈恩经历的坦率和真实吸引了安吉拉。她自己总在"虔诚的浪漫主义和清醒的现实主义"之间摇摆，以至于每种情感都必须被医学解剖，每一次热情的表达都注入了一剂讽刺。对一个每日的存在都"由激情支撑"的女人而言，此类无休无止的忸怩带来了非常深重的问题：它意味着她每次只能有短短几个瞬间能活在当下。仲夏之际，她已经非常超然。她给卡萝尔写信说：

> 我顽固的不满足使我无法认为自己做的任何事有丁点纪念价值和重要性。"重要个鬼。"我对自己说。好吧，我现在住在东京。但这个地方一点也不像（1963年的电影）《演员的复仇》。我没有搭便车从印度来这儿，所以这已经拖后腿了。我有份有趣的小活计，为电视台改写的工作带来了数不清的日元，但我还宁愿当个酒吧舞女。我有种对低俗的渴望，但永远不会去亲身践行。另外，

---

① 来自《汤姆叔叔的小屋》。"汤姆叔叔式"通常指白人在对待黑人的问题上慈悲而居高临下，黑人则自愿顺从的态度。这里指奈恩对男友在男女关系上的态度。

性生活充足并没有大大改善我的不合群和社交困难。

她在日本写的小说反映了醒悟的过程。《霍夫曼博士的魔鬼欲望机器》中，面对席卷全城的诗意幻想，叙事人德西德里奥不为所动。"太复杂了——复杂到几乎无法用语言描述……它让我感到无聊，"他说，"我无法像别人那样克制自己的真实性，永远失去自我，被非理性的凶猛炮火炸成不存在。我太爱嘲讽了。太多不满。"在《肉体与镜》中——这篇严格意义上更像是安吉拉东京生活的自传作品——叙事人说自己"就像在心灵的装扮盒中寻找适合这个城市的外表"，因为"日常生活界限分明，残酷的现实不足以与我对生存的要求形成共鸣"：

> 正如我和世界隔着一块玻璃，但我能在玻璃的另一边清楚地看见自己。我在那儿走来走去，吃饭、聊天、恋爱、冷漠，诸如此类。然而我一直在拉扯我的木偶线，这个木偶在玻璃的另一边移动。于是我用厌倦的眼睛注视着最奇妙的冒险，就像一个叼着雪茄观看面试的人事经理。我掸掸烟灰，要求再来点刺激："你还能做什么？"

也许是因为荒木也有在理想主义和厌倦一切间摇摆的趋势（尽管他的波动远不如她的颠簸），安吉拉很快就将大部分责任归于她对两人关系的不满："当然，真正的问题就是我离开婚姻之后又结婚了，不是吗？"她感觉荒木让她的东京旅程蒙上阴影，阻止她更全面地投入当地文化："他作为当地人觉得乏味甚至烦人的地方，恰恰是我深深地为这个国家所倾倒的某些方面。"

7月30日，安吉拉和荒木乘火车到新宿站观看郊区的一场焰火大会。他们加入了拥挤的人群，缓缓走向燃放地。焰火是在河上盛放的，于是夜空中一簇簇华丽的光就重重地倒映在漆黑的河水中。他们走过卖气球、袋装金鱼和各种食物的摊位:他们买了烤墨鱼串边走边吃。站在路两边的警察提着纸灯笼。如今夜变长了,深草丛里的恋人发出窸窸窣窣的声音。安吉拉觉得整个经历十分神奇:"因为工作,也由于荒木对他的文化满不在乎,过着国际化的生活,这个国家的小资情调——看上去如此和谐动人——变得就像是我想象出来的。"

但荒木自小就看过无数次类似的场面,很快就躁动不安了。"他觉得烟火大会很无聊,卡萝尔,"安吉拉几个月后写道,还在为他们的反应间不可逾越的鸿沟悲叹,"我是说,我们显然没法一起过普通的生活。"这个片段很能代表两人的关系,也给《一份日本的纪念》提供了叙事素材:

> "你开心吗?"他问,"你确定你感到开心吗?"我正在观看焰火,没有立即回答,不过我知道他有多无聊,要是真有什么让他乐在其中,那应该只有我的愉悦——或者说,只有他自认为享受我的愉悦这点,因为这是爱的证明。我感到愧疚,提议回到城中心。我们打了一场关于自制力的无声战斗,我赢了,因为我的性格更强。

1971年给卡萝尔的信中,安吉拉说这个故事"并非全然真实。人必须这么做,集中在一个多面情形的某一个方面,但不管怎样都让整件事成了假的。"这只是在说任何作品的局限,而且她在《烟火》里对这个夜晚的描述和她第二天对卡萝尔说的内容之间全无差别。几年后,荒木读到《一份日本的纪念》时,也认为它"描述准确"。这是安吉拉·卡特写过最凄美的故事之一。它的结局如此:

> 我们周围转瞬即逝的景象最为动人,烟花,昙花,老人和孩子。但在其中又最最动人的是彼此眼中不可触碰的倒影,在这个

献身表象的城市中，它映出的只有外表。我们努力占有彼此他者的本质，却不可避免地走向失败。

* * *

长篇小说《爱》/《天堂之门》还占据着她的心神。8月7日，她收到一封来自美国编辑彼得·斯古德的信，不仅代表西蒙与舒斯特出版社拒绝了她的稿件，还提醒说不管她在哪儿出版了这本书，她都会被贴上"一根筋"的标签：

> 《天堂之门》是一本既不能提高你的声誉，也不能帮你赚钱的书。任何一个安吉拉·卡特的忠实读者都会知道她写过这本书——里面有对语言和景象刻画的精妙掌控。但这本小说非常悲观，没有明显的真正主题和结局，其中的任何一个角色都不能激起读者的同情……我诚实地建议你将它束之高阁，至少暂时如此。

安吉拉对这个评价气急败坏。她对卡萝尔写道：

> 对我来说李非常值得同情，因为他是个完全正常、过分道德的人（我们俩理解的那种道德），不算特别聪明但相当有责任感，陷入了一个他不可能解决的两难境地中。看上去——现在也是这样——于我而言是个真正的悲剧场景，因为李懂得正在发生的事而更加悲剧……不管怎么说，我想了想最喜欢的那些作家，发现他们都是"死脑筋"的人。我打赌人们会不断重复"费奥多尔，费奥多尔，敞开心扉，让阳光照进来"。①

---

① "敞开心扉，让阳光照进来"是斯图亚特·汉布伦（Stuart Hamblen）1954年发表的流行歌曲《敞开心扉》（"Let the Sun Shine in"）中的歌词。

她的第五部小说现在在英国和美国都没了出版商，但这个情况似乎没怎么打击到她的信心。可能部分原因是在日本她正在离奇地声名鹊起。"我一直遇到有人提出天方夜谭般的报价，请求将我的作品翻译成日文。"她告诉贾尼丝。尽管对海涅曼恼火不已，她还与她保持着联系。其中最严肃的报价来自日本最大的出版社讲谈社，它同时买下了《影舞》和《爱》（后者的翻译版1974年出版）的翻译权。与此同时，一位叫生月雅子的自由译者带着一份粗糙的安吉拉儿童故事《黑姑娘Z小姐》译稿接触了几家出版社，在安吉拉许可之下，她做了一些细节修改（"比如Z小姐在日本只能是金发，因为在这个有一亿人口都是黑发的地方，没人会觉得这很有异域风情"，安吉拉对贾尼丝这么解释）。

作家身份也使安吉拉在异乡人群体间地位卓然，她开始定期接到英国文化教育协会和英国大使馆的邀请。8月29日，她出席了第一届国际科幻小说论坛的开幕之夜招待会。她整晚大多在和亚瑟·克拉克①交谈，她认为他"可能是全宇宙最无聊的男人……我年岁渐长之后，不时会遇到一个名人，我就会意识到名气是多有欺骗性的东西，它就像一只巨型鸽子的粪便，任意落在最不配拥有它的脑瓜子上。"

9月，艾琳设法让格拉纳达集团旗下的精装本出版商鲁珀特·哈特-戴维斯有限公司用2000英镑买下了《爱》（简装本也包括在合同当中，最后到了格拉纳达旗下的另一家出版社黑豹手里）。这家公司近期出品的包括利昂·埃德尔的五卷本亨利·詹姆斯传记，罗纳德·费尔班克、D. H. 劳伦斯和埃兹拉·庞德专题书目，以及罗伯特·库弗②和迈克尔·莫尔科克的小说。"（对于和他们签约）我有点不安，"安吉拉写道，"因为我不记得曾经听过他们的名字。"然而，这个价钱却比她可能从别处获得的更为可观；合同正式签下，出版定在第二年5月。9月25日，她写信到贾尼丝家中，感谢她之前五年的支持，请求她不要

---

① 亚瑟·克拉克（Arthur C. Clarke, 1917—2008），英国作家、发明家，以科幻小说闻名。
② 罗伯特·库弗（Robert Lowell Coover, 1932—　），美国后现代文学的代表作家之一，代表作《公众的怒火》。

第十章 心灵的装扮盒

把她离开海涅曼当作针对个人的行为。

同一时间，收入以前所未有的频率从四面八方飞来。她受委托翻译一部科幻小说选集（她计划与荒木分掉这笔钱，实际由荒木来翻译，她为他的英语润色），还在定期为《新社会》写稿，平均每篇 30 英镑。10 月，华纳兄弟花 600 英镑买下了《英雄与恶徒》，附带"含糊地保证说如果电影拍成了还有几千英镑"。她在 NHK 的工资不用缴税，这让她焦虑，但也意味着她的经济状况更加强势了。夏末，她已经感觉自己的钱太多了。"我完全不需要挣这么多钱，而且我还有足够的理智放弃那些教书的工作，虽然它还能增加一笔收入，但耗费太多时间和精力。我现在愉快地相信手里的钱比没到手的钱真实——我必须就此停下，否则我永远也不会成为一个伟大的作家。"

虽然心怀忧虑，安吉拉却正在变成伟大的作家。截至秋初，她的第六本小说已经酝酿了近一年了——比之前任何一本书的构思时期都长——而自从 4 月回到东京后，她在笔记本里写满了构成小说的对话、独白和场景。10 月 6 日，她在给卡萝尔写的信中这样描述：

> 我觉得很有趣，因为它会用第一人称——男性——写成；女主人公完全就像荒木状态好的时候，也就是我爱他的时候。书名是《霍夫曼博士的欲望机器》，也可能是《霍夫曼博士的魔鬼欲望机器》……我还在犹豫下笔的事，因为它需要做很多研究，还因为我不是真的想全心投入，还因为……我害怕自己会花一年在上面，却写出了一堆垃圾……还不能赚到钱。焦虑，焦虑！

她的拖延可能还有一个原因，那就是她在东京的生活空间"太小，容不下长篇小说"。10 月底，她决定从 NHK 辞职，在海边租一个小房子过冬，带上荒木，在那儿开始"第六部"（荒木记得这是安吉拉的决定，而且看上去很有可能正是如此，尽管在一封写给卡萝尔的信中她说这是他的意思）。接下来，在三四月间，她为了《爱》的出版回到英格兰。她当时不清楚这一去之后，是否还要回日本——冬天会揭晓答案。她感到跟荒木在乡下成天独处的经历会"让我们的关系要么升华，要么彻底破碎"——而且她怀疑可能是后者。如果她留在了英格兰，她可能会去念某个专业的研究生，也许是社会学。"我真的既想要又需要正式教育，"她对卡萝尔写信说，"我发现自己不能把在日本的经历当作目的本身。"

月底，她找到了一所房子——可能是通过爱德华·塞登施蒂克（Edward Scidensticker），这位杰出的美国学者在附近的房子里度过了几个夏天——就在千叶县的九十九里町城外，千叶县位于东京以东七十英里。房东是个富有的美国男同性恋者，冬天会回到美国。安吉拉在11月1日提前通知了房东要离开目黑的公寓。

11月25日，在离开前四日，她坐在酒吧里，看见电视屏幕上全是日本最负盛名的当代作家三岛由纪夫的脸：他想要发动政变，失败后完成了剖腹自杀仪式，随后由一个同谋割下了他的头。标准的日式反应——包括荒木在内——是心痛和尊敬他的勇气。标准的欧式反应则是极度不理解。安吉拉的反应是说三岛"是个小丑"。她为《新社会》撰文写这场灾难，在其中对日本社会做出了几条权威剖析，称三岛的举动是"几个因素结合的结果：施虐受虐狂；同性色欲，这在一个蓄意贬低女人八九百年的社会不可避免；一种特有的愚忠；自恋；专制主义……不幸的是，这些因素不属于日本人压抑的那些心理区域"。尽管她没学会日语，在东京生活一年后，她还是变成了日本文化热情而敏锐的学生。

第十一章
新生活的蓝图

东京以东的海中凸起一块肿大的房总半岛,九十九里町海滩在它的海岸线上绵延近四十英里。它面朝太平洋的浩渺青绿,远眺加利福尼亚,同那里一样拥有白沙海滩和青草丛生的悬崖。12 月 3 日,日出之时——太阳就像整个从汪洋中升起——安吉拉感觉到达了世界的尽头:

> 我们比当初我从伦敦到东京的八千英里走得还远,因为当时,我只是实实在在地从地球村的一个郊区到了另一个郊区。这一次,我们翻越一座山,到达另一边后,发现自己身处完全陌生的低地,过剩的天空涌出令人眩晕的光,在人心中要么惹出幻觉,要么激起克制的忧郁。

它在某些地方让她想起父亲的出生地麦克达夫,她童年时曾在那儿度假:两个地方的男人好像都不在(他们大多出海了),而女人都有着"相似的饱经风霜、面无表情的脸,矮胖结实的身体,还有和老式拳击手一样硬的手"。整个海滩上都摊着每天新打上来的海鲜,在苍白的冬日阳光下晒干("天气就像英格兰的 4 月"),夹杂其中的还有热带贝壳、小块的漂流木和其他随潮水涨上来的零碎东西(聚乙烯包装袋、破啤酒瓶，在安吉拉居住期间有一次还漂来了一具狗的尸体）。他们距最近的公路也有一段距离，所以沙滩也被用作高速路：女人全天候骑车路过，不时有满载着一箱箱鱼的卡车隆隆驶过，到了晚上，十几岁的孩子们急急跳上摩托车，又猛地跳下来。入夜后气温骤降，街坊邻里的狗此起彼伏地对月长吠。这是《烟火》中第四篇《冬季微笑》中的风景，是安吉拉在此地写下的。

房屋与海滩间由一个小松树林隔开，相当宽敞（用他们在东京习惯的标准来看是硕大无比），装潢雅致。整条走廊面对海滩，每个主要房间都可以由外面直接进入。漂亮的卧室铺着八张榻榻米，纸格子的推拉门在阳光下闪闪发亮，让安吉拉感觉"就像是身处贝壳之内"。旁边的房间同样"是最精致的日式装潢"，铺着榻榻米的屋子里摆满了房东收藏的羽管键琴。第三间是（"谢天谢地"）现代的西式起居室，有着木地板、皮沙发和"斯堪的纳维亚半岛风格的火炉"。这地方令安吉拉不满的只有卫生间（一个瓷制的坑，他们不得不蹲着如厕）和夜间温度（房屋有意设计成让夏季夜间的空气可以循环对流；很难隔绝冷空气，而火炉是唯一的热源）。

沿海滩步行二十分钟可以到达九十九里町镇上。安吉拉总说它是个村庄，但它提供的便利设施远超村庄范畴。在灰扑扑的主干道上有几家商店，包括理发店、邮局、杂货店，有不止一家卖酒的商店，甚至还有家小型电影院，每两周更换一次放映内容。镇上却是昏昏欲睡的气氛：当地经济依赖的度假者到冬天就离开了。建筑"神似 19 世纪下半叶的美国西部"——木屋大部分由素净的百叶窗占据，哪怕街上总是有人，如安吉拉所写，那也是个"出奇安静的地方"。

起初的几周过得艰难，尤其是荒木觉得很难在新家安居。"太无聊了，"他回忆说，"没有女孩儿可看，没有酒吧可去。"他们回了几次东京，各自跟自己的朋友去新宿喝酒，或一起去电影院（他们看了丹尼斯·桑德斯的纪录片《猫王》——"我太高兴了，"荒木回忆说，"不过安吉拉也挺快乐的,因为她说猫王太性感了。")。他们邀请了朋友——包括约翰·约克斯尔和荒木的妹妹——来和他们一起。12月16日,安吉拉打出了为"第六部"作品准备的笔记(情节概述,准备加入书中的短语,她已经充实过的重要场景和对话),把它们钉在羽管键琴屋的墙上。然而,"天知道我会不会写呢"。

实际上,她第二天就开工了,而且马上就重新沉入写小说时熟悉的"焦虑、疯狂、兴奋而又心神不宁的状态"。她坐在榻榻米上手写了初稿,超过167页标线A3纸,从黄昏工作到第二天太阳开始漂白天空。

就技术而言,《霍夫曼博士的魔鬼欲望机器》和《英雄与恶徒》的手法相同,但比起之前的小说,表达更为自如——在构建幻想世界(实际上是好几个幻想世界)和思想上都是如此。它的主要特点是非凡的华丽——语言、思想、意象——还有对超现实主义的继承。标题人物(他的名字同时影射了德国浪漫主义作者E. T. A. 霍夫曼和首位合成并摄取了D-麦角酸二乙胺①的阿尔伯特·霍夫曼医生)是个非比寻常的超现实主义者,知道怎样使欲望得以显现。他在位于南美洲无名国家那"体面、乏味……令人费解的是,男性特征浓厚"的首都发动了一场游击战,让街道上充满了无意识的纯粹产物②,使之成为万花筒般的梦幻之境。街灯变成了硕大的花朵;聚在音乐厅的孔雀发出咯咯的叫声,大得盖过了音乐;公共建筑的砖变成了说话的嘴。唯一能与这一切荒谬抗衡的是"决议部长",一个智识超群却"想象力有限"的人,因此对博士的机器免疫。接下来是"一场百科全书式的智者和诗人的战斗",或言理性与浪漫之战。整部小说回响着这种紧张对立,如梦似幻的场景与维特根斯坦、列维-斯特劳斯以及弗洛伊德的思想在字里行间激烈碰撞。

① 一种强烈的半人工致幻剂。
② 指梦境。

叙事人德西德里奥——名字意为"众人渴慕的人"——在垂暮之年回顾起了当年博士与"决议部"的战争。在行动开始时，他还是部门里的一个初级书记员，之后受命（因为他对诸多幻象免疫，还冷嘲热讽）"尽可能不明显地"找出并杀死霍夫曼博士。在他回忆这段故事时，他已经荣升为国家英雄，名垂青史，广受年轻人拥戴：用他自己的话说，成了"后代的娼妓"。他描述了自己一边在不断变幻的超现实景象中追逐博士，一边爱上了博士的女儿艾伯蒂娜，想要虏获芳心的故事。

《霍夫曼博士的魔鬼欲望机器》揭露了她将日常经验转化为奇异的幻象艺术的过程，这点可能比她的其他作品更为明显。故事开始的城市，地形易变，错综复杂（"博士把街道从方向的暴政中解放出来，让它们可以去自己想去的地方"），加上刺激的异域风情（"城市的一切都表里不——内外毫无相同之处！"），就是一个梦境版的东京。博士行动期间，"欲望实现的时期"，代表安吉拉离开保罗之后的时期。艾伯蒂娜不仅外表像荒木（她初次登场时女扮男装："他的眼睑发育不全，颧骨特别高……他是我这辈子见过最漂亮的人"），还拥有荒木的诸多特征（"你不认为为爱而死很美吗？"她有一次问德西德里奥）。浪漫主义和理性的双生两极，由医生和部长分别代表，反映了安吉拉心中的矛盾之处。

哪怕在小说初稿中，安吉拉最初写"一系列虚构的城市"的意图也没有展现出来，但每个章节都确实创造了一个全新的世界。德西德里奥路过的每一座城市都有自己的宗教、政治制度和语言，这些都由叙事者精心描绘，如同在博尔赫斯的小说《特隆、乌克巴尔、奥比斯·特蒂乌斯》中，叙事人借由百科全书推断出了一些模糊存在的国家的架构和氛围。德西德里奥在印第安人河畔住过一段时间：

> 河族的语言引起了哲学和语言学的问题。例如，既然他们没有规律的复数形式，而只有复杂的数字变化来说明每种东西的数

量,那么具体和普遍的问题将不复存在,"人"就意味着"所有人"。这对他们的社会化影响深远。

小说主要设定在南美,也是在致敬博尔赫斯。安吉拉说它来源于博尔赫斯和加西亚·马尔克斯那极尽耳目之娱的奇幻家族史诗——近期才翻译成英文的《百年孤独》。加西亚·马尔克斯被普遍认为是"魔幻现实主义之父",那么博尔赫斯就是祖父——将魔幻元素融入描写得事无巨细的现实主义背景中,给予其完全等同的关注。这个术语也经常用于形容安吉拉·卡特的作品,而《霍夫曼博士的魔鬼欲望机器》最符合这个描述。在当时,它是个独树一帜的舶来品:尽管八九十年代后屡见不鲜(最明显的是萨尔曼·鲁西迪、本·奥克瑞[①]和路易斯·德·伯尼尔斯[②]),70年代早期的英国小说却丝毫不受拉美文学影响。

小说另外的重要影响来自维特根斯坦,安吉拉在千叶县读了他("老天,他可能写得出伟大的科幻小说。"她告诉卡萝尔)和萨德,后者提供了冒险小说的框架(萨德侯爵本人,或者说一个酷肖他的人,也在小说中登场)。安吉拉打算写个松散的冒险题材三部曲:第二部的名字要么叫"阴阳人"或者"大太监的自白"——"一部基于提瑞西阿斯[③]传说的讽喻小说,设定在罗马的基督教早期"(最后发展成了《新夏娃的激情》);第三部名为"第一年宣言"——"一部陀思妥耶夫斯基式的小说",设定在"一座……聚集着哲学生的俄罗斯城市",主角原型是约翰·约克斯尔和荒木。她在几年后对采访者解释说采用这个形式部分是出于政治考虑:

《霍夫曼博士的魔鬼欲望机器》是我刚开始用这种散漫、不平

[①] 本·奥克瑞(Ben Okri,1959—),出生于英国,尼日利亚著名作家、诗人,其布克奖获奖作品《饥饿的路》被奉为非洲魔幻现实主义的经典。
[②] 路易斯·德·伯尼尔斯(Louis de Bernières,1954—),英国作家,其著名历史小说《柯莱利上尉的曼陀林》被改编成同名电影(又译《战地情人》)。
[③] 古希腊城邦底比斯的一位盲人先知。

衡的流浪汉冒险小说形式写作,因为我想绕开我在对谁写作这个问题,还有他们是否有别墅、是男是女这类问题。

我们不清楚为什么她感觉相比于别的体裁,流浪汉冒险小说更不带性别和阶级色彩,但很可能她认为这种形式从结构上更贴近于梦境语言。不管怎么说,《霍夫曼博士的魔鬼欲望机器》内容上还是一部政治小说,完全受制于作者本人的社会主义和女性主义原则。在德西德里奥到达的所有地方,女人的角色都受到密切关注。河族有"理论上的母系社会",那里的女性接受了诡异的生殖器改造,使阴蒂更长,能享受更多性快感;在更残酷(但至少没那么虚伪)的人马族社会,女人的脸被刺上刺青,因为人们相信"女人生来即为受苦",而"一个不忠的女人被活剥了皮,这张皮会用来盖在他的下一张婚床上,无声地告诫着新妇不要误入歧途"。

尽管多次着墨于性权力的滥用,这部小说却热衷于色情描写。安吉拉想描写的性既非《继续》(Carry On)中的轻佻,也不带劳伦斯式的沉重("英国人……要么不把性当回事,要么就把它当作圣周六的坎特伯雷大教堂")。与此相反,她制造的是愉悦的感官享受,注意到性欲的喜剧性,但从不把性本身当作喜剧。德西德里奥居住在河族人之间时,引诱了与自己订婚的九岁女孩的祖母:

几乎一完事我就感到了一阵悔意,因为我很难想象有任何一个社会不把与女主人即岳祖母发生肉体关系当作对宾主之道的严重亵渎。但是岳祖母脸上洋溢着笑容(至少在我看来),叹了口气,在我悔恨的脸上落下一串轻盈的吻,告诉我她自从很早以前,也就是去年4月在T城的环切节那次,就再也没享受过性爱;她还说我尽管是临时起意,却表现得兴致高涨,让她十分愉悦;还有她每天早晨早饭后到午饭前这段时间都有空,就在厨房里。然后她用手巾擦干了我们俩,穿上裤子,将注意力转回到好像已经有点烤焦了的虾子上。

"我知道自己哪怕是个浪漫的人,也毫无激情。"德西德里奥说,但这未能阻止他在除了开头和结尾的每一章中都与人发生了关系。尽管如此,在他到达博士的城堡,被引进一个房间,看见那里有几百对情侣正在实践"挑战死神的双人爱情筋斗"时,他还是"心生畏怯……一阵作呕"。我们很快意识到他对艾伯蒂娜的爱太过忸怩,已经算是虚假了。她告诉他那个萨德式的人物"致命的错误就是把意愿当成了欲望":

> 我有点生气地打断了她。
> "但要怎么区分意愿和欲望呢?"
> "欲望永远不会受制于人。"艾伯蒂娜说。

最后,德西德里奥放弃了控制自己的欲望,在理智和激情间选择了前者,不仅杀了博士,还杀了艾伯蒂娜。"我想我杀她是为了阻止她杀我。"他说。不过,回顾往昔,他却告诉我们他自此以后每日都在后悔这个决定。这就是安吉拉认为自己在与荒木的关系上即将面临的选择,而她惧怕的后果却不可避免。

小说下笔很快,而且越写越快:1971 年 3 月初,她已经写了 40000 字,而月底更是写完了 75000 字。她发现这个过程比写作以往的小说简单,也愉快得多。"写《霍夫曼》[①] 和那些短篇故事(《烟火》)的时候,我在写作风格上有点像是到达了巅峰,"几年之后,她在采访中说,"我炼出了一种结构紧凑、极其绚丽又几乎适宜所有内容的文字,我正在有意识地使用它。我是说它很漂亮,因为它尽在我的掌控之下。"尽管主题是理智和激情共同的毁灭作用,小说却展示出了

[①] 《霍夫曼》《霍夫曼博士》均指《霍夫曼博士的魔鬼欲望机器》,下同。

绝对自由的创造力。这部分是因为她离开英国、脱离婚姻,现在又隔绝了东京对她的需求。"写《霍夫曼博士》让我彻底孤立于流逝的时间之外。"她在完稿的几周后写道。

她知道自己实现了重大突破,而且不止在艺术方面。那年8月,她对卡萝尔写道:"就算不是杰作,《霍夫曼博士》也不比近三十年来任何一本英语小说差。"哈特-戴维斯的编辑艾伦·布鲁克(Alan Brooke)的赞美没到这个地步——他说自己当时感觉它"非常奇怪"("我对魔幻现实主义不太熟悉")——但他对安吉拉有充足的信心,也十分欣赏她的风格,毫不犹豫就将其买下。他出价2000英镑买下精装和简装本,安吉拉在夏天回伦敦时签下了合同。

从某种意义上说,这本书是她为与荒木的恋人关系谱写的挽歌,然而在写作期间,他们的关系却成熟了。"我们似乎相得很好,规划出了家务的简易时间表之类的东西,"她在他们在千叶县居住两周后写下了这段话,"当然,是因为远离了压力才有这样的结果……我一直以为他能表现得像保罗一样,但他完全没有,至少在家里不是这样。"又过了两周,她更加确信了:"周围没人时,我们相处得特别融洽。"

他们很快建立了一个令人愉快的家庭作息表。安吉拉比荒木起床早,她会坐在松树下读书,直到听到屋里传来他的歌声。接下来她会做早餐,之后两人一起走到镇上,回来的路上捡点木材来生火。荒木来做晚餐——天妇罗、汤、米饭配蔬菜——他们每天轮流洗碗。在安吉拉创作《霍夫曼》期间,荒木在隔壁房间写作自己的小说。在东京时维系两人关系的激情稍稍有所衰减,但安吉拉发现她能带着更迫切的心态好好享受。她体重增加了,但自童年来第一次,她对此毫不在意。她的自信飞升。"他给了我一个新的我。"她后来写道。荒木感觉自己在千叶生活时也有了变化。"我没有觉得在小屋里和安吉拉聊天、做饭和洗衣服无聊。那就够了。我告诉她以前没想过这样的生活是可能实现的,我现在就想要这样生活。""是的,每个人都想,"她说,

第十一章 新生活的蓝图

"但是钱从哪儿来呢?"

四个月内,他们几乎没跟别人说过话。1月底,他们在东京度过了"诡异的两天,一直在提议我们分头找自己的朋友,但没去成,因为不想离开对方"。近一年后,在她和荒木的关系结束后,安吉拉写道,千叶将永远是她心中幸福的代言地。荒木也有同感。"那是我一生中最快乐的时光,"他在近四十年后说道,"很少有人能在一生中拥有那样的时光。"

他们在3月29日回到东京,和维奥莉特(Violet)——荒木那卧病在床的嫂子,在他们去千叶之前,荒木每周两次来帮她购物、做饭——待在她目黑区另一头的公寓中。她的丈夫(荒木的哥哥)在中东做工程师,但维奥莉特在和他搬去那儿之后很快就病了(安吉拉描述她是患了"皮肤的重度结核病"),所以她只能带着两个孩子,一个四岁、一个三岁,回到东京。

安吉拉认为维奥莉特应该待在医院,但是"她不能忍受离开孩子们,蠢女人"。和一个可能患有传染病的卧床人士挤在一间小公寓里,安吉拉立马重新燃起了童年时期的恐惧:她害怕她的女主人真正患的是麻风,而且自己也开始有了类似症状:"头疼,手臂僵硬,皮肤起皱……"但好心还是战胜了疑病症,她投入了家务,帮忙照看孩子。维奥莉特是半个英国人,他们的孩子也讲双语,所以安吉拉能读故事给他们听,花上几个小时协助他们画画。她似乎享受这个角色——荒木记得她被叫作"安吉拉阿姨"时的喜悦——但与此同时,她以前从来没有和孩子接触过这么长时间,这也多少浇灭了她的母性幻想。

> 我觉得自己宁愿当个独裁的好母亲。我会把他们关进他们称为幼儿彩笔的笼子里,锁在他们的手指画上,只要他们发出一点声音,就用短版牛津英语词典打他们的头……(但是)跟他们待上四小时,我再也没有了这些娇情的胡思乱想。

除此之外,她这几周主要是在筹划为《爱》的出版返回英国一事。她写信给丽贝卡·霍华德问她是否还住在伯爵宫区的房子里,希望能在她那儿借住一段时间。她准备获得再次进入日本的签证,最后时刻才购买了飞往伦敦的单程机票。她告诉荒木 6 月回来。

1971 年 4 月 22 日,在离开一年零三天之后,安吉拉降落在"希斯路"——她用这个戏谑的词向新首相①致敬。她感觉自己像是凯旋的英雄,吹嘘着自己的各种转变。她写信给卡萝尔,说她发现西方人在屋内穿鞋的习惯让她"恶心",周围那么多人都"高大笨拙,很激进,气势汹汹",让她感到不安。不久之后,她意识到自己变成了"烦人的日本人"。但她自从去了东京之后性格的转变无需特别关注就能明显感觉得到。"她更爱社交了,"爱德华·霍勒什回忆道,"自信多了。"丽贝卡·霍华德表示赞同:"是个很大的转变,真的。(她有)更多的思想与众人分享……比以往自信得多。"

她暂住在丽贝卡位于蔡尔德街的家中,但会定期到全国各地探亲访友:去科茨沃尔德看望休伊和琼(后者记得她问过他们如果妹夫是个日本人会有什么感想,去布里斯托拜访尼克和科琳娜("和他们待一周就像故事书里一样有趣,满是新鲜草叶调味的可口食物,装饰着斑马和长颈鹿的奇异盘子,总是带来新的热情……总是刚刚避开大难"),到巴斯去看望爱德华,去布拉德福德看卡萝尔。她度过了一段梦幻的时光,甚至就离婚问题和保罗进行了一次"没留下创伤"的对话。

唯一令她心情受挫的是对荒木的思念("离开那个男孩后,我真正感觉到的是世界的极点消失了"),而他却没有经常给她写信,寄来的信也不算长,无法消弭两人间的距离。去布莱顿一日游的途中,她决

---

① 指爱德华·希斯(Sir Edward Heath, 1916—2005), 1970—1974 年任英国首相。"希斯路"与"希斯罗机场"谐音。

定要和他搬到这儿或到"那个位于维多利亚站附近可敬的工薪阶层聚居区,去布莱顿和大陆都太方便了"。她想象他坐在沙滩上读福克纳,而且很自信只要她提出,他一定会同意跟她来英国。她还考虑要念博士,论文名称是《萨德:启蒙的高潮》。在写作几部小说的间隙,她经常这样构想"新生活的蓝图"。

她在伦敦处理了一些事务。黑豹出版社——格拉纳达的简装本部门——打算在下一年发行一版《爱》。出版社负责人威廉·米勒(William Miller)和他的朋友约翰·布思(John Boothe)在整个70年代间都是安吉拉亲密的盟友。米勒是个敦实的男人,长着一双机智幽默的深色眼睛,将自己定义为"苏格兰同性恋社会主义者"(尽管他实际上在肯特出生,在萨塞克斯接受教育),嗜酒如命,口才声名在外,还无可救药地纵情吃喝玩乐。然而,他的奢侈只能部分地掩盖其真正的极端性格:1958年担任牛津学生报纸《伊西斯》(*Isis*)合作编辑期间,他就因为违反《公务员保密法》揭露了英国在一次核打击中准备不足的可悲事实而遭逮捕;他后来还冒着被起诉违反《淫秽出版物法》的风险和布思一起出版了亚历克斯·康福特(Alex Comfort)的《性的愉悦》(*The Joy of Sex*)英国版(这本书被几家英国出版社拒绝了,只能在海外印制)。

很有可能正是在1971年夏天回英国期间,安吉拉和米勒相约在苏活区的约翰·斯诺酒吧共饮,他在那儿将她介绍给了约翰·海斯(John Hayes),一个埃塞克斯大学教哲学的年轻讲师。他碰巧读了一半《英雄与恶徒》,宣称自己很喜欢,于是两人之间就此诞生了延续终生的友谊。他们谈论了安吉拉自1968年的学生抗议活动起就一直在读的欧陆理论家——阿多诺、列维-斯特劳斯之类。"她很感兴趣,"海斯记得,"但我不得不强调,她的语气有点反讽。她自己决不愿意担任思想理论家的角色。""在我看来,她就总是不情不愿的,"海斯的伴侣约翰·考克斯(John Cox)表示同意,他是个歌剧导演,曾在1980年与安吉拉合作改编弗吉尼亚·伍尔夫的《奥兰多》,"在提出观点,或者加入任何一种话题的讨论时,她总是有种退避的感觉……口气干巴巴的,有点讽刺,但其实也有种羞怯、犹豫,甚至到了尴尬的地步。"

5月17日,《爱》由哈特-戴维斯公司出版,评论界反响冷淡,甚至有尖刻的批评。几乎所有人都认为这是安吉拉职业生涯倒退的一步。诗人罗伯特·奈在《卫报》中评论说"在精彩的《英雄与恶徒》之后,这部作品令人失望",还说她的写作现在有些"麻木"了,尽管"作者在费尽全力构造出角色后,就决定要跟他们缠斗到底,一直写到那个苦涩但完全在意料之中的结局"。《观察者报》的约翰·科尔曼也差不多刻薄,说这种法式风格"比起她想写作的题材来说不值一哂"。也许比起后来,"嬉皮士梦想的变质"这一话题在1972年更显得陈旧过时;1987年,《爱》由查托与温达斯出版社再版发行,后来成为安吉拉最受欢迎的长篇之一。

正如她上次回到英国——情形之相似,使记忆如潮水般涌起——一本小说发表后,紧接着就是一位亲人逝世。安吉拉的伯伯威廉·斯托克突发脑溢血,送去医院后很快在5月27日这天不治身亡。她推迟预订回东京的机票,到麦克达夫陪伴父亲。休·斯托克已经搬去城外三公里的村舍("实现了所有纽约的西西里人或坎登的斯普鲁斯人的愿望,完成移民的旅程,达到圆满的对称,即从甲地到乙地,再回到甲地")。姑姑凯蒂还住在斯托克商店的楼上。他们让安吉拉睡在威廉的床上。"他们没换过床单。"她告诉卡萝尔,显然很反感。

她对在世的亲属也有些厌恶。尽管从未期待过这次旅行,她也没法忍受"要么做出激烈反应,要么为了保持镇定而神经紧绷"。凯蒂允许猫跳到厨房餐桌上来吃饭,称它为"妈咪的漂亮小猫"和"我最亲爱的爱人"。她那张被酒精"毁容"的脸,"庞大肿胀"的身躯,却配上了"匀称纤细"的腿,让安吉拉觉得是"恐怖的外表"。她的父亲带来了更加深刻的沮丧。他没告诉凯蒂安吉拉离开了她的丈夫,所以她

第十一章 新生活的蓝图

不得不自己宣布这个消息。她惊骇于"虚伪、油腻腻的吝啬、把戏和欺骗所构成的整体氛围……凯蒂是个讨厌的家伙,而我父亲,在他的家庭环境中,也令人讨厌"。说也奇怪,这种感觉让她和奥利芙之间产生了团结意识:

> 我与过世的母亲重修旧好的进度大大加快了;很有可能(我的)激情、歇斯底里,还有,我认为,聪明都来自她……我甚至认识到她对孩子们占有欲如此之强的原因。只要是能阻止她和我父亲独处的事都会让她的生活变得不那么难以忍受。我怀疑,她对我离开保罗表达出的愤怒部分是因为嫉妒我有能力逃离……这是我第一次体会到我父亲没有她在旁边教导时,或者说在一个他无法掌控的地方的表现。真的,他太他妈笨了。

她没有在别处——无论是她发表过的关于家庭的文章还是私人信件、日记中——再次用过类似的口气。她通常对父亲都是绝对热爱,但在1971年夏的那几周内,她的感觉受到了破坏。也许是震惊于他如此顺利地退回了童年的世界,离开了她的世界:如她之后写道,仿佛他在英格兰度过的近五十年只是"一个巨大的括号"。她为整件事感到"极度抑郁",回到伦敦后不久,给自己"补充了一个月的利眠宁"。

回到首都后,她去看了牙医,后者对她和会计事务所"做了恐怖的事",她发现自己的税务比想象的还要麻烦。她犹豫着应该怎样回到东京。是经由马来西亚,还是在曼谷歇一个晚上?还是说她会用从威廉伯伯那里继承的财产在伦敦买一套房子,然后给荒木寄一张单程票的钱?最终,她决定经由俄罗斯,在莫斯科转机,然后乘坐飞机、火车和轮船向东。她为这个想法感到"既兴奋又恐惧"。"尽管很可能发生最可怕的事,它却像是一次冒险之旅。"她唯一的不满在于又会与荒木多分离"相思成疾的一周"。

他给她写信的频率仍不如她所愿。她开始感觉自己"像《所罗门之歌》（'Song of Solomon'）里患了相思病的女孩"。她经常花几个小时来想他。"我突然无比清醒地意识到，如果我不马上回到他身边，我会第一次陷入真正的生理抑郁，"她对卡萝尔说，"该死，我想的就是他。我想念他很多有趣的小地方、他的聪明、复杂和伪装。所有这一切加上性爱的完美和谐。走了这么远的路回来，然后意识到我离开他不可能幸福，这一切都是值得的。"

7月12日星期一早晨她飞往莫斯科。尽管"苏联的官僚主义"把她"折磨哭了"，那儿却是个"漂亮的地方"（"哪怕是廉租房顶上都在炫耀着自己俗艳的装饰"），还"很有人性"。她在那儿待了几天以后，乘坐一班不甚舒适的夜间飞机（"飞机上被子不够多，也没有枕头"）到了哈巴罗夫斯克。这是个有五十万人口的城市，像被人笨拙地涂抹在阿穆尔河沿岸，河上终年刮来凛冽的寒风。哪怕是今天，在主广场的列宁塑像被推倒很多年后，哈巴罗夫斯克依然残存着根深蒂固的苏维埃式单调和孤僻。安吉拉在日记里描述它是个"废弃的城市，就像田纳西州的一个白人小城一样，铅灰色的天空泪流不止，苍穹之下是一座座小木屋"。她从那儿乘二十小时火车到达纳霍德卡（现在开通俄罗斯—日本航线的符拉迪沃斯托克港口，在苏联时期作为海军基地，不对外国人开放）。

西伯利亚大铁路对脆弱的人来说可不是好的旅行方式：车上没有淋浴，很快就汗臭逼人；马桶里不能连纸一起冲走，于是每个隔间的垃圾桶都溢出了纸，满是恶臭。但也许1971年的体验还是比今天要好一些。苏联正在经历一段经济扩张时期，而且火车上还保留着一些帝国时期的优雅。蕾丝窗帘让每个包厢都能享有一定的隐私，包厢内只有两张床（安吉拉的室友是一个"法国女人和她那讨厌的小孩"）。餐车内的服务员都打着黑色的领带，为宾客倒上佐治亚香槟。褪色的昔日辉煌激发了安吉拉的想象。"当一个人从契诃夫式的玻璃杯里啜饮一口茶,点燃最温和的土耳其香烟时,"她写道,"他可能会相信(西伯利亚大铁路)是为自欧洲的明灯熄灭后①就离开我们的奢华生活奏响了一曲纪念挽歌。"1974 年,她乘坐了同一条线路反方向的列车,将两次旅途的记忆都用在了《马戏团之夜》的西伯利亚部分。

  从纳霍德卡到横滨的轮船也令人不快——晕船导致了"两天不间断的痛苦"。"我发现自己可能是世界上最差劲的海员。"她连看一眼船上供应的重口味俄罗斯食物都受不了。她从纳霍德卡给荒木发了一封电报,告诉他几时到另一头来接她。现在,她躺在床上恶心得想吐,心思集中到了他身上。她将这次旅途描述为"肉和镜子",写道:"我们环绕晴天的海岸线而行,我开始梦想着眼前的重逢,恋人的相会因为我离开的三个月而焕然一新。"

  船在 7 月 17 日星期六晚 7 点到港。安吉拉急匆匆地下船,把雨衣都忘在了船上。通过海关后,她在人群里搜寻着 4 月份以来朝思暮想的脸。但她只看见了陌生人冷漠的脸。荒木不在那儿。

---

① 化用"一战"时期英国外交部部长爱德华·格雷的名言,指战争开始。

第十二章

构建人格

安吉拉发现自己被遗弃在横滨,整个人一下就垮了。她两天没吃东西,但她伤心到没法想食物的事,直接订了下一班开往东京的火车。9点半到达东京后,她径直前往风月堂,由那里的熟人得知荒木就在附近——"我猜,可能是在利用最后一个自由之夜吧"。她没有别的主意,只好"一家家酒吧,一家家咖啡屋"地挨个寻找他,拖着焦虑和愤怒穿梭于灯火通明的新宿街道。

接下来发生的事在安吉拉发表和未发表的作品中多次得以演绎,尤其在《肉体与镜》——有几份草稿留存到如今——中最为详尽无遗。那是星期六晚上,街上满是寻欢作乐的人。她在人群中挤挤挨挨地走,经过假樱树下的情人旅馆和舞女夜总会。到了晚上11点,"我的心酸难以抑制",她忍不住哭了。天上开始下雨了。一个"眼皮上贴着亮片的"年轻男人加快脚步,和她步调一致并肩走着。他问她要去哪儿,似乎不太相信她是在寻找爱人。"如果你找不到他,"他问,"你愿意跟我上床吗?"

安吉拉这时已经放弃寻找荒木了,于是她和那个年轻男子同去了一家情人旅馆,进了一个床的上方装着镜子的房间。第二天早上在给卡萝尔的信中描述这个经历时,她带着胜利的语调:

> 这绝对是个让人意乱神迷的夜晚……一场日式情色的环岛之旅——从浴缸到床上,换了无数体位。你被舔过腋下吗?(他一开始非常仔细地将我清洗了一遍。)他身上只有222日元(很可观了,可能这些满身性能量的人都身无分文吧,毕竟为了得到心灵的升华,他们做爱太多,没法诚实工作),于是,不可避免地,我付了房费。每一块钱都物超所值……后来知道他是个演员,加入了一个左翼群体,给工人送去果戈理、高尔基之类的书。他几乎不会说英语,却说了一句很漂亮的话:"我感觉到了你神圣的身体。"(可能是想说"整个"①……)

然而,《肉体与镜》的叙事者却为自己如此轻易地背叛了爱人而震悚,因为透过床上方的镜子看见自己的身体与陌生人交缠而惊恐不安:

> 我看见了肉体和镜子,但我没法忍受这样的景象。我当时的反应就是感觉这件事做得不像自己。为了适应这城市而穿在身上做伪装的绚丽衣裙引诱我来到了一个房间、一张床上,让我改变了自己。这一切本来与我的生活无关,与我之前观察自己演绎的生活无关。

安吉拉告诉卡萝尔她和那个"夏日男孩"(她在接下来的几封信中都这样称呼他)"哽咽着道别了",但在短篇小说中她暗示两人的分离充满尴尬和羞耻:

> 我从他的怀里挣扎出来,坐在床沿上,用旧烟屁股点燃了一只新的烟。大雨如注。我纷扰的心绪完美体现在每个细节中,就像电影中一样。我欢迎它。我很满意那面镜子没有引诱我做出自

---

① 神圣(holy)和整个(whole)读音相近。

己觉得不得体的事——耸耸肩，睡一觉，仿佛对我的不忠全无所谓。现在我颤抖着，心中有不祥的预感，仿佛那个眼皮上贴着亮片、对我和善的男人是另一个人讽刺的替代品，那个我爱的人……

于是我迅速地穿上衣服，一等外面出现亮光就立即逃走了……

我们不能只停留在认为其中一种记叙是虚构，另外一则是真实：它们描述的事件几乎一模一样，而且安吉拉在信件中和她小说里一样喜欢编故事。换句话说，这两个版本具有同等的自传价值，而我们能得出的最佳结论是两种截然不同的情绪在她与夏日男孩的邂逅中共同存在。安吉拉性欲旺盛，而在三个月单身生活后，她肯定从生理上非常享受这个夜晚；与此同时，荒木没在横滨出现这件事可能引起了她深刻的不安，超过她愿意对卡萝尔坦承的程度。她轮番演出的两个角色——一个全然解放的女人（对自己的"不忠全无所谓"），另一个则是为爱痴狂的女人（对她而言忠诚太重要了）——不能共存。至少有一件事是清楚的：那个晚上是对她想象中"恋人的相会"的嘲弄。

第二天，她在风月堂找到荒木时，非常明显地，情况很不对劲。他说自己没去港口是因为在"忙着"，而且他推测两人最终总会在新宿碰上。安吉拉一定为此担心过，在她离开的三个月内，他对她的感觉果然冷淡了。"他正在经历某种我不能理解的人格危机，"她写道，"我想他终于意识到自己不是个学生，而是逃避社会的人，这点让他震惊。"

她想和他聊自己去麦克达夫的经历，谈论这件事如何让她不快，但他笑了——一个让她觉得很像"保罗·卡特的行为"。她没告诉他关于夏日男孩的故事，但他主动说起在她离开期间，他和三个女人睡过。如此坦诚是他对她越发冷漠的迹象，她为这个信息苦恼极了。"他对与陌生人做爱的兴趣——两个不知名的性玩物缠斗——让我恶心。"她写道（尽管两人相遇之前，她才跟一个不知名的人有过风流韵事）。

接下来的几天对两人都痛苦而艰难。两人都努力修复关系，但两边都暴露出深深的怨恨，导致大部分的对话都沦为争吵。"他感觉到我们是在一场争夺主导权的深刻战斗中，"安吉拉对卡萝尔写道，"他说我彻底控制了他……用克莱恩的话说，他把我的形象由好胸转化为了坏胸①，我不知道值不值得再重新让他适应我的存在。"在几周后写的另一封信中，她说"一个更简单的没那么有竞争欲望的人（相比荒木）可能会因为我没有他就无法完成《霍夫曼》这件事而深受打动……这就是一个好妻子应有的感受。唉，他激烈地反抗着妻子这一角色。"这是对荒木精神状态相当精准的分析。"坦白说，"他四十年后解释道，"我不想再做她的小白脸了。"

安吉拉在英国时，他发现自己能过得节俭一点，自给自足。他租了一个小房间——"两张榻榻米构成的小橱"，安吉拉觉得这"足够和一个日本女孩来一炮了，可能也足够和我来一炮，但完全不足以用来发展任何关系"。实则她也没有做爱的兴趣。"兴奋感彻底消失了，我感觉失去了激情。"她告诉安德烈娅·纽曼。尽管如此，她却害怕与荒木分手，相当一部分原因是"怕丢脸"：她告诉了每个在英国的人计划将他一同带回。不过也没有必要假装结局可能有所不同了。"分手已经近在眼前了。"她对卡萝尔写道。

7月25日——正好是她在风月堂追上荒木的一周后——安吉拉把行李搬出了他"可怕的""拉斯科尔尼科夫②式的"房间，前去与约翰·约克斯尔同住。她告诉朋友是自己终止了两人的关系，尽管"我

---

① 根据奥地利精神分析学家梅拉妮·克莱恩的理论，婴儿在出生的前几个月里将事物分成好的和坏的两种，用某种物品联系起来。例如"胸"指代母亲，"好胸"就是能满足需要的母亲，"坏胸"则是不能满足需要的坏母亲。

② 陀思妥耶夫斯基的长篇小说《罪与罚》中的主人公。

确定他认为是他离开了我"。她也告诉荒木（他对自己离开了她这点毫不怀疑）几乎同样的话（"真相是我离开了你"）。在分手之前不久以及那个夏天晚些时候写给朋友的信件语境中，我们可以清楚地看出她才是那个被抛弃的伴侣。然而，对她而言显然很重要的一点是，她坚称（可能对自己和对他人都反复强调）两人关系中最具毁灭性的因素不是她对荒木的控制，而是他对她的依赖。在她的文件中有一份这个时期给他写的信的碎片（不清楚她是否寄出了这封信的某个版本）。她告诉他：

> 我相信除非两人都是自由的，否则爱一个人就是不道德。我的意思是，爱能通过分离的考验，能历经变迁，以及最重要的是——不会阻止爱人们改变自己，不会阻碍他们行动的自由。这是我的经验之谈。人们很容易以爱的名义毁掉他人。简而言之，无论我有多爱你，我不能——也*不会*——为你承担责任……我费尽力气才成为独立的人，而我认为你也想要成为独立的人。

然而，几周过去了，她却越来越难坚持这一观点。纵观她的一生，她对独立的兴趣是由限制自由的关系刺激起来的。如今，她人生中第一次完全独立了。从某种意义上说，她已经获得了自己一直想要的，却发现被抛弃的感觉和过去被感情吞没的感觉一样难以忍受。她写道："我的自由使我惊骇——现在不必为未来担忧，哪怕是……我感觉自己就像一个畸形的负担。"她再也没有待在日本的理由了，却实际上面临着无数选择——她想到了回英国，或者去美国，要么去尼泊尔——发现自己无法做出抉择，于是只好按兵不动。她只清楚一件事，那就是她"害怕独处"。

她和荒木分手时相当和平，几个月间，他们还在社交场合见面，但她发现越来越难冷静地待在他身边。有一次，他说好了给她打电话却没履行承诺，于是她去了他的公寓（她还有钥匙），撕毁了他的避孕套，留下一张纸条说她的心碎了。有一次，她在大街上打了他的脸，还有一次在风月堂把水泼到他身上。这是她一生中第一次由别人结束亲密关系，她被这种无力感弄得不知所措。不过哪怕她的行为已经变得越来越激烈无常，她还是意识得到自己是在表演一个角色。"以我浪漫的程度，我其实挺喜欢拥有一颗破碎的心。"她告诉卡萝尔。

就算把心碎的人当作一个角色，它也将她消耗殆尽。8月中旬，她的健康已经受损。"我吃不下（除了蜜桃，幸好这种东西够多），一独处就会哭，"她写道，"因为我在理性和欲望之间激烈摇摆，我还能保持冷静——只要不是独处时。"十年之后，她仍讲起这个时期，写信给编辑朋友卡门·卡利尔说她"会在大街上无缘无故倒下……世界变成了无意义的虚空。我会忘记事情，会间歇性地语无伦次"。在写给卡萝尔的信件中她经常提到自杀，说她只能在药物的帮助下才能勉强像个正常人。她后来写道，"只要一点点，一点点安定，不用太多，每天一片，不超过一周，或者最多十天，把人从极度焦虑的边缘……从突如其来的非理性恐惧、颤抖的手和丧失的食欲中拯救回来"。她应该也在分手后的几个月内大量服用利眠宁。在这一时期支撑着她的还有与约翰·约克斯尔的友谊和与卡萝尔的通信。"你和我的关系之近，远超大部分人能允许自己拥有的人际关系，"她在9月1日的信中告诉卡萝尔，"我想，我们的友谊是我生命中最重要的关系之一……而且我一直对此心存感激。"

安吉拉在离开保罗之后积攒的幸福和自信在可怕的几周之内消失得无影无踪。她又回到了怀疑自己没有吸引力、不可爱、工作也乏善可陈的心态。好在她仅有的一点自信还能让她意识到自己在荒木离开之后客观上并未改变，并且责备自己任由这段关系定义自我形象。她开始将这段孤独的日子看作一次定义自己的机会，无需参考任何人对她的看法。

9月初，她搬到了一个属于自己的地方。那是一个位于新宿（"是的,终于还是到了新宿")的"袖珍房子",用木料与纸建成传统和风,屋后的小花园里种着木兰花,岩石下牛蛙喧鸣。房子里没有浴室,所以她每天下午都要去公共澡堂,在一个"装着镜子的清凉房间里,到处都是女人在脱衣服和穿衣服",她也在那里脱下了衣服。女人们一边洗澡一边聊着闲话,但因为不会说日语,安吉拉也没法加入或是偷听。这就像是每天在还未愈合的寂寞伤口上撒盐。她搞来了一只黑、白、橘色相间的猫——"真的,更像是一条拼色的被子而不是猫"——以免在房间里彻彻底底地独处。然而只有在晚上,在她出门和那些欧洲的"家人们"喝酒时,她才能有几小时暂时忘记荒木。

因为感觉必须得多和朋友们出门,她也没写多少东西。一段时间内,她甚至发现阅读都有了困难。不过到了10月中旬,她还是有了新书的计划,暂定书名《在一个城市写下的故事》。它包含三个15000字左右的故事,由东京的大背景和主题("爱与死亡的赋格";作为创造品的城市;永远不辨真实的经历)串联,"各个主题由对位法和谐拼织而成,不时由复调手法引出"。这些故事分别为《整个城市》("The Entire City"),一首献给东京的挽歌,用轻快的印象派手法描绘出一篇旅行报道,却点缀着诡谲的超现实主义笔触("我想有一次,我在赤坂见附地铁站看见了死亡");《存在的语法》("The Grammar of Existence")用她最近读到的欧陆哲学家的方式解构了东京("如果哲学问题有'我迷路了'这一形式,这个城市本身就是一个哲学问题");《情势的受害者》("Victims of Circumstance")关注她和荒木("关于他的记忆在很长一段时间内还是①不断引起我内心的怒火……他向我揭露了我以前不知道的自己——欲望、残忍、绝望、愉悦、虚伪、欺骗")以及和夏日男孩的关系。

从1971年剩下的日子到1972年的头几个月,她断断续续地写着这本书。进度慢得令人痛苦——"《霍夫曼》是迈着欣快的步伐疾驰向

---

① 安吉拉在原稿中将"还是(remain)"一词由现在时改为了过去时。

前，现在我已经很难重新适应福楼拜式的苦心孤诣、精雕细凿了"——她的热情日益衰减。10月27日，她写道："这对我是一段非常非常艰难的成熟期，我不确定自己是否能通过考验；我觉得自己有改变基本方向的需求，仿佛《霍夫曼》已经是这个生命时段的终点，形象化表达的欲望变得非常强烈，就像我已经不再相信词语了一样。"尽管如此，她还是在这个项目上精心耕耘，只是一直在寻找不同的方式。在她完成《整个城市》的初稿之后，她下定了决心："要让它回归正轨，我就必须要完善一种新的形式。"她写信给卡萝尔说：

> 噢，天啊，它实际上是要我创造一种知识理论。我正在试图将东京这个城市描述成自我的流溢①，作为我感受的映射，于是真实世界与让我形成对这个城市独特感受的私人经历辩证对立……我很想写一本抽象小说，正在盲目地四处摸索形式。我也许知道怎样进行下去——有很多日本小说十分合适，都是由许多杂芜散漫的情绪片段构成，那是我将要尝试的方向。

她至少写了六稿《情势的受害者》，越写越短。"最后我可能只会写漂亮的3000字短篇，但为此写了十册的笔记。"她玩笑道。她说得也不算离谱。这部分材料最后删减到了3000字，加入《烟火》的短篇《肉体与镜》中。另外两个故事从未见过天日。不过，写作这几篇的过程似乎确实帮助她重获自制力。10月底，她已经清醒地发现自己"发疯了"一段时间。她还在不断地想着荒木（"噢，耶稣啊，这种折磨什么时候能结束？"她在10月27日质问道），但她不再感觉自己的快乐全然依赖于他了。她写信告诉卡萝尔："尽管我极度渴望回家，但我觉得现在不是时候——你同意吗？主要是我有一种从存在主义角度确认自我的需求……那是我在十九岁时就该做的，而且现在回来有点像是在

---

① 出自新柏拉图主义的"流溢说"。

逃避。"

实际上她追求的和以往并无不同：一段恋爱关系，在其中她的身份神圣不可侵犯——除了现在她能看出来自己为了"为人深刻铭记"而付出的努力也是对个人身份的威胁（尤其是在这些努力失败之时），程度不亚于别人对她的控制。她想要的是"足够坚定的自我意识，在没有他人帮助的情况下也能正常运转，甚至可能运转得更好"，以及在一段关系中，双方都不会将对方视作自己的延伸（或镜像）。

11月16日，她去了一个全是外国人的派对，和全场唯一的亚裔男士一同离开了。那是个在大阪长大的韩国青少年（移民身份通过遗传确立，他和兄弟姊妹都不能拥有日本国籍）。安吉拉在一封给卡萝尔的信里描述了他：

> 高。是的，高。他是，或者说以前还是个处男；他十九岁；他看上去就像是东方的男丑角，一张脸上有喜剧感十足的沉重感，一旦他自信起来，就更是一个深刻喜剧般的存在。他就像是费里尼电影里的小角色，穿着一件紫色印度衬衫，一双鞋跟磨损了的棒球靴。他整个人都有着霍尔顿·考尔菲尔德①的特点——说话卓有见识；离家出走；主动承认精神状态不稳定（仿佛我不知道一样）。他送了我一罐菠萝罐头，因为我引诱了他。

她很快发现高其实是他的姓（他的名字叫"万寿"②），但她还是继续叫他高。这个决定反映了两人关系中的权力中心毋庸置疑。他很快搬到她家，负责做饭、打扫卫生和洗碗。安吉拉认为他是个天然的女性主义者，完全没有大男子主义的自以为是。这相对她之前关系中外放

---

① 塞林格小说《麦田里的守望者》里的主人公。
② Mansu，对应的韩文名字是만수。

的表达（更别提经常性的不忠）是个慰藉人心的转变："我记得创造曾说过，'让我为你自杀吧，我会照做的'。高表达爱的方式就是打扫马桶。"

她爱他显然不复杂的性格，他的自立（"他已经是个完整的人了"），他的温柔，他享受愉悦的能力，所有这些特点与荒木、保罗两人都截然不同。他的英语很不好，所以两人语言上的交流十分粗略。"天知道他在想什么，但……看上去就像一组加密的快乐语言。"她告诉卡萝尔。他极度缺乏经验，但她享受教导他。他比她矮了两英寸（只比荒木高了一点），身材十分瘦削。哪怕对于十九岁的男孩来说，他看上去也太过年轻了——"就像一个成熟的十四岁男孩……每次我扒掉他的内裤，我都感觉越来越像亨伯特·亨伯特①。"据她所说，他已经

> 向我揭露了我更深层次的自我……很显然，包括母性冲动。我从没意识到它如此强烈。以及，同样显而易见的掌控欲。如果人不需要做那个占主导地位的伴侣，也就不会选择十九岁的处男（我是有意识地选择了他，哪怕只是为了引诱他）之后，还想着要更深入地了解他，尽管我必须在碰到极端的例子之后才能看清自己的这一面。

她非常清楚"外界会对我们的关系造成的压力"，对此略感受伤。"如果我是男人，天生好运，能勾引比我小十二岁，和高一样聪明、古怪、漂亮的女孩，每个人都会拍手称赞：'太好了。'现实中只有奈恩和约克斯尔理解……外国人圈子里别人都会扬起眉毛：'然而显然，她也找不到别人了。'"她在日本的很多朋友确实认为她和高的关系"非常奇怪"。但他们的疑惑除了源于他的年龄之外，也同样是因为他不太会说

---

① 《洛丽塔》中的男主人公，对十二岁少女产生极度迷恋。

英语。

可以确信的是，她和高在一起不如从前和荒木那样投入感情。他们的身体关系也不如之前的那么蚀骨销魂。虽然她欣赏他不以自我为中心，"这段关系太简单了，"她写道，"于是，不可避免，我想念起了繁复。"她还是常常想起荒木，尽管到了年底，她的痛苦已经褪色成了"留恋和悲伤"。有一次，她借着冷酷的心性写下了："我想（高）就是个性感的小玩意儿……除了一些纯粹的趣事之外，他真是把我无聊透了。他不能与人交谈——不只是因为语言障碍。"她知道两人的韵事不可能长久。但这可能是她最珍惜的一点：她看出来自己还可以继续独立于他而生存，所以更重要的是在她自己的脑海中——而不是在他的眼中——确认自我。

12月初，她在位于商厦林立、大牌云集的高档商业区银座的一家舞女夜总会找到了工作。酒吧名叫蝴蝶；它"有汉普斯特德一间宽敞的画室公寓这么大，墙壁拼满了优美的原色人造木镶板，两层枝形吊灯叠在一起，像婚宴蛋糕"。还有几周就是圣诞节，白色的圣诞树已经立起来了，四处都是装点节日的小玩意儿。为了配合这种欧式气氛，妈妈桑①在招募欧洲女孩；安吉拉说服奈恩（后者只待了几天，觉得很"让人毛骨悚然"就离开了）和一个叫基思的女孩一起来了（在安吉拉写给《新社会》的文章中化名为苏西）。基思在舞女夜总会工作过，知道要做什么；安吉拉带上她可能有一个重要原因是出于安全考虑。她们的工作就是讨好男顾客，让他们好好享受一下。一个晚上下来，他们"暴露出的粗俗本性能把芭芭拉·卡特兰②都逼成杰梅茵·格里尔③"：

---

① 音译，日本对家庭主妇、妓院鸨母或酒店老板娘的尊称。
② 芭芭拉·卡特兰（Barbara Cartland, 1901—2000），英国畅销言情小说作家。
③ 杰梅茵·格里尔（Germaine Greer, 1939— ），澳大利亚女作家，第二次女性主义浪潮中的重要人物。

比如说，女孩们甚至把他们当婴儿一样喂食。"张嘴！"她们尖声说，往他们嘴里送进一大勺刺身或烟熏肉。客人完全意识不到自己婴儿化有多么恶心，满足地大咀大嚼。与此同时，妈妈桑用一把银钳子从水晶冰桶里取出冰块放进客人的饮料中，姿态（在这种情况下）优雅得滑稽。而且在战斗状态下，女招待们的胸脯很难不失守。

在《新社会》的文章中，安吉拉说自己是"站在了（性别）战争的前线"。然而，正是她"对庸俗的兴趣"吸引她去做了这份工作，她在后来也强调了这一因素。尽管她只在这个夜总会里工作了一周——勉强够为文章采集素材——她后来却把这段时间说成她日本经历的重要组成部分，以至于保罗·巴克在1995年时写道，他"不确定她在东京的所为与卖淫有多相似"。答案让丑闻爱好者失望了：完全不是一回事。

她在大阪，在"高家温暖、宽阔的怀抱中"度过了新年。高的父母来自济州岛，一座距离韩国本土最南端五十英里的海上火山岛。父亲自视为学者一类——据他的女婿说，是"老派儒士"——整天无所事事地沉思。安吉拉认为他有点"淡淡的迷惘"。他从任何角度看都是个无用的商人；这家的母亲才是养家糊口的人。朝鲜战争时她在黑市卖鞋，后来又成了一个会计。后一种营生让他们家发了财。他们在大阪买了一系列破败的房产，现在就靠收租过活。安吉拉写道："我这样用我的良知解释他们的职业——想想看日本人曾经怎样残暴地对待韩国人，如今少数在日的韩国人似乎完全有权剥削日本人。"她已经预备从他们的角度出发，舍弃一小部分原则了，可见她有多么喜欢这家人。

不过，不管她多么喜欢高，和这家人在一起多么快乐，她还是无意与他共度未来。回到东京后，她因为这段时间对他太过狂热向卡萝尔道歉："高是可爱的；这段关系的局限很明显，所以……"她开始想是否趁早离开他比晚走更好。"我意识到自己构建人格的任务仍没有完成,可以想象,与第三任卡特先生待在一起的日子已经到头了。"

这已经不是第一次了(也不是最后一次),她对未来的不确信伴随着妊娠症状。1月9日她写道:"我没有吃避孕药,换了子宫帽,这个月没有月经,像病了一样。要么是我的生理系统发现荷尔蒙的调整太痛苦了;要么我就是怀孕了。"1月11日她记下了如下症状:"停经;白带;胸口酸痛;子宫有种奇怪的沉重感。噢,是的。明显的性欲下降。实际上,性欲几乎完全停止了,还总是想躺下来。"一周之后她"或多或少确信——比以往更加理由充分——我怀孕了"。同时,她正在是否离开高的问题上激烈挣扎:"我知道我会疯狂地思念他,我当然很怕孤独,怕一个人生活;耶稣,天啊!我还有三个月就满三十二了!……除了无聊和倦怠什么都感觉不到,就为了一段让人满意但明显有局限的关系,真的值得多待哪怕一个月吗?"签证4月到期,她感到必须在这之前做出抉择。2月2日,她查清了"一场高质量的英语人流服务需要花费40英镑"。从象征意义上说,她打算流掉高的孩子一事摧毁了两人的关系。四天之后,她决定离开他回到英格兰。几乎一做出这个决定,她就马上告诉卡萝尔她没有怀孕:"我又和以前一样,这次还更加确信;我做了个检查……让知道这件事的人(高和奈恩)惊讶的是,检查结果是阴性。"

高被安吉拉的离开击溃了。他最初的反应是宣布如果她要回英国,他就跟她一起走。她温和地劝解他,说她很担心"困住"他,而且她就是在他这个年龄结的婚,深知两人的亲密关系可能会滋生怨恨。这类说法显然不足以说服他。3月14日,他回到大阪,可能是为了与这段关系隔开一定距离,以便承受近在眼前的结局。安吉拉告诉卡萝尔她的离开"对他的头脑打击太大了,更别说对他的心了。他毕竟是初恋,而且还这么年轻"。这相当于承认了她早前就一定知道的事——在自立的外表下,他远不是她试图相信的那个"完整的人"。

她到大阪去"安慰高",为他的姿态震惊了——"他在咖啡里搅拌糖的姿势带着孩童一般的纤弱和精确；他喜悦的微弱叹息，那微弱的叹息……融化了我的温柔，让我于心不忍；他抬头的方式，像只小鸟——"这一切"比起一周之前，倒更像是遥远的记忆，因为我已经习惯于他的种种不寻常了"。她把他带回了东京，那之后的一个月，她对他的喜爱也丝毫不曾黯淡。回到英国后不久，她在日记中写下了一段话：

> 这是一段——虽然因为我的病，我的假妊娠症状还有，管它什么呢，蒙上了污点——特别美好的情事……我没法想接下来会发生什么，谁会来到我身边；高在我心里，永远，也许我不想让时间玷污了他十九岁的完美，他温暖干净的金色肉体，他那银莲花之心般的眼眸，他查理·卓别林般的小跑动作，他的可贵。我想这可能是问题的核心——你不能拥有别人；你只能将他们借来一段时间，就要把他们还给自己了。

* * *

4月初，安吉拉从彼得·斯古德那里收到了另一封令人丧气的信，实际终止了她和西蒙与舒斯特的合作关系：

> 不幸的是，关于我们对《霍夫曼博士的魔鬼欲望机器》的反应，我只带来了一个坏消息……很遗憾地告诉你，我们所有人都觉得这本书有点太过了（用你自己的词来说）。从前你有些我们认为很好的小说却销量惨淡，而这本若论销量，恐怕相较之下更不如前……《霍夫曼》对我们来说就是太怪了，没有任何机会。

"西蒙与舒斯特的来信对我打击很大，"安吉拉写道，"我猜这就是说我从今以后要独自前行了，名利双收再也不是开放选项……真正让人毛骨悚然的是，我有时会感到自己根本就是天赋平平。"她对安东尼·伯吉斯(仍是她亲密的文学同盟)写道,告诉他她对身为小说家深感泄气,《爱》引起的反响令她抑郁,她担心职业生涯没有前途。他坦率的回复很具有个人风格:"看在老天的份儿上,快离开日本……你该做的事是继续写作,说起来容易,做起来难。但还有别的选择吗?你必须继续写作,因为你是个好作家。我是真心的。"他威吓的口气似乎很见效,就在日本的最后几个星期,安吉拉开始着手写作《穿透森林之心》,这是人类被逐出伊甸园传说的新版,其中一对兄妹在吃下禁果之后注意到了对方身体的成熟。

离开之日将近,安吉拉花了很多时间来想在日本的时光怎样改变了她:"这真是一次最不寻常的经历。我在其中装进了太多东西。"在人为制造的紧张感和与荒木度过的短暂幸福生活之后,经过了关系破灭后的情感创伤,痛苦但收获颇丰的独居生活,再与高共享平静和满足,现在她更清楚自己想要什么样的生活了:"我真正的感觉是,我远比自己从前以为的更加普通。这很可能意味着我已经能与自己的怪异和平共处;也可能是存在的跃进阶段已经结束了,我现在就是我自己。"

第三部分

第十三章

另一个异乡

安吉拉于1972年4月24日返回伦敦。阿伦德尔街坐落于泰晤士河北岸美丽而寒酸、逐渐中产阶级化的伊斯灵顿街区，铺陈着阴郁的乔治王式排屋，安吉拉在其间租了一间阁楼。这栋8号房子的主人是一对酷爱举办奢华派对，喜好新艺术流派装饰风格（"我已经被日本禁欲而严谨的内装磨掉了五感，觉得这有点**太过**。"安吉拉写道）的同性恋情侣。房子里还有两位租客：一个德国医生，还有一个"漂亮又古怪的"爱尔兰男子，年近三十，正在准备升大学的高等水平测试。

安吉拉的房间——同童年的卧室一样——俯瞰着房屋背后的铁轨。里面除了一张床和一张书桌，几乎没什么家具，没有扶手椅或地毯。为了装饰这个房间，她在练习本上手写了一些故事，撕碎后用图钉钉在墙上。很快整个房间就贴满了这种手稿碎片。

70年代早期伊斯灵顿的居民以工薪阶层为主，但其低廉的房租、靠近市中心的位置与没落的奢华气息吸引了一批不那么富有的文艺人士。乔·奥顿①直到1967年被谋杀之前都在此居住；B. S. 约翰逊在1973年自杀前也同样暂栖于此。尽管更偏向于南伦敦，安吉拉还是很快喜欢上了这里。"这些乔治王式的广场过时的味道非常强烈，"她写

---

① 乔·奥顿（Joe Orton，1933—1967），英国作家、剧作家、编剧，代表作品有《消遣司隆先生》(*Entertaining Mr. Sloane*) 等。在伦敦伊斯灵顿的家中死于谋杀。

道,"奇怪的是,它太英国了,以至于感觉像是人还在国外一样。"

无论如何,它还是个废圮的内城街区,距离不雅之事并不遥远。一天晚上回家的路上,安吉拉听到有个男人跟在她身后。"我知道那是个男人,因为他一直在自言自语,"她在日记中写道,"但我以为他是在对朋友讲话,直到他的脚步声迫近,他说:'我想把鸡巴塞进你大腿中间。'"她几乎已经要到阿伦德尔街8号了,于是她加快脚步上了台阶,但是在包里好找了一会儿钥匙,那个男人跟上来时她害怕极了——"我想他可能露了阴"——然后她的爱尔兰室友打开门,他逃走了。

这是个独立事件,但考虑到当时全国混乱衰败的气氛,这类事并不罕见。安吉拉"为英国的状况惶恐不已"。自爱德华·希斯于1970年6月意外当选首相,通货膨胀率和失业率急剧攀升:薪水几乎到月底就贬值了,源源不断的罢工和示威已经干扰了重要的社会机制。电话经常无法接通,断电是常态,火车不遵守时间表,拖拖拉拉,急行急停。回国几天后,安吉拉经过弗利特街,一群在《旗帜晚报》门口抗议的人摇晃着她的出租车——"就像是 F. 斯科特·菲茨杰拉德的小说《五一节》('May Day')一样。"她告诉卡萝尔。她在报纸上读到了恐怖组织制造的一连串爆炸案——爱尔兰共和军临时派成员,"愤怒旅"的无政府主义者,黑色九月的巴勒斯坦组织——都在她在日本期间浮出水面。她开始感觉到资本主义的末日将近了:"这种身处末日般的歇斯底里非常刺激,"她对卡萝尔写道,"我真的很兴奋,这就是历史,我正身处历史的洪流中。"她产生了一些"最黑暗的末世幻想",有些素材被加入《自由职业者的挽歌》中。这个故事设定在即将瓦解的伦敦("看上去似乎不能挨过这个夏天"),城市秩序混乱,恐怖分子在发霉的地下室制造燃烧弹,狙击手潜伏在高层的窗户背后,拥有财产已经成了非法行为。叙述者"住在广场的一栋小屋阁楼上"。

安吉拉住在阿伦德尔广场对街的阁楼里平安度过了风暴。她经常去见安德烈娅·纽曼和丽贝卡·霍华德,还和一个名叫比尔的出版人有过一段韵事,他那"英国公学的口音让我无聊透顶"。这段关系不深。他毫不掩饰也在同别的女人约会,甚至在和安吉拉同床共枕时也在跟其中一个打电话安排见面。("我对他刮目相看。"她在日记中写道)。她恋爱的思绪仍然由高填满。她感觉到"失去的痛苦,像截断肢体……与我和创造分开时的记忆相融,于是更加微妙,更加令人心酸绝望"。自从回来之后她就再也没听到过他的消息,她原以为这是个好迹象,表明他正在忘记她。然而在 5 月,她接到他姐姐敏雅(Mina)的来信。信中说,高因为安吉拉的离开大受打击离家出走了,之后再也没有消息。"我难受极了,"她告诉卡萝尔,"我是说,我不知道他这么在意。"

回来几周后,安吉拉到布拉德福德去拜访了卡萝尔。从到达的那一刻起,氛围就很紧张。她"如履薄冰",注意到卡萝尔"积极地阻断——几乎肉耳就能听到关门的咔嗒声——对我恋人的兴趣,这对我的伤害很大……除了对我的恋人,还有整件大事,关于日本的事"。她过了几天不舒服的日子,找借口回伦敦了。在火车上,她给卡萝尔写了一封愤怒的信:

> 卡萝尔,噢,卡萝尔,你对我的要求太高了!我觉得,在我离开期间,你在某些方面把我理想化成了一个版本的你,也许这是不可避免的,但很少有人比我更顽固了,所以以到我们再次见面时,必然会有很多不和谐的地方。但是我成不了你,而要求我成为你只会激发出我最坏的一面。

她本计划着夏天要去阿索尔路过一段时间,现在却开始找各种借口留在伦敦,比如工作压力("太大了")和钱("快花光了")。她的下一封信是 5 月 16 日写的,也同样满是借口,这一次是在解释自己没法写快点。这些错误很能说明问题。她在这几个月期间经常抱怨在日本的几年让她疏远了英国社会——7 月,她告诉安东尼·伯吉斯,"旅行的问题在于……人回来之后,却发现自己又到了另一个异乡"——不过显而易见的是她没有紧紧抓住归属感的主线,而是拆掉了她最长久的亲密的友谊的针脚。她和卡萝尔的通信勉强持续了一段时间,却再也没有从前的热情和亲密,甚至有时候她们在信件中毫不避讳地互相指责。6月16日,安吉拉可能是在回复卡萝尔的唠叨:

> 我忍受不了朋友失和。它对我生命的意义已经变了。请不要把我想坏了,也不要夸张现在的情况。我发现整件事完全可以理解,它让我有点伤心,因为我只能站在一旁做我的怪人,除此以外没法以任何方式支持任何人。当人们不再享受有我的存在,我就对他们没用了,我说真的;也许这就是现在的情况。你知道,我们写信不为其他目的,而是把它纯粹作为一些生活方式的实践,现在却发现也许这些理论是不能共存的。

丽贝卡·霍华德认为安吉拉与卡萝尔的友谊走向衰落是由于安吉拉的亲近焦虑:"我所知道的是,用(安吉拉)的话说,曾经如果有朋友想要'控制'她……她就会退缩,再也不想与之深交了。"但卡萝尔在她生活中一直都扮演着强硬的侵入者。变的是安吉拉——在两年前,她肯定不会自称"很少有人比我更顽固"——卡萝尔终生都因为安吉拉态度的突然转变而感到受伤。

6月,《霍夫曼博士的魔鬼欲望机器》由哈特-戴维斯公司出版。几个月前,安吉拉曾加上过一句献词:"献给荒木创造,我那更胜艾伯蒂娜的人。"到了最后时刻,她让出版社将这句话改得更能反映出她现在的忠诚对象:"献给家人,无论他们在哪儿,他们不情不愿地接纳了自以为是阿廖沙的伊万①。"

---

① 《卡拉马佐夫兄弟》中孤僻的二儿子,阿廖沙是备受宠爱的小儿子。

第十三章　另一个异乡

小说非常冒险，不过尽管安吉拉后来称"这是我名声下滑的开始"，当时这本书却收获了很多评论，而且被大家交口称赞。《休闲时光》杂志的评论人约翰·豪金斯钦佩地说它是"一个真正的怪物……色情、性感、能量充沛，用流浪汉小说的题材描绘了一幅逃避现实的梦境。文字给了人很大的感官享受"。也许地下出版物有这样的反应很容易预料，然而主流出版物却更不吝溢美之词。《金融时报》的伊莎贝尔·奎格利写道："安吉拉·卡特的写作中透出令人战栗的才华。有点让我想起纳博科夫……她肯定是年轻一代作家中最有天赋的，远远超过其他人。"《每日电讯报》的伊丽莎白·贝里奇同意"安吉拉·卡特在同代人中独一无二，因为她维持了惊人的想象力，还用幽默和诗意为其增色"；而《星期日泰晤士报》的约翰·惠特利称赞她如"孔雀一般耀眼"，说《霍夫曼博士的魔鬼欲望机器》是"她目前为止最棒的小说"。甚至《旁观者报》一贯守旧的奥伯龙·沃也欢呼雀跃："我只能作证自己阅读时激动不已，完全被迷住了。"《卫报》派凯瑟琳·斯托特采访了安吉拉（报道中写道："她是个异想天开的魔女，在午餐时间，没有选择进入伦敦任何一家流行的意大利餐馆，而是在最具有民族风情的斯托克·纽因顿①找了一家土耳其餐厅。"）：她看上去对"赞美声有点困惑"。

最令人愉快的是，这本书让安吉拉赢得了同侪的青睐。同年，B. S. 约翰逊将她列入了一系列"真正在意写作、抒发自我、希望自己的作品有意义"的作家。同样受此美誉的作家还包括萨缪尔·贝克特、约翰·伯格和安东尼·伯吉斯（除遥不可及的星辰纳博科夫和博尔赫斯外，安吉拉最欣赏的三位当代作家），以及艾伦·伯恩斯（Alan Burns）、伊娃·费吉斯（Eva Figes）、雷纳·赫彭斯托尔（Rayner Heppenstall）、安·奎因（Ann Quinn）和斯特凡·泰默森（Stefan Themerson）。后面的几个人组成了一个"实验文学"的圈子，约翰逊

---

① 伦敦东北部的一个小村庄。

自己就是牵头人,他本人自60年代中期起就一直试图为英国社会现实主义文学增添一些欧陆的香气——元小说要素,例如突然打断叙事的第三人称叙事者;新颖的外观,例如在书中挖一个精心设计的洞。没有证据表明安吉拉曾读过这些作品,就算读过,她可能也不会产生多大亲近感(她对形式的实验只有零星的兴趣,而且比起约翰逊的招牌——尖锐的极简主义,她更喜欢生动绚丽——"鲜血四溅、脑浆迸裂"的文字),但她肯定愿意让约翰逊把她归在那张名单中。

叫好是一回事,卖座又是另一回事。8月初,九家美国出版社中的八家都拒绝了《霍夫曼博士的魔鬼欲望机器》。"我实际上还没敢面对这件事意味着什么,"安吉拉写道,"它其实意味着我不能再寄希望于用写作谋生了。这就像是回到了原点,还遭遇了命运的报复——想想我和保罗共度的那些年多么滋润吧!"

安吉拉不需要太多钱就能享受生活——"我总认为让自己的生活方式适应于收入比反过来做容易"——不过她现在只剩零星一点以前的小说版税和《新社会》寄来的30英镑支票,现在的经济前景可谓凄凉。杰弗里·斯科特-克拉克(《女王》杂志的编辑,安吉拉1967年为该杂志供给过几篇书评,1968年在上面发表了一个短篇《乐土女皇》)在一封支持她获得艺术协会基金的信中指出了几个造成她经济困难的理由:

> 她最早的出版商把她当作高超的文学小说作家(她也确实如此),把她在小范围内隐蔽了起来,而不是浮夸地大肆宣传。她后来的出版商……在过去一两年内经历了巨大的结构变迁,很有可能本来要投入在卡特小姐作品中的精力现在都用于其他事务了……
>
> 卡特小姐现在蜗居在伊斯灵顿的一间阁楼中,艰难地维持着收支平衡,也许知道这点会帮助艺术协会做出有利于卡特小姐的决定。

蜗居阁楼的场景显然打动了评审，他们给予了安吉拉1000英镑的免税资助，1973年1月10日到账。在此之前，她不得不艰难求生。她尽可能地写作新闻报道（大部分供给了《新社会》），努力卖出自己写作的短篇小说（《穿透森林之心》由高端女性杂志《诺瓦》买下），受邀担任约翰·卢埃林·里斯奖评审（她审读的那些书"太烂了，搞得我感觉写小说这件事三年之内就该被禁了，当然除了我"）。她甚至——在绝望的处境下——劝莱昂纳德·菲尔德再给她一次为《魔幻玩具铺》编剧的机会。她还向东英吉利大学和伦敦大学学院申请了两个教职，推荐人是约翰·伯格（她见过他一次，很有可能是在一次文学圈的派对上，和他建立了联系——"我太仰慕他的为人了……就像是遇见了雪莱"）和安东尼·伯吉斯（他告诉她："如果他们问我，我会说你是在世的三位最杰出的女性小说家之一，而且这基本上并非虚言。"）。虽然有这些杰出的支持者，她却没有得到其中任何一家的面试机会。"在我真的想羞辱自己时，我就去英国的大学申请教职。"她几年后写道。

就在一切似乎要在她得到艺术委员会资助前彻底崩盘时，考尔德与博亚尔斯（Calder & Boyars）的联合管理董事玛丽昂·博亚尔斯（Marion Boyars）找上了她——考尔德与博亚尔斯是一家独立先锋出版社，其作者包括萨缪尔·贝克特、阿兰·罗伯-格里耶和威廉·巴勒斯——让她来翻译格扎维埃尔·戈蒂埃（Xavière Gauthier）的《超现实主义与性存在》①，超现实主义运动最早的女性主义批评著作之一。这本基于作者博士论文的书出版于1971年，追溯了在超现实主义的艺术和文学中几种女性气质的化身——"从天真的小女孩式的女人到交配后吃掉配偶的螳螂"——并揭露它们都是男性幻想。安吉拉认为"这是本很好的书，非常博学而又十分切题"。其中很多观点——更别提它的基本研究方法——影响了《萨德式女人》。

---

① 原文为法语。

花几天读完戈蒂埃的书后，安吉拉写信给博亚尔斯说，"她非常、非常希望翻译这本书——因为我是个女人，而且正好是一个无政府马克思主义者，还对超现实主义运动……非常感兴趣"。她试译了五页的稿子，"译法非常自由，因为（戈蒂埃）的文字风格经常不能贴合她的论点"。10月18日，博亚尔斯一次性付清了200英镑，"加上如果我们能找到美国出版社，会分一半的钱给你"，最后期限是1973年3月30日。她和基本书籍出版社（Basic Books）签约在美国出版译著，但没有记录显示这份合同给安吉拉带来了多少经济收入。

也许安吉拉与卡萝尔友谊衰退的最明显标志是她与同在布里斯托大学读书的丽贝卡前男友安德鲁·特拉弗斯（Andrew Travers）开始了一段关系。读书时他沉迷于嗑药（安非他明和致幻剂）和轻微罪行（毁坏公物和偷窃），嚷嚷着自己的无政府主义倾向。卡萝尔恨他，因为相信他本科期间进过她的公寓盗窃。其他同龄人都认为他精神错乱。安吉拉也一直同意这点，在1970年（两人都作为客人在丽贝卡位于蔡尔德的家中共进晚餐）的信中描述他"不仅疯癫，还很让人不快"。

1972年秋天，在来自布里斯托的朋友位于伦敦市中心的公寓中再次相遇时，她对他有了改观。他用自己的莫里斯—牛津轿车顺道载她回家，到了阿伦德尔8号外面，她邀请他进门喝咖啡。"我们坐在一张开过晚宴后杯盘狼藉的大桌子旁，桌上堆着一大条烤羊腿、水果、奶酪，种种种种，"他回忆道，"我们吞下一些羊肉后，安吉拉突然坐到我的腿上。"她一直觉得他的身体颇有吸引力，瘦高的身材，嶙峋的骨架，巨大的无边眼镜后面生着一对半张半闭的蓝眼睛；现在她感觉到他成熟了，而且为他的脆弱所打动。"时间和不幸的命运让安德鲁身上起了变化。"那年的晚些时候，她写下了这句话，称赞他"得体的行为和友好的性格"。

不是每个人都能发现安吉拉描述的这些变化。不过，就算是他最顽固的贬损者也承认安德鲁风趣而随性，头脑充满活力。显然安吉拉同珍视他的身体特征一样珍惜他的头脑,而她给他的信(大部分都是在1973年夏天同爱德华·霍勒什在巴斯消夏时写的)经常就转向对弗洛伊德、波德莱尔、兰波、费尔班克、布莱希特、塔可夫斯基和其他艺术家、思想家的探讨。她后来称他是"我见过的极少数认真对待小说,把它当作真相的存在形式的人",还提到没有将他"作为自身的流溢,而是当作拥有迥异存在方式的他者,一个震撼了我的人,丰富而非凡"。

安德鲁不幸的命运包括在韦林花园市的伊丽莎白女王医院精神科接受抑郁症、突发焦虑症治疗,他将其描述为"不谨慎地使用致幻剂带来的创伤后压力症候群"。1972年以前,他写了一些小说(安吉拉认为有几篇显露出了天赋),创作了拼贴画,在墙上用油漆喷出政治口号。不久以后,他开始在圣潘克拉斯公墓担任助理园丁,职责包括开火车环绕伦敦卡姆登市去运送、维护长在墓地里的鲜花(安吉拉喜欢称他为掘墓人;关系结束时,她告诉休伊和琼这是因为"他把工作带回家了")。

11月5日星期天,安吉拉和她阿伦德尔街的房东发生了口角("我不算无辜,"她坦承道,"我的举止非常惹人生气。"),对方通知她在两周之内必须搬走。几天之后的晚上,她在一个文学派对上遇到了生于新西兰的诗人弗勒·阿德科克(Fleur Adcock),说明了自己的情况。碰巧弗勒的朋友刚刚搬出了她在东芬奇利的家,她邀请安吉拉来住这个房间。"在安吉拉搬进来的这段时间里我读了她那些精彩绝伦的小说,十分好奇我到底邀请了个什么样的恶人进家门。最后发现,安吉拉没有什么邪恶的地方,但她带来的男朋友很适合这个形容词。"

安吉拉把安德鲁带到东芬奇利一事说明两人的关系已经十分严肃了。但她还是没有告诉卡萝尔这件事。哪怕到了这一步——她需要他开车送她去布拉德福德取回她自1969年起就存在那里的东西——她也只是写"我遇到安德鲁·特拉弗斯,他正好没有工作,答应送我,我接受之后才突然想起……我记得你是不和他说话的。"卡萝尔非常痛苦,不仅是因为安德鲁出现在她的家里,而且她还怀疑安吉拉把他带来的动机。约翰·洛克伍德——已经不和卡萝尔住在一起了,但还和她保持着亲密友人关系——是诉苦对象:"她说当安吉拉在那儿把东西装进安迪的货车时,整个感觉就像是愉快的挑衅。"

这是卡萝尔和安吉拉最后一次见面。不久之后,安吉拉结束了这段曾经在许多艰难时刻支持着她的通信。她的最后一封信读起来像是两人友谊的尾声,承认它在她生命中的重要性,想要保护它不受正在扩散的负面情绪侵蚀:

> 我有敏锐的感知力,但不敏感,两相结合可能结果很坏,尤其是对于你这样敏感的人来说。我想为之前带来的种种不便道歉,很多时候我并非有意为之。有一点我一直很想说,那就是要不是你,我怀疑自己不会离开保罗。对比三年前的自己,后来独立自主的意识一直伴随着我,而现在我能不带恐惧和战栗地看着新房东的生活——极简的生活方式,很多天不对任何人说话,就像东芬奇利的艾米丽·狄金森①——我对你的感谢永远难以言喻。

* * *

东芬奇利是个低调安静的居民区,坐落于大都市西北部绿树成荫的高地上。安吉拉认为这里是"一个荒无人烟的洞,只能通向高门村,是我相当不喜欢的伦敦区域"。弗勒的房子在林肯路上,这是一条维多利亚中期的长街,居住着各色人口(从《新社会》的文学编辑托尼·古尔德到一群擅自占用空屋的澳大利亚、新西兰人,他们直到凌晨还在大声奏乐)。安吉拉和安德鲁在一楼拥有一间大卧室和自己的厨房;弗勒和十几岁的儿子住在楼上,白天在外交与联邦事务部图书馆工作。

---

① 艾米丽·狄金森(Emily Dickinson,1830—1886),美国著名传奇女诗人,被视为20世纪现代主义的诗歌先驱之一。从二十五岁开始弃绝社交,闭门不出,在孤独中埋头写诗三十年,留下诗稿1700余首。

第十三章 另一个异乡

虽然弗勒和安吉拉后来成了亲密的朋友,她们同住一个屋檐下时却保持着距离。"我一直有点敬畏她,"弗勒回忆道,"她太聪明、太奇怪、太不可思议了。我不想侵入她的生活。"偶尔,她们会一起出门去五铃酒吧;遇上弗勒有朋友来,有时安吉拉会冒险走到楼上的起居室。不过总的来说,她基本待在楼下专心工作。

安德鲁回忆她的日常作息时说:"她早上起床不是很早,但只要她开始工作,差不多就是正常工时,中途会打电话、读信、喝点茶或咖啡,如果我没去开货车的话,还有酣畅淋漓的性爱。"她有的晚上会出门参加文学派对,但他的印象是她似乎并不特别乐在其中:"我觉得大部分社交都让她有点挫败、沮丧。那段时间,'非接触式社交能力'是她最常挂在嘴边的词。"他记得她在读欧文·戈夫曼(Erving Goffman)的《尴尬与社会组织》,文章提出社交的挫败是主体想要表现的自我和保护的自我之间差别的产物:"人们辛苦努力地同时扮演两个角色,而两个角色互相否定,造成了尴尬的境地,这个观点让她读得如痴如醉——她发现它很有意思,因为这似乎吻合她尴尬的亲身经历,哪怕是在酒吧或什么地方点一杯咖啡也是如此。"

安德鲁说他和安吉拉是"激烈的性关系","不总是深情款款"。几乎从一开始他们就经常争吵。回顾起来,他认为他们的争吵只是"有点狂暴"("没用上刀"),但承认自己"是个很难相处的人,很固执己见,容易被激怒,对惹恼我的人容易产生暴力念头"。安吉拉应该会同意这个自我评价。她指责他"占有欲强","超级敏感"。她认为他在读自己的日记,于是在其中留下了一段话:"亲爱的安德鲁……你和我在一起的时候也是孤独的,因为你没有把我理解成一个与你不同的人,当作另一个人。"她认为他看待她的方式有些狭隘,觉得受了压抑:

> 他把我看作客体而非主体,在我身上投射了欲望、统治、侵略和绝望的幻想;要不是这样,他怎么可能让我承受这样暴虐的

痛苦。这是一种更高层次的自私；他的执念擦除了所有我的个性中不符合他构想的部分。更糟的是，他不仅把我当作他的客体；他还把他自己当作自己的客体，于是把自己看得特别重要，因为在心底深处，他完全不把自己当回事。

她没有吐露怨言，而是用拒绝和解的沉默来应对——这个策略让人想起了保罗·卡特。"你知道你做的什么事情惹恼了她，"安德鲁说，"但你只能听到打字机键盘的敲击声。"或许她认为消极挑衅是她唯一的手段，再多表达一点不快对安德鲁来说就意味着敌对升级。"他想煽动暴力来作为他实施暴力的借口，"她在日记中写道，"他的方法就是从我这里激起歇斯底里——一件轻而易举的事——然后让我在伪装的冷静之下……一直强忍着泪水。"

即便如此，有时两人的冲突还是会爆发，演变成非常可怕的场景。1973年2月17日，安吉拉对安东尼·伯吉斯写道：

> 我的同居者，姑且称之为东芬奇利的罗德里克·厄舍①，出现了一次精神/心理危机，我作为一个不能每次都躲过飞来的炮弹同时保持冷静和善的女孩，身上也出现了轻微版本的类似反应。我有一半的时间在打包准备搬家，另一半时间在拆掉行李。然后他辞掉了工作（他是圣潘克拉斯公墓的园丁，贝尔·克里平就葬在那儿），马上就生龙活虎了。可能工作是件坏事吧。这真是段乱糟糟的日子。但是，因为我私底下一向就喜欢怪人（他们也喜欢我），我想，我还挺喜欢这样的。

不管她是不是真的"喜欢"这样（更有可能不喜欢），她的确从"飞来的炮弹"中获得了不少谈资。这个时期，她告诉好几个人她的男友对

---

① 埃德加·爱伦·坡小说《厄舍府的没落》中的男主人公。

她扔来了一个打字机。安德鲁没有否认这个事件，但否认了安吉拉是炮弹的目标："我的确扔了打字机，但不是对着她……我从来没朝她扔过东西。"

1973 年，安吉拉可能才刚刚对臭名昭著的家暴产生敏感。她出国在外期间，其中一个撼动英国社会的剧变就是女权运动。她离开时，整个伦敦只有四个女性主义组织；1971 年末，这个数字已经接近六十了。在希拉·罗博瑟姆①和杰梅茵·格里尔作品的催化下，运动越来越密集，反映了英国女人长期压抑的不满。60 年代，有了避孕药降低意外怀孕的风险，加上洗衣机减轻了家务负担，她们的生活可能大大解放。但这些科学的进步完全没有改变男性主导社会的内部结构，哪怕在 1968 年学生运动的乌托邦气候下，女性角色也局限于打印传单和为男性活动家倒茶。如今，私密的愤怒变成了百万女人的同心一气——被当作性玩物和家务工具；同工不同酬，工作机会少；被生理结构定义了身份——这些愤怒集结成了一场影响深远的政治运动。

妇女解放工作组（一个全国女性主义组织的管理机构）在伦敦地铁开展了一场游击战，用印着"你做真正的妓女也比这挣得多"和"这个广告是对女人的侮辱"的胶纸覆盖裸体女人的广告。1970 年 11 月，抗议者冲进了皇家艾伯特音乐厅的世界小姐选美现场，将一袋袋面粉扔向竞选者，把主持人——惊恐万状的鲍勃·霍普——赶下了台。1971 年 3 月 6 日，几千个女人在特拉法加广场游行示威，将商店里的塑料模特钉上十字架，连同挂着胸罩和紧身褡的晾衣线一并高高举起，一路喊着"我不是一个可有可无的性机器"和"身体结构不决定命运"。四处革命情绪高涨，而且在安吉拉从日本回来以前，运动已经取得了一些重要胜利：1970 年，芭芭拉·卡斯尔（就业大臣，是整个国

---

① 希拉·罗博瑟姆（Sheila Rowbotham, 1943—），英国女性主义批评家，著有《梦想的承诺》《女性、反抗与革命》《隐匿于历史》等。

家当仁不让的最杰出女政治家）推行了《同工同酬法》；1971 年，家暴受害者庇护所成立；年末，温比汉堡连锁店取消了午夜之后不接待独行女性的政策。

1984 年被问及与这场运动的关系时，安吉拉解释说她"没有积极投身于任何一场运动。我置身事外，经常受到攻击"。尽管她有段时间自称"极端女性主义者"，她的政治思想却和自由论者、社会主义者有很多共同之处。她从不认为女性受到的压迫与其他形式的压迫有明显的不同，而且相信如果女性气质是社会构造，是强行把个体塑造成低人一等的狭隘角色，那么所谓男性气质也是如此。"假设人必须有男子气概。我想象不到还有更糟的事了，"她在 1979 年告诉一个采访者，"我怀疑当我的姐妹们想起我——我从来没想过她们会经常这么做——她们会觉得我有点像汤姆叔叔。我觉得一切都很可怕。对每个人都很可怕，不只是女人。"

主流媒体笔下描述的女性主义者可没有这样精微的见解。他们试图把整个运动和粗暴的瓦莱丽·索拉纳斯（Valerie Solanas）划上等号，污蔑它是一场滑稽的杂耍。瓦莱丽是美国抨击男性协会的创始人，对安迪·沃霍尔谋杀未遂。《观察者报》派去牛津罗斯金学院报道第一届全国女性大会的记者引用委任她的编辑说的一句话来展开报道："这很显然是这个周末最有趣的事件。"几乎整整一年后，《每日电讯报》专栏作家断言女性解放运动给人的"首要印象"是"来自其成员深深的性欲不满"。与此同时，小报媒体对此采取了公然嘲笑的态度：1970 年 11 月，《太阳报》在每版第三页都采用了祖露上身的女性模特，《每日镜报》和《每日星报》很快效仿。

地下媒体尽力反主流而行。1971 年秋，《友人》（Frendz）杂志与二十岁的记者罗茜·博伊科特（Rosie Boycott）合作出了一期女性特刊。《墨迹》（Ink）杂志的玛莎·罗（Marsha Rowe）几乎同时开始组织地下媒体的女性会议，在会上讨论她们如何被迫屈居秘书职位，分享欲求不满和非法堕胎的经历。

第十三章 另一个异乡

1972 年，博伊科特和罗为回应同事们的感受，即"她们的生活现实与书本知识，女性周刊上的太平世界与现实中的性别不平等、女性气质熏陶之间的鸿沟"，联合创办了《肋骨》（Spare Rib）杂志。她们因为那年总是断电而不得不在烛光下工作，用的打字机是从友人处借来的，桌椅和文件柜则来自《墨迹》办公室，这样终于在 7 月推出创刊号。它的制作相当粗陋——拼写错误随处可见，印刷字经常跳出设定的格式，向下倾斜——但它的内容让人醍醐灌顶。里面的专题文章涉及女性投票权运动，14 至 15 世纪的女性处境，女人对乳房的态度，加上新闻报道，如美国海军产生首位女将军，阴道除臭剂厂商芳芯集团决定针对 12—15 岁的女孩销售产品——厂商辩解他们之所以这么做是因为"女性解放运动开始后，他们的市场受到重创"。其中还有对同样号称是为新型女人创办的新型杂志《世界主义》（Cosmopolitan）创刊号的尖刻批评：《肋骨》的评论人称其为"由幻想包裹的虚假承诺……《世界主义》之于女性解放运动就像《小黑人桑波》（Little Black Sambo）① 之于黑豹党。"

安吉拉看到了这本杂志，对它的作为产生了好感。她打电话给编辑部，她们邀请她共进午餐。她到场了，"高挑而苗条，衣着暴露"，罗回忆说："她看上去很自信，充满奇思妙想。她完全专注于自己想要说的话，而说出这些在当时是十分勇敢的举动。她说得比较慢，但不是在犹豫，至少不是故意为之。"她提议与艺术家伊芙琳·威廉姆斯（Evelyn Williams）会面，后者正在制作像扭曲的洋娃娃一般畸形的大型蜡像，安吉拉很欣赏其中"孩子的孤独，母亲的孤独，以及母子作为一个自我封闭的组合的孤独"。文章在 1973 年 3 月发表。5 月，她又发表了一篇关于日本的性政治的文章，配上自己画的插图。她关注的是日本社会塑造夸张的女性气质背后隐藏的厌女症："你首先感觉到的是，用如此严谨的程序毁灭女人的个性，他们肯定很恨女人吧。"

---

① 1899 年出版的英国儿童故事书，因为含有涉嫌种族歧视的争议内容而遭到禁售。

两个月之后，她又为另一本出版物写了一篇关于日本性关系的文章，风格稍有不同（有许多淫秽的细节，比如"土耳其浴室给需要者提供短时间手淫服务，收费约 7.5 镑"）。《男士专刊》(*Men Only*)在 1971 年由英国第一家脱衣舞俱乐部（苏活区的雷蒙德演出厅）的所有者保罗·雷蒙德（Paul Raymond）重新发刊。同兄弟杂志《国际俱乐部》(*Club International*)一样——这个时期，安吉拉也为它写了几篇文章——《男士专刊》刊登一些话题淫秽的文章（D. M. 托马斯谈论脏话，霍华德·纳尔逊写了性的历史）和全彩色的裸女图。安吉拉最有趣的稿件是专给《国际俱乐部》"量身定制的短篇小说"。被编辑们称赞"怪异而性感"的《高地之路》（"The Upland Road"）其实就是典型的安吉拉·卡特作品，致敬卡夫卡和爱伦·坡（情节是一个男人到城堡去，那里有个叫玛德琳的女人在等他），尽管有些色情元素毫无必要，颇有戏剧效果（"'你在这儿会住得更好。'女人说着，解开绿色紧身胸衣的扣子，雪白的胸脯倾泻而出，猩红的乳头在冷风的轻抚之下硬了起来，颤抖着，仿佛身居我的手指爱抚之下"），却不比《霍夫曼博士的魔鬼欲望机器》和《染血之室》更加露骨。虽然它着重刻画了女性身体，人们还是可以从这个故事中看出女性主义意图：不幸的叙事人夹在一群好斗而解放的女性中间，后者掌握了全部心理和性权力。

色情作品分裂了女权运动——矛盾在 70 年代愈演愈烈，到了 80 年代初几乎不可调和——也是《肋骨》中几篇文章热议的话题。大体来说，女性主义评论者分成两类，一类认为色情作品与其说是性欲的表达，倒不如说是男权的巩固，是一种针对女人的暴力，因为它让她们失声，在它的基本体系中物化她们（美国女性主义者罗宾·摩根最为简洁有力地阐述了这个观点，在 1974 年写道"色情作品是理论，强暴是实践"）；另一类则表示幻想和行动之间有清晰的界限，以及女人也可以（实际上应该）像男人一样享受情色。

第十三章 另一个异乡

安吉拉觉得第一种观点特别无聊。"我想有些妇女解放运动的成员太喜欢抱怨黄色作品了,"她在1984年说道,"她们还暗指所有不大惊小怪的女人都是同谋。我觉得这简直疯了。针对女性的暴力是丈夫把妻子打得稀烂。"然而她也不能容忍那些认为色情作品与广大世界无关的观念。她自己的想法是它与世界就和其他文化产品与世界的关系相同:

> 我们差不多快忘了是查泰莱夫人①开了价格适中、易于购买的色情文学先河……真正讽刺的是,在那些正派人士决议解除对劳伦斯奇异性幻想的禁令时,他们的主导观念是,如果一本书既淫秽,又是文学作品——也就是说是一本优秀的淫书——那么艺术就会净化污秽……在这个理论背后是一个典型的英式概念,即艺术完全是无用的,对街上的人不会产生任何影响。艺术如此微不足道,甚至都无需审查……
>
> 色情画贬低了女人的形象;但是同样作恶的还有广告产业,还有,去他的,查泰莱夫人自己,还有许多完全不淫秽的世界级文艺作品。

安吉拉的社会主义意识意味着她相信色情作品是一种权力关系的外化,但跟别的东西无甚差别,也同别的东西一样,可以用不同的方式表达权力关系。这个观点吻合她对萨德侯爵的见解,她相信后者——把女性角色作为"权力的存在",而且完全承认她们的性欲——"让色情作品服务女人,又或者说允许它受到一种对女人无害的意识形态侵犯"。他的作品展示了"道德的色情作品"的可能,而她为《男士专刊》和《国际俱乐部》写作时正怀抱这样的目的。

---

① D. H. 劳伦斯的小说《查泰莱夫人的情人》中的主角,该书曾因大胆的性描写被英国政府列为禁书,直到1960年,完整版才得以在英国公开出版。

罗茜·博伊科特举办致敬波兰裔美国小说家耶日·科辛斯基（Jerzy Kosiński）的午餐会时，深入挖掘思想的机会出现了。坐在安吉拉身旁的是三十五岁的澳大利亚出版人卡门·卡利尔，曾在黑豹出版社与威廉·米勒和约翰·布思共事过，现在已经成立了自己的机构。卡门聪慧逼人，浑身创造力，拥有娇小的身材和惊人的美貌，一头卷曲的黑发配上一双闪烁的蓝眼睛。她直言不讳，经常哪怕是当面也这样，而且是个著名的急性子，对朋友忠诚不渝。她回忆起在午餐会上，安吉拉讲起她的男友向她扔了一个打字机：卡门认为她应该离开他吗？卡门说当然了。1982年，回忆起这个场合，安吉拉却着重讲了另一件事：

> 有个人正在一个接一个地讲着时下流行的阿拉伯笑话。我右边的人散发出冷冰冰的气息，这个开玩笑的人却不受影响地继续讲着白色的晚礼服、贝斯沃特阳台上的山羊，直到这个女人……放下刀叉说道：
> "阿拉伯人会感觉受了冒犯。"
> "这里肯定没有阿拉伯人。"这个鲁钝的男人还没有灰心。
> 虽然身材矮小，卡门当时却成了这里最高大的人。"我是阿拉伯人。"她庄严地说。我对她的第一印象和持续的印象都是……她有着强大非凡的个性。

卡门这时正要组建一个自己的出版社，想专攻女性作者的书籍，做出一点《肋骨》的风格；本来是要叫作"肋骨出版社"，但很快就改名为"悍妇出版社"。罗茜·博伊科特和玛莎·罗已经作为经理入了伙。在致敬耶日·科辛斯基的午餐会后不久，悍妇社还在起步阶段，卡门和罗茜就把安吉拉约到了伦敦繁华的市中心骑士桥地区的时尚意大利餐厅"圣洛伦佐"共进午餐（"我不知道我们怎么吃得起这个。"卡门说，她是在自己掏腰包组社），问她是否愿意为他们写一本书。安吉拉提到了自己关于萨德的想法。卡门认为它们"太棒了",请她写出一份正式的企划案。

安吉拉打出了一份她称为《萨德式女人》的"广告",称作品将论述"关于萨德,作为政治现象的性欲,还有关于性别的神话"。她计划写大约60000字,分为七个章节,"因为我喜欢数字7"。她想要配插画,还打算到法国去待上一段时间,研究萨德的手稿。"希望它既能旁征博引,又有优美的文采,像法国18世纪的风情。这样才恰当。但我还不清楚最后它会变成什么样。"

卡门没有为这样的坦白担忧——"我对你的'广告'比之后的成品更感兴趣。"她写道——就在9月悍妇社的第一次委任会后,她给安吉拉预付了1000英镑;哈考特·布雷斯·约凡诺维奇出版社的托尼·戈德温则为这本书在美国的发行支付了1500美元。"我只有在年底后才能开始写,"安吉拉警告说,"保险地说,可能是1974年1月1日;而且我是个拖稿的混蛋,我的意思是,我逃避最后期限,所以最好能允许我用一年时间来完成它。"最后哪怕是这个宽松的时间范围也太过乐观了。这个项目占据了她整个70年代中期的精力,她直到1978年2月还在与手稿缠斗。

她和卡门的友谊并未受拖稿影响,而且她还很快进入了悍妇社的编委会。之后的几年间,安吉拉将几位新作者(包括帕特·巴克和洛娜·特雷西)引入了卡门的视线,一路悉心协助她们发表作品,为许多手稿写了报告,而且自1978年以来,为悍妇社现代文学经典书单推荐了一些书目,包括一些她认为能表达女性"病症"的男作家作品——萨德的《朱斯蒂娜》和理查德森的《克拉丽莎》。

悍妇社扎根于女权运动,却没有站在这项运动的极端立场上——有人取笑它是"女性主义能被人接受的那一面"——而安吉拉赞同它面向大众市场的目标。她希望公司能用女人的作品堂堂正正地赚钱,用剥离它被动的受害者身份的方式把它从边缘文化中拯救出来。"我想我的动力是,"她几年后写道,"我自己的女儿以后绝不会写下:**我坐**

在大中央车站旁哭泣（伊丽莎白·斯玛特关于一个女人与已婚男人婚外情的诗体小说标题，安吉拉在别的地方将这本热情洋溢的小说称为'受虐狂版的地狱一季①'），哪怕它的语言可谓精致。(在我看来，**我在大中央车站旁扯下了他的蛋**更像样)"。

　　从道德不那么高尚的角度来说，她与悍妇社的关系也让她获得了前所未有的东西：在英国文学界的一角，她成了一个伟大的标志性作家。在与她共事的编辑中，卡门与她的关系最近，也是最推崇她作品的人（玛莎·罗记得在致敬科辛斯基午餐会后没多久，卡门跑到《肋骨》办公室来大声宣布："安吉拉·卡特是个真正的作家。"）悍妇社稳定下来之后——将总部从卡门流浪者遍布的切尔西住所搬到苏活区华都街的私人办公室，1975年出版了第一本书——安吉拉在其间的地位仿佛受人尊敬爱戴的教母。"她是个非常重要的作者，"厄休拉·欧文（Ursula Owen）说，她1974年加入公司成为经理，"她从一开始就热心支持着悍妇社……我爱她的一切，我爱她，还有《萨德式女人》。"伦尼·古丁斯（Lennie Goodings）1978年加入公司，后来成为出版人（即主编），她对安吉拉也有同样热情的评价："她太有魅力、太有爱心了。安吉拉有强烈的好奇心和慷慨的精神。她对卡门和悍妇社非常忠诚。"

　　最初的几个月，悍妇社的经营仰赖赞助，来源是去年离开黑豹出版社的约翰·布思和威廉·米勒新近成立的四重奏出版社。布思和米勒想在同一个出版社下制作精装版和简装版——这在当时是个具有革命性的点子。为了帮助他们起步，安吉拉给了他们1970年搬去日本后写的短篇小说。他们为这部后来的《烟火》故事集付了1000英镑。"她非常慷慨地允许我们出版它。"布思回忆说，他担心这笔预付款不如哈特-戴维斯给得多。

---

① 暗指法国诗人阿蒂尔·兰波的《地狱一季》。

第十三章 另一个异乡

四重奏在古奇街 29 号一家鱼铺的楼上租了办公室，周围是阴沉的伦敦布鲁姆斯伯里地区，永远聚集着文人、出版商和学者。文学经纪人德博拉·罗杰斯（Deborah Rogers）——她的客户包括安东尼·伯吉斯和伊娃·费吉斯——的办公室就在上一层楼。因为对品位的高度自信（完全恰如其分），对作者的绝对忠诚，加上温和而坚定的交易方式，她正要作为最杰出的新一代经纪人之一声名鹊起。她比安吉拉大几岁，金发，长得棱角分明，带着和善的微笑，浅蓝色的眼睛闪闪发光，有些特立独行，很像上流社会的人。她周身散发着热情和好奇心，非常热爱工作。

1973 年 5 月，安吉拉从四重奏的办公室上楼，问德博拉是否愿意成为她的经纪人。她已经被艾琳·约瑟斐不上心的态度惹恼了（经常几个星期联系不上她），尤其对她不能把《爱》和《霍夫曼博士》卖到国外相当失望。

德博拉不熟悉安吉拉的作品，虽然相处愉快，她还是说要读过几本小说之后再作定论。几周后，她写信告诉安吉拉"《霍夫曼博士》是我很长时间以来读过最精彩、最令人兴奋的英语小说，哪怕不为别的，我也要感谢你的到访给了我一个阅读它的机会……读过之后，我非常确信如果你能决定好什么时候换经纪人，是否要信任我，我这边完全乐意为你的作品出力。"

现在她已经迈出了第一步，剩下的就是担忧应该怎样解雇艾琳了（"因为和艾琳合作这么长时间了，也不太清楚怎样解除关系"）。8 月 12 号，中间花了近四周时间，她才写下了一封相当正式的解雇信（"非常非常感谢你过去七年的工作……我猜这类事是有礼仪规范的，而我们都会遵守"）。公事公办的口吻说明了她将经纪人换为德博拉是多么理智的决定——德博拉和卡门类似，不仅大大有助于她的事业发展，还成了她最好的朋友。安吉拉和德博拉都热衷于煲电话粥，经常给对方打长长的电话，有时甚至每天都打，除了聊工作，还谈论政治和八卦。德博拉的政治观点"左倾"，却承认"如果是以女权运动成员的标准来看，我做得一向不太好……事实是，我恬不知耻地利用了自己女性的身份来宣传……某种意义上，我的那种……我情愿说那是精神独立——意思是我没有投身于女性主义，就像没有投身于别的任何事情——是安吉拉比较喜欢的。"

安吉拉把她和安德鲁·特拉弗斯的关系终结归结为突然爆发后的全然冷漠。"我与一个精神病人住在一起，"第二年她告诉一个日本来的朋友，"我差点被他杀了，他要再靠近我20英里之内我就要报警了。"实际情形没有那么直接——一开始也没有那么激烈。1973年4月初，意识到与安德鲁同居对写小说无益之后，她去巴斯投奔了老朋友霍华德·霍勒什。不过她并没有和安德鲁断绝联系，而且在之后的几周，她还给他写了几十封信，有亲热的（"深夜即将入眠时，我拥抱你，和你说晚安"），有温情脉脉地谈论现实问题的（"看到食品又涨价了，我在想你应该吃什么，我们必须安排下，让我来教你做饭，因为女性解放＝男性解放，而不会下厨太不方便了"），还有关于两人共度未来的思考（"我认为我们会在一起很长时间，不管是用什么样的形式；但是，我们中的任何一个人，都不能厌倦、无聊、生气或伤害对方"）。她远没有放弃这段关系，而是在寻找维系它的方式：

> 既然我迫使你出于虚荣、占有欲、不安全感和其他可恶的原因对我忠诚，那么我现在就活该受这种罪，我想你可能有不解，但它就是这事的后果。无可否认，你是个有趣的人，我也是，但我不能和你（很可能是任何人）一起生活，你也不能和我一起生活；然而我们还能互相拜访，我说爱你的时候，意思是我希望你过得好，我的意思是，希望你自个儿好好的，这就是我想要说的全部，因为你还有漂亮的双眼。

她做出搬去爱德华家——而不是父亲、兄长或女性朋友家——的决定

第十三章 另一个异乡

主要是因为她认为巴斯"是个缩减开支、享受外省昏昏欲睡的气氛的理想去处"。巴斯是个自知有吸引力的城市——肃穆的乔治王式新月楼,高耸入云的哥特式修道院,柱廊装饰的古罗马浴场,都是用同样的蜂蜜色石块砌成——它地处萨默塞特山丘的低洼地带,其生存仰赖地下的天然温泉。安吉拉在1962年冬天自布里斯托出发第一次到这里旅行,当日往返,从此就爱上了这座城市。当时她写道:"无论在巴斯的什么地方,你总能看到新鲜、稀奇而美丽的东西……他们知道在哪里装饰,在哪里铺陈那些奇妙的装饰品,镀金,给饰环抹上石膏,绞铁;他们还知道哪里需要严格留白。"十足的优雅让巴斯感觉就像玩具小镇,对安吉拉来说这完全是优点:

> 整个城市的无用让它更迷人、更悲惨了,而悲惨也是它的魅力所在。修建它不是为了确立某个特殊家族的崇高地位,也不是为了彰显某个地区的权力。它在18世纪除了旅游业没有重要产业。这个城市修建需符合某些绅士的品位,而他们对劳动漠不关心,只对他们从中收获的利益感兴趣,巴不得这劳动离他们享乐的场所越远越好;巴斯是为了享乐而建,这解释了它的天真和根深蒂固的忧郁。

爱德华住在悉尼大楼街,细长的街道与宏伟的巴斯维克山大道交叉,山上可以纵观巴斯全景,但"对巴斯而言有些与世隔绝"。他的房子"非常具有学究公寓的特点……单身居所,周围的墙像大衣一样将你周身裹住"。小花园里长着无花果树,金鱼草和乌鸫常来做客。安吉拉坐在春日暖阳下翻译《超现实主义与性存在》(玛丽昂·博亚尔斯写信来催,最后期限已经过了)。她对安德鲁写信说:"我在让你发疯的那些情绪的张弛间徘徊。"

住在爱德华家不是长久之计:她的父亲答应借她钱在巴斯买一套自己的房子。她很快在一条融汇各种建筑风格的人行小巷"海丘巷"

中找到了地方。我们不知道她到底花了多少钱（这套房子在1982年前都没有登记在地产名录上），但她同时在看的另一处房屋市场价是2500英镑。

海丘巷5号建筑很高但十分狭窄，有三个小房间层层堆叠。底层是厨房和餐厅；二楼有一个小卧室（安吉拉主要用它做书房）和一间小型卫生间；顶楼是主卧室。它有些破损，需得重新修葺——但为了吸引人过来改造房屋，当地政务委员会提供了一笔修缮费。安吉拉在1973年5月17日将它买了下来。她在给安德鲁的信中说：

> 我刚去看了我的房子，尽管不是什么豪宅，它对我而言也非常漂亮了。这点让我感到很不公平。请原谅我那占有欲旺盛的"我的"。这是个小小的概念。切切实实地拥有这些砖块和灰浆组成的外壳好像特别不可思议。我并不理解"拥有"的概念。好吧，我是靠感觉的；但我不确定自己的感觉是什么。

无论她的感觉是什么，它似乎都解开了她和安德鲁的心理联系。就在同一封信中，她告诉他将在一周后回到伦敦为安德烈娅·纽曼看守她那位于西伦敦"世界尽头"① 附近的房子和猫：她示意安德鲁一起过去，"我们能看彩色电视，或者做别的什么事情，只要不睡在安德烈娅的床上就行——又或者要是我们这么做了，别留下痕迹"。然而安德烈娅后来取消了假期，安吉拉没有去伦敦。与安德鲁推迟见面似乎让她的情感趋同于这段关系的物理距离。6月2日，她在日记中写道：

> 昨天晚上，我不爱安德鲁了。它的到来像一道霹雳；人陷入

---

① "世界尽头"是位于伦敦切尔西区的一幢酒馆兼餐厅，由于建筑本身出名，附近的区域都以它命名。

第十三章 另一个异乡

爱情的时候猝不及防，走出爱情的时候也一样，甚至更快。我一直都太天真愚蠢了，他就像一只又大又肥的蜘蛛，结了一张装着力比多诱饵的网等我上钩。太幼稚了。

6月6日，她打电话给弗勒，让她在安德鲁出门时暗中透露给她消息，好让她回来取走林肯路的行李。"我感觉她有事瞒着我。"弗勒回忆道。不过她也感觉自己不必向着安德鲁，所以当她有天回家，发现一张说他会离开几天的字条后，她给安吉拉打了电话。前门锁着吗？安吉拉问道。弗勒说是锁着的。"他不在那儿吧，是吗？"她这时声称安德鲁威胁说如果她离开的话就自杀。安德鲁否认做过这样的事，而从他们这段时间通信中平静深情的口吻判断，这只是安吉拉单方面的戏剧性举动。

弗勒当时不知道这些，一下子吓坏了：她打电话给托尼·古尔德，他过来提供了心理支持，然后报了警。上门的警官说门很难拆除，并且几次用肩膀撞门，验证了这个猜想。他砸裂了门框却没能搬走门，走到屋外用手电筒照了照窗子里面。房间是空的。

一两天后，安德鲁回来了，而他的门上遭破坏的痕迹无从遮掩。"他说他锁门是因为里面有个值钱的打字机。"弗勒在日记中写道。安吉拉告诉弗勒那打字机是她的。6月12日，安德鲁搬走了，连同那台打字机一起搬去了迈恩黑德的亲戚家。

他气坏了——似乎被逐出林肯路是比被安吉拉抛弃更大的原因。6月23日，他给安德烈娅·纽曼写了一封1500字的长信辱骂弗勒和（主要是）安吉拉，指控后者抄袭，个人卫生极差，"丝毫不成熟，而且更糟的是，抵制任何成熟的可能"，在"不自信和不正常的虚荣（认为她做的所有事都是正确的）间转换，合起来造成了她在理解他人的问题上蹩脚的失败"。尽管是在盛怒下写成，这封信还是很值得注意，因为它代表着一种塑造安吉拉形象的方式——而且是由她特别亲近的人所写，无论他有多少盲点和偏见——与她大部分朋友的感觉截然不同。然而安吉拉的反应是不为所动。信件到达时,她住在安德烈娅的公寓里,认出了信封上的字迹,拆开阅读后交了出去。她唯一的怨言是"他用了我的打字机!"

第十四章

这身份不脆弱吗？

安吉拉厌倦了混乱的恋情，也急于回归工作，准备把海丘巷5号变成单身女人的私密空间。除了卫生间之外，她把所有墙壁刷成了白色，卫生间刷成了黑色，据表亲尼古拉·法辛说，还用了"相当色情的图片"加以装饰。"出于遁世的需求"她取下了门铃，把电话装在一个"几乎听不见"的地方。7月5日，在她三十三岁生日的两个月后，她给弗勒·阿德科克写信说："到处都是油漆桶，到处都是——但我已经看到胜利了，我要居住的那个房子正要从我买下的房子表面显现出来。"

这些事都发生在她完成《超现实主义与性存在》之前。7月7日，她对玛丽昂·博亚尔斯写道：

> 书的主体部分几个星期前就翻译好了，现在我在做注释和参考书目，有希望在短时间内完成。我因为搬家而耽误了……伴随着我个人生活的一点变动，这个春天很艰难。但书稿已经完成了——我很快就会脱稿。我对拖延表示非常抱歉，但事情失控了……总之，我很快就会完成了，可能一周左右。

实际上，她到8月31日才交出了一份完整的打印稿——在写完这封信

8周后,也是原定最后期限的5个月后,包含注释,但仍旧没有参考书目。最后一项任务比她预想的艰难许多。"你们不能雇一个研究者来做参考书目吗?"她在附信中说道,"我真的没法花上这么多时间,因为我还有一本小说必须要写。"她粗鲁的口气可能是在回应博亚尔斯的抱怨,但哪怕是抱怨也比之后的沉默要好。9月17日,安吉拉写道:

> 我几个星期前寄给你格扎维埃尔·戈蒂埃《超现实主义与性存在》的译稿,里面附上了一封信解释为什么不能编出参考书目,加上我的道歉——有点惊讶只收到了一张正式的手写明信片,因为这是你们委托我的工作,而且是按照合同上做的。

博亚尔斯还是没有回应,而安吉拉很快就被别的工作分了神。几个月后,她还是没有听到更多关于译稿的消息,她肯定认为考尔德与博亚尔斯决定不出版这本书了。

那本"必须要写"的小说已经酝酿了一段时间。1972年1月,安吉拉就开始为那本小说写详细的笔记。在之后的18个月中,书名由《大阴阳人》改为《新夏娃的激情》,场景从古意大利迁移到了正经历大动乱的美国。不变的是一部粗俗、暴力的讽刺小说,揭穿男性和女性气质的文化原型。如同一时期成型的《萨德式女人》一样,《新夏娃的激情》试图解构"性别的神话"。

她一直努力区分神话和民间故事,如果人们说她的作品带有"神话色彩",她会感到愤怒。"我的工作是去除神话色彩。"她在1983年写道。她将神话看作"设计用来让人们不自由的非凡谎言",而她作为艺术家的职责是相反的。《新夏娃的激情》的灵感最早来自关于提瑞西阿斯的希腊神话,他被赫拉惩罚变成了女人——安吉拉想,仿佛女人就是受苦的近义词。它让她觉得像是恶劣的政治宣传。她开始理出一条能结合提瑞西阿斯和其他性别身份神话(例如人类被逐出伊甸园的故事)的故事线，还融入了现代女性气质典型（比如好莱坞制造出的形象），意图揭露那些影响女人对自己看法和男人对女人看法的文化因素。她把它看作"一则黑色喜剧"，同时又是"非常非常严肃的小说，探讨性别身份，我们与造梦工厂的关系，还有我们与各种形象的关系"。"我意在将它写成女性主义小说，"她1979年时告诉采访者，"我想揭露对男性和女性进行类型概括的滑稽之处。我没觉得男性和女性有多大不同。同一性别中不同人的差异可能更大。"

巴洛克式的故事线包含了科幻、戏仿和流浪汉小说元素。叙事者是伊夫林，一个英国学术界的花花公子，从正在解体的混乱纽约逃到了加利福尼亚的沙漠，却被一群携枪的极端女性主义者逮住，带到了她们的地下巢穴。统领这个组织的是"圣母"，一个体型庞大、长着很多乳房的女族长，又名"伟大的弑父者"和"大阉割家"（安吉拉没时间同情那些相信性别本质论的女性主义者，在这儿她们成了讽刺的目标。"母神和父神一样愚蠢。"她在《萨德式女人》中写道）。为了惩罚伊夫林的厌女倾向，这些女人想要把他变成"完美的女性样本"，然后用他自己的精子使他受孕。于是她们把他从伊夫林变成了夏娃，用女性气质的文化形象来轰炸他：好莱坞女性、圣母和圣婴的形象，还有"一盘录像带，我想是用来在潜意识中植入母性本能的；它播放出母猫带着小猫，雌狐带着小狐狸，雌鲸和她的后代，豹猫、大象、沙袋鼠，全在匆匆忙忙地给幼崽哺乳，小心地照顾着他们"。

标题中的"激情"（Passion，还有"受难"的意思）部分是指夏娃在性别研究的集中课程期间遭遇的苦难和羞辱。在逃离圣母及其追随者的母权魔爪后，她又被一群崇拜性和死亡的父权同类抓住了，这群人由独眼独腿、名叫"零"的古鲁[①]领导（回忆1969年在美国的经历时，安吉拉想起了查尔斯·曼森；他是"零"的部分原型）。在零强暴她以后，夏娃终于不再把自己当作受困在女人身体里的男人了："对零

---

① 印度教、锡克教的宗教领袖。

的思想把我变成了女人。"与此同时，零的行径"让我突然产生了内省，在我受到侵害时迫使我知道自己以前也是个侵害者"。这种双重意识的潜在荒谬性不在于——如有的读者猜测——男性和女性各自天性的写照，而是对有些男性气质和女性气质典型的戏谑模仿。"很难不大笑出来，"詹姆斯·伍德在批评这个场景时写道，却在后面加了一句话，仿佛是突然想到的，"也许这就是作者的意图。"

在作为男人的前世中，夏娃非常迷恋特里斯特莎·德·圣·安吉①，一个玛琳·黛德丽/葛丽泰·嘉宝式的默片女神——一个具有"典型绝望气质的"哑剧艺术家——在小说开头被称为"世界上最美丽的女人"。她的电影展示了"每一种庸俗夸张的女性形象"，也提供了夏娃在变性手术后被迫观看的大量图片。不过，零带着后宫去洗劫特里斯特莎的豪宅时，却发现她其实是个有异装癖的男人。安吉拉喜欢一个男人被迫变成女人（如提瑞西阿斯）和一个男人扮演女人之间的反差：

> 当然，特里斯特莎的故事表明完美无缺的形象只可能是虚构的。最后发现她在重重伪装下实际上是个男子。一直有传说认为嘉宝其实是个男人，因为她太完美了。她的姿态，所有一切。她太像女人了。这本小说写的是……性别身份的构建和电影出于某种理由成为它的媒介。电影成了性别身份构建的最大媒介之一，对男人和女人而言皆是如此。

而小说中性别身份的概念显然比好莱坞的更不固定：结局是夏娃自加利福尼亚海岸扬帆起航，腹中怀着特里斯特莎的孩子。

在写作《新夏娃的激情》期间，安吉拉对于政治艺术的用途和方式有很多思考。她对它能打动的人群不抱幻想。"我写了一部精英读

---

① 法语 de St Ange 有圣天使之意，而特里斯特莎这个源自意大利的名字含有"忧伤"之意。

物，"她在小说出版后告诉一位采访者，"如果你用上了这些精英小资的手段，你就只能拥有很有限的读者。"但是总的来说，她也没考虑过向大众灌输思想："让我忧虑的是这个国家知识阶层的品位。"

震动知识界的方式之一是与普遍接受的美学观背道而行。回顾早期的小说，安吉拉认为自己"没有特别斟酌文字"（"表面上……完全是淡而无味的"）。在《新夏娃的激情》中，她想要"美化文字到一定程度，以至于像是在丑化它"。从全书的第一行开始（"在伦敦的最后一晚，我带了某个女孩去电影院，通过她这中介，我用了一些精液向你致敬，特里斯特莎"——小说家兼评论家亚当·马尔斯-琼斯说"记住这个开头比忘掉它容易"），气氛就是燥热、性感而狂暴——文字在精彩中透着邪恶。

这些特点在初稿中没有多少体现。安吉拉 1973 年 7 月 14 日开始写作初稿，写了 110 页分行的 A4 纸。情节已经差别不大，但语言上没有多少独特的味道。伊夫林用直截枯燥的方式做了自我介绍，就像传统的教育小说①一样（"我是家里的小儿子。在人们眼里，我的家庭相当富裕；我的学术成就很让父母满意，现在有了纽约的这份工作，更是锦上添花；而且，因为它时长只有一年，又能确保我不至于离家太久。"）。在第二稿中，安吉拉开始砍掉这些说明的冗词，留下光彩夺目的内核。

整个过程十分艰难。"我在写作，"她在 8 月 10 日对弗勒·阿德科克说道，"有些迷信的恐惧让我谈起它来就很紧张。写作（尤其是长篇小说）对我来说就像是《陷阱与钟摆》②的延伸——比前进更糟的是放弃。这项任务将会很难，我不得不练习瑜伽来保持健康。"她说的不假：她正在用一本书自学瑜伽，但很快得出结论"它能提升人的姿态但不能使人平静"——不然就是"我买错书了"。

---

① 源于德语文学的一种文学类型，以描述主人公成长过程为主题。
② 埃德加·爱伦·坡的小说，主角被关在宗教法庭黑暗的房间中，前方是一个陷坑，头上是一把镰刀，四周的墙也可以收紧。

在巴斯期间，安吉拉的社交圈子一直很窄：在这里交到的最重要的两个朋友都是爱德华在大学的同事。克里斯托弗·弗雷灵（他住在城外的村庄中）在 1973 年 10 月被录用为初级讲师，当时二十六岁。他与安吉拉的兴趣有几处交集：他刚完成的博士项目研究了卢梭（也提到拉克洛和萨德），还教"电影与政治宣传"和"欧洲社会主义思想"课程。安吉拉去听了他的几堂课，坐在后排抽烟。他同样着迷于美国西部文化，还写了一本书谈论 19 世纪文学中的吸血鬼。安吉拉为这个项目深深吸引。他借给她 1922 年的电影《诺斯费拉图》（*Nosferatu*）的剧本和其他一些讲述吸血鬼和民间故事的书籍。他告诉她计划要到罗马尼亚的喀尔巴阡山脉去做调查时——追随《德拉库拉》（*Dracula*）中乔纳森·哈克的足迹——安吉拉也心痒难耐。她 1973 年的广播剧《吸血姬》（*Vampirella*）中希罗的角色——有点天真狂热的英国书呆子，踏上了骑自行车游览喀尔巴阡山的旅行，对前方的黑暗全无防备——原型就是弗雷灵。她送了一份打印稿给他作为礼物。

他们在爱德华位于悉尼大楼街的家中见面，有时克里斯蒂娜·唐顿也会加入进来——她和爱德华一样，是个左翼经济学讲师。在唐顿记忆中，她和安吉拉是一定会谈到女性主义的："我们谈论这个话题的程度，基本上就是讲述关于反女性主义和性别偏见的新遭遇，或者我们读到了什么、体会到了什么。"但她们的对话氛围都比较轻松：

> 安吉拉是个很欢乐的人。她讲述的是欢乐的故事，也许那是最好的形容词……只要她认为自己想说的话有点调皮，她的眼睛里就闪烁着光彩，整张脸都亮了起来。

弗雷灵也赞同这点，但感觉到安吉拉也很擅长挑衅自己和他人：

她说话太有个性了，为了达到效果什么都说，就像是打了你再跑开。她喜欢"渎神"。我是说，如果她觉得晚宴或者某个场合，像是谈话会一类的，大家都太彬彬有礼了，她就要突然来一句，经常都是咒骂……我想她就像很多害羞的人一样偶尔会爆发，这是她与人相处的方式。

安吉拉怂恿霍华德买了一台彩色电视机，晚餐之后四人就围坐在电视前喝点小酒。克里斯蒂娜记得他们一起看了 1973 年 5 月 17 日开始的水门事件听证会〔"我们都为之深深吸引……（安吉拉）肯定觉得这个场面棒极了"〕。工党的巴斯维克地区分部每月一次在爱德华家的起居室聚会，尽管住在城市的另一头，安吉拉还是成了这个组织的秘书（"因为没别人愿意做这事"）。包括安吉拉、爱德华和弗雷灵在内，分部共有八个活跃成员。安吉拉的任务就是将会议摘要和报告送回本部。

这段时期，安吉拉对歌剧的兴趣日益浓厚，有时爱德华会开车载着她和弗雷灵去布里斯托观看格林德波恩歌剧节巡演或威尔士国家歌剧团的演出。他们看过的剧目有莫扎特的《魔笛》和《费加罗的婚礼》，维尔第的《福斯塔夫》，还有韦伯的《自由射手》——弗雷灵记得安吉拉说过想把它改编成"惊悚的美国大西部"版，于是它成了《恶魔的枪》（Gun for the Devil）的灵感来源。这部安吉拉写于 1975 年的电视剧本讲述了持枪歹徒走进超自然领域的故事（电视没有拍成，但剧本和一份单独的脚本都在她去世后出版）。

他们也经常去电影院，但从没去过话剧院。"安吉和话剧不太对付。"弗雷灵回忆道。她确实对某种英式表演多有贬损。在 1979 年为《新社会》写作的一篇电视剧评论中，她写道："'现场戏剧'——尽管更应该被称为'不死'[①] 的戏剧——让我尴尬到无法忍受，坐在不远不近的距离看着一群涂脂抹粉的疯子犯傻的场景太可怕了。"但她钟爱

---

① 现场（live）在英语中还有"活着"之意，所以被安吉拉戏称为"不死的"。

一种在她看来没有这么浮夸的戏剧传统——音乐厅、哑剧和喧闹的伊丽莎白一世时期的舞台。她在《明智的孩子》中想要强调的就是和哈泽德家族（踏地上的木板）和钱斯姐妹（在音乐厅欢快地表演）的差别。

　　这段时期经济依然较为紧张，安吉拉只得抓住写新闻报道的一切机会来谋生（她为《国际俱乐部》供稿直至 1974 年 12 月）。1973 年 11 月，她开始定期为英国广播公司的电视指南《广播时间》供稿，为六个作家改编托马斯·哈代的短篇小说构成的"大型电视系列剧"写节目简介：其中有剧作家丹尼斯·波特（Dennis Potter）和小说家威廉·特雷弗①（安吉拉非常享受与后者的会面，"他说喜欢我的作品，而且他是个好人。"她告诉卡门）。她接下来的稿件还包括一篇关于哥特式恐怖小说的文章，辅助推出《德拉库拉》和《弗兰肯斯坦》两部电视节目；一篇格雷厄姆·迈尔斯（BBC 斯诺克黑池系列赛的冠军）的介绍；作曲家卡尔·奥尔夫的简介（在他八十岁生日之际 BBC 从慕尼黑连线直播了《布兰诗歌》的演出）。克里斯托弗·弗雷灵记得她采访艾丽斯·默多克回来，为默多克不认识她而大受打击："她真的很受伤。她其实脸皮很薄，在某些方面。"

　　对默多克的采访似乎没有发表（至少不是以安吉拉·卡特的名义发表的：1974 年 12 月 21 日的《电视指南》上出现过电视版《一支非正式的蔷薇》的一段简介，作者匿名）。不过，毫无疑问采访是实情。安·麦克费伦——杂志雇的年轻研究员——被派去帕丁顿火车站接坐不同班次到站的两位作者，介绍两人互相认识。她觉得这个任务有点尴尬："我不知道《广播时间》脑子里在想什么，为什么竟然认为两个像艾丽斯·默多克和安吉拉·卡特这样健全的人不能在互相打招呼之

---

① 威廉·特雷弗（William Trevor，1928—2016），爱尔兰当代短篇小说大师，素有"爱尔兰的契诃夫"之称，先后三次获得英国惠特布雷德图书奖，五次入围布克奖。

第十四章 这身份不脆弱吗？

后说'我们要不要去附近的咖啡厅'？"随着下午的时间过去，她越来越难受了：默多克以为麦克费伦就是去采访她的人，这是当天安吉拉的自尊心第一次受挫（据她告诉弗雷灵的情况，默多克转过身来问道："那么，你是做什么工作的呢？"）。

不过，安吉拉却与麦克费伦相处融洽，那天晚上她就去了麦克费伦及其伴侣斯努·威尔逊位于蔡斯街的房子。悠长起伏的蔡斯街地处伦敦南部，街上半独立的别墅自偏离克拉彭公园起就越挨越紧，在万兹沃斯路上构成一列爱德华式的排屋。这是一段漫长友谊的开始。"第二天早上，她花了差不多一个小时就写完了报道，让人羡慕，"麦克费伦说，"（我记得我）想的是，天啊，我也希望自己能写得这样又快又好。"

她写文章速度快可能是由于不太上心。她并不为自己为《广播时间》写的稿件感到自豪，而且一旦有人注意到它们，她还会"鬼鬼祟祟"的。她告诉弗勒·阿德科克，她只有告诉自己这些文章会帮她支付中央供暖的账单，才能安心写稿——"每写一页，就离更温暖的家近了一步！"

尽管居家预算在增大，安吉拉的生活还是难以为继（"更温暖的家"没有实现：克里斯托弗·弗雷灵记得海丘巷 5 号冷得让人不舒服）。日记背后潦草的计算说明了她的困难程度：1973 年，她收到了 8.96 镑的版税，通过新闻报道赚了 250 镑。12 月，她的总收入跌至 44.20 镑，全部来自新闻业；那个月她花了 105.83 镑，哪怕除了书和香烟，那个月她的奢侈仅在于一双靴子（11.99 镑）、糖（1.42 镑）和送给家人的圣诞礼物（9.94 镑）。为了要省钱给工人们修房顶，她过得更艰辛了，因为政务委员会"在官僚主义的两难处境下"要求她必须先修房顶，才能为她提供房屋修缮基金。

别的任务也在耗费她的时间，而且大多回报不甚丰厚。11 月 5 日深夜她完成了《烟火》的修订（在她工作之时，外面的空气一定充满了她书名中的"烟火"）。虽然艾琳把大部分权利都卖给了四重奏，安吉拉还是把手稿给了德博拉，并附上一条留言："我很清楚自己有偏见，不过我觉得这挺不错，而且还有内在的延续性，就像同一个晚上做的梦一样。"

11月22日，她收到了讲谈社将在2月出版日文版《爱》的确认函（书名译成了《乐园》，呼应安吉拉一开始的标题《天堂》）。安吉拉决定飞往东京参加发布会——我们不清楚是谁支付了旅行费用，但考虑到她的经济状况，很有可能不是她。最后的期限越来越近了，她加倍努力地投入了《新夏娃的激情》的写作。12月她给还住在布里斯托的马丁·霍伊尔写信，为搬回英格兰西部之后的沉默表示抱歉：

> 这个冬天我一直在努力工作，几乎没出过巴斯的小窝。我只在能搭便车的时候去布里斯托，所以不是很常去，不过我在歌剧院找过你……我计划明年到法国去学法语。我能读，甚至能翻译，但没法说。这取决于我在找了工人修屋顶之后还有没有钱剩下。有人占了隔壁空屋，一直不停地打鼓，半夜还在尖叫。我自己的房子被老鼠占了，在厨房里拉了很多屎，在墙壁里隆隆地飞奔，制造不符合体型的噪音。除此之外，巴斯倒是静谧优美，但我希望那些耶稣运动①的疯子们能停下来干点正事。原谅我之前没有写信，我简直不相信自己已经在这儿待了六个月了，时间过得像闪电一样快。又有六个月泡汤了。请来看我吧。

圣诞迫近，工作压力又遇上了家庭的不幸。凯蒂·法辛——安吉拉那"疯疯癫癫"的姨妈——12月20日突发肺栓塞去世。葬礼在平安夜举行。安吉拉在日记中写道："我的家人有种死于意义非凡的场合的能力。如今，凯特②这位被我们排斥，为了让人们注意到她的悲伤和寂

---

① 兴起于20世纪六七十年代美国西海岸，后传至欧洲等地的宗教运动。
② 凯蒂的昵称。

寡而发疯的人……却不知道通过什么魔法，招致和我母亲同样的死因。在一年的同一时间。"我们并不清楚她那句姨妈"被我们排斥"是什么意思——据安吉拉后来所说，凯蒂并非死于斯普林菲尔德精神病院——但是它传达出的自责可能进入了后来《明智的孩子》中的形象刻画。

所有这些，加上即将到来的日本之行，都意味着她还没完成《新夏娃的激情》。1月25日，她给德博拉寄了小说的几个部分和详细的情节概要。"虽然我可能还要改变小说的某些部分，"她写道，"但我不会改变大体的计划。它差不多最后会有60000字，我想，或者更少……你认为它能找到一个友善的家吗？"基于她给出的部分稿件，德博拉将它的美国出版权以2000美元卖给了哈考特·布雷斯·约凡诺维奇的托尼·戈德温，但她似乎无法说服哈特-戴维斯——或其他英国出版社——在这样的早期阶段冒险。

1974年2月10日，安吉拉到伦敦参加弗勒·阿德科克的生日聚会，晚上就睡在她家的地板上。第二天，她早早地起来搭乘前往东京的飞机。那不是她期待中的愉快归途。她感到新宿变得"既明亮又黑暗，没有灵魂"，传统的木纸建筑（包括她在城里的最后八个月居住的房子）被高耸的写字楼所取代，新建的情人旅馆门口亮着俗丽的霓虹灯。街上的汽车大大增加，摩天大楼也是如此。安吉拉认为"这是世界上最荒谬的地方……就像是磕了药的巴尔扎克"。她的反感之强毫无疑问，在信件、文章和日记中都表达过了；然而，这可能更多地意味着是她自己而不是东京的改变（1969年初见时，她对川流不息的交通和弥漫的霓虹灯影心驰神往）。

她的公开活动排得满满当当，而且，她迅速地发现日本出版商希望通过她的书赚的钱和她自己实际所得之间差异大得反常。"他们是骗子，骗子，骗子！他们从我这儿抢走的东西超乎想象，"她对德博拉写道，"你能不能，在未来，永远在日本的出版权上加上特别条款，因为这是个巨大的神秘市场,比我高效的人总得做点什么来应对。"除了一轮辛勤的签售会,她还得为一本"微不足道的杂志"《年轻女性》(*Young Lady*)写一系列主题为"自由女性的自白"的文章。"这几篇(标题和发表的位置都不是我选的)最后沦为了纯粹的女性解放政治宣传,"她告诉德博拉,"我怀疑自己把全球发行权都卖给他们了。(我没打算过做这类事,上帝保佑!我甚至就没想要写它!)"在她的日记中可以看到最后期限,但无论是在《年轻女性》周刊还是它的日本版月刊中,都没有这些文章的影子。反倒是《文艺春秋》(*Bungeishunju*)月刊1974年5月刊登了一篇安吉拉的署名文章,题为《我的新宿》,发泄了她对自己曾居住过的地方人是物非的失落:"两年来东京发生了什么?为什么柳树看上去孱弱又悲伤?那些支配着天空的摩天大楼是什么?"(她可能用英语写成原稿后交给了杂志社的员工翻译成日语——这几句是从日语反译回来的)。

也许她对东京的负面情绪是由别处转移而来。她重聚的老朋友包括高,他——最远去过了法国、印度和美国南部州——去年回到了日本。安吉拉几乎认不出他了。他穿着挺括的西装,迷恋上了刀。"他说话的声音是全新的,"安吉拉在日记中写道,"他在努力让自己像日本人那样大叫,雄赳赳的,模仿那种不带快乐的假笑,发出动物般的噪声,咕噜咕噜,喵喵喵,汪汪汪。"她感觉他有意想掩饰自己仍留存在伪装的强硬外表下的天真:"他再也不相信人了,我想……他曾经是阿里尔,现在是卡利班①,或者一直以来就兼有两种人格。"他的改变给她带来同等程度的痛苦和吸引。她一再在日记中分析,有时还在其中对他直述想法:

> 你的丑陋与美是同一种类型。它是个手段,一种伪装;一张
> 面具……每种情形,天真也好,腐朽也好,都相互排斥;排斥,

---

① 都是莎士比亚戏剧《暴风雨》中的角色。阿里尔是精灵,卡利班是半人半兽的怪物。

不是否定。在这张面具之下，你秘密成长了；面具之下的你在变，但是这张面具修正了这种改变。你一定是仔细挑选过面具吧。

泰德·霍尔斯特（奈恩的前男友，此时正与高的姐姐敏雅交往）回忆说高的性情自安吉拉1972年回到英国时就改变了："让他伤心的是安吉拉选择了追求事业，而不是和他在一起。"她似乎是凭直觉得知了这点，为自己的力量感到震惊。"我知道自己为什么要来打扰你，"她在日记中写道，"是因为我感觉到自己还能让你痛苦。所以我来了，将针扎了进去，看你痛苦扭曲的样子。"见他越多，这种自觉的残忍冲动就越是掩盖了温柔：

> 我想把他再次拥入怀中，感受他的肌肤；我想强迫他或者劝服他再度信任我，全心信任我……我想再次，让他极度依赖我，之后，当然我会再离开他，于是他会比以前感觉更糟。

她似乎成功地引诱了他，虽然接下来这几句话也可能——写在1974年的日记中，但可能在更晚些时候——指的是他们在1972年春天第一次分别之时。"我们做爱了，"她写道，"出于矫情，我曾计划，在我的幻想中，他会流泪。然而，实际上，他却用那双变得粗糙冷漠的眼睛点燃了我……一个恶魔。"高那险恶的美——以及她会为此负多大责任的问题——在她生命的最后几周将会再度萦绕在她的脑海中。

在一种"愚勇"情绪下，安吉拉决定经苏联返回英国，在接下来的两周内途径撒马尔罕、基辅和列宁格勒。4月20日星期六，她在横滨登上了一艘俄罗斯轮船——"贝加尔号"内燃机船。她的包厢内还有一对年轻的日本夫妇，终点站是喀布尔。"他们看上去非常脆弱精致，我为他们感到害怕，以上帝的名义，我真的害怕。"她在一篇讲述船上经历的流产文章中这样说。她可能也为自己留了一点恐惧。1971

年夏天——她乘坐反方向的轮船却发现荒木没有在横滨等候——她在船上的时间大部分都困在床上，对着纸袋干呕。不过她还是保持乐观："晕船的考验也是魔法的一部分，你不是去俄罗斯享受的。你是去看自己会有怎样的结果。"

在纳霍德卡，有一辆公交车来接外国人，将他们直接送上了一辆正在等候的列车。和安吉拉同一个包厢的是一个神经质的日本男孩（"俄罗斯人分配房间时全然不在乎性别"），计划从赫尔辛基徒步旅行至马德里。车上还有几个西方人——"一个爱尔兰的抑郁症患者"，"一个澳大利亚或新西兰来的中年嬉皮士"，还有一个"认为自己得了肺炎的澳大利亚人"。他们有足够的时间在餐车里相互了解；火车以每小时五十英里的稳定速度咔嚓咔嚓地前行，穿越纳霍德卡和哈巴罗夫斯克间近六百英里的荒野。外面平淡无奇的白色风景滚滚后退：无垠的雪，割破这茫茫白色的只有黑色的枯树、黑色的冰湖，每一百英里就会有几所漆了亮色的木屋，仿佛聚在一起取暖似的。这些荒凉的景色向四面八方的地平线延伸。

安吉拉在哈巴罗夫斯克过了一夜，然后飞去了撒马尔罕。飞机下降时，燕子在跑道上空盘旋；远处的沙漠依稀可见。她在机场咖啡厅等了一个小时——这里的茶点就只有塑料杯装的矿泉水——一个司机过来接她去了一个"特别恶俗的"旅馆，"所有都是新的，闪闪发光的"，周围是仿佛沉入泥土中的土屋。

苏联茵图里斯特国际旅行社为她找来一位叫阿克巴尔的导游，第二天来带她去城区游览。他带她去了一处考古遗址（"羊群在上面漫游；两个郁郁寡欢的男孩骑着驴子经过；一阵微风轻拂；没法描述这种寂寞。"）和兀鲁伯天文台（"有一张帖木儿大帝的头骨照片和他丝绸寿衣的碎片"）。他们去了集市（安吉拉想买点杏仁干，而阿克巴尔推荐了更好的东西："他给我看了一堆灰扑扑的石头，邀请我试吃。那是烟熏盐渍过的杏仁核，比开心果还好吃。"），还有帖木儿汗的陵墓（"亚洲的苦难就躺在胡椒瓶似的深蓝色穹顶下的玉棺里"）。不过，这趟旅行的亮点还是参观比比哈努姆清真寺，其回纹金饰和青金石装点的大门壮阔无比。他们坐在庭院的长椅上，头顶上的树开着花，鹁鸠从树枝间疾射而出。阿克巴尔告诉安吉拉关于清真寺的传说：帖木儿皇帝出征期间，他美丽的妻子来到正在修建的清真寺监工，因为一场爱的本性的争论而受到引诱，给了建筑师一个吻——帖木儿回来以后，打了他的妻子，并派出刽子手去杀建筑师，而建筑师长出翅膀飞去了波斯。"难以描述（阿克巴尔）讲故事时散发的魅力，"安吉拉在日记中写道，"舍赫拉查德①也没法比。"她把这个传说作为短篇故事《吻》的原型，收入她 1985 年的故事集《黑色维纳斯》中。

不清楚她是否按照原计划继续前往基辅和列宁格勒——她没有写下关于这两个城市的任何内容——不过她肯定在俄罗斯见闻不少，让她对其国民性格有了一些概述。在日记中，她说"他们的心有着绝妙的修辞。情感如此丰富，超越了自身的理解范围"。她在三十四岁生日前回到了巴斯，为了庆祝，将头发染成了"火焰般的苏联红"。

1973 年夏至 1974 年秋是安吉拉成年生活中最长一段没有恋爱的时期。整体说来，她非常满足于单身——在最近的戏剧化恋爱经历之后，她很高兴能修整一段时间，而她搬来巴斯之后的一些遭遇又让她"怨恨英国男人，因为他们身上不可理喻的激情"——但她又越来越为缺乏性生活而沮丧。从苏联回来时，她就已经饱受力比多的煎熬：

> 我感觉就像是坐在这个张着嘴的、充盈着液体的大洞上，只要用手指轻轻一碰，液体就会溢出，到处喷洒，淹死所有人。我只是自己屄的附属，它饥渴难耐，只想把无数根鸡巴塞进去。我就想干、干、干、干，其余什么也想不了，真可怕。

---

① 舍赫拉查德，《一千零一夜》中擅长讲故事的机智女主角，也译作山鲁佐德。

海丘巷一个二十二岁的威尔士邻居，有点讨她的喜欢："那个毛茸茸的威尔士畜生，"她在日记里这么称呼他。旅途归来后不久，她就和他上了床。她说，那是"我在英国最爽的一次"。接下来的几周，她"像只老鹰，像个患相思病的女人"那样盯着他的房子看，幻想"他的鸡巴，他那爱抚着我腿间的狡猾手指"。但她也知道第二种关系会使第一种丧失单纯，而且她也没有与他开始恋爱关系的兴趣。"耶稣啊，"她在日记里写道，"女性的性欲真是一副残酷的十字架！"

它还将更加残酷。之后的几周，她的性欲让步于一种更加扰人的新情绪。她发现自己身处"梦游般的迟缓中……就像在水下行走"。她的乳头硬得不正常，持续"敏感疼痛"。哪怕她以前想象过自己怀孕，也从未经历过这样的症状。

初检的结果是阴性；到第二次检查时，她已经"感觉难受死了"。尽管如此，阳性的结果还是让她震惊不已。她变得"病恹恹的，非常抑郁"。她意识到自己还是受生物特性支配，过去几年累积的自信和独立意识开始动摇了。"我感觉这不是我的自我，也不是我自己，"她写道，

> 我不受自身意愿控制，被迫变得迟钝。我感觉……极度昏昏欲睡，而嗜睡的病灶在我的肚子里，那个东西——或者那条生命——无法否认，无懈可击，如此随随便便地就在那儿安居了，就像一粒被风吹来的种子。偶然。我偶然地受精了，成了大自然的工具，通过自己完全无法控制的形式被转化成了一个被动的容器，我的肚子变成了一个候车室，事情就在我的体内发生，这阵平静的大雪温暖而厚实——我也不想要它，我不自觉地平静下来——无数秘密活动正在发生。我感觉特别奇怪，像是自己着了魔。

想到安吉拉多少次幻想受孕，她在三十四岁的年纪发现自己怀孕时的

失落显得很矛盾。其中部分原因可能是她从心底深处厌恶将她等同于自己的母亲,这是她青少年时期有意与母亲拉开心理距离的结果〔如小说家、文评人妮科尔·沃德·茹夫(Nicole Ward Jouve)所说,安吉拉·卡特的小说中从未采用过母亲视角〕。她能意识到的是,她已经对母性"神秘化"的文化怀有深深的敌意。她讨厌它被刻画成女人天然的目标,成为区别女性和男性的最重要因素。在《萨德式女人》中,她写道:"否认行将破产的子宫魔法即剥离女人这个概念上的虚假魔法……即强迫我们放弃所谓神圣的生产功能的祭祀身份,不论我们是会心怀遗憾还是大舒一口气。"然而,她清楚这些神话的诱惑力,害怕——如她那句"不是我的自我,也不是我自己"中所暗示的——母亲的身份会压垮她还在不断确认的自我。"我完全不知道如果自己年轻时,在工作还没有稳定前就有了孩子,我会怎么办,"她在 1985 年告诉采访者,"我不知道自己会成为怎样的人。"

1967 年的《堕胎法》使受孕 24 周前终止妊娠的行为合法化,简陋而不卫生的黑诊所人流业务随之倒闭——但人流的前期手续依然复杂。需要有两个医生分别出来证明母亲或胎儿的健康受到了威胁。如何阐释威胁基本取决于医生自己——而因为他们大部分都是男医生,女权运动在《堕胎法》中取得的胜利还是有限。许多医生出于宗教原因拒绝同意堕胎,而其他人在同意之前会让病人接受暴露私处的身体检查。哪怕很快同意了,由于医院的人流服务分布不均,后续也还有重重障碍。英格兰西部提供该项服务的较少。

日后,安吉拉回顾起 70 年代早期的性宽容社会:"我们中的很多人几乎没有意识到我们是女人,以为自己的角色是不分男女的,直到进入社会找工作或者怀孕的时候……才惊讶地发现我们一直都是二等公民。尤其是当你脑子清醒,各种能力健全,想要通过国家医疗保健服务接受人流时。"

以当时英国的标准,整个局势令人担忧。女性主义运动施压要求改革,但是遭遇了激烈反对。对于堕胎的反对声音从深情的父权语言到严厉的宗教语言——从男人告诉女人他们需要什么，到男人告诉女人上帝需要她们做什么——记者、道德学家马尔科姆·马格里奇就擅长结合这两种策略，他写过这样一句话："《圣母玛利亚颂》还在传达着我们肉身不可毁灭的创造性，而几乎没有母亲在看到她们子宫的产物后会有心拒绝。"那些承认自己堕过胎的女人一边被视做名人，另一边又饱受污蔑。尽管安吉拉后来公开讨论过自己的经历，但在当年她应该只对卡门·卡利尔坦白过，而后者是她朋友圈中最忠实、声音最响的女性主义者。"没有什么经历能像这样使女人变得激进，"安吉拉给她写信说，"而我想我已经变激进了。"

她似乎没有向卡门坦白的是，虽然她主要的反应是不舒服、忧郁，有些时候她也"热爱"怀孕："我感觉脱离了自己，但也获得了提升。"她在之后的日记中写道："我热爱自己的迟缓和身体发生的变化，爱我日益丰满的胸部。"这种矛盾对她而言就像是"模棱两可状态下的神秘感……探索这个领域很难，因为有很多将它神秘化的谎言掩盖了真正的谜"。

7月11日星期四，她在伦敦一个慈善医院（私人医院的人流对她来说太贵了，国家医疗保健服务的又很难申请到）登记入院。她在护士对她解释过程时开始哭泣。然而，几年后提及此事，她否认眼泪是出于对一开始选择做这件事的后悔："我是想起了那些在法律变更前去做人流的女人们，负罪感深深地刺痛了我，因为这过程对我来说这么简单，对她们来说却那么难。"无疑，她对那些女人非常同情：在《新夏娃的激情》中，利拉——一个异域舞者——不得不"以牺牲子宫为代价"在黑诊所接受人流。可是这也不意味着安吉拉对自己堕胎一事持完全肯定态度。"考虑到这已经是能达到的最好条件了，"她后来在日记中写道，"天知道在最坏的条件下会留下什么样的疤痕。"

7月12日星期五早晨，她打电话给正在同卡门一起度假的威廉·米勒，让他给她带个信：

"什么信息？"他说。"告诉她我一切都好。"我说。"什么？"他说，"什么意思？""我一切都好。"我重复了一遍。那是早上8:30，那时打电话交给他这个任务实在是太早了。于是他说，也许有点起疑了："你在哪儿……"我一想到要告诉他（"我在做人流的地方，威廉"——我的意思是，也许他还没吃早餐呢）就紧张得脚发凉，最后也没好意思要他午餐时帮我买瓶有助康复的金酒。

她带着"麻药留下的轻微麻木"回到了巴斯。之后的几周，她一直在试图理解此前发生的事。"我退回到了胆怯、渴望受保护的心态，这让我对自己的天性产生了疑惑，"她在日记中写道，"如果只需往新陈代谢中注入一点新鲜的荷尔蒙，就能让我像孤独的孩子那样去虚构隐形的同伴，那么我到底是谁呢？这身份不脆弱吗？"

自安吉拉将《超现实主义与性存在》的译稿交给考尔德与博亚尔斯已经快一年了，在此期间，她没有听到来自出版社的任何消息。然后，在1974年7月15日——她从伦敦的诊所返回后三天——她收到一封博亚尔斯的来信，告诉她基本书籍出版社的编辑们"对她的译稿多有批评"，考尔德与博亚尔斯经过长期协商，决定无视他们，继续出书——他们决议在一周内将书稿送往印刷厂。"我知道留给你的时间很少了，"博亚尔斯写道，"但是如果你想在付印前看看书到底成了什么样，可以到办公室来见见蒂姆·奥格雷迪，因为我要去度假了。不过你得动作很快才行。"

安吉拉当天早上就打电话给出版社办公室。可以理解的是，她对自己的作品"多有（编辑）批评"非常焦虑，告诉蒂姆·奥格雷迪如果这本书"注定要被撕得粉碎"，她宁可不出版它。奥格雷迪对博亚尔斯写信说：

她说她知道自己在接下这个任务时诱导所有人，包括她自己，以为她可以处理好其中的专业术语，但是到了工作时却发现有些部分让她焦头烂额（最明显的是语言学的部分，她了解得不多——顺便一说，她建议你找个专家来，哪怕不是重写，至少要校对这个部分）。基本上，她想知道翻译出错的细节以及自己可以怎样改进。她的态度很好（虽然对我们一年没有联系她表示了好奇），最重要的是，她非常担心不只是她自己，连我们也会因为她马虎的工作而受损失⋯⋯最后，她恳请我们告诉她实情，不要试图安慰她。

事实是，基本书籍出版社的编辑们抱怨说"在法语里精微而引经据典的语言，到英语里成了一堆让人绝望的术语和主义"。考尔德与博亚尔斯推迟了印刷，安吉拉把手稿"带走两天"来看看能否有所补救——而博亚尔斯9月26日（两个多月后）的一封信示意她那时还没归还手稿。这好像就是两人最后的通信了，而直到安吉拉去世，打印稿都一直堆在她的文件中，看上去就像是她留下了它，之后就静候问题淡化了。《超现实主义与性存在》至今没有英译本问世。

1974年8月15日，《烟火》由四重奏出版，定价2.5英镑，在威廉·米勒的建议下，加上了副标题"九篇世俗故事"（1987年书由查托与温达斯出版社再版时，应安吉拉的要求拿下了副标题）。评论褒贬不一——不论是在不同的出版物上，还是在同一篇文评之中都是如此——奥伯龙·沃在《旗帜晚报》上说自己喜欢《紫女士之爱》《主人》《穿透森林之心》，还有《刽子手的美丽女儿》，但不太喜欢那些日本故事，抱怨说"卡特小姐似乎受伯吉斯先生影响很深——对于年轻作家来说是有益的，但肯定不是人们希望自己女儿学习的对象"。（那种居高临下的口气毫无必要——沃实际比安吉拉还小六个月。）诺曼·施雷普内尔（Norman Shrapnel）喜欢的却是《一份日本的纪念》，而且疑惑:"既然她可以写得这么好,为什么还要写其他那些花里胡哨的东西呢?"故事集也从洛娜·塞奇那里收到了同样矛盾但有更多深入创见的评论——也许是直至当时对安吉拉最为深入的评论——她告诉读者安吉拉·卡特是"最使人亢奋的作者之一……同时你一定会发现她品味的庸俗;她用自嘲的扭曲快感代替了自知的克制。总的来说,《烟火》是她才华的优秀样本——时而扣人心弦,时而糟糕透了,却总是不知悔悟"。

洛娜能直言不讳地说出安吉拉的写作"时而糟糕透了",这就说明哪怕两人可能在1974年8月前就见过,她们当时还没有成为亲密友人。她们可能在《卫报》的派对上见过,也可能是通过共同的朋友安·麦克费伦或者斯努·威尔逊相识,还可能是以这篇评论为契机,毕竟评论中虽然有些吹毛求疵,却非常确切地指出了安吉拉写作的动力和所受的影响,让安吉拉感觉找到了自己理想的文评人。

洛娜长得非常漂亮(长长的金发、忧郁的蓝眼睛和清秀的面貌),极富魅力(喜欢穿贴身的夹克和四英尺的高跟鞋),但她最吸引人的特点是聪明绝顶、精力旺盛、过度亢奋。她一支接一支地抽烟,喝金酒喝到手指发颤,站的时候总是驼背("你总想给她揉揉背。"她的朋友彼得·康拉迪说)。她一刻不停地说话,不喘气地从黑色幽默跳到发表文学、政治相关言论,对往事记得一清二楚。她和安吉拉结成了亲密的阴谋联盟。"她们喜欢一起当坏人,"洛娜的女儿莎伦说,她们相识之时她刚十岁出头,"她们经常咯咯地笑,刻薄地笑着什么事情,那时我理解不了。"她们心有戚戚——两人都有浮夸的风格和品味,政治思想"左倾",都想要提高女性文学的地位——而且塑造两人性格的心理历程非常类似。洛娜也是克服了极度羞怯,通过十七岁意外生女和早婚,以至获得杜伦大学一等学位,从压抑的家庭环境中挣脱出来〔这为她2001年的畅销回忆录《坏血》(*Bad Blood*)提供了素材〕。在杜伦大学时,她和丈夫维克·塞奇是最早结婚的学生(为录取他们,大学改变了规则)。1974年,两人的婚姻解体,洛娜在东英吉利大学教书,同时作为评论人在非学术圈内走红,尤其作为《卫报》《观察者报》《新政治家》和伊恩·汉密尔顿的《新评论》(前身是 1972 年停刊《评论》,《新评论》话题范围更广,更注重性别平衡:安吉拉后来在70 年代也为它供过两篇稿)名声大振。洛娜很快开始在东英吉利大学教授《魔幻玩具铺》和《霍夫曼博士的魔鬼欲望机器》,也引领了安吉拉身后的卡特热。用安吉拉 1983 年写给帕特·巴克的信中所说,她是"强大的盟友"。

洛娜不是安吉拉通过《烟火》赢得的唯一一个高调的拥趸。她收到的粉丝信来自奥利维娅·曼宁〔"(这些故事)不仅写得好,还展示出了新颖的想象力和非凡的幻梦世界。我确信你会做成伟大的事情"〕;伊恩·麦克尤恩,那时还只有二十六岁,正要出版第一本书("我深深倾慕着这些故事……它们大声读出来太美了");还有罗伯特·库弗("你的天赋真是惊人……《倒影》是那些极少数最珍贵的回忆之一……能和卡夫卡、贝克特、陀思妥耶夫斯基、巴思①和博尔赫斯并驾齐驱……我是认真的,我很少夸奖任何一个人")。

麦克尤恩和库弗都提出了会面,安吉拉虽然推迟了见面(她说她会在完成《萨德式女人》前都隐居在巴斯),却开始和他们通信,寄出自己其他的书来换取他们的书。读过麦克尤恩的短篇小说集《最初的爱情,最后的仪式》之后,她写信给他:"我尤其喜欢《立体几何》(故事中一个男人在妻子摔掉了桌上泡着阴茎的罐子后抛弃了她)——但所有故事都好,你迈出了充满希望的第一步,我说话有些夸张,不——但是你确实做到了。"信件写于这本书出版之前一个月,而此书出版后,赢得了更夸张的溢美之词("太精彩了,展示了对于二十五六岁的作者而言不可思议的原创性。"《观察者报》的安东尼·斯韦特写道),而安吉拉似乎反倒犹疑了:1977 年,她在对卡门的信中提到"可怜的伊恩被过度高估了"。她看上去把他归于安格斯·威尔逊一类:

---

① 约翰·巴思(John Barth, 1930—),美国当代作家,后现代主义小说家。

换句话说，拥有描写畸人的天赋，但在语言和思想上乏善可陈，而且跟现实主义传统联系过密。不过，也有可能真正让她失望的是他被当作了英语小说的救世主（他与二十五岁的马丁·艾米斯①共同享有这一称号，后者的处女作《雷切尔文件》1973年出版），而她自身的贡献就靠边站了。在《最初的爱情，最后的仪式》出版前，她就表现出了对麦克尤恩的一丝警惕。"你的横空出世令我震惊，因为我已经感觉自己的关节僵硬了，"她对他写道，"我还能作为'年轻作家'混迹多少年呢……"

根据罗伯特·库弗那张"珍贵的回忆"名单，他与安吉拉的频率相近。库弗是美国国籍，自1969年以来一直住在典型英式风格的肯特郡，年届四十二，出版了两本长篇小说——《布鲁诺教派之由来》（*The Origin of the Brunists*）写矿难的唯一幸存者成了末世论宗教的中心人物，《宇宙棒球联盟》（*The Universal Baseball Association*）则讲述了一个会计师退回到一个虚构棒球联盟的梦幻世界中——还有一本短篇故事集《对位旋律与分枝旋律》（*Pricksongs & Descants*）。他即将成为同代美国作家中最标新立异的重要作家之一。她寄给他《霍夫曼博士的魔鬼欲望机器》时，他回复说：

> 我完全被它征服了，现在还不辨天日——实际上，你让我的注意力高度集中，这是很长时间以来没有的阅读状态，到了如此的程度，以至于我能通过这本书感受到你起伏的热情，捕捉那些罕见的重复和不精确之处，仿佛聆听走钢丝的人的心跳。

库弗在《爱荷华评论》——由爱荷华大学主办的季刊，曾经的供稿人包括萨缪尔·贝克特和威廉·巴勒斯——做客座编辑，提出要在上面

---

① 马丁·艾米斯（Martin Amis, 1949—），英国当代著名作家，小说家金斯利·艾米斯之子，素有英国"文坛教父"之称。1974年凭其处女作《雷切尔文件》获毛姆文学奖。

发表安吉拉的作品。他想要助她扬名美国，将几个短篇小说连同采访和评论文章一起发表。"《爱荷华评论》已经走到第六个年头了，还从来没有这样极力推出过一个作家。"他告诉她。安吉拉为这个提议受宠若惊，开始整理她的作品集。

与此同时，德博拉将《霍夫曼博士的魔鬼欲望机器》的美国出版权卖给了哈考特·布雷斯·约凡诺维奇的托尼·戈德温（他们为它重新取了个书名《梦的战争》）。书于1974年9月出版，收获了威廉·乔兹伯格（William Hjoortsberg）在《纽约时报书评》上的好评，受到鼓舞之后，戈德温写道："我们要加印2500本，祈祷能卖出去。"

安吉拉的成就感没有因为这些事膨胀。"我为艺术家在我们社会中的孤立处境倍感痛苦，"在《烟火》和《梦的战争》两本书出版的间隙，她对远在日本的朋友尼尔·福赛思写道，"就像是在空房间里呐喊。"她的沮丧可能部分来源于对下一本书的担忧。《萨德式女人》接近尾声的那年，它那令人愈发压抑的阴影阴森森地持续逼近。她一直在读萨德全集，"加上一点弗洛伊德来让我保持清醒"，开始怀疑自己完成这个项目的能力。最早在3月份，她就已经在对卡门道歉，为自己缓慢的进度找借口（"我因为买房子、雇建筑工人的事产生了'精神危机'①……我太难堪了……我觉得我在能给你看成果之前都不能来见你"），显然到了冬天，她还是没有任何进展。"我一想到萨德那本书，就知道自己托大了，然后变得歇斯底里。"她对尼尔·福赛思说。几个月过后，她告诉弗勒·阿德科克写这本书让她"痛苦而抑郁"："我开始认为（《萨德式女人》）是个错误，会给我留下最肮脏的污点，永远洗不净。"

---

① 原文为法语。

第十五章
沉默是英国人建立亲密关系的方式

1974年秋,来自布里斯托的十九岁的建筑工人马克·皮尔斯正在为海丘巷的一幢单层小楼扩建。要集中注意力可不容易:在与他视线平行的对面房屋里,有一个女人坐在书桌前专心工作,硬朗的红发勾勒出面部线条。她打开窗户时,阵阵古典音乐随风飘来。"我不时望过去,有时她就这么消失了,显然是下楼去吃午餐、烧水之类的,但(通常)她就坐在那儿工作,只做这一件事。"他"完全被这个……沉浸在自己世界里的人吸引了"。

在那个夏天之前,马克并没有过重的工作负担。他成长在一个恃强凌弱、吹毛求疵的父亲的阴影下,早早地辍学了,一年间都用救济金在家乡布里斯托或者更远的地方四处游荡,寻找工作。他最终在位于城外三十英里的泰特伯里的一家建筑公司找了份工作。这倒是稳定的工作,但让他难以进步。有一天,那个红发的女人匆匆穿过街道过来求助:她的一个水龙头爆裂了,家里到处是水。马克过去修好了它。"他进来了,"安吉拉告诉朋友们,"然后再也不走了。"

有的朋友几个月后见到他时有点惊讶。典型的反应来自德博拉·罗杰斯,她认为这一对"从很多方面来看是最不可能的组合"。不可能的部分原因是两人十五岁的年龄差,虽然这点放在安吉拉的圈子里已经没那么不可思议了。她的几个朋友——其中有洛娜·塞奇、科琳娜·萨古德和德博拉自己——最后都和比自己小很多的男人在一起了。也许这些聪明、有抱负、不传统的女人想要逃离她们这一代男人的大男子主义思想（几个人最早都和这一类男人有过失败的婚姻）；另一个不寻常的差异在于两人的受教育程度。很明显，他们不是那种基于共同抱负和思想历险的文学"结合"。比起这些，安吉拉更需要家庭的稳定和做自己的空间。类似的情况有詹姆斯和诺拉·乔伊斯，两人的爱超越了受教育程度和文学品味的限制，由合拍的性格（安吉拉和马克两人都性情温和，对自己的个性充满信心，还有着常人难以理解的激情）、相互关爱以及和谐的性生活维系。

马克是个引人注目的人。他身材高大，肌肉发达，留着一头长发和浓密的络腮胡；安吉拉说他看上去"像个狼人"，而其他人认为他长得"像基督"。两种说法都表明他非常英俊，面若沉思，长睫毛下的绿眼睛（"是海洋腹地的颜色。"安吉拉写道）流露出深切的情感。她说他"高大凶猛"，太"阳刚"了。他拥有一些男孩子气的爱好：喜欢做手工，善于使用工具，还有他口中"对火的亲近感"；在之后二十年的不同阶段，他分别对枪支、弓箭和摩托车产生过短暂的热情。然而，大部分人都认为他最主要的性格特点是保持沉默。他能在整个晚上只说不超过五六个词（其中两个是"你好"和"再见"）。安吉拉的几个朋友认为晚餐桌边这种笨拙、沉默的存在有点让人不知所措。其他人则理解马克在观察他人时最为快乐：他觉得没有必要插入对话中。他的沉默自如而自制，与保罗那种恼人的阴郁截然不同，而安吉拉显然能与之相处融洽。1975年9月，在给《新社会》的投稿中，她写道："萦绕着巴斯的沉默是英国人建立亲密关系的方式。"

虽然她很爱拿马克的凶猛开玩笑，一开始却是被他的温和与表面的纯粹（还有"拉斐尔前派"的漂亮面孔）所吸引。遇见他后不久，她在日记中写道：

将他拥入怀中时，我拥抱了这个国家的悲伤，拥抱了它那无法消弭的痛苦，拥紧了雨，早春柔和的雨；冷清而纯净的天气，那些躲躲藏藏的小花的脆弱，温柔的山丘那低矮的蓝灰色线条，雾，11月午后的迷雾，森林那带有魔力的沉静。你的温柔，你的天真，你的甜美，就像雨和泪的滋味……我不是用眼睛，而是用我的心在看你。

她发现自己跟他在一起时变得更冷静了，而且尽管在开头的几个月，两人的关系进展得轻松随性，她却从一开始就在考虑长远未来了。她在日记中这样写："我记得约翰·约克斯尔说过，人们应该怎样认识到一段关系能维持多长，是一晚、一周、一年，还是一辈子……"

马克见证安吉拉潜心钻研的工作有好几种可能，但她这段时间主要的思绪都在《萨德式女人》身上。她刻苦地阅读——萨德的传记，关于他的学术作品，从罗兰·巴特到米歇尔·福柯的文化批评作品，弗洛伊德、梅拉妮·克莱恩和雅克·拉康等人的心理分析理论——在一本又一本的笔记中写满了引用和小结。"至少参考文献会非常惊人，"她在1975年9月16日写给德博拉的信中说，附上了前两章的草稿，"我想知道你怎么看……虽然我非常、非常紧张。"

最终完成的作品没有体现出这种焦虑。《萨德式女人》是一部论证精彩的文化批评作品，其方式少有英国人尝试：它情感激烈，妙语连珠，无所顾忌地深入符号学和群体心理学的领域。几乎每一句话都要么微妙地煽动起某种情绪或提出某种高见。它受教于巴特、福柯和戈蒂埃，不过将它塑造成形的灵性和文风却为安吉拉所独有；这是她发表过最直白的女性主义和社会主义宣言，是她同一时期其他作品——《新夏娃的激情》和《染血之室》的指南。

书的开篇是《辩证序言》，其中论点丰富而发散（"凌乱的组织是有意而为，"安吉拉告诉德博拉，"萨德是个凌乱的人，而且，该死的，我也是这样"）。可以将其泛泛总结为：性总是包含两个（或两个以上的）人，他们盘根错节的个人经历各不相同。"我们不是简单地两个人去上床了；尽管我们不想提到，却都带上了各自的文化辎重，社会阶级，我们父母的生活，我们的银行存款，我们对性和感情的期待……所有关于我们生命的点点滴滴。"色情作品却忽视了这个事实。它"剥夺"了男男女女的"特殊性"，把他们都缩减至神话角色，即男性和女性的"行为模式"中（书里也讨论了同性色情作品——说得有那么一点不令人信服——说女性存在"是超越性别的一种体验"）。色情作品因此加强了一种观念，即把社会看作男女之间自然豁开的鸿沟。其实不必如此。掌握了真正文学、艺术技巧的色情文学，能颠覆而不是维持现状：

> 一个道德的色情作者可以用色情文学来批判当前的两性关系。他的工作是彻底破除肉体神话，然后通过对性行为的无数次调谐，揭露人类的真实关系。这样一个色情作者不会是女人的敌人。而他在描绘它时，哪怕淫秽下流，却开始深入扭曲我们社会的厌女症状核心。

安吉拉把萨德当作一位重要的艺术家，是"想象力的恐怖分子"，用色情作品来传达自己对一个性欲受到政治摆布的社会的想象，笔法毫不留情，（因此）非常让人不适。他的作品"更像是描述式的诊断，而不是谴责式的预言"：

> 他创造的不是一个性欲都得到满足的人造天堂，而是地狱的模型，其中性欲的满足必然要经过苦难和对极限痛苦的宽容。他将一个不自由的社会背景下的性关系描绘为纯粹暴政的表现，经常是男人对女人的暴政，也有男人对男人的，有时还有女人对男人和其他女人的；在萨德笔下野兽般的纵欲狂欢中，施暴者永远是握有政治权力的人，受害者则是几乎没有权力的人。

换言之，萨德真正关心的不是身体，而是人类关系的潜在结构："他在情色作者中与众不同，因为他几乎不会让性行为本身具有吸引力。"正是他对一个压迫人的不公正世界的看法——肯定是父权的世界，但也同样是唯利是图、保守、等级森严的社会——吸引了她（"我确实很难坚持从女性主义的角度来解读它。"她告诉一个采访者）。

书的主体展开解读了萨德的三部长篇小说：《朱斯蒂娜》《朱丽叶》和《闺房哲学》（还有一章讨论《索多玛的120天》，在卡门提出"它比另外几章短，而且写得最不能服人"之后删去了）。萨德意识到世界对女人不公平——朱斯蒂娜不断被强暴、囚禁、折磨，她唯一的罪恶就是想要迎合社会规定的女性美德，即保持处女之身；她的妹妹朱丽叶也根据同样的规则行事，不过却将其用成了优势，利用自己的性魅力赢得财富和权力，暴力控制他人——不过，不管她们是作为受害者沉沦，还是贪婪地模仿着她们主人的习惯，在安吉拉看来，她们都错在无法为自己重构世界。

《萨德式女人》还涉及了好莱坞制造的典型女性形象（玛丽莲·梦露"可以代表精致的殉难者形象"，让人想起朱斯蒂娜），被神秘化的母性（萨德虚构的朱丽叶这个角色颠覆了"传统意义上女人的生物天性"），还有母女的紧张关系（《闺房哲学》中的尤金妮·德·米丝蒂瓦尔和母亲的对立"说明女人也保留了已经在男人中暴露且得证的与母亲早期关系的情色元素"）。但是，《萨德式女人》的核心是关于世界可以怎样重构。它的结尾引用了无政府主义作家艾玛·戈德曼[①]的一长段话：

在生命的每个方面要求平等权利都是公平而正义的；但是，毕竟最为重要的权利是爱与被爱。其实，要让这部分的解放成为

[①] 艾玛·戈德曼（Emma Goldman, 1869—1940），美国无政府主义者、反战主义者、女权主义者，因倡导社会主义和无政府主义，被媒体冠以"红色艾玛"绰号。

女人完全的、真正的解放，我们就必须摆脱那种荒谬地把被爱、成为爱人和母亲等同于奴隶和屈居人下的观念。我们必须摆脱荒谬的性别二元论，不能把男人和女人当作两个截然不同的对立世界……

真正的两性关系不会存在征服者和被征服者；它只承认一件事：无限地奉献自己，从而发现自己更加丰富、深刻而完善。

安吉拉遇见马克时，已经从过去与保罗、荒木和高的关系中学到了很多性权力的角逐。她现在希望能找到戈德曼描述的这种关系——两个平等的人之间相互滋养、丰富人性的伴侣关系。

《萨德式女人》阐明了安吉拉小说背后的一些思想，但作为单独成书的文化史批评，她的作品集中独此一本，而且她还频繁质疑它的价值。1975年写完头两章时，她将它们寄给了约翰·伯格。他在空隙处写了旁批和表达欣赏的符号，并回复了一封鼓励的信：

我相信这是本好书。非常坚信。终于有人——也许只可能是女人——在萨德面前能做到思想活跃……

我唯一的意见是有时你写的内容太繁杂，写得太快了，以至于会让人摸不着头脑。我不是说你需要为此删掉一些句子——相反，我希望你给它们更多空间——这样它们就不会那么挤了。

我绝不怀疑你应该继续写下去——而且尽可能花上它需要花费的时间。让最后期限、大喊大叫的出版商之类的都见鬼去吧。它值得你为它留下它需要的空间。

安吉拉接受了伯格的大多数建议。不过，他的鼓励虽然让她不至于放弃，却也没能让她重新振作多少。一年后她将第三和第四章寄给卡门，彼时还在"为这本书可能写得不好而深深恐惧"。

第十五章　沉默是英国人建立亲密关系的方式

* * *

在为《萨德式女人》研究和写作的四年间，她靠着几个小项目聊以自慰。1975年初，她开始写作自己的第一部广播剧。它用一个声音开场：

> 我坐在房间里，握着铅笔，没有做自己该做的事，而是眼神空洞地盯着空气。我百无聊赖地用铅笔划过暖气片的顶部。它发出了音乐般的金属声。咯。那正是一根尖锐的长指甲划过鸟笼条的声音。
>
> 于是我想，什么样的人才会有这样的指甲？啊，吸血鬼就是以又长又尖的指甲闻名的（方便用来取出你的内脏！）。

剧本讲述了一个叫吸血姬的寂寞女伯爵，伤心自己因为依赖人血，不得不远离人性："我的名字叫放逐。我的名字叫痛苦。我的名字叫渴望。"天真的英国人希罗来到她的城堡，他同情她，她怪物的身份对他而言不过是一种病症。《吸血姬》是一部富于感官刺激而又俏皮的喜剧，包含了广博的哥特式细节和滑稽的点缀。剧本投给了BBC，最后落到了制作人格林·迪尔曼（Glyn Dearman）桌上。他是安吉拉的同龄人，曾经是个童星，在1951年的电影《吝啬鬼》（*Scrooge*）中扮演过小蒂姆，还在BBC的《儿童时光》栏目播放的系列剧《詹宁斯上学记》中扮演詹宁斯，为他们那一代人熟知。安吉拉喜爱和他共事，之后他们又合作了几个广播节目。她称"他的气派、敏感和热情能让伦敦电话簿都被朗读得熠熠生辉"。这种欣赏是双向的。"安吉拉非常有幽默感，它从她天然的羞涩中冒出头来，让她做的一切事情都熠熠生辉，"迪尔曼写道，"和她共事让人终身受益。"

1976年7月20日，《吸血姬》在BBC广播三台播出。安吉拉把它用作短篇小说《爱之宅的女主人》的"素材"，省去了原剧一些吸血鬼的文学形象,将希罗改成了一个去参加"一战"的士兵,用丝滑、流畅、华丽的语言夸张了恐怖元素。"《爱之宅的女主人》是关于一个不甘心的吸血鬼的哥特故事;广播剧《吸血姬》则是把吸血鬼迷信作为隐喻,"1985年,安吉拉这样评论,"二者没有优劣,只是不同。"

她将故事寄给了罗伯特·库弗,他在1975年8月10日回复说他已经把它和《烟火》中的两个短篇(《主人》和《倒影》),连带她的两首诗(《命名之物》和《歌》)、一篇散文(《哥特体裁按语》)一起交给了《爱荷华评论》。在最后一篇文章中,她宣称在评论者把她的作品贴上"哥特"标签前,她从没这么想过(她的话不完全可信——在给贾尼丝·罗伯森的信中,她就用"哥特式"来描述过《影舞》和《魔幻玩具铺》——但她可能已经忘了这事)。整个专题刊载在《爱荷华评论》的夏/秋季刊,库弗在引言中说安吉拉·卡特的"才华远超其声望"。

秋天将近,安吉拉开始写作一个新的短篇小说。"精灵王"让人想起日耳曼和斯堪的纳维亚民间传说中长胡子的森林鬼怪,借歌德的诗《魔王》中恶毒的形象闻名英国。而安吉拉将他描绘为"瘦骨嶙峋……像树一样高,树枝间栖息着小鸟";在日记中,她这样写道:"马克是魔王。"他引诱了叙事者,她很快就警惕起他对她的控制力。"我不害怕他;只是……害怕他神魂颠倒,控制了我。"她不责怪他——"他天真着呢,根本不知道他可能害死我"——但仍然想象用他的长发将他绞死。故事是一个温柔而富于感官刺激的噩梦,写得很漂亮;它暗示着安吉拉已经开始为自己深深地爱上了马克而害怕。她打算将这个故事和《爱之宅的女主人》,加上一篇关于洛拉·蒙特兹——19世纪舞者,也是弗兰茨·李斯特和巴伐利亚国王路德维希一世共同的情人(马克斯·欧弗斯的电影《洛娜·蒙特兹》中呈现了这几段关系,安吉拉和克里斯托弗·弗雷灵一起看过)——的中篇小说集合成书,但这个想法似乎没有进展下去。

第十五章　沉默是英国人建立亲密关系的方式

巴斯给安吉拉高强度工作的间隙提供了不少休闲娱乐。尼古拉斯·桑德斯（Nicholas Saunders）影响深远的城市指南《另类英格兰和威尔士》出版于 1975 年，里面把巴斯（可能有一丝夸张）说成了 60 年代的伦敦诺丁山：是英国反正统文化的地理中心。这里有无数的手工艺品商店、美术馆和小型实验剧场；有被安吉拉称为"很棒的咖啡馆，你可以坐在那儿读报纸、玩多米诺骨牌、和陌生人聊天，就像在国外一样"；还有很多健康生活专门店，包括伦敦以外最好的"自然食品"商店"丰收"（至今仍在开放），门口的告示牌欢迎那些新纪元寻灵者①"进入有机小农场"，或来寻找"素食小猫咪的家园"。

这段时间，安吉拉在巴斯艺术工作坊结识了先锋行为艺术家雪莉·卡梅伦（Shirley Cameron）和罗兰·米勒（Roland Miller）。她参与了他们的几场演出，还亲自提议并撰写了其中一个剧本。这部《野兽的仪式与变形》围绕着一个男人变成一只鸟的故事——大概是《马戏团之夜》中费芙斯遥远的前身，或是《染血之室》中狼人妄想的近亲。"非常异类，"去沃尔科特村礼堂看过现场表演的克里斯托弗·弗雷灵说，"震耳欲聋的打击乐，整部剧下来我记得的台词就只有最后，这个艺术家穿上了一堆巨大的羽毛，除此之外一丝不挂地站在中间说：'大鸟！'"

安吉拉与她在伦敦的朋友们通过电话闲谈保持着联系，有时一个电话要打一两个小时。她会聊些家长里短，询问朋友近况，聊政治和艺术，或者突然离题讲起了笑话。要是朋友没接电话，她就在应答机里留下长长的独白。这是在手机发明前很多年，所以她的交谈对象就被固定在了电话机旁。"跟安吉拉打电话时，你得先舒舒服服地坐好，"马克说。安·麦克费伦表示赞同，"她经常在早晨中段打电话给你，有可能你当天的工作就这样结束了。但我怎么也不愿意错过那些对话。"

---

① 20 世纪 70 年代"新纪元"运动吸收宗教、哲学传统和环保主义，反对主流文化，提倡寻找自我心灵、新心灵等，因此被称为寻灵者（spiritual "seekers"）。

在此期间，安吉拉文评人的名声也在走上坡路。她还在定时为《广播时间》供稿，不过现在她的名字开始出现在杂志的节目单页上——她开始在BBC广播四台的《继续阅读吧》(*Now Read On*)和BBC一台的《精读》(*Read All About It*)节目中评论书籍。"我绝对不是当公众人物的料。"她在1969年第一次登上电视后曾对卡萝尔这样写道。她那怪异的说话方式确实对广播媒体是个挑战，但是，一旦加上她的聪明和颠覆性的感知力，它就能创造出不同寻常的瞬间。在一次关于D. H. 劳伦斯的专题讨论中，她说："我一直认为古德伦（出自《恋爱中的女人》）是，唔，"——接着是她那拖长的停顿——"北方的输精管切除术女王。"现在轮到跟她一起讨论的人沉默了。

她也在定期写作更严谨的文化批评。自从60年代中期开始为《新社会》供稿，她的风格已经从带有少许个人气质的传统报道变成了对当代文化机警的符号学分析。很多影响来自她1968年以来阅读的欧陆批评家，尤其是罗兰·巴特的著作。我们不清楚她初次接触巴特是何时（约翰·海斯记得她住在日本时就和她聊起过他，而克里斯托弗·弗雷灵则说1975年才向她推荐了《神话学》，在1976年她给他写的一封信开头就是"谢谢你推荐的巴特"）。对于他的影响，她有时有意误导评论者（1978年，她告诉一个采访者"我才刚刚读过巴特。上个月"），但不管她怎么努力，读者还是有敏锐的认识。他与她的兴趣有神秘的相似之处——日本、电影、时尚和萨德——而他从日常现象中寻找隐含神话的研究方法，她也越来越多地采用。

1976年，她为《新社会》写了一篇关于摔跤的文章。它完全不像《纵情声色》（她关于布里斯托夜生活未出版的非虚构作品）中讲述摔跤的章节，却很像巴特二十年前就这个话题写作《神话》时的思路。两位作者都以研究光照在摔跤场上的效果开头："没有影子的（光）激起人毫无保留的情感"，巴特写道；卡特的说法是"戏剧性"的光"为摔跤手们穿上了衣装"。巴特认为摔跤"以悲剧面具的所有夸张方式呈现了人类的痛苦"；卡特则将其看作"粗陋的道德剧"。巴特谈到这个场面的"道德机制";卡特看到的是"道德的韵律"。两篇散文之前还有别的地方交相辉映。它们太不明显,谈不上抄袭,最多可算是一种有意识的仿效,但绝对不是巧合。

约翰·约克斯尔每年回英格兰一两次来陪年迈的父母。安吉拉写作《吸血姬》期间,他到巴斯拜访了她,从日本一并带来两个朋友桑迪·布朗和安田武,两人在东京以北90英里的小城益子町学习陶艺时相识,现已结婚,住在德文郡的农场上。"我很喜欢(安吉拉),"桑迪说,"她其实是个非常好的倾听者,同时也是好的发言者……我觉得她太有意思了……非常有个人魅力。"喜欢是双向的,不久之后,安吉拉就去德文郡和桑迪、安田小住了一段时间。

伯恩·黑德农场在梅肖村附近起伏的旷野间占地25英亩,毗临埃克斯莫尔。它的主人是桑迪的母亲,希望能通过这片土地自给自足。他们每天早早起床为奶牛挤奶,用老式的工具制作奶油,给猪喂乳清,把猪肉做成香肠和肋条肉。他们自己种蔬菜、烤面包、产黄油、做奶酪。农场上有一座传统的石屋和几个附属的外屋,包括一个谷仓,被桑迪和安田改造成了陶瓷作坊,在那里自己制作用来盛装食物的器皿。"安吉拉喜欢这一切,觉得这就像个奇妙的幻境一样,"桑迪回忆说,

> 我们吃饭的时候谈论正在吃的食物,吃完之后就谈下一顿要吃的,然后去准备食物,继续讨论那一顿的事,于是就有了循环往复的关于食物的对话。我的感觉是安吉拉好像可以一直待在这里。

虽然她每次在农场待的时间都只有一两个星期,到1980年前,安吉拉却几乎每年都去一次。第一次去的时候,约翰·约克斯尔站在厨房中间看着他们把一头猪切成两半,漫无边际地讲着关于他遇见的一个菲律宾男子的故事。晚上,男人们上床睡觉后,桑迪和安吉拉坐在壁炉

边聊天。桑迪记得安吉拉告诉过她"那个年轻英俊的建筑工人来家里帮她修房子……她对他痴迷不已"。

安吉拉开始幻想着以种地为生。休伊记得她这一阵说过（还记得自己为此调侃过她）想搬去苏联开拖拉机。她连汽车都不会开。回到巴斯，她让爱德华教她开车。第二或是第三节课的时候，她开车径直撞上了一面墙，把它撞倒了。他们叫了马克过来修墙。爱德华看见他们在一起的样子，知道他们的关系更近了。

安吉拉自从 1974 年 2 月以来就没碰过《新夏娃的激情》；1975 年冬天，她回到了这本书上，而且这一年接下来的精力都耗在了上面。"我从来没有在其他小说上感受过这种'产后抑郁'，"她 1976 年 1 月 5 日给德博拉写信道，信中装了手稿，"接近终点线时，我是真的又忧郁又痛苦。"她害怕写得太乱了，部分是因为初稿和第二稿之间相隔了很长时间。"我开始写这部小说时认为自己对神话感兴趣……最后发现神话让我无聊到僵硬了。"她在几年后告诉文评人伊莱恩·乔丹。"我不确定它整合得很好，"她在另一个场合说过，"我想其中的形而上学让它滞涩了。"然而，这却是她选择用来构成 1992 年的电视节目《文艺面面观》的三部小说之一——另外两部是《马戏团之夜》和《明智的孩子》，而且到了 80 年代中期，她还说它是"我自己的小说中我最爱的一本，因为它野心太大了，太严肃，于是不由自主地犯了错误"。

哈考特·布雷斯·约凡诺维奇的托尼·戈德温同意她的看法。"它近乎杰作，"他写信告诉她，"恭喜……这本小说太棒了，我全心都是佩服。"她的英国出版商没有那么热情，但他们都尽了职责。马克·巴蒂-金——他从艾伦·布鲁克手里接管了哈特-戴维斯——给了两千英镑，与出版社买下安吉拉前两本书的价钱一样。德博拉想劝他出更高的价钱。他在 1976 年 2 月 26 日写信对她说：

很抱歉，我们不能信心满满地告诉你这本书对安吉拉来说是很重要的进步。她的写作一向有趣，其中的一些画面也非常生动，甚至是绚丽，不过，尽管（再次强调我）挺欣赏这里面所有的象征画面，我却不能从中看到真正具有独创性的视角……毕竟，我们都知道，现在那些用末日启示来象征世界遭受破坏的书已经够多了。鉴于这一点，我认为我们必须坚持像之前定好的一样给她2000英镑，对此，也许你会在恰当的时机告诉我你的看法。

这个数额不小，不过安吉拉对巴蒂-金抱怨的语气和对小说本身的漠然感到恼火。德博拉将手稿寄给了几家别的出版商，包括利兹·考尔德（Liz Calder），杰出左翼出版社维克多·格兰茨的一个年轻编辑。她收到了一份审读报告，说这本书"用末日哥特、科幻、软色情和女性解放混合出惊人的产物……怪异而引人入胜，不到严肃小说的级别，却是科幻中的佼佼者"。

考尔德曾是个时尚模特，镇定、沉静的风度掩盖了她在地理（她在巴西生活过几年）和文学方面都喜爱冒险的口味。即便如此，她记得最初和安吉拉共进午餐时还是有些不自在：

> 我又惊又怕，舌头打结，紧张极了……我想可能部分是因为她的说话风格，在你不了解她以前都很难理解：有很多的嗯、呃、大笑，诸如此类，起初会有一点让人不知所措。不过那不是令我困扰的地方。真正的问题在于我仰慕她，因此非常在意自己的表现，想赢得她的好感。她给人的印象是看穿了你。她明显是在对你下结论。我记得那顿断断续续的午餐中途，她问："你最喜欢的作者有哪些？"我的脑子一片空白。我想到的答案真的很蠢，所以我以为自己把事情搞砸了……当德博拉说"好吧，她想让你来出版这书"时，应该没人比我更惊讶了。

1976年4月28日，考尔德为《新夏娃的激情》的英国及英联邦地区的出版权开价 1500 英镑。她想把它放在一家新的下属机构"幻想与恐怖"出版,"这家公司未来还会囊括厄休拉·勒古恩①等作家"。德博拉让她提到 2250 英镑,超过哈特-戴维斯的出价。考尔德试图争取更多的钱,在一张格兰茨内部的备忘录中写道:"安吉拉·卡特正是我们要找的那类作家——年轻,已经有了自己的一批追随者,电视/广播节目上的专家,坚持自我,有争议,而且惊才绝艳。"她的上司们显然没有听进去,最终安吉拉接受了最初提出的 1500 英镑,5 月 27 日签下合同。

不久以后,她受邀参加在考尔德伦敦的家中举行的一场致敬智利小说家何塞·多诺索(José Donoso)的晚宴。客人之中有年轻的萨尔曼·鲁西迪,他是安吉拉的"忠实粉丝",彼时刚刚由格兰茨出版了第一部小说《格里茅斯》(Grimus)。"多诺索先生像拉美的'水牛比尔'②那样气派地进来了,留着银色的山羊胡,身穿坠有流苏的外套和牛仔靴,而且据我看来,对安吉拉说话过分倨傲了。"鲁西迪记得,"我当然完全没有名气,但安吉拉那时已经出版过很多本书,而他要么不知道,要么假装不知道她是谁,这事让我为她感到生气。所以我应该是为她说了话……我对多诺索做了一番演讲,说她就像是英格兰最好的作家。我想这件事让我赢得了她的欢心。"

之后的几年内,安吉拉和鲁西迪之间发展起亲密互助的友谊。"从文学上说她是我最好的盟友之一,"他说,"她是那种能用我希望的方式理解我作品的人,而且还在任何提问的人和几个不提问的人面前坚定地捍卫着它。"在被修剪得整整齐齐的当代英国小说图景之中,她难得找到一个人能有类似她这样狂野而浮华的感知。他们都是局外人,有坚定的社会主义信条;他们都对乔伊斯的喜剧性和语言感兴趣;两

---

① 厄休拉·勒古恩(Ursula K. Le Guin, 1929—2018),生于美国加州伯克利,世界著名奇幻、科幻小说家,被称为"科幻小说女王"。
② 即威廉·弗雷德里克·"水牛比尔"·科迪(William Frederick "Buffalo Bill" Cody, 1846—1917),美国南北战争时期军人,兼有拓荒者、北美野牛猎手和马戏表演者身份,美国西进运动的传奇人物之一。

第十五章　沉默是英国人建立亲密关系的方式

人都喜欢怪诞的事物，具有极强的创造力；两人都不承认自己被媒体塑造出来的形象。1985 年，年轻的记者海伦·辛普森为《时尚》杂志做两人的联合专访（大标题是《让人颈毛倒竖的人》），她对两人都如此风趣随和惊讶不已：

> **海伦·辛普森：**我采访你们二位是因为有一次读书会上，我看见你们两人在一起，看上去相处得非常融洽，是很好的朋友。我对书和作家感兴趣，但从没读到过关于你们两人友谊的文章。我会觉得你们的友谊很不可思议……萨尔曼，你在公众印象中不是特别容易接近和交友的人……而你，安吉拉，经常被刻画成一个超凡脱俗的先知，一个寓言家。
>
> **安吉拉·卡特：**所以你是愤怒的第三世界人民，萨尔曼，而我成了个板着脸的女性主义者。
>
> **萨尔曼·鲁西迪：**太奇怪了。我是这样吗？

* * *

类似遇见鲁西迪那次晚宴的场合使安吉拉确信她需要离文学圈更近。德博拉·罗杰斯觉得她已经开始为自己的职业做现实打算了："我认为她比表面暴露出来的样子更有抱负。"克里斯托弗·弗雷灵赞同这一说法："有点奇怪……她非常想出名。"在巴斯很难实现这点，到 1975 年底，安吉拉已经决定离开了。弗勒·阿德科克拜访过她，在日记中写到安吉拉仍然觉得巴斯是个宁静的城市，"但三年过去，她已经受够了这种平静"：

> 巴斯全是退休的人，她说，很多人十七岁就退休了。"非主流社会"的存在太过显著，从它要替代的主流社会夺取了大量地盘……所谓文化的混合物原材料太少；安吉拉感到自己需要回到伦敦五花八门的混乱之间。

她开始联系克里斯蒂娜·唐顿——她过去一年在英格兰银行担任特约经济学家——商讨在首都买个房子，而且要在首都的南边（"安吉拉非常笃定要在泰晤士河南岸。"唐顿回忆道）。一个周六下午，丽贝卡·霍华德开车带她们两人在南伦敦看房。"我们沿着河边很大一片地区踩点。"她说。她的儿子萨姆那时三岁左右，也跟着她们。他们来到蔡斯街107号——一幢破败的四层维多利亚小楼，带一个杂草蔓生的大花园，就在安·麦克费伦和斯努·威尔逊住的那条街上——萨姆在门口解了个小手。安吉拉说："好，就是这儿了，他已经用气味标记了这栋房子。"

第十六章

恐怖故事的程式

1976年，历史上曾是工人阶级聚居区的克拉法姆正经历着剧变。公园附近开了一家健康食品店、一家古玩店和一家独立书店。中心商业街上正要开设一家替代疗法①中心。80年代，银行家和房产投机者到来，奢华的复式公寓②改造和并排停靠的保时捷见证了这里成为雅皮士的代名词——然而在70年代，他们还没有蜂拥而至，这里聚集的是文学和传媒圈人士：除了斯努·威尔逊和安·麦克费伦，安吉拉的新邻居还包括剧作家戴维·黑尔（David Hare）、漫画家兼电视主持人巴里·凡托尼（Barry Fantoni）以及伊恩·麦克尤恩，安吉拉开始经常和他共进晚餐。

安吉拉知道自己已经被卷入了中产阶级化的进程，却仍然为儿时熟知的那个南伦敦的逝去而痛苦。"现在从地铁回家的路上，你永远都能看到有人把龟背芋搬进粉刷成白色的房间，里面很可能还有一张彩色玻璃咖啡桌，也许还装着射灯。"她在为《新社会》写的一篇文章中表达了不满。《明智的孩子》中的朵拉·钱斯也有类似的抱怨："这些富人到处流散，跳进他们的萨博柴油车全城扩散。你绝对不会相信现在这里的房价。"

---

① 指异于主流传统西医，尚未在一般医院内普及的医疗方式，例如中医的气功、针灸等。
② "Loft"，指两层复式结构、没有内墙分隔的独立公寓。

蔡斯街 170 号售价 14000 英镑，安吉拉与克里斯蒂娜将房子一分为二，安吉拉住上两层，克里斯蒂娜买了下两层和花园，两人分摊房钱。她们刮下了墙纸，自己动手粉刷了墙面，将房子正面涂成了惊人的血红色（在安吉拉居住期间，它褪成了深莓红）。马克动手将安吉拉的半套房改造成了独立的两层公寓：他把第一层改成了敞亮的开放式厨房加起居室，把它做成了"比尔兹利风格的黄黑色整装厨房，跟克拉法姆其他的厨房，或者说跟世界上其他的厨房都不一样"。顶楼是卧室和安吉拉沿街的书房。

安吉拉对马克的工作很满意，但对进度有点失望——称它是"侏罗纪的制造方式"——最初的几个月，她不得不在巴斯和伦敦之间折返，卖她的旧房子，监督新房的装修。"一团乱。"3月8日，她给布伦达·利斯写信说（她负责德博拉·罗杰斯经济事务所的戏剧演出权）。6月1日，她正式搬到蔡斯街，那里还是"更像个建筑工地而不是住房"。

几天之后，强盗从楼下破窗而入。安吉拉和克里斯蒂娜都没有什么值钱的东西，所以他们"只能拿走了一些太太们喜欢的零零碎碎：一只漂亮的茶壶，所有的叉子和勺子，但奇怪的是，除了一把菜刀，没有带走别的刀子……还有一条黑色天鹅绒裤子和一顶草帽"。这件事让安吉拉乐得停不下来：南伦敦并没有多大改变。

1976 年遭遇了有史以来最热的夏天，从 6 月底到 8 月中旬连续 45 天没有降雨。安吉拉"用汗水"翻译完了《有道德寓意的古老童话故事》①——夏尔·佩罗②开时代先河的 17 世纪童话故事集——"以提高法语为由"。这是格兰茨委托她做的，预付款为 700 英镑。安吉拉认为这段经历对她启发很大："在这本伟大的原版故事集中，发现《睡美

---

① 原文为法语。
② 夏尔·佩罗（Charles Perrault, 1628—1703），法国诗人、文学家，童话的奠基者，以童话集《鹅妈妈的故事》闻名于世。

人》《穿靴猫》《小红帽》《灰姑娘》《拇指汤姆》,所有圣诞童话剧的主角——所有这些摇篮故事都是精心乔装的政治寓言。"

她的说法与这些故事的标准解读相去甚远:学者杰克·宰普斯(Jack Zipes)说它们是"非常高雅、文学化的玄妙文字,用来作为文明行为的示范"。佩罗在路易十四的宫廷里是个相当诙媚的诗人。他磨炼出了一种语带反讽的精巧文风。安吉拉或多或少忽略了这些史实,在翻译的后记中说他"一直不够狡猾。他的故事保留了形式的简单和乡村说书人叙事的直截了当"。她是在用自己外祖母的形象来重构佩罗——其大胆程度不输于把萨德解读成女性主义的支持者。她在翻译和改写的边缘试探,将佩罗优美的长句改成了急促的短句,加上了口语词汇,把他的说理诗改成了说教的散文,很多句子和作者原意恰好相反。产生的结果跟她外祖母给她讲的故事"一模一样",但她偏离原文的翻译被认为是理解有误。"有人善意地提醒我(我的翻译)不是非常准确,"她在接受人们对这本书的赞扬时说,"人们提出要修正我的法语。"

尽管她在佩罗的文本中打上了自己的记号,安吉拉还不至于完全无视翻译的职责。不过,她被激发了想象力。在做研究的过程中,她读完了《咒语的用途》(*The Uses of Enchantment*)——布鲁诺·贝特尔海姆(Bruno Bettelheim)新发表的关于欧洲民间传说的心理分析研究,该书提出童话把性和死亡这些恐怖概念用象征的形式表现出来,以此抚慰儿童。安吉拉不同意他的一些关键论点——她知道一些故事起源的历史背景,在她看来,在中世纪森林密布的法国,一个警告儿童不要迷路的故事肯定会有疗愈以外的目的——但从艺术的角度看,贝特尔海姆揭露了在保育室空间中潜伏着性和暴力的生动形象,让她兴奋不已。他提出童话里的动物形象代表卑劣的欲望,这点尤其触动了她。她在日记中抄下了下面几行字:

童话里的动物有两种形式:危险而具有毁灭性的,比如《小红帽》里的大灰狼,不然就是龙,要求人们每年献祭一个处女,否则就要毁灭整个国家……以及智慧而乐于助人的,会指引、解救主人公……

危险和乐于助人的动物都象征着我们的动物性,代表我们的本能。危险的那种意味着本我——还没有屈从于自我和超我,积蓄着危险的能量。而帮助人的动物则代表我们自然的能量,也就是本我,已经完全被驯服,可以为整个人的利益服务了。

"动物就是被压抑的性欲——'人性中的野兽'。"安吉拉在日记中写道。她开始梦想写一部童话故事集,让其中隐藏的性意象浮出水面,扰乱心神。这本书会揭露人试图将自己区别于动物的那些自吹自擂的谎言,她把这称为"无意识的社会现实主义"——它的作用将会和疗愈截然相反。她最早的笔记聚焦于《小红帽》《灰姑娘》和《美女与野兽》。她在页面顶端写下了:"代码名:新鹅妈妈"。

这是《染血之室》的雏形。成书还包括新版《蓝胡子》(贝特尔海姆将其与《美女与野兽》同归入"动物新郎"故事)、《白雪公主》、《穿靴猫》,还有《精灵王》和《爱之宅的女主人》,最后两个故事安吉拉都重写过,以便让它更能呼应整个集子的主题。《灰姑娘》的素材最终被吸纳进了《狼女艾丽斯》,后者也参考了《小红帽》和《美女与野兽》。故事大多讲述年轻女孩发现自己性征的过程,不乏色情和月经的意象,但是安吉拉从未把《染血之室》当成《新夏娃的激情》和《萨德式女人》那种女性主义的战斗之作。1985年,她被问及是否写作这些故事的目的是要推翻男权形式,将它女性化,她说:"真的不是。我是在……利用传统故事中的潜在内容;那些潜在的内容就是跟性强烈相关的。因为我是一个女人,我就是这样解读的。"她有点不诚实了——她知道直言不讳地写出女性性欲就是反文化传统的——不过她的自述意味着她已经对评论家们把这些故事的意义箝死在性别政治之内感到恼火了(最早期的评论更集中落在人与动物天性的对立上)。

第十六章　恐怖故事的程式

除了翻译佩罗和长期受《萨德式女人》的困扰，她还为支付房屋开销写了大量新闻稿——1976年截至10月，她为《新社会》写了12篇文章，为《广播时间》写了两篇，为《世界主义》和《时尚》各写了一篇，还给《肋骨》和《卫报》写了几篇书评。她发现最后期限和字数统计的循环越来越让人透不过气。她很感谢马克，他的支持让她不至于发疯。"至少这种压力，哪怕再折磨人，也与心事不相干，"她对弗勒·阿德科克写道，"否则就太过了。"

她想到教书可能是个不那么烦心的挣钱方式。她在艺术委员会看到一则谢菲尔德大学招聘研究员的广告。职位需要的是一个创意作家，需要指导学生，可能也需要上一点零星的课，但总的来说可以自由完成自己的工作。面试安吉拉的是一个由英语系主任布莱恩·莫里斯（Brian Morris）、20世纪文学讲师尼尔·罗伯茨（Neil Reberts）和作为外部审核人的天主教小说家皮尔斯·保罗·里德（Piers Paul Read）构成的小组。里德自然不是安吉拉·卡特作品的支持者，但在五六个候选人中，大部分只在杂志上发表过作品（亚历克西斯·里基亚德是除安吉拉之外唯一出版过长篇小说的）。尼尔·罗伯茨记得他们没怎么讨论应该雇用谁：

> 审核组的每个人都认为安吉拉是最为突出的候选人……鉴于我已经读过她的作品了，知道那是幻想类的题材，所以她给我留下最深的印象就是她有多聪慧——头脑极其敏锐。还有，可能有点矛盾的是，她的文字表达力极强，相比之下，她说话却是一种松弛的嬉皮士风格。读过她的小说，你会期待她说话非常流利，但她没有。她说话时带着一种假的不善言辞——我不知道这是不是有意为之，但是总有一丝犹豫。有可能她只是不想太严厉。她也比我读过那些故事后想象的更有政治自觉和动力。

于是，10月初，安吉拉重返南约克郡凄凉的工业化景致之间。谢菲尔德到德恩河畔的沃斯只需乘坐一小段火车，头顶上也是同样冷峻的天空（安吉拉告诉约翰·哈芬登《染血之室》的大部分故事都是在那儿写成的，"很可能这就是为什么它们都是阴冷的冬季故事"）。这里完全不同于伦敦或巴斯的中产阶级氛围，在安吉拉看来，连布拉德福德都比这儿文雅。1976年，谢菲尔德相对不受移民影响，老一辈还说着安吉拉记忆中外祖母的乡音。人们还吃着血肠和猪牛羊肚——几乎很难找到诸如大蒜和橄榄油之类的外国食材——从酒馆买回一罐罐啤酒。四十岁以上的女人离开家都要用帽子和围巾遮住头发。"尽管我认为自己是有生以来最了解英国多姿多彩的外省生活的人，"安吉拉对《伦敦文汇》的艾伦·罗斯写道，"谢菲尔德还是打开了一个新维度。"

约翰·约克斯尔帮她联系上了他的朋友卡克图斯·利奇（他十年前和他一起搭便车去了印度），他与妻子娜奥米·布伦特住在艾伯特路上的一栋维多利亚式房屋，距离市中心不远。他们以每周7英镑的价格租给安吉拉一间二楼的小房间，窄到只能放下一张单人床和一张书桌。向窗外望去是后花园，通往一个建着排屋的斜坡——安吉拉认为这样的风景像是"劳里①的画"。

卡克图斯和娜奥米非常积极投身于左翼政治，整栋房子就是极端活动的温床。地下室有台胶印印刷机，"各种各样的疯子都过来打印海报、票和小册子"。他们还收留智利奥古斯托·皮诺切特军政府的逃亡者：安吉拉到来之前，这里曾经住过一个政治犯，尽管他和妻子搬去了巴恩斯利长居，他们最大的两个女儿却还留在艾伯特路完成学业。她们是"淘气的少女"，安吉拉住在她们隔壁，"经常被她们逗乐"。一对夫妇约翰和乔斯·勒科尔内租了楼上的房间（乔斯是个女性主义历史学家，之后建立了一个女性出版社）。安吉拉刚搬来的时候，还有一

---

① 劳伦斯·斯蒂芬·劳里（Laurence Stephen Lowry, 1887—1976），英国画家，以画20世纪中期英国西北部的工业区见长。

个女人带着婴儿住在这儿。他们轮流做饭（娜奥米记得安吉拉"是个大厨。她会做非常好吃的布丁，但自己不吃"），几乎每个晚上都一起吃饭。安吉拉在给朋友的信中把这栋房子称为"公社"，不过这就有点浪漫化了：每个人都付租金给卡克图斯和娜奥米，除了那家智利难民，他们是由政府项目资助的。

晚上不工作的时候，安吉拉经常下楼到起居室，但她很少参与房友们喧闹的讨论。"她就静静地坐在那儿。"娜奥米回忆道。总的来说，娜奥米认为这是出于礼貌而不是羞怯。很显然她是个烟鬼（她写作时，烟会从她房间的钥匙孔飘出来），但她不会在房子的公共空间内抽。她的体贴谨慎让她成为一个"特别好的租客"：

> 她周末和假日经常出门，（在家的时候）她会写作。她把自己关在房间里，用那台便携式打字机写，而我知道不要打扰她，她会一直写……她非常无私，考虑周全，对这里和对其他人都是这样。

卡克图斯也同意和安吉拉"住在同一个屋檐下很简单"：

> 她在的时候，对话时，对客人非常有礼貌，做饭、做事很考虑别人的感受。时时刻刻都是如此……她的礼仪非常周全。我们在她达到文学名望顶峰前认识了她，但是她完全没有架子。

卡克图斯和娜奥米有个两岁的儿子，很害怕朱迪思·科尔（Judith Kerr）的书《来喝茶的老虎》（*The Tiger Who Came to Tea*）中的插图；安吉拉画了一幅看上去更友善的老虎来安慰他。不过，她的举止透露出她是经历过艰辛才获得了温柔和表面的平静。"我想她是那些经历过痛苦，才挣扎着找到一条出路，到达平衡的人，"卡克图斯说，"肯定不容易，但我的印象是她已经走出来了，对自己非常满意。"

谢菲尔德大学占据了维多利亚晚期至20世纪中期的一系列建筑群，自市中心一英里开外起，在艾伯特路上逶迤延伸了四英里。安吉拉独有的办公室继承自尼日利亚诗人沃莱·索因卡（Wole Soyinka），在文科大厦——一幢建于60年代的功能型摩天大楼，要是遇上难得的晴朗天气，就能将城中景色一览无碍。因为索因卡很少出现在校园中，教职员工惯于将他的办公室当作公共休息室。安吉拉在墙上贴满了达达主义的海报和《时尚》上剪下来的图片，给它打上了个人烙印。

学期内的每个工作日她都"像工人一样打卡上班"。这个短语包含的暗示是她对新角色没有任何激情。她想念马克，越来越觉得自己是疯了才会远离自己刚开始筑的巢。学期的第一天是10月4日周一。周三，她对克里斯托弗·弗雷灵写道：

> 风在文科大厦外呼啸，我身处无名的喧嚣间，想着一台老旧的打字机和坐回公社的两趟公交车。我的朋友们正在那里忙着印刷《谢菲尔德自由报》的下一期……我一直在想——这才过了两天；还有三个学期，每个学期长达八周，减去两天。我确信这是错误的反应。

在另一封给弗雷灵的信中，她写道："我真的什么也不想做，只想坐在办公室里，眼神空洞地盯着墙壁。"然而，她自称的懒散总是不那么令人信服。她正忙着做关于童话意象的研究，也承认她从"杰出的"大学图书馆借来了一本约翰·波拉德（John Pollard）的《狼与狼人》。"我可能会给《美女与野兽》加入狼人元素。"

实际上，她马上把素材加入了《小红帽》的一系列即兴改编中。前两个故事是在1976年10月到1977年1月间完成。第一个是《狼人》——"一个小故事"（长1000字左右），里面小红帽在森林里遇到大灰狼后割下了他的前爪，到达外祖母家后却发现老太太"原本长着右手的地方现在只剩血淋淋的残肢，已经溃烂"。把老祖母写成狼人——故事之前的版本中本来就有大灰狼穿着她的衣服引诱小红帽靠近——既引人入胜又让人不安，揭示了贝特尔海姆从故事中诊断出的俄狄浦斯情结。

据贝特尔海姆观察，虽然小红帽有很多个版本，但基本元素永远都是"一个戴红帽子的女孩儿与狼为伴"。安吉拉知道最后四个字可以成为第二个故事的标题，但过了很久才明白她可以怎么利用它。然后有了最后一句话："看！她在祖母的床上睡得多香多甜，睡在温柔的狼爪间。"这个小女孩无视母亲的警告，释放自己的动物天性，在狼的陪伴中获得满足。

故事以一系列关于狼邪恶天性的不祥说法（"它们和饥荒一样灰，和瘟疫一样邪恶"）和短小警世的变狼传说开头，用一个古代乡村说书人的声音叙述。它勾勒出原始原色的自然风光（全部是洁白和血红），浸没在危险的气氛之中。于是，小红帽在狼面前大笑，扯下他的衬衫"丢进火里，就像先前烧光自己的衣服"，这就构成了一个特别的时刻，用一幅狂暴而欢乐的画面替代了佩罗原先道德说教的结尾。

安吉拉知道这些故事是她目前为止的最高水平。在她三十七岁的冬天——已经出版了七本书，还有一本正待出版——她开始写出让自己载入文学史册的作品。

在谢菲尔德的第一个学期，安吉拉参与了一个四人组学生的项目，他们在她"笼统，有时相当斯大林式的"指导和编辑下共同完成一篇小说。在这份成品的引言中，她提出了一些关于创作过程的想法：

> 写小说涉及横向思维，也就是说，向旁边想——用思考联系的方式扩展一个想法，以便创造人物；它也涉及结构式思维，也就是纵向思维，来建立一个连贯的叙事，确保有一个向上的动力一直推着它到停下为止；它也同样涉及要用图像和文字思考。

她在这些方面都提供了帮助,让他们编出人物档案,建议他们如何发展剧情。他们由"一个简单、原始的主题开始——一种探求"。安吉拉每周为他们布置一个新任务——他们可能会离开课堂,根据一些指导原则写一段——然后安吉拉和他们见面,讨论他们的作品,充实"所有意象和象征的线索"。其中一个学生斯蒂夫·鲍纳斯说整个过程"非常有意思……有形的纪律,最后很有可能通向无形的提高"。

在这个项目结束后,安吉拉想在大学杂志上发表这个中篇小说长度的故事,但学生编辑杰勒德·兰利(Gerad Langley)并不看好。"看上去很散,"他说:

> 故事没有贯穿的主线。我努力跟她探讨这点,但她气冲冲地说:"好吧,那你打算怎么写?"所以我们努力修改这篇小说,我、她,还有一个叫约翰·莱克的人……我们经常遇上这种事,后来我离校了,结果也没把这篇文章发表出来。

即便如此,受安吉拉指导的那一年还是给兰利留下了难以磨灭的印象。他后来成为新浪潮摇滚乐队"蓝色飞机"(Blue Aeroplanes)的主唱,这个乐队2011年的专辑《反重力》(*Anti-Gravity*)中有一首歌就以她命名。

安吉拉与她英语系的同事们相处融洽,而且成功地潜入名叫"哥特式想象"的课堂。"阅读书单上囊括了所有从《流浪者梅莫斯》('Melmoth the Wanderer')① 到布拉姆·斯托克②的内容,"她对弗雷灵写道,"我很高兴地说,现在还加上了 A. 卡特。"但是尼尔·罗伯茨记得她与大家保持着距离:"她是合群的——但我不会说她无拘无束。哪怕她在群体中,跟人说话,对人友好,她始终有所保留。让人

---

① 英国哥特小说经典,对波德莱尔等人产生了很大影响。
② 布拉姆·斯托克(Bram Stoker, 1847—1912),英国小说家,作品尤以描写吸血鬼的《德拉库拉》(*Dracula*)令人瞩目。

感觉她有所隐瞒。"

她所隐瞒的是——或者说至少大部分是——那种生活在别处的感觉。一到周末和学校假期，她就尽量频繁地回到伦敦，"因为心在哪儿，家（至少暂时）就在哪儿"。"暂时"中暗含的怀疑只是她的护身符；她对马克的感觉毫无减弱的迹象。第二年，她在日记中写道：

> 他还保留着我初见他时的模样，在我用为爱神魂颠倒的眼睛看他时候的样子——一棵树，其间栖息着小鸟；一个高挑瘦削的森林精灵，对那些外来者天然的羞怯……野兽的优雅与不自信，大概像一匹年幼的骏马，或者过来吃掉你手中面包，待你一开口就惊退的鹿。什么都没变。

他们很快建立起了和谐的家庭作息制度。马克完成大部分家务（1984年，安吉拉告诉一个采访人她已经对那种阴暗而激情的希斯克利夫式男人不感兴趣了："现在我喜欢那些会洗盘子的人"），而她负责做饭。几年后，她告诉一个朋友"我们（大体上）分担了相互照顾的劳动（我们出不起雇人的钱），而且还有别的事可做。我说'大体上'是因为我总觉得自己做得更多，但他觉得他做得更多，所以我觉得这是公平的。"

"马克让她非常快乐，"克里斯蒂娜·唐顿说，"他给了她一种做家务的自信，她在以前从未经历过。"蔡斯街的客人们也是同样的印象。"他显然非常爱她，她对他也是。"利兹·考尔德回忆道。萨尔曼·鲁西迪也赞同："他们在一起时非常放松。""他们合谋展示出自成一类的关系，"洛娜·塞奇写道，"当然，他们没有多少传统意义上的'共同点'，除了他们都很独立独行、顽固、无言之下亲密无间。"

1月，安吉拉将《与狼为伴》寄给了小说家艾玛·坦南特（Emma

Tennant),后者自 1975 年就在缠着她为新杂志《狂人》写稿。安吉拉在附函中解释说:"《与狼为伴》隶属于进展中的新项目"新鹅妈妈故事集",一个大致由传统童话衍生出来的短篇故事集。这是翻译夏尔·佩罗童话故事的副产品……目前我好像在沉迷'恐怖故事'那一套。"

艾玛·坦南特是个很有魅力的人物——一个有贵族背景和坚定女性主义理想的实验小说家——而《狂人》才办了第六期,已经迅速占领了《新世界》在先锋杂志领域曾经的位置。J. G. 巴拉德是编辑之一,杂志(或根据它的风格,称为"文学报纸")还聚集了稳定而杰出的作者群,包括威廉·巴勒斯、菲利普·罗斯、哈罗德·品特、伊恩·麦克尤恩和泰德·休斯。

曾经有传言说安吉拉和休斯有过一段性关系。唯一的消息源似乎是坦南特,她在《日记已焚》(她关于 70 年代的回忆录,在事后以具有欺骗性的现在时态写成)中写道:"安吉拉有吗……我想知道……我想起来,几个月前,我谈到休斯夜访我家地下室的厨房时,她说起两个人之间'发生了一点事情'……她的双眼在那如同小红帽祖母的外衣般的白发下闪着光。"这段明显错误的回忆(在她说的那段对话进行时,安吉拉的头发还不是白色)成了休斯的传记作家乔纳森·贝特的依据。他说:"安吉拉·卡特,聪慧而美丽的魔幻现实主义作家,暗示她和泰德之间发生了'一点事情'。"在两人都没有留下任何私密或公开文字为证的情况下,这件事听上去不太可能发生过。与之相悖的事实是,他们似乎在安吉拉为《狂人》写稿之前只见过一面(在此之前休斯正与坦南特有一段恋情,而安吉拉与马克的感情持续升温);而且,从判断这类事的一个角度来看,他们都不是对方喜欢的类型。我们很难不把这个传言当作耸人听闻者的虚构。

《新夏娃的激情》于 1977 年 3 月 24 日出版,封皮是吸引眼球的黑金色。安吉拉自己写的推荐广告说它是"炫目的幻想之作……黑色幽默屡屡闪现"。"注意我在最后一段克制了我天然的寡言,"她对利兹·

考尔德写道,"但提及黑色幽默非常重要,因为我经常发现人们很容易忽略反讽,不知道我是在开玩笑,导致尴尬的结果。"

哪怕在她主动宣扬之后,大部分文评人还是忽略了反讽——仿佛趣味和女性主义不能共存。不乏正面反响(特别是洛娜·塞奇在《观察者报》上的评论,赞扬安吉拉"不掺杂道学辩护地揭示了创造神话和讲故事的过程"),但大多数都还是为书中"令人难堪"的地方感到恼火。《星期日泰晤士报》的吉尔·内维尔似乎认为安吉拉把伊夫林被迫的转性当成了对他过去行为的惩罚(一本正经地说他"对我而言没有错得这么离谱"),还认为情节一团混乱,"每一个可怜的男性读者都会感觉像脑袋被揉到屎里去的猫"。天性爱争吵的记者朱利安·巴恩斯[①]——用笔名帕迪·比斯利为《新政治家》写稿——和伊恩·汉密尔顿评价《魔幻玩具铺》时类似,将安吉拉·卡特描绘成了一个廉价的耸人听闻者,没法控制她的能量:"如果这个总结粗糙凌乱,那么它就是恰当的总结。卡特小姐让情节时有时无,回避对话,虽然不时有精准的用词,还是落到了愚蠢的地步。"《旗帜晚报》上一贯支持安吉拉的奥伯龙·沃一面称赞"无可争辩,她那不受约束的强大想象力无论在什么情况下都吸引着我",一面又觉得小说被中间那些"自我陶醉的段落"和"难以理解的结局"拉低了层次。"这有点让人难过,因为我坚信卡特小姐是这一代最出色的作家之一,"他就像恨铁不成钢的校长一样总结道,"总有一天她会回报我对她的信心。"

《与狼为伴》与 J. G. 巴拉德、蒂姆·欧文斯(Tim Owens)和约翰·斯拉德克(John Sladek)的作品一起发表在《狂人》1977 年 4 月的第七期上。为庆祝这一期出刊,安吉拉受邀来到位于半中产阶级化贫民区诺丁山的《狂人》办公室参加派对。那是个晴朗的日子,人们

---

① 朱利安·巴恩斯(Julian Barnes, 1946—),英国作家,代表作《终结的感觉》(获布克奖)、《福楼拜的鹦鹉》。他曾担任《新政治家》和《观察家》的评论员。

从小小的地下室厨房涌入建筑背后的公共花园。在《日记已焚》中，坦南特回忆起了这个场景：

> 我在外面游荡，树上刚发了新叶，所有人拿着第七期《狂人》，好像它是刚从天上飘下来的：安吉拉，我想她悄悄为自己的《与狼为伴》得意呢，走过来亲了我一口，没说她的感受。实际上，安吉拉的魅力如此之大，别人根本不会在乎要等多久才能听到她试探性地开口说出第一句话——这句话由一阵高声大笑，或者说一次强力吸气打断，因为她被思想过程的万花筒逗乐了，打断了语言的交流。在她勇敢开口之时，我为她的语言想象了许多座图书馆以及无数本百科全书那么多的话外音。最终，她只是说她喜欢这些故事的样子。然而，确实有那么多的可能性，就像泡泡被吹到了空气中一样。

安吉拉很有可能就是在这场派对上认识了加拿大诗人伊丽莎白·斯玛特，即《我坐在大中央车站旁哭泣》的作者，她对洛娜·塞奇记叙道：

> "对女人来说很难。"（斯玛特）含糊地说。那实则是非常特别的经历，因为她显然很想用格言隽语谈论剧痛与死亡与无聊，而我实在是无话可说。只不过我知道为什么男人恨女人，而他们是对的，是对的……我开始计划研究琼·里斯/E.斯玛特/E.奥布莱恩这类女人，标题就叫《自伤》。

信中的语气——善于观察但冷酷无情，有趣得刻薄——很难和艾玛·坦南特描述的精灵一般超然世外，"终于鼓足勇气开始说话"的人协调一致。《染血之室》中的故事既提高了安吉拉的文学声望，也派生了对她形象的浅薄塑造方式——对她的描述成了原始、半神话般的叙事人，而非复杂的现代艺术家——80年代她不再染发后，这个趋势愈演愈烈,"白巫师""神仙教母"的外号开始与她密不可分。

1977年春,安吉拉开始写作"新鹅妈妈故事集"的《美女与野兽》系列了。"人与野兽:野兽的仁慈和奇异,"她在日记中写道,"野兽是他者。"她读了勒普兰斯·德·博蒙特夫人①版本的故事,其中美女发现野兽最后几乎要饿死了,唤醒他之后同意嫁给他。他那骇人的动物性由此被驯服了,他成了一个英俊的男人。贝特尔海姆认为这个故事描述的是健康的爱由父辈(美女的父亲)转移到了性伴侣(野兽);安吉拉则以为野兽操纵美女情感的方式——"你离开之后,我就生病了。"他抽抽搭搭地说——完全不健康,而美女这时对他突然产生兴趣,意味着心灵深处的受虐狂倾向。不过,她的第一版故事《狮先生的恋曲》没有将这些情感表现得很露骨,而是典型的阖家欢乐式结局:"狮先生和太太在花园中散步,一阵花瓣雨中,老猎犬在草地上打瞌睡。"② 这是《染血之室》中最精致婉约、写得最好的故事之一。

她早早地有了本系列下一个故事《老虎新娘》的首句:"父亲玩牌把我输给野兽。"她后来称之为"如果要我说,这是在我的作品中,我最喜欢的句子之一……一想起就震颤不已!"叙事人对自己的新丈夫害怕极了,但最终答应和他睡觉——他开始舔她,"每舔一下便扯去一片皮肤,舔了又舔,人世生活的所有皮肤随之而去",暴露出底下漂亮的皮毛。复活节假期,安吉拉和爱德华·霍勒什一起去了意大利旅游,决定把威尼斯当作故事的背景(有一个场景是美女"坐在黑色的贡多拉上,身旁是一个戴面具、全身着黑的贡多拉船夫"),但到曼托瓦之后改了主意——故事最终设定在这里。

* * *

那个夏天,格兰茨出版了《夏尔·佩罗童话故事集》精装版,配

---

① 法国18世纪最有代表性的儿童文学作家之一。
② 译文引自安吉拉·卡特《染血之室与其他故事》,严韵译,南京大学出版社2015年版。

上马丁·韦尔的超现实主义蚀刻版画(安吉拉非常喜欢它们,"梅·韦斯特①式的丁香仙女尤其让人大饱眼福。"她告诉德博拉)。《每日邮报》的芭芭拉·霍根将阅读安吉拉译作的过程描述为"就像走进一栋熟悉的大楼,发现它被打扫一新"。"她平实的语言是讲述佩罗故事的绝妙载体,"菲利帕·皮尔斯(Philippa Pearce)在《卫报》中遥相呼应,"看过这么多甜腻的儿童故事,这本书中尖刻的评述让人耳目一新。"学者A. J. 卡莱尔西梅(A. J. Krailsheimer)在《泰晤士文学副刊》上称这本书"生动而有个性",但也提出"安吉拉·卡特翻译的《驴皮公主》并非如她所称是佩罗版的韵文故事(其中没有一个叫作丁香的仙女),而是后来的无名氏版本(出版于1781年)"。不论他还是别的评论者都没有对安吉拉翻译时的自由发挥发表意见。

这可能让她更敢于发挥了。她整个初夏时节都在雕琢一个受到《蓝胡子》启发写成的故事。她感觉佩罗的原作有种"奇异的味道":

> 可能在一定程度上是因为他的蓝胡子,有意思的是,它对我而言有点像迪亚基列夫②的风格。于是我意识到如果它是迪亚基列夫,我改编出来……肯定很奇怪——于是我又想到我找对了类型,但是找错了人,这回我记得自己看见过他,在柯莱特③笔下短篇小说的人群间穿行——一旦确定了这个情形,一个堕落的老男人和有巨大堕落潜力的年轻女孩——在我确定了柯莱特风格的人物后,我就知道终于落实了故事背景和时期。

《染血之室》从这些思考中破壳而出,背景设在圣米歇尔山——高墙围绕诺曼底小岛上的8世纪修道院,构成金字塔形建筑群。叙事人讲述

---

① 梅·韦斯特(Mae West, 1893—1980),演员、编剧,曾是性感的代名词。
② 谢尔盖·帕夫洛维奇·迪亚基列夫(1872—1929),俄罗斯艺术评论家、赞助人,俄罗斯芭蕾舞团(Ballets Russes)的创始人。
③ 柯莱特(1873—1954),法国女作家。

了她十七岁时嫁给住在这里的侯爵,"身上散发出皮革和香料味儿","冷漠而沉重的脸上几乎毫无生气……没有岁月的痕迹"(毋需置疑他与萨德的相似性),他的前妻全都神秘消失了。侯爵粗暴地夺走了叙事人的贞洁后因公事外出,给了她城堡所有房间的钥匙,但禁止她进入其中一个房间"每个男人都必须拥有一个妻子不知道的秘密,哪怕只有一个。"他说。叙事人不可避免地进入了禁室,却发现里面是个刑房,到处撒着侯爵前妻们的尸体。就在他正要将她加入自己的收藏之列时,叙事人的母亲骑马赶到,一枪崩掉了他的头("这个瞬间是在致敬柯莱特……救她的必须是母亲,而不是兄弟们。"安吉拉解释说)。《染血之室》是一幅精巧的世纪末①惊悚艺术拼贴画,比安吉拉这段时间写成的其他短篇小说几乎都长好几倍。7月末,她终于完工,将它与同名短篇小说集中的其他故事一起寄给了德博拉。

8月初,安吉拉和行为艺术家雪莉·卡梅伦、罗兰·米勒,以及他们的双胞胎女儿洛伊丝、科莉特一同前往"邂逅艺术"国际艺术节——在"除了讨厌的天气外完全不典型的葡萄牙南部小城"卡尔达什-达赖尼亚,举行"十二天展览、辩论、电影和演出,天知道还有什么"。一周之间,卡梅伦和米勒每天表演一个不同的节目,安吉拉观看之后进行记录,准备为《新社会》报道这个节目。一段时间后,她决定参加表演。在博物馆外的公园里有一些铜像,其中有一对超过真人大小的男孩和女孩很像双胞胎。雪莉和安吉拉决定策划一次演出:安吉拉清洗铜像,与此同时雪莉在一旁清洗洛伊丝和科莉特。

对于米勒后来所说的"针对雕塑传统的一次艺术玩笑",这个地点可能不太理想。那时葡萄牙民主制度尚年轻孱弱,卡尔达什-达赖尼亚的居民还处于赤贫阶段。最后在民众的欢呼声中,一帮右翼暴徒到鱼市场砸毁了颓废派雕塑,艺术节提早结束了。随后又来了一伙斯大林

---

① 源自法语"Finde siècle",指艺术、文学方面具有19世纪末的颓废趣味。

主义者。雪莉·卡梅伦记得当时的气氛如何突然变得可怖：

> 发生了一场大游行，氛围变得排外，然后突然我们就成了目标，我们推着幼儿推车，带着两个金发的双胞胎——罗兰、我、安吉拉，还有一个葡萄牙朋友——从一个咖啡馆逃到另一个咖啡馆，找到了一个就坐进去，然后慢慢地就有一群人围着我们盯着我们看。我们想，我们得离开，于是就走了，这种事发生了三次。最后，我们开始自问"艺术节的组织者们在哪儿"。看上去他们好像上车逃跑了。当时看上去事态很严重……那儿有个旅社，像是基督教青年会之类的，所以我们众多外国艺术家就逃进去，关上了门。葡萄牙朋友回到我们住的地方取走了行李，我们坐第二天早上六点的火车离开了。

安吉拉和别人一样受到了事件转折的惊吓，但她仍愿意与左翼活动者站在一边，于是回到安全的伦敦后，她试着从示威者的角度来看问题。在为《新社会》写的艺术节报道中，她提到："欲望、想象力和梦——艺术的领域——在这个国家，它们存在的可能性像是对居民现实的嘲弄，但也应该由人谨慎播撒。"

当月晚些时候，她写了一版《穿靴猫》，融合了皮埃尔·博马舍（Pierre Beaumarchai）的剧本《塞维利亚的理发师》——讲述男仆费加罗帮主人喜结良缘的历险故事，最有名的是罗西尼改编的同名歌剧——中的主题和意象。安吉拉赋予了猫费加罗的性格，他是"见过世面的猫，四海为家，经验老到"，故事情节也更接近博马舍的剧本而非佩罗的童话，洋溢着轻浮下流的谐歌剧气氛。猫饶舌而擅长挖苦，虽然他优雅的气度常因物种属性而自带滑稽效果（"我开始沐浴了，"他有一次提到，"舔着我的屁眼……腿悬在空中，像一条带骨的火腿"）。十年后，安吉拉告诉一个记者虽然她总认为自己的作品中"有丰富的笑话"，《穿靴猫》却是"我写的第一个有意惹人发笑的故事，彻头彻尾的滑稽"。她急忙将它寄给了德博拉，附上了说明：

> （这个故事）介于《师先生的恋曲》和《精灵王》之间的作品（其中的逻辑是一个狮-人，一个超人的猫，还有一个非人的妖，在一部表现人与动物之间元关系的作品集中并列。不，说真的。这些故事一并计划而成，相互呼应）。
>
> 我很抱歉为《穿靴帽》废话了这么多，但我真心觉得它是个美味的故事，要是不能把它放在精怪故事集里出版，我会很难受的！我相信你看过之后就会理解。

她不必担忧：德博拉认为应该在杂志上发表其中几个独立的故事，吊起大家的胃口，然后再把它们寄给出版商。1978年4月，《师先生的恋曲》在《时尚》上发表，而《狼女艾丽斯》则见于当年冬季的《立》。

9月，安吉拉出人意料地与谢菲尔德大学续约了（"我不想给你施加任何压力，"娜奥米记得她说，"但要是不能跟你住在一块儿的话，我就不回来了。"）。马克可以自由安排自己的事。在为奈恩·伍德罗——他紧随安吉拉离开了日本，现在住在克拉法姆附近——修过窑后，他对陶艺产生了兴趣，决定到伯恩·黑德农场和桑迪、安田同住几个月，在地里帮帮忙，学习怎样制作陶艺。

那个学期，安吉拉大部分时间都在和那个"没完没了的"萨德项目缠斗，截至目前它已经断断续续耗了四年时间。她害怕它会成为一本"非常烂的书——可能一半是好高骛远的高级趣味，一半又是在利用色情，糟糕透了"。她写得无聊，也担心它会受到差评，而且为其中涉及的素材之多而气馁——"就像在考期末考试"。她后来提到这段时间自己变得非常情绪化，"爱争吵、发脾气"，难以相处。马克不记得有这种事了，但他很长时间都待在英国的另一边。可以确定的是她完全陷进了这本书里。她经常为了写稿熬到深夜，却感到"失败无助"。她发誓再也不写非虚构题材了。

其实，早期反馈已经说明了这些努力没有白费。2月24日，她从哈考特·布雷斯·约凡诺维奇的新编辑玛丽昂·惠勒（托尼·戈德温1976年突然离世）那里听到：

> 它非常新颖，发人深思，而且读起来饶有趣味。从来没有人将卡特的这种敏锐运用于萨德和现代社会/性/政治的舞台。你用聪慧和狡黠风趣的语言以前所未有的方式阐明了性的政治。再次通读全文时——已经第三遍了——我仍然为其中精彩的发现、恰当的阐释和纯熟的语言惊叹。恭喜你写出了最富有争议，同样也最给予人启迪的作品。

与此同时，德博拉将《染血之室》和《师先生的恋曲》寄给了利兹·考尔德，后者认为这是"卡特国度的最高峰！精彩、想象力丰富、机智又恐怖！"她收到了一份来自已经转为自由职业者的前格兰茨出版社编辑凯瑟琳·卡佛的审读报告。全文如下：

> 好好好。奇妙有趣，典故迭出还够吓人，就像是你在镜子前修眉时从镜子里冒出的死亡威胁。如果其他故事都像《染血之室》和《师先生的恋曲》一样好，我觉得这样的书不可能失败。

安吉拉与格兰茨签下了合同——她现在的编辑是乔安娜·戈兹沃西，考尔德离开公司加入乔纳森·凯普了——1978年5月19日，以1000英镑的价格卖出了英国和英联邦地区的出版权。

1978年夏天由很多小型教学任务分割。5月，安吉拉和弗勒·阿

第十六章 恐怖故事的程式

德科克在位于威尔士小城安布尔赛德（只需开一小段路经温德米尔湖壮阔的景致即可到达格拉斯米尔湖的鸽村，威廉和多萝西·华兹华斯曾居住过的地方）的一所师范学院汇合，讲授一期由北方艺术中心（Northern Arts）组织的写作课程。弗勒借给她一本多萝西·华兹华斯的日记，安吉拉读得津津有味，将感受写进了一篇《新社会》的稿件中。回到伦敦后不久，她对弗勒写道：

> 问题在于，我对华兹华斯研究太不了解了，甚至不知道自己的一些看法是否新颖。不过，我真是被华兹华斯兄妹俩的体弱多病惊呆了——"我孤独漫游①，如——阿嚏！"然后你可以想象，他们留着一些小病没治，让它们演化成了大病；有一天，多萝西在厨房里切到了手。三天之后，发生了脓毒性感染。这件事阻止她烤面包了吗？没有。沙门氏菌成了主宰——一天后，威廉病倒了。柯勒律治在旁边转来转去，目眦尽裂。我想我知道为什么有人说在每个伟大的男人背后都有个成就他的伟大的女人，而每个伟大的女人背后都有个拖后腿的男人。当然，这就是为什么夏洛蒂·勃朗特阉割了罗切斯特先生②，溺死了伊曼纽尔③先生；怨恨。来吧，你这混蛋。还有，要是威廉能自己换个灯泡，多萝西也不会在这些小事上感觉高他一等，也就不会在大事上对他表面的优越性崇敬不已。

"每个伟大的女人背后都有一个拖后腿的男人"的观点可能源自她在安布尔赛德对一个学生的观察。洛娜·特雷西嫁给了在爱荷华作家工作室认识的诗人乔恩·西尔金，彼时她是学生而他是老师；他将她带回

---

① 引自华兹华斯《我如云般孤独漫游》。
② 在夏洛蒂·勃朗特的小说《简·爱》的结局中，罗切斯特先生双目失明，这通常被后人解读为对他的象征性阉割。
③ 夏洛蒂·勃朗特的自传体小说《维莱特》中的人物。小说最后章节似乎暗示了伊曼纽尔先生在海上风暴中丧生。

了纽卡斯尔，两人一起编辑了文学杂志《立》。读过特雷西的几部短篇小说后，安吉拉开始认为她是个很好的作家，直觉告诉安吉拉，西尔金感到被特雷西更胜一筹的才华威胁，决意要毁灭她的自信。特雷西为安吉拉那周对她的关注受宠若惊："我本以为自己会敬畏她，因为我了解些她的作品，但她不让你敬畏她。她非常坦率、热情，充满鼓励。"

回到伦敦后，她马上多方游说，想让悍妇社出版特雷西的作品。她对卡门写道："我的第一印象就是她太棒了，比伊恩·麦克尤恩好上几条街……唯一的麻烦在于她大部分故事背景都设在美国，有一两个展开的方式不太传统，比如说其中一个是用剧本形式写成的……但说真的——一个大发现。" 1981 年，卡门出版了特雷西的短篇集《业余激情》(Amateur Passions)，安吉拉在《伦敦书评》上评论道："整本书里既没有一个优柔寡断的句子，也没有一个二手画面……特雷西是个才华惊人的作家，她的文字不会简单地垮下来休息片刻，而是一刻不松懈，吸引人的注意力，痛击你的眼球，由一个掌控力超群的聪慧之人任意改变着方向和目的。"

离开安布尔赛德两个月后，安吉拉同作家兼艺术家科林·斯宾塞 (Colin Spencer) 一起在约克郡的赫布登桥附近的卢姆·班克-阿冯中心①教授了一周寄宿制课程。这栋房子坐落于山谷之间，俯瞰棕绿色的河水，周围是破败的磨坊（"奥兹曼迪亚斯②的效果，"安吉拉在日记中写道，"腐朽、阴暗而邪恶的磨坊优雅地回归了自然，青苔遍布，服过役的石磨滚到了地上"）。课程相当于有组织的静居：没有工作坊，只有一对一的单独指导，学生们大部分时间需要自己待着，在与世隔绝、激发灵感的静谧中写作。每晚，其中两个人会受邀朗读自己

---

① 这栋 18 世纪的建筑原属于一位磨坊主，一度为诗人泰德·休斯所有，后来成为一个为学生提供食宿的写作课程中心。
② 古埃及富有盛名的法老拉美西斯二世。诗人雪莱同名诗《奥兹曼迪亚斯》描绘了其宏伟雕像的残迹。

的作品片段。在这个仪式中,老师们也不例外。其中一个学生是三十五岁的帕特·巴克,他记得安吉拉读的是《与狼为伴》。

轮到自己时,巴克读的是一段两个泰因赛德的老女人的故事——它成了她第一部发表的小说《联邦街》(*Union Street*)的最后一章。70年代末期,北方工薪阶级的生活作为文学素材已经非常不流行了——普遍感觉是艾伦·西利托已经把它榨干了——但安吉拉认为巴克可能还偏好这个题材。"你为自己争取到了一个非常大的领域,而且它可能为你专属,"过了几年,她在帮助这本书在悍妇社出版后写道,"实际上你继承了真实的世界。"

"安吉拉非常慷慨地欣赏和鼓励其他作者,"巴克回忆道,"她能在与自己风格迥然不同的作品中发现优点,这非常稀有。她非常擅长辨认出和她不同的声音,而且鼓励他们继续发声。"这标志着她已经更为自信了——她不再是那个在1968年急于让 A. S. 拜厄特难堪的女人了——这个特点在之后十年将越发显著。

第十七章

头号皮鞭女

东英吉利大学校园隐居于诺维奇西郊高大的树木背后,由一块块矩形混凝土和玻璃构成凌厉的现代风景,阶梯状的中央广场和古亚述金字形神塔一般的宿舍最具特色。它迥异于牛津、剑桥辉煌的哥特建筑,也不同于布里斯托、谢菲尔德的新哥特风格。东英吉利大学建于1963年,属于新型大学:它是个求知进取的中心,更注重活力而非庄重,创新的地位高于传统。它的校训就是"与众不同"。

它标新立异的事迹之一就是提供创意写作的硕士学位。这是英国第一个此类项目,1970年由声名赫赫的安格斯·威尔逊和马尔科姆·布拉德伯里建立——威尔逊是英国最杰出的小说家之一,是尖刻幽默感和明确道德观的完美结合;布拉德伯里是一个博学的批评家,也是(自1975年出版小说《历史人》后)一个后现代主义大师——而后现代主义的第一个毕业生是伊恩·麦克尤恩,他在70年代末期作为英语文坛的"坏小子"[①] 声名远播。

实际上,事情却没有那么界限分明。尽管威尔逊和布拉德伯里履历惊人,两人却都是穿花呢外套、性情温和的中年男子,跟权力集团交好(两人都是伦敦绅士俱乐部成员,在1980年和2000年分别接受了女王授爵)。威尔逊在东安吉利大学教书时正当五六十岁,来此的目

---

① 原词为法语。

的部分是想要跟令他震惊的年轻人打交道。布拉德伯里70年代末时才四十多岁，但外表是个抽着烟斗的慈祥学究。

与洛娜·塞奇相比，两人看上去都极端保守。她在这里讲授文学理论时亢奋极了，不停地对着烟深吸一口，手指明显在发颤（"就像是她刚从战场上走出来。"其中一位学生回忆说），还把一些非经典作家的作品（比如安吉拉·卡特）偷偷加进阅读清单。她几乎在每一件事上都和布拉德伯里意见相左，而他们在英美文学系的同事们经常被迫站队。"那是个阴谋的温床。"据保罗·贝利（Paul Bailey）说，他偶尔在这里教授创意写作，大约在这段时间和安吉拉成了朋友。

1978年，威尔逊退休了，英语系开始寻找和布拉德伯里一起教授创意写作硕士课程的小说家。这可能在英国仍然饱受怀疑，已经有所成就的作家大多不会考虑这份工作。安吉拉自己也有些生疑：

> 这个国家在人们普遍十二到十四岁就辍学的时候，产生的作家比现在好得多。我不想偏激，但这很重要。阅读和生活才是真正的小说写作训练。听上去可能有些自命不凡，但这是真的……人们可以在最一无所有的情况下写出小说。

但与许多同侪情况不同的是，安吉拉需要谋生，于是在洛娜询问她是否愿意接替威尔逊在东英吉利大学的工作时，她抓住了机会。她从1978年开始在那儿教书，每年教一个十周长的学期（虽然有些年份不上课，比如1980—1981年休假），直到1988年。她会坐火车到诺维奇，上一天的课，与洛娜和她的女儿莎伦一起过夜——她调侃房子里的气氛就像是"茶包、丹碧丝①和《泰晤士文学副刊》"——第二天下午再乘火车返回伦敦。学生们记得她和洛娜坐在研究生酒吧里吞云

---

① 始于1933年的著名卫生棉条品牌。

吐雾，笑声不断。

这个课程每年招收五至十个学生。它由两学期的工作坊和一学期的一对一辅导课组成。布拉德伯里教授工作坊，而安吉拉教一对一课程，尽管有时候（比如1985—1986学年）两人角色互换了。安吉拉发现这个课程出乎意料地好。"学生经过精心筛选，非常有动力。"她在1985年告诉一位采访人。她将自己的角色看得"和出版公司的编辑一模一样：读完一篇小说，然后说，'看，他在这里穿了一双奇怪的袜子，你想表达的准确意思是什么，这儿，这样说可以吗？'"以这个标准来看，她就不太擅长这份工作了：学生们从来不记得她非常仔细地读过他们的作品，提供详细的反馈或是注释。她会有一个大体印象，只泛泛而谈。她像占空屋的人一样坐在马尔科姆·布拉德伯里的办公室，而那些学生就一个个过来见她。"她给人的感觉像是为自己有了教职、坐在办公室里的样子暗暗好笑，"林内·布赖恩（1985级学生）说，"两人沉默的时间很长。几乎就像是你去看医生，你必须得先说点什么。"安妮·恩赖特（1987级学生）申请这门课就是出于对安吉拉的钦佩，她记得一节典型的辅导课是这样的：

> 我前面的学生走出办公室，扮了个鬼脸之后迅速离开了。我走了进去。卡特坐在旁边，而不是坐在办公桌背后。桌子的边缘对着我放着一摞我交上去的稿子，第一页上有她手写的注释。她用一只优雅的手指了指那堆纸。她说："嗯，一切都挺好的。"
>
> 然后我们就开始聊别的事情了。

不是每个人都觉得和安吉拉的会面这么简单。也许那个恩赖特前面的学生——做"鬼脸"的那一个——和露易丝·道蒂有着相似的经历（也是1987级）：

第十七章 头号皮鞭女

安吉拉的辅导课让人忧虑,但错都在我这方——她很敏锐地发现了学生的问题,而她的建议通常就是用一种善良而神秘的目光注视着我,而我试图——其实就是胡说八道——为我的失败找借口。那是让人痛苦而难忘的经历。一次下课后,我满脸是泪地走到一个对我很友好的行政人员办公室,她是个热情可爱的女士,给我倒了杯咖啡,递上了一包纸巾。她因此揣测安吉拉对我很刻薄,我完全可以理解她的怀疑,但那不是真的。

"每个人都很怕安吉拉。"格伦·帕特森(1986级)回忆道,他上的是她的工作坊而非一对一课程。同在东英吉利大学教书的维克·塞奇在此期间结识了安吉拉——描述她"极端捉摸不定",观察到"她面对学生表演,让有的人非常窘迫"。林内·布赖恩就是其中一个仓皇失措的人:

在他们第一次见面时,她伸手过来,从马尔科姆的笔筒里拿出一支尺子。尺子可以展开。她玩了一会儿。笑眯眯的。

林内,她说,你觉得马尔科姆会用这个玩意儿量他的阴茎吗?

林内后来判断这句话是安吉拉让她放松下来的伎俩,但在当时她感到无比尴尬。不过她没有被吓跑,因为安吉拉有种"非常逗趣的流动人格……我有点怕她,但我也希望和她做朋友,因为她也很热情"。安德鲁·考恩(1985级)表示赞同:

哪怕她没能如我期待的那样反馈我的作品,我也太喜欢她了。她让这门课有了人性,而且她不像马尔科姆,他对我们不是特别感兴趣,而她实际上对作为个体的我们非常感兴趣,她让我觉得不虚此行。她用间接的方式帮助我们:她悄悄地鼓励着我们。比如说，有一周，她给了我一本《格列佛游记》……

送书是安吉拉典型的教学方法之一。她还给了考恩一本雷蒙德·卡佛的《当我们谈论爱情时我们在谈论什么》（"尽管她明显认为《格列佛游记》是一本重要的书，而卡佛不是很值得她花费时间，"考恩说，"她还是觉得我能从中学到点东西，而我确实学到了"）；她给了林内·布赖恩一本保罗·贝利的《老兵》（Old Soldiers）；给了帕特森一本彼得·凯里（Peter Carey）的小说。无论他们是否喜欢这些书，学生们都很乐意得到为他们精心挑选的礼物。他们经常花很长时间来解开礼物中隐藏的信息。"我走之后，花了一个星期来理解安吉拉为什么要给我《格列佛游记》，"考恩回忆说，"第二周，我回来问她：'为什么让我读这本书啊？'她说：'噢，我只是觉得你会喜欢它。就这么简单。'"

安吉拉对那些不是传统大学背景出身的学生特别关照（考恩、帕特森和布赖恩都属于此类）。她给人的感觉就是站在身边支持着他们。"她感觉和这个机构有种对等关系，"考恩说，"但对于自己与大学关系不大这点似乎更加自信。"

石黑一雄（1980级）整个夏季学期都住在卡迪夫，可以直接到蔡斯街108号去拜访安吉拉，而不必专程到诺维奇去上辅导课。居家的氛围加深了她有别于他其他老师的印象："她经常谈到自己的直觉，生活方式更像个作家……她没有住在学校附近，她不是学术型的。"在蔡斯街上课时，他们会坐在厨房餐桌边讨论技术问题——他们长期争论操纵悬念的手法，安吉拉将其称为"套活结式的叙事"，石黑非常喜欢用，而安吉拉非常不喜欢他用——马克有时静静地坐在沙发上，成了背景。有一次，安吉拉离开了房间，石黑想和马克交谈，后者不感兴趣。终于有一天，石黑问起了小说需要的信息——"如果你把猫溺死了，它们会浮上水面，还是沉入水底？"——正在沙发上读小说的马克回答了他，"那是我第一次听见马克说话。"

石黑小说（出版于 1982 年的《远山淡影》）中的叙事者在书中大多时间都怀有身孕，而他在思考如何正确表现她们的心理。安吉拉受到了触动："我想那太好了。男性作家大多只会埋头往前写。他这样关心这个问题，我想这是一个好迹象，能说明他的同理心。"他已经有了排队等候的出版商，但还没有经纪人，于是安吉拉给他介绍了德博拉。她还把格伦·帕特森介绍给了卡门。1988 年，卡门在从悍妇社跳槽到查托与温达斯之后为帕特森出版了第一部长篇小说《焚汝之所有》(Burning Your Own)。它正式出版后，安吉拉参与先锋的"作家对话"系列活动，在伦敦当代艺术学院采访了他——"它有意思极了，"他回忆道，"对于一个刚出版处女作的小说家来说，这件事很不同寻常"——然后邀请他和石黑一雄、保罗·贝利到蔡斯街共进晚餐。

还有很多学生她没有联系了，但其中几个——尤其是那些后来成为职业作家的人——说听安吉拉的课是他们生命中的决定性事件。安德鲁·考恩（他自 2004 年起也在东英吉利大学教授写作）仍对安吉拉心怀感激："过了很多年后，你的记忆中还有这样一个印象，永远带着火光，而等你仔细看时，却发现那个影子已经模糊得快看不清了，只剩这样一个伴随终生的印象，有一个慈祥的人在审视着你，那时如此，后来从某些角度来看也是如此，永远。"

安吉拉在东英吉利大学授课期间，她的名声经历了一些小小的转变。第一次转变是随着《萨德式女人》的出版。时间定在 1979 年 3 月 28 日在英国和美国同时出版；当这个日子临近，安吉拉回想起了写这本书时困扰她的怀疑和焦虑。"我现在要被媒体称为'头号皮鞭女'①了，"她对洛娜·特雷西写道，"显然，我对此感觉很矛盾，对那本书

---

① 萨德的性虐待口味非常出名，这里安吉拉调侃自己可能也会被当作性虐待爱好者。

也很矛盾,虽然有个来自《同性恋新闻》的善良女士采访我时向我保证,所有为了一时刺激买下这本书的人都会发现它是个长期折磨。"那位来自《同性恋新闻》的女士(名字叫马赛丽·卡梅伦)可能低估了这些寻求刺激者的耐力。安吉拉整个下半辈子都会接到部分粉丝的来信,他们对她的兴趣似乎跟文学无关:

> 亲爱的卡特小姐:
> 　　我想所有男孩都会这么对你说。我是托尼,我当然愿意成为你的奴隶……

一些评论者,大部分来自主流左翼媒体,确实读懂了《萨德式女人》的意图。《新政治家》的赫米奥娜·李说哪怕"几乎没有女人会带着诚挚的亲切感看待萨德侯爵……安吉拉·卡特可不是普通人,她毫不胆怯。文字是求知探索的基调……理性的精雕细琢……机智风趣"。《新社会》的评论人玛格丽特·沃尔特斯认为这本书"引人深思,可读性很强……让人大开眼界,语含机锋,随心所欲"。弗朗西斯·赫胥黎在《卫报》上将这本书和米歇尔·福柯新出版的《性史》英译版一同作评,称自己"感谢卡特小姐"告诉了人们应该怎样"把自己从积习已久的严苛中解放出来,成为人"。

不过,更多评论还是凸显出恼怒的不解。《观察者报》的约翰·韦特曼承认自己困惑于安吉拉·卡特的课题:"我无法理解她试图在女性解放事业中利用萨德……一头雾水的读者只能靠着零星一点离题的话坚持读下去。"至少他是坦诚的;别人最后评论的是他们期待读到的书,而不是真正读到的那本。《纽约时报》的理查德·吉尔曼虽然承认了《萨德式女人》"不乏敏锐洞见",却将它当作讨伐以萨德为首的色情作者的长篇檄文,说它的语调"凶猛,绝不妥协,言语充满攻击性",而它的作者成了"顽固的空想家,狂热的女性主义者,愤怒的反宗教人士，乃至反对一切超验"。

反应最愤怒的还是其他女性主义者。非主流书店联合会抨击它的平装版封面冒犯了女性（由超现实主义画家克洛维斯·特鲁耶画的几个半裸女子，其中有几个正在被鞭打）。卡门对联合会的代表艾琳·费尔韦瑟写信说："我不知道你是否意识到安吉拉为此多么沮丧……封面是她和我们一起选的。虽然不想摆出一副道貌岸然的样子，她这么多年来一直热心于女性主义，很显然，不管是她——还是我们——如果认为那个封面带有性别歧视的话，都不会用它的。"费尔韦瑟回复了一封有点安慰意思的信，但也说了她不会在地铁上读这样一本书，"因为担心有些男人会以为我在读色情小说，把这作为冒犯我的借口"。

书的内容对某些分支的女性主义来说同样是种亵渎，尤其是它出现在关于色情艺术的争论越发白热化的时候，诸如美国的极端女性主义者安德烈娅·德沃金之类的作家正在谴责萨德是个极端厌女人士。德沃金自己称《萨德式女人》是"伪女性主义文艺评论"。苏珊·卡普勒——另一位著名的反情色女性主义者——指责安吉拉只将萨德看作"文化系统……一个文学工艺品，由文学传统保驾护航，转移到了政治（或女性主义）批评的范畴之外"。安吉拉对这些批评非常满意："如果我能把苏珊·卡普勒气得鼻孔朝天，更别说德沃金那个大鼻子，那么我的生命也不算虚度了。"

安吉拉的下一本书又是对德沃金的冒犯，一半是故意而为，因为1974年后者曾提出童话形式加固了刻板的性别形象，是对女性自由的阻碍。然而，在这个领域，安吉拉——她读的民间传说数量肯定远胜德沃金——完全占了上风。《染血之室》于1979年5月出版，让占据整页纸的评论纷纷叫好。贾尼丝·艾利奥特在《星期日电讯报》中说它是"一部炫目的短篇集……与其说卡特小姐把我们带入了幻觉的世界，倒不如说是她带领我们走进了现实世界的平行镜像"。"卡特小姐的故事如此丰富多彩,让人陶醉,不适合休闲放松式的阅读,"帕特里夏·克雷格在《新政治家》上提出警告,"但是它们确实在很高层次上为想象力提供了浪漫素材。"洛娜·塞奇在《观察者报》上解释说,"首要主题是人造表象和动物性的碰撞……但我不能让《染血之室》听上去是经过了严肃的规划。这是一本充斥着滑稽、情色和冒险元素的书"。为《世界主义》写稿的莱斯利·加纳似乎没有看到滑稽的那面,但仍然对这本故事集印象深刻:"这些故事……像有毒的水果一样呈现在我们面前,硕大丰满的果子芳香扑鼻,味道鲜美,却已经腐败……它们都合情合理得可怕,都由作者精心讲述,近乎完美。"奥伯龙·沃在一篇为《旗帜晚报》撰写的长评论中认为"全本最好的故事《穿靴猫》理应加入任何一个世纪的散文作品选粹中……(它)让我佩服得倒抽了一口气……如果她能稍微控制一下自己对景物描写的沉迷,不要不时落入粗俗——我们真的不需要女性青春期的个案史——以及注意一下不要在同一本书里再现某些非常规技术效果,将不会有人否认她是伟大的英国作家"。《文评》的吉多·阿尔曼西与沃相反,偏偏喜欢这些"高质量的恶俗瞬间"和"淫荡的幽默",称这本书"远超(别的)英国女作家笔下那个无聊世界的无聊内容"。《泰晤士文学副刊》的苏珊·肯尼迪强调说通过《染血之室》,"安吉拉·卡特将对想象力的控制延伸到了新的领域,在那之前,她已经在这里留下过印记。经她重新讲述的欧洲民间传说和童话有种力量,不仅能让我们重新深入思考通行文化准则的神话源头,也让我们一头扎进那些人性和动物性的遐想之中,引起我们的愤怒"。

安吉拉为《染血之室》出席的公共活动远比之前的书都多:她上了几个电视和广播节目来为之宣传。她在BBC二套《逐字逐句》节目中朗读了《雪孩》,它是《白雪公主》的一个不知名版本,讲述一个伯爵和伯爵夫人骑马通过冬日雪原,伯爵想要一个女孩,她很快出现,却被伯爵夫人害死了,伯爵玷污了她的尸体。安吉拉读完后,记者兼广播员亚瑟·马歇尔粗鲁地告诉她："整体来说，我不喜欢幻想故事……我喜欢的故事会这样开头：'亨德森夫人缓缓走进一家塞恩斯伯里①，买了一磅鳕鱼。'"安吉拉颇感好笑地歪着头："我想知道在哪家塞恩斯伯里你能买到鳕鱼②。你这个幻想家。"

洛娜·塞奇过的是双面生活。她那独立女性、先锋女性主义学者、坚守社会主义原则的无畏记者形象固若泰山。然而，在她死后一年，友人詹姆斯·芬顿写道，"她有享受上流社会生活的一面，以此作为消遣"，这个弱点被他归咎于"她那种已经占领了城堡的感觉，不管有时结果会显得多么荒谬"。

70年代中期，当她在研究一本新柏拉图主义的书时，洛娜第一次来到了佛罗伦萨。她在16世纪的保罗圣方济教堂庭园里租了一间公寓，这是个废弃的修道院，美丽的花园杂草丛生，能俯瞰这个经常出现在历史片中的城市全景。房屋的主人哈里·布鲁斯特（Harry Brewster）可能是亨利·詹姆斯笔下国际化的佛罗伦萨的最后一批幸存者：他的祖父据说就是《一位贵妇的画像》中粗鄙的美国侨民吉尔伯特·奥斯蒙德的原型。洛娜首次拜访保罗圣方济教堂时，布鲁斯特还不到七十岁，却仿佛和墙上掉粉屑的灰泥一样老（"我曾觉得他是只蜥蜴，"洛娜的女儿莎伦回忆道，"他老得超乎你的想象，老得夸张……他拥有那种一直待在太阳下的人那样莎草纸般的皮肤"）。他听上去有点德国口音，但他的英语过分清晰，仿佛是爱德华时期女家庭教师的幽灵附体。他写的书标题是"世界公民""一个世界公民的旅程"。半个意大利文艺圈——从作家哈罗德·阿克顿（Harold Acton）到电影

---

① 英国大型连锁超市。
② 有学者认为 cod 有非常恶俗的意思，是 testicles 的隐讳语，来自中古英语。这里安吉拉或许开了个双关的玩笑。

人贝尔纳多·贝尔托卢奇①，他娶了布鲁斯特的侄女——都在这座俯瞰佛罗伦萨屋顶的迷人花园里拜会过他。

洛娜爱上了她在圣方济见到的生活方式，尤其爱上了这种生活的象征人物。鲁珀特·霍德森是个放荡的英国纨绔子弟，比她小十三岁，比她的女儿也只大几岁。他是个老伊顿人——尽管洛娜有左翼的政治倾向，她似乎很喜欢这个细节——夏天穿亚麻套装，冬天穿花呢外套，全年打着亮色的领结。他是个大厨兼天赋异禀的钢琴演奏者，还是个酒鬼，借着为英国学院工作的便利，在漫长的午餐时间大喝特喝。据他在《每日电讯报》的讣告中所说，"很多人认为他让人想起伊芙琳·沃小说《衰亡》中的人物"。

自从遇见鲁珀特后，洛娜只有学期间才住在诺维奇，而每个假期都前往佛罗伦萨，在那儿写下了无数文章和书评。莎伦记得她一刻不停地工作——"像个疯子一样"——以便负担这种生活方式。她在1979年跟鲁珀特结婚了，她那时三十六岁，而他二十三岁。

同年夏天，安吉拉和马克第一次来到圣方济，之后直到1991年，几乎每年都回到这里，一次待上几周，有时甚至住一个月以上。洛娜会在花园墙内为他们收拾出一间单独的公寓。白天，安吉拉在太阳下消磨时间——吃甜食、读书、画画、写日记——或者和马克一起到城里探索发现。晚上，他们聚在一起享受露天晚餐，有过一些"酒气冲天的疯狂对话"，半野生的猫在桌边转来转去，觅得一些食物。这是个让安吉拉感觉快乐而放松的环境，有时也会让她心生愧疚。她在日记中写道："这是地上的天堂，隐蔽在墙和铁门之后……一个有魔法的封闭空间，一个受到特别优待的地方。"她开始设置在这个花园里展开的剧情。它肯定会回到人类从伊甸园堕落的主题——受宠的居民被驱逐

---

① 贝尔纳多·贝尔托卢奇（Bernardo Bertolucci, 1941—2018），意大利导演、编剧、演员、制片人。

出圣地——但它似乎没有写成。

1979年末，新生的《伦敦书评》编辑苏珊娜·克拉普通过利兹·考尔德联系上了安吉拉，问她是否愿意为这份报纸写点什么。虽然只有二十几岁，克拉普却是伦敦文学界人脉甚广的活跃分子（她之前在乔纳森·凯普做过编辑，成功出版过布鲁斯·查特文（Bruce Chatwin）引发狂热的旅行记录《巴塔哥尼亚高原上》）。她记得安吉拉"裹着一件大外套"走进了报社位于狄龙书店包装部的小型办公室。她为《伦敦书评》供的第一篇稿是为贝尔托卢奇的《月亮》写的影评，发表于1980年3月，之后的十年间还为这份报纸贡献了十六篇稿件。她们之间形成了互有助益的合作关系，苏珊娜还成了安吉拉最亲密的朋友之一。

那年冬天，安吉拉写了《黑色维纳斯》，一个关于波德莱尔的混血情人让娜·迪瓦尔的故事。故事产生于波德莱尔（安吉拉在一年后给美国作家伊丽莎白·哈德威克的信中称他为"最伟大的异类诗人……我那感知力的建筑师"）传记和尤金·吉诺维斯《奴隶创造的世界》的结合。她设想了一个将迪瓦尔和莎士比亚十四行诗中的黑肤女子联系起来的故事，通过它来说明"成为缪斯是多么糟糕的一件事"。它与她第二年写的一部关于埃德加·爱伦·坡和莉兹·波登的传记式小说是同一类型，但它更深入一步，挖掘了一个被人遗忘、麻烦缠身的女子的一生，先于某些1980年末期为作家伴侣所写的女性主义传记（如布伦达·马多克斯的诺拉·乔伊斯传以及克莱尔·托马林的狄更斯情妇内莉·特南传）。《黑色维纳斯》成为安吉拉第三部短篇集的标题故事，不过它一开始却是独立发表，由下一版（Next Editions）和费伯（Faber&Faber）出版社联合发售螺旋装订的限量版。她怀着被自己称为"这个职业特有的畏畏缩缩、自觉尴尬的自恋"，给传记作家理查德·霍姆斯（Richard Holmes）寄了一本，他曾在《泰晤士报》上将

《染血之室》选入他的"年度书单"。

1979—1980 年冬天,她还写了一个《与狼为伴》的广播剧版,为儿童识字读本《逗趣好奇猫》配文("我喜欢我那只带 A 字的猫/因为他友好/服从/他的名字叫阿贝德尼哥①","我爱我那两只带 B 和 C 字的猫/因为他们漂亮又善变"),来匹配艺术家马丁·勒曼(Martin Leman)漂亮诙谐的插画。值得注意的是她这段时间并没有写一本名叫《音乐家》的童书。尽管被广泛认作她的作品(比如在《牛津英语文学百科全书》和企鹅经典系列《夏尔·佩罗童话故事集》的引言中),这本有趣的钢琴学习指导书其实是另一位安吉拉·卡特的作品。

* * *

安吉拉仍保留着在巴斯时期培养的对歌剧的兴趣。1971 年,她的朋友约翰·考克斯被任命为格林德伯恩歌剧节总导演,那个夏天,她经常去那里听音乐会(卡门记得她有一次穿了不合规的羊毛套头衫,但她肯定吸取了教训:唯一幸存的一张在格林德伯恩的照片中,她穿着一条优美的夏季礼裙)。到 1979 年底,考克斯和作曲家迈克尔·伯克利(Michael Berkeley)——他和德博拉·罗杰斯结婚了——找上了她,请她为弗吉尼亚·伍尔夫的小说《奥兰多》的改编歌剧编写剧本。《奥兰多》详细叙述了一个性别在男女之间转换的虚构诗人贯穿几个世纪的生命历程。尽管这个项目最初的灵感是考克斯的,他记得是伯克利建议把安吉拉拉进来:

> 我已经执导过几部以性别模糊性为中心的剧本了,就像凯鲁比诺(《费加罗的婚礼》)和奥克塔文(《玫瑰骑士》)这类角色。我正好读了《奥兰多》,当即觉得这会是个非常有趣的歌剧项目,

---

① 友好(amiable)、服从(amenable)和后面的名字阿贝德尼哥都是以 A 开头的单词;后面的漂亮和善变分别是以 B 和 C 开头的单词。

第十七章 头号皮鞭女

哪怕仅仅是因为故事中嵌入了主角性别的模糊性……对于歌手和导演来说,要让角色中途转换性别都会是个有趣的考验。我向迈克尔·伯克利提了点子,他如我所愿,亲自落实了这个具体项目。去找安吉拉完全是他自己的主意,因为他通过德博拉的关系已经跟她非常熟悉了。他很惊喜地发现我也认识她。他说:"唉,那就容易多了。"所以我们一起去跟安吉拉谈了,她上钩了。

不意外她会同意。在很多方面,伍尔夫是经典英语作家中跟她口味最为类似的——两人都喜欢幻想题材,对英语语言极其敏锐迷恋,两人都对传统性别角色表达过不满和怀疑——不过即便如此,安吉拉对伍尔夫的感觉还是有些矛盾。伍尔夫的作品里充满自命不凡的布鲁姆斯伯里精英气质,那种过于清晰的口音让她着恼。读到伊丽莎白·戴维书中关于伍尔夫在家制作面包时"揉面的技术无人匹敌"的轶事,她鄙夷的反应可见一斑:

> 弗吉尼亚·伍尔夫?是的。尽管在别的方面都是个平庸的厨师,弗吉尼亚当然能用一块乡村面包让你大开眼界——你可以打个赌。这在我看来就像是浮夸、自以为是的布鲁姆斯伯里人擅长的那种半吊子技能——知道怎么做一件,一件即可,让人头昏眼花的厨房小事,技术好到让厨师相形见绌。

不过她倒是读《奥兰多》读得津津有味,基本将它解读为一部女性主义文本("我确信这本书里男士们的糟糕表现是伍尔夫有意为之。"她对考克斯写道)。安吉拉在结构上对原文进行了大胆改动(比如让女主角最后死亡),但努力忠于原作精神。她想制造一种即兴效果,传达出事物发展自有其道理的信息,这就是她对这本小说的解读:

>   工作期间……我越来越觉得应该强调某种特质，比如说乡间小屋的伪装，所有的仆人变成了老爷太太们，特别是变成了花园本身……他们只要站在盆栽植物旁边，或者头上出现修建成形的女贞枝叶，就可以很轻易地变成伊丽莎白时代井然有序的花园……对我来说，装饰物的流动性——一个场景融入另一个场景——总体而言也是一种梦境般的效果；于是用上了薄纱，同样也是梦境效果。

她在1980年3月交了初稿。格林德伯恩却说尽管很多人期待她这个版本的《奥兰多》，但他们1985年前的演出计划都排满了。整个项目宣告失败，而安吉拉也从未得到过这份工作的报酬。

70年代末，女权运动已经扩大了范围，从要求平等权利延伸到揭露文化秩序中的父权主义偏见，包括英语语言本身的结构［比如"男人"（mankind）用来指代"人类"（humankind）］。它正如其他所有革命那样都有过度之处，右翼媒体就曾报道过女性主义简称语义学上完全无辜的词汇［历史（history），曼彻斯特（Manchester）］应该由那些有政治自觉性的词汇"herstory""Personchester"代替。同时，短语"政治正确"在左翼人士间迅速传开了，人们使用时语带反讽，都对它与斯大林主义的关系心知肚明。只是在后来——在80年代末期——这个短语才为右翼青睐，用来指代造出"herstory""Personchester"这类人的道学先生逻辑。

安吉拉·卡特逝世后，怀有敌意的评论者有时就试图用这支笔来抹黑她。最直接的批评来自牛津大学教师（艾丽斯·默多克的丈夫）约翰·贝利在1992年为《纽约书评》写的文章，该文指责她"政治正确：无论她在想象力的领域演出了怎样精妙的舞姿和技艺，政治上，她总是站在正确那边"。他接着说她"忠于当下的关注话题和潮流"，她的作品"代表着当今一种优秀的写作怎样给自己打上政治色彩,自发成为正统信仰在战场上的文学侧翼"。

贝利没从"当下的关注话题和潮流"中辨认出安吉拉那挑起争议、冷嘲热讽并带有强烈个人色彩的女性主义(因此,可能是任何一种女性主义),给他的论点开了个坏头。她对"正统信仰"的态度已经在1980年的文章《妇女解放运动者的语言》中彰显无遗,她在其中探讨了"女性主义者'想让英语像适用于男人那样适用于女人'的活动"。虽然她同情她们的动机,而且清楚"我那些积极参与的姐妹们说的话反映了现实"(用一种我们继承的语言结构无法做到的方式),她还是对"女性解放新话"运动表示怀疑。关于句法规则是父权强加的产物这点——"压制女人独有声音的阴谋之一"——她指出"它们可能属于一场压抑所有人的独有声音,以便让我们更容易相互理解的更大阴谋"。

安吉拉的个人主义精神意味着她会受到两派的指责(《萨德式女人》引起的批评已经表明)。那些她供稿杂志的读者来信——大部分都是左翼——就有大量针对她的辛辣批评。她在《新社会》上关于色情女星琳达·洛夫莱斯的文章就引来了一则回复,斥责她"抱着典型的男性沙文主义侵犯一个在性上勇于表达自己的女人";接受《城市极限》杂志采访时她谈到了"女人的受虐倾向",被一个来信者叱骂为"异性恋主义的无心闲谈",被另一个称为"60年代的伪无政府主义",后者尤其反感她"列出一堆男性思想家来抬高自己"。其他人抱怨过她"过度的修辞","道德优越感","无知的滔滔不绝",还有"可怕的自由主义思想"。作为一个"总是站在正确那边"的作家,她却招来了众多反对。克里斯托弗·弗雷灵像她的其他朋友一样对人们把她描述成拥护党派路线的人表示无奈:"如果屋子里达成了某种一致意见,她就会投一个曲线球出去,看看能激起什么反应。她是反面,完全是政治正确的反面。"

自从安吉拉搬回伦敦，室友克里斯蒂娜·唐顿就和一个美国律师相恋，而他的"收入似乎接近一个中美共和国的国民生产总值了……在我们跟他照面的几个场合中，他表现出了严重的压力反应，仿佛我们要把他的财产充公似的"。1980年春，克里斯蒂娜搬出蔡斯街107号去和他同居（安吉拉对她政治右转的怀疑似乎在发现她留下了所有《新左翼评论》杂志之后得到了证实）。安吉拉又花了29000英镑买下她那半套房子——比起四年前的房价翻了两番——雇一位建筑师来做了一些结构改造：拓宽厨房，加了一块起居空间；新装修了一个带淋浴的浴室。这差点让她破产（在她的鼓励下，马克报了克罗伊登艺术设计学院的三年陶艺课程，所以没法做多少贡献）。他们收了一个租客来平衡开支。

情况一度艰难，但在接近四十岁生日时——"女人生命中的全盛期之一"——安吉拉环顾左右，感到自己过得不算太坏。"我三十几岁比二十几岁过得更好，"她几年后回顾道，"我开始出国旅行，有了房子，看上了电视，这之类的事情。"她突然意识到自己那些极度忧郁和羞怯的时光已经退回了记忆中："我年岁越长，就越感到无限轻松。"

那个夏天，她写了《织被人》，一个勾勒出她人生传记的故事，从受到过度溺爱而腻烦的童年时光，到婚姻的结束、在日本的年月，再到重返伦敦后的平静自信——"嫁给了家装木工"的中年女人。叙述中清晰可见的是她将自己视为自己身份和自身幸福唯一的创作者：

> 有个理论是，我们就像盲人在墙上喷颜料那样决定着自己的命运；我们绝不会理解，甚至不会看到自己留在身后的记号。但是我相信，我的生命中没有太多完全偶然的抽象表现主义；噢，不。我总是想和自己的无意识尽量友好相处，让我的右手知道左手做了什么，每天早晨起来，神清气爽地审视我的梦境。那么，

抛弃掉,或者说解构了那个盲画家的比喻吧;把它拿到一边去,给它造型,重新拼在一起,尽力做出一种更锋刃派①、更刻意、不那么附庸风雅的作品,因为我相信我们都有权选择。

---

① 以轮廓分明的几何形体为特点的抽象绘画。

第十八章
美国鬼魂

1980年夏天,安吉拉的成就感被经济压力冲淡了一些。购买克里斯蒂娜那一半房屋让她"银行账户大出血",而新闻报道和东英吉利大学的教职不能注入足够的新鲜血液。就在开始担心自己过度奢侈时,她收到了一封罗伯特·库弗的来信——他去年已经回到美国,在罗德岛普罗维登斯的常青藤院校布朗大学教授写作——问她是否愿意在那儿教一年书,年薪是20000美元(即9000英镑)。尽管安吉拉计算过,她会向美国政府交掉四分之一的税——她还以为要交它,再加上英国的税,直到收到退款才意识到算错了——这是一条意料之外的经济生命线。她订好了9月8日学期开始前一周的飞机。

这没能给她多少适应时间,但是她不想离开马克超过必要的时间——他还会待在伦敦完成克罗伊登艺术设计学院的学业。她预想自己会寂寞,于是尽力把她在普罗维登斯的日子想象成有益的孤独。她考虑在闲暇时间学意大利语,"因为那正是我最终想去的地方,只要欧洲在接下来的五年内没从地球表面炸飞"。

她还决定停止染发,让灰白色自然发展一年。在四十岁的年纪上,她愿意展示出那些是她两倍岁数的人悉心隐藏的沧桑。这可能是她贯穿一生的自我塑造事业中最具外在戏剧性的一笔:一个对男权社会指示的公然抵制,也是她现在对自己感到全然满意的标志。她非常清楚自己改变的外表会给人带来什么效果,还让朋友们做好准备。"我的头发全白了,挺吓人的,"回到伦敦前,她对卡门写信说,将她的变化归咎于"新英格兰冬季的摧残"。

库弗为她在普罗维登斯繁华的东面悠长静谧、枫树成列的阿林顿大道找了一所公寓,离他在大学路的家只有一小段步程。这是一排覆盖着护墙楔形板的房子,正面有门廊和秋千——很多插着旗杆,星条旗在微风中飘扬,饱含爱国情怀——面向布朗大学运动场的边墙。安吉拉的公寓在41号的三楼:有两间宽敞的房间,都带有大窗户和宽阔的木地板。其中一间里面有一张"非常舒服"的四柱床。浴室的淋浴"出水特别凶猛",厨房还有一个"装得下整个人的冰箱"。唯一的缺点是房租:300美元一个月,虽然好歹包含了水电用度。

她在一个阳光灿烂的夏日末到达此地。"阳光美极了,"她给马克写信说,"就像英格兰夏日的阳光,但更充足、更饱满——巨大的苍穹,小小的云卷。"只是气温——连续95华氏度①左右的高温是她在英国前所未有的经历。她经常热到睡不着。到达的第一个夜晚,她感觉自己辗转反侧了几个小时,结果凌晨5点就因为时差醒了过来,看着运动场上的天光破晓。

当天晚些时候,库弗和妻子皮利——一位来自西班牙的挂毯艺术家,安吉拉在普罗维登斯期间和她亲近——开车带她到高速公路旁的大型零售店购买床单、家具和厨具。安吉拉惊讶于它们看上去如此熟悉。"所有高速公路②都是在模仿这些道路,"她写道,"全世界看起来都像美国!"但当她看到同样的东西比其他国家卖得便宜后,大舒了一口气。"烟只要60美分——也就是25便士,用现在的汇率来算。"她兴奋地对马克写道。(英国的价格是两倍以上。)她写回家的信中有很

---

① 即35摄氏度左右。
② 安吉拉原文中用英语、法语、意大利语各表达了一次"高速公路"。

多关于对钱的看法：她让马克在来这边看她之前都别买衣服，提醒他不要太频繁地给她打电话或者寄送大件包裹。这也说明了这份工作有多重要：哪怕是有了它的薪水，他们也已经窘迫到能省就省。

安吉拉与马克之间的距离让她的普罗维登斯经历失色。"你知道我不擅长将它写下来，或者说（每周一在库弗家）在厨房满是关心同情的人群中"打电话，她在9月11日周四对他写信说道，"但我是真的爱你，而且确实认为，从某种角度说，我一直在你身边，你也一直在我身边"。这个周末，那种他们在彼此身边的感觉就没有分离的感受强烈了。"我的体内翻涌着对你的强烈思念。"她写道。她将他的一张照片（"铁板的面孔"）钉在公寓墙上。她一整年写给他的信——尽管因为他圣诞节和复活节假期来访普罗维登斯而中断，还是他们分开的最长时间——让我们能深入了解两人关系运转的机制。（没有他给她写的信，但那本身就说明了问题。"亲爱的，我知道辞藻不是你的语言。"她写道。）

从信中我们明显看出她毫不怀疑他的聪明，而且他没接受过正规教育这点只在对他不利时困扰过她。他们明显都有幽默感（她开玩笑说她那印度嬉皮士房东"进口"了她在公寓里发现的蟑螂，"为了给这地方增添本土色彩"），也有相同的价值观（"这里显而易见缺乏怀疑和悲观，让人害怕"）。比起她之前的几段关系，两人之间的权力关系非常有弹性：她在温柔的母性（在他的艺术之路上鼓励他，劝诱他好好吃饭）和调皮的少女气息（描述自己没有他照顾后多么脆弱焦虑）之间转换。然而，也许最能说明问题的是苦乐参半的孤独：它没能让她做出多少灵魂的探索。虽然她有几次陷入轻微的不安全和恐惧感中，她的不满主要是针对外部环境。

"我不喜欢美国，永远不会喜欢。"到了几天后，她对卡门写信说。她的抱怨集中在她认为是恶性资本主义的症状上。虽然她自己也抽烟，

第十八章 美国鬼魂

但她觉得在药店卖烟也"太过了"。在商店为自己的公寓买电话机时，她恼火营业员想卖给她一台按键式而不是拨盘式的，或者想用仿古式和米奇、史努比形状的电话机吸引她的眼球。哪怕买的是最简单的样式，她也面对十二种颜色的选择，被怂恿购买厨房、浴室和卧室分机。她身边围绕着一群"被敲竹杠的可怜美国人"，还为一个女孩手臂上清晰的烧伤疤痕感到震惊（"在英国，国家医疗保健服务会帮她修整"）。"我应该埋着头什么也不管，"她对马克写道，"我敢说这是个不错的旅游地。也许等到我的情况好转，它们看上去就好多了。如果有好转的话。"

因为她不会开车，甚至自行车都不会骑，她情况好转的机会大大受限。她能步行到达校园，但想走得更远，就非常依赖库弗一家。她甚至需要他们每周带她去买一次菜。"她很多事都不会做，"罗伯特·库弗记得，"每次她有了问题，就会到我们家来问应该怎么办。她的样子有意思极了。"

公平地说，她曾经警告过他这点。"我可不是那种开疆拓土的材料，"她在六月时写信说，"冒险到未知的环境中生活让我充满了恐惧，我有点希望能经常来上门求助。"不过，也可以理解他没把这话当真。他知道她曾迁居海外，独自去了日本，而且在那儿并非享受舒适的生活，而是去酒吧当过女侍。区别在于当初她是破釜沉舟，想逃离英格兰阴郁的家庭生活，而现在却是抛下能带给她平静的情感关系。

所幸家的气息很快就到来了。她刚到普罗维登斯一周，克里斯托弗·弗雷灵带着女友出现了，他们是在去波士顿的路上。三人一同踏上朝圣之旅，寻找几乎一生都在普罗维登斯度过的恐怖小说作家 H. P. 洛夫克拉夫特（H. P. Lovecraft）的坟墓（安吉拉喜欢他的作品，发现其"风格与博尔赫斯有种怪异的相似之处"）。等到了天鹅角公墓——在城市东北角占地 60 英亩，40000 个墓地整齐排列——他们却找不到洛夫克拉夫特的坟冢。他们来回绕圈，弗雷灵记得安吉拉变得越来越易怒："她不喜欢走路。"然而几天后,她在给马克的信中却说见到弗雷灵及其女友让她打起了精神:"从他们到达的那一刻起,直到他们离开,我们都在为了很多事笑得歇斯底里,这让我为即将到来的冬天鼓足了劲儿。我会**没事**的。"

布朗大学坐落于普罗维登斯行政商业中心陡峭的高地之上,仿佛象征着学术界气氛的高尚。建筑古老优美,虽然是大杂烩的风格,却展示出彬彬有礼的自信。安吉拉觉得它就像是在"戏仿剑桥"。

它是个"进步"的学校——基本上意味着学生不必选择任何专业。大部分学生来自相当富有的家庭(学费是 6000 美元一年),安吉拉很快就被他们无限的权利意识气坏了。他们"渴望讨好人,自以为是,而且总的来说,头脑空空。"她告诉马克。在为《新社会》写的专栏稿中,她刻画了自己教的这批"私校生"的不光辉形象:"爱动脑子的私校生是最难对付的,因为他们觉得自己接受过独立思考的训练。"真正让她不解和难受的是有多少美国公立学校的学生在努力模仿他们衣冠楚楚的样子和显贵的做派。"我确实觉得英国教育更好,"她对洛娜·特雷西写道,"它好像在某些方面要平等主义得多。"

然而,虽然安吉拉对在布朗大学遇到的保守主义牢骚满腹,实际上她到达美国却是在一个思想剧变的时期。80 年代早期,英语系内涌动着极端政治思潮和先锋思想,杰弗里·尤金尼德斯[①]——他在 1983 年获得英语系的学位,不过 1980—1981 年期间都在国外——在他 2011 年的小说《婚变》(*The Marriage Plot*)中回顾了学生们争夺新设立的符号学研究项目名额的情景,在这个专业中,学生们回到宿舍还在热议德里达和巴特,非常流行读萨德侯爵的作品,"他那些惊人的性场面不是真的在写性,而是在写政治。所以它们是反帝国主义、反资产阶

---

① 杰弗里·尤金尼德斯(Jeffrey Kent Eugenides, 1960—),美国希腊裔作家,是近年来相当活跃的知名作家,小说《中性》(*Middlesex*)获得 2003 年度普利策小说奖。

级、反父权,反对一切年轻的女性主义者应该反对的东西"。也许萨德热揭露了安吉拉对布朗小圈子内氛围的影响,不过要这么算的话,她也获得了不少回报。她对苏珊娜·克拉普写道:

> 我现在沉迷于符号学家,还在努力搞懂解构主义者。我的公寓里没有字典,而且老是忘记去图书馆里查"符号学"这个词。要说思考这方面,我最近很忙、很忙、很忙,但我不知道等我回家了,德里达这类玩意儿还有什么用。我一直好奇德里达到底要干什么,如果他那么聪明,为什么不写一本自己的小说呢?

布朗的写作课同样也倾向于前卫派。它由非裔美国诗人迈克尔·S.哈珀(Michael S. Harper)主持,他以将爵士节奏和切分音融入作品而闻名,在室内也戴着贝雷帽和有色眼镜。安吉拉的工作是为休假中的后现代主义小说家约翰·霍克斯[①]代课。在布朗教书的还有(虽然不在英语系)提倡社会主义的历史学家 E. P. 汤普森,安吉拉和他"挺合得来"。他们在一起讨论英国政治。汤普森认为如果迈克尔·富特和托尼·本组建了工党政府,美国就会介入来动摇他们的地位,就像在智利和牙买加所做的一样。安吉拉反对说富特和本是那种"有点可笑"的人物,不会对美国外交政策造成智利的萨尔瓦多·阿连德和牙买加的迈克尔·曼利同等的威胁。

安吉拉周三和周四上课,本科和研究生都有。她用上了自己在东英吉利大学养成的技巧。她的本科学生里克·穆迪(后来《花园州》和《冰雪暴》这类小说的作者)回忆说,在学期很早的时候,她就宣布她不太相信传统的工作坊:

---

① 约翰·霍克斯(John Hawkes, 1925—1998),美国著名先锋派和后现代主义作家,美国艺术文学院院士。一生创作十八部小说,代表作《血橙》。

她提出一对一辅导课是更好的教学方式，所以我们一个学期会去她办公室几次，各自和她倾谈作品。我记得对话很随心所欲。我们只是偶尔深入谈论具体的故事，但是它并不意味着这些对话不够激动人心。有一次我带了一本佳酿出版社（Vintage）的《喧哗与骚动》。安吉拉指指那本福克纳，然后指指书桌上的一堆学生习作说："我宁愿读的是那本，而不是这一叠。"

正如她在东英吉利大学所做的那样，她引导穆迪去读她认为会对他们有益的作家作品：他记得她推荐过威廉·巴勒斯和让·热内①。虽然有人可能认为这种教学方式太随便，安吉拉却对自己的职责态度非常严肃。"当老师的最不想知道自己是糟糕的老师，"她对马克写道，"因为人哪怕是不知不觉间，也总是在自己遭遇困境时最了解自己，而这实际上是种痛苦的经历。人会感到受伤、被拒绝了，有各种各样痛苦的感受，然后就会毁了学生。"尽管她不那么信任工作坊的效果，她还是为此投入了大量精力。在一封写给弗勒·阿德科克的信中她抱怨道："在正式课堂中一直教创意写作课是个巨大的考验，我很希望能歇会儿。"

她诲人不倦的本能也惠及了马克。他在写克罗伊登艺术设计学院的课程论文，她给了他很多架构文章的建议（"列出你想写的几个大点。按照重要性给它们分级成1、2、3之类的。每个段写一个点"），还给了些泛泛的鼓励：

我真的认为，有一定的英语写作能力，能够逻辑通顺地清楚地表达自己，这对每个人来说都很重要，而且学点艺术史或者其他他们让你学的东西都不坏，因为学任何东西都不会伤害任何人，

---

① 让·热内（Jean Genet，1910—1986），法国诗人、小说家，也是荒诞派戏剧的著名代表作家之一，代表作品《小偷日记》《鲜花圣母》等。

哪怕它看上去与眼前的任务不相干。不过，可别丧气啊！迄今为止，你错过了几乎所有形式的教育，所以你肯定得更努力弥补失去的时间；但是，噢！从长远来看，它会使你变得多么丰富啊！真的，我向你发誓。

* * *

不管安吉拉怎样抱怨在美国的生活，这个国家还是让她的想象力如虎添翼。她开始着迷于发生在新英格兰地区这片奇异土地上的压迫、异化和暴力的历史记录。她读了距离普罗维登斯七十英里的萨勒姆女巫审判，读了不到二十英里外的秋河（Fall River）①城的莉兹·波登用斧子杀害家人的案子。她开始对比这些时期和共和国建国的传说，对比那些对民主、包容、机会均等的强调。10月初，她作息规律地整晚工作，用狂暴的笔迹填上一页页的手稿（她用不了打字机）。

这些动作的成果就是《埃德加·爱伦·坡的私室》，一篇关于对她影响最深的美国作家的故事。"他到普罗维登斯来追求一个有乙醚瘾的当地灵媒，她自称是普罗维登斯的先知，住在墓地旁。"她对苏珊娜·克拉普解释道。完稿没有提及普罗维登斯的先知，却融入了爱伦·坡传记中的其他重要事迹（母亲之死，由弗吉尼亚的爱伦先生收养，与十三岁的表妹弗吉尼亚·克莱姆结婚，以及她死于痨病），大胆虚构出惊人的画面（婴儿爱伦·坡眼看着父亲的肉身湮灭："他消失了……他没对男孩们说一句话，就这样一点点消散了，直到融化得干干净净，只在开裂的地板上留下一摊秽物，作为他曾存在于此的证据"）。它描绘了一幅作家的心理肖像，尤其关注他生命中的女人，关心她们对他性格和强迫心理的影响。这个故事（紧接着还有《黑色维纳斯》）又是一个传记事实演变为生气蓬勃的艺术品的例证。

---

① 根据这个城市名字的得来，译为"飞流河"更为恰当，这里因为涉及卡特的小说名（《秋河利斧杀人案》），为避免误会，沿用通译"秋河"。

写完关于坡的故事后，她将目光转回了莉兹·波登身上，开始围绕她的传记构思一部长篇小说。它暂时被命名为《无名的一小时》，影射法国象征主义作家奥古斯特·维利耶·德利尔·亚当未完成的小说《伊西斯》(*Isis*)中的女主人公：

> 她头脑中的这个角色非常自主，而且经历过某些朦胧的过渡期之后，取得了对自我的内在信心。无名的一小时，那个永恒时刻，孩子们不再迷迷糊糊地望着天空，大地为九岁的她鸣响。从那一刻起，这个小女孩眼中迷茫的梦想有了固定的闪光：可以说她是在我们的阴影中觉醒了，感觉到了自身的意义。

正如她标题的出处所示，安吉拉把莉兹的犯罪解读成急切摆脱过分亲近的状态，从而获得自信的行为。谋杀案发生之时，波登家的"姑娘"莉兹和埃玛分别是三十多和四十多岁，"但都没有结婚，所以还住在父亲家，仍旧活在虚构的漫长童年中"。她将波登家幽闭的氛围——"这处幽居被死死密封起来，仿佛是用火漆盖在了法律文件上"——刻画得栩栩如生。不过，虽然安吉拉强调了这家人的父权结构，这种专制的家庭氛围却取材于她成长过程中母亲的权威。她将母亲那"身体浸没在水中会导致精油散失"的迷信赋予了老波登，而用"像马尾藻一样冷静的女孩"来形容莉兹，正如她有一回形容自己的青春期是"马尾藻海"。

这篇莉兹·波登的故事占据了她在普罗维登斯那一年中的大量时间。素材最终糅进了两个故事中，《秋河利斧杀人案》（描绘了杀人案发生前几个小时的诸多幻想细节）出现在《黑色维纳斯》的集子中，而《莉兹的老虎》（婴儿莉兹的马戏团见闻，一次引起恐慌的重要经历）在安吉拉去世后发表在《美国鬼魂与旧世界奇观》中（题目灵感来自 D. H. 劳伦斯："美国的空气中有可怖的幽灵和鬼魂"）。

第十八章 美国鬼魂

《莉兹的老虎》的场景是从安吉拉要写的下一部小说中走出来的。在研究莉兹·波登的素材之时，她也在为下一部小说查阅资料，准备写一个生来就长着翅膀的 19 世纪伦敦女子。在日记里，她已经用《马戏团之夜》来称呼这本书。10 月 9 日，她让马克给她寄了两本西伯利亚大铁路的历史书和一本西伯利亚民间故事，不久之后，她又阅读了比尔·巴兰坦（Bill Ballantine）的《狂野的老虎和温驯的跳蚤》（*Wild Tigers and Tame Fleas*），作者曾在 1940 年代扮演小丑在美国巡演。"马戏团挺有意思，"她在日记中写道，"马戏团和沉寂。"

10 月中旬，夏天结束了：温度降到了 60 华氏度出头，落叶纷纷，早霜于夜间初至。安吉拉的作息稳定了下来：她的日子分给了写作、教学、在图书馆查资料，每周两三个晚上到库弗家拜访或去电影院。她避免了大部分社交场合，但觉得拒绝学生的邀请比拒绝同事更粗鲁，于是去了几次本科生派对。"我有几个漂亮的学生，但我丝毫没有要和他们进入深度前戏的欲望。"她对卡门写道。她的性欲集中在马克身上。"请想念我。"她恳求他。

10 月底，她乘火车到纽约为《时尚》杂志采访小说家、批评家伊丽莎白·哈德威克。她对这座城市的反应与 1969 年的愤怒和不喜迥然不同。"它又美丽又丑陋，很可能让人上瘾，"她告诉马克，

> 它确实像是电影里的一样——我想，就应该如此吧；有很多公开的财富和污秽，商店里的普通人，东西都非常好。我实在没想到。我拜访的女人是一个作家，住在一片在不久前才历经繁华的老派区域；我发现她听说过我，喜欢我的作品，最后就变得不像是采访，而像是跟新朋友相处了。她也是个美国老左派——这点让我很吃惊。

她们的关系好到让安吉拉对哈德威克倾吐了对马克的思念,而哈德威克颇有智慧地回应道:"独处并不凄凉,怕的是没有爱。"采访"彻底失败了",安吉拉对卡门写道,"因为我决定要让她收养我,而你很难向和你聊美国老左派和月经的人问出犀利的问题——'所有年轻女孩时时刻刻都在流血!'她带着绝经女人的同情心说道。"她们一起去了民间艺术博物馆看一场风向标展览,哈德威克将她介绍给了著名作家、左翼活动家玛丽·麦卡锡(Mary McCarthy)。"我不是个很容易被打动的人,"安吉拉对卡门写道,"但我被她们俩打动了。"从她给哈德威克写的两封气喘吁吁的忸怩信件中可以看出她的触动有多深。第一封写于从纽约返回普罗维登斯后不久("谢谢你陪我度过了一个愉快的周末。我无法用语言描述遇见你是多么令人愉快的事;我当然带走了你的前门钥匙!这是我无意识间发出的难以言表的宣言,我还会回来的"),第二封则是在自普罗维登斯返回伦敦后("写信时我张口结舌——我想说明在纽约遇见你的意义有多重大……但我想你已经知道了")。

安吉拉对哈德威克的强烈情感——甚至想让年长者"收养"她的愿望——都不仅仅是她那一年在美国孤独情绪的抒发。进入不惑之年,她越发受到母亲类形象的吸引。在她的成长期,对她影响最大的作家几乎都是男性,而在1980年代,她却成了哈德威克、格蕾丝·佩利①(1981年与她见面后,安吉拉称她为"英雄母亲")、伊丽莎白·乔利②(1984年在澳大利亚见面后,安吉拉说她"棒极了",而且还持续为她寄送家庭照片)和克里斯蒂娜·斯特德③(两人从未见过面,但安吉拉在1982年为《伦敦书评》写的文章中称颂她是"我们这个时代最伟大的作家之一"和"最擅长描述家庭生活的人之一")最响亮的

---

① 格蕾丝·佩利(Grace Paley, 1922—2007),美国当代犹太女作家、诗人。
② 伊丽莎白·乔利(Elizabeth Jolley, 1923—2007),20世纪澳大利亚最著名的女作家之一。
③ 克里斯蒂娜·斯特德(Christina Stead, 1902—1983),澳大利亚小说家。

第十八章 美国鬼魂

支持者。这四位作家——为安吉拉熟知时都在六十到八十岁之间，除了语言的生命力和对身为女人强硬而无视礼节的态度之外没什么共同特点（"她是作为女人在写作，而不是像个女人那样写"，安吉拉这样写斯特德）。也许安吉拉在 1980 到 1984 年期间开始称赞这四位的才华是种巧合，但她对她们个人和作品表达的尊敬表明她近期已经能平静地对待女性角色模型，而且由此延伸——在她母亲去世十一年后——也能平静地看待母性了。

写哈德威克的简介花了很长时间；它从未见报，而且安吉拉也可能没把它写完。她感觉小说也进展困难。她写信给马克说："你能想象我的情绪，应该庆幸自己在很远的地方。"初到美国时的灵感勃发已经在单调的日常生活中烟消云散。想到要写一本关于莉兹·波登的小说，她突然一阵反胃。她对马克写道：

> ……很快，发现自己对这个主题非常反感，似乎已经放弃了将它写成惊悚故事的计划，而是留着写一个关于工业城市（即秋河）中复杂的人际关系结构。这也不是一蹴而就的，如果天气允许的话，我准备坐公交车去逛一圈。那肯定是个有趣的地方，因为从来没人去，而它又是个很大的城市。

让她分心的事包括吉米·卡特和罗纳德·里根之间的总统竞选，这时它已经进入最后阶段。她紧密地跟进新闻，希望卡特能获胜。里根——"很可能老糊涂了"——强调的军事远征和明确的社会保守主义让她警惕。"我把他想成了不知名、面目不清的邪恶力量的傀儡，"她在几年后写道，"但很有可能他自己就是路西法，这可能会让道德的大多数意想不到。"然而，随着竞选进行，他却越来越明显会获胜。"不幸的是，民众似乎信任上帝，而上帝显然是里根的支持者。"她对马克写道。

投票关闭后不久的11月4日周二晚，她到库弗家和几个朋友一起观看结果揭晓。当结果清晰表明里根获得了压倒性胜利时，其中一个客人冲出了门，但安吉拉留下来，待到了凌晨。第二天，安吉拉做出了一个小小的、无可奈何的——在美国私立大学的背景下——略带冒险的反抗举动；她带着J. G. 巴拉德的小说《为什么我想奋罗纳德·里根》（讲述了这位前演员引人淫的吸引力，联系到了车祸和阿道夫·希特勒），读给了本科班的学生听。"他们笑着笑着就哭了，"她在1984年的一篇谈论巴拉德的文章里写道，"除了那些先哭后笑的。"她的记叙得到了里克·穆迪的证实，他回忆说："这很能体现安吉拉的说服力，每个人都很享受这种先展示后说理的方式。"

夏天有多热，冬天就有多冷。安吉拉喝着朗姆酒和热橙汁，搽上了可可脂来抵御风吹性皮伤。她公寓里的暖气不起作用，虽然她买了电热器，它却没法提供足够的温暖。她在走下汽车时撞到了头，瘀伤很快发展为鼻青脸肿，让她看起来"像个被暴打的妻子"。她努力克制自己去数离圣诞节马克到来还有多少天，害怕这会带来坏运气，引起他们争吵。不过，那一天临近时，她的恐惧还是如滚雪球般累积了起来。她开始无比担忧他的旅途，不断纠结在他可能死于空难的念头上。要是他完好地到达普罗维登斯，她又觉得他们克拉法姆的房子可能会被入室盗窃。"我的小伙子两天后就到了，"她在11月11日对卡门写道，"人心总是比想象的更简单，我只能说自己非常非常期待见他；我坚信要是他在这边照顾我，我肯定不会像这样鼻青脸肿的。"

11月13日，库弗一家开车送她去波士顿洛根国际机场接马克。"他来了之后，她欣喜若狂，"罗伯特·库弗回忆道，"她好极了。"她的父亲寄了一张200美元的支票给她做圣诞礼物，所以他们就能出去吃一顿并租车旅行几日。他们去参观了海边城市新港的陶瓷作坊，到普罗维登斯买了些衣服。安吉拉新留的灰白色头发仿佛加重了两人的年龄差距。他们一起买军用大衣时,服务员问马克是不是她的儿子——"他笑得停不下来。"安吉拉写道。

圣诞节是新英格兰有史以来最冷的一天。"我们去散了步",还有"我们的鼻涕都结冰了",安吉拉告诉那个写信告诉她《新夏娃的激情》正在削价处理的格兰茨出版社编辑。一直到1月15日马克回伦敦,每天都在下雪。在他来过之后,安吉拉更想他了。她发誓再也不在国外工作了。

在普罗维登斯待了五个月,安吉拉已经适应了学术生活,但她对美国的看法仍然冷淡。"这是一种如此缺乏感官享受的文化,我感觉在这儿工作很困难,"她在1月16日的日记中写道,"这也不是我能对美国人讲的事;很早很早以前,对世界的感官欣赏就已经被排除在外了。"1月31日,她对帕特·巴克写道:

> 雪基本融化了,学生已经返校。其中有一个一直在图书馆的喷漆上刮出卍①字,可能是用他那男生联谊会的胸针干的。另外一个在我家对面的墙上用红漆画了一个卍;我不认为这是特别针对我的,那只是对生存之乐②的表达……我过得不错,有很多好朋友,但我认为美国的民意是不可挽回的愚蠢。你知道他们南方的有些学校停止教授进化论了吗?你可以获得某种"创世生物学"学位,它证明了达尔文是错的。这太可怕了。

第二学期,安吉拉给本科生开了一门"科幻小说和幻想写作"的课。这是一门新的创意写作课程,在之前学期内容的基础上加入了更丰富

---

① 纳粹的标志。
② 原文为法语。

的文学内容。她设计的阅读书单包括博尔赫斯、伊塔洛·卡尔维诺和布鲁诺·舒尔茨。学生约翰·夸克记得课堂讨论非常理论化："她的研讨课旨在挑战我们以前对幻想类作品——从某些方面来说，还有科幻小说——和主流文学的关系，在此过程中'解构'例如《格林童话》之类的经典名著。"

第二学期比第一学期好过一些，因为她最好的朋友之一来到了身边：洛娜·塞奇要在波士顿郊外富人区的威尔斯利私立女子学院度过一个休假学期。她1月底来拜访了安吉拉；安吉拉于一个月之后回访，而且两人定期通话，八卦各自学校人员破裂的关系，表达对美国奇怪之处的难以置信（"她抱怨说只能一加仑一加仑地买牛奶，"安吉拉在两人第一次对话后写信给马克说，"我发现自己已经习惯了。"）

"过得不好不坏，"她3月1日对苏珊娜·克拉普写道，"总的来说，就只是时间流逝了，而我很难听懂某些对话，以及经常身处在这一群绅士、礼貌、不抽烟的人中间，感觉自己就像个野人毛怪。"但她的思乡情埋藏得不深，时不时就会浮出水面：

> 一个学生给了我一个故事，其中叙事者去了伦敦，从希斯罗机场打了一辆出租车，司机告诉他："要该死的15镑，臭小子。"这个美国东海岸的上流社会小孩是怎么准确抓住英国工人阶级说话的节奏的？那种纯粹的粗鲁让我流下了怀旧的眼泪——恶声恶气，脏兮兮，可笑的粗鲁——是家乡的日常。欧洲人确实会容忍，可能还有点主动享受这里无法想象的言语辱骂。在这儿，人们却能容忍身体暴力。我想，要是美国人不再对彼此说"祝你今天过得愉快"，犯罪率可能会下降。至少它能打消我犯罪的念头；当诸如商店里的人用这种不容置疑的口气命令我一天过得愉快时，我就想杀人、杀人、杀人。我低声说"滚远点"，他们还以为这是一句俄罗斯东正教的祝福。

第十八章 美国鬼魂

* * *

3月底，安吉拉已经筋疲力尽了。她的牙齿带来了不少麻烦，而且她在爬大学附近的山路时总是呼吸不畅。新近花白的头发让她感觉自己老了。马克在自己放假期间过来看了她，但她还在上课，于是两人没法像圣诞节那样长时间相处。她很担心他变得太瘦了。"令人懊恼的是，他越来越像个艺术生了，"她对卡门写道，

> 我们去了萨勒姆，观览一栋宏伟的殖民建筑，结果他带着相机溜走了，你知道他在拍什么该死的东西吗？停车场！停车场！"这是真正的美国。"他说。至少他没说："这是真实美国的象征。"他目前还不至于。

学期5月就结束了，不过安吉拉要求再待一个月，指导研究生完成期末作品集，以及为美国版的《烟火》做宣传。书当月由哈珀与罗出版社出版，副标题是"九篇重重伪装的故事"（安吉拉觉得这个题目也不比四重奏强加在故事集上的副标题"九篇世俗故事"高明）。除了在纽约、芝加哥和明尼阿波利斯的读书会，她还受邀到波士顿的会议上讲述女人在出版业的政治环境。"我该说什么呢？"她问卡门，"所有我认识的出版业女性都认为迈克尔·富特就是我们目前的最高成就了？他们想听的是这个吗？"

月底她回到了纽约。她见了伊丽莎白·哈德威克，后者提出如果她生了孩子，自己愿意做教母。她还和在哈珀与罗出版社的编辑泰德·索罗塔洛夫（Ted Solotaroff）共进午餐。索罗塔洛夫在60年代因执掌今已成为传奇刊物的《新美国评论》而声名显赫，被伊恩·麦克尤恩称为"他所处的时代最有影响力的编辑"，还被作家鲍比·安·梅森（Bobbie Ann Mason）称为"最后的伟大编辑之一"。安吉拉没被他

的名声吓倒。"他一脸严肃地告诉我,他最近非常沉迷于犹太教,"她对卡门写道,

> 他好像觉得我对于普通的销售宣传来说是个太过高档的商品,以致《烟火》还没有收到任何评论。我真觉得他是个——什么来着?踟蹰了一阵(垃圾?讨厌鬼?混球?),我觉得这些词都不合适。他就像是没有生命的火花,可怜的家伙。我感觉可以对你说这事,因为你肯定不会像别的女孩那样迷上他,我也完全没有迷上他,完全没有。我想这会让我在美国的职业发展非常艰难。还有,在美国,对我展现出一丁点兴趣的杂志、企业或是别的什么东西就只有《阁楼》① 杂志……话说回来,我在写一篇关于莉兹·波登的小说(资本主义、父权和新英格兰东南部的纺织工业),肯定没法让信仰复生的塔木德学者满意。我反倒认为你会喜欢它,所以我们见面的时候聊聊吧。

卡门为安吉拉制定了更多近期计划,提出将她这些年的报道在悍妇社结集出版——一个让她"愉快而受宠若惊"的提议。在几个标题之间犹豫良久之后——包括《昨日新闻》(Yesterday's Papers)和《肇端》(Sparking Off)——她同意了卡门提议的《无关神圣》(Nothing Sacred)(致敬她"60年代风尚理论注释":"在追求辉煌的路上,没有什么是神圣的")。她收到了1250镑预付款,7月1日回到英国之后就签下了合同。

5月末,热天气又回来了——"真正湿热的美国夏天,突如其来"——安吉拉右耳失聪了。她称这是她的书在美国默默"无闻"而

---

① 一本关于生活方式和软色情的男性杂志。

第十八章 美国鬼魂

引起的身心失调症,但她的玩笑说法掩盖了病痛引起的真实焦虑。医生一周内都没空见她,与此同时,她给所有人写的信中都提到了她的痛苦。"部分失聪让我和世界有了一种奇异、梦幻、遥远的关系,"她告诉马克,"跟人交谈很难,因为我必须绷紧所有神经来听他们讲话,而一点噪音,就像是这个打字机,或是水池里的水飞溅的声音,都像是雷鸣轰响。"

她甚至对作家里基·迪科尔内(Rikki Ducornet)提到过听力问题,两人从未见过面,但是一直有联系,后者称赞她的作品,并且问她能不能把《穿靴猫》放入一本名叫《鞋子与其他杂物》的文集中。迪科尔内的第一部故事集《屠夫的故事》(*The Butcher's Tales*)于前一年出版,她还写了几册诗集。她和罗伯特·库弗交好(他推荐了安吉拉的作品),和安吉拉有相同的文学爱好(博尔赫斯、马尔克斯和萨德),同画家、陶艺家居伊·迪科尔内一同住在法国卢瓦尔山谷的勒皮诺特尔达姆村。安吉拉被她迷住了:

> 库弗说你和一个陶艺家住在一起。是真的吗,还是他把我们俩弄混了?因为我也和一个陶艺家住在一起,一个高大迷人的安静男子,要是我需要切除一只耳朵,他的沉默就会和我非常协调。话说回来,如果真是如此,那就太巧了:要不是这样的话,这就意味着库弗认为我们俩有很多相似之处(如果你理解我的话)。

她建议她和马克可以在夏天从佛罗伦萨回来的路上去勒皮拜访迪科尔内。在接下来的几年内,她们的友情持续发酵——安吉拉几次重返勒皮,还把里基的一本小说推荐给卡门,使它得以在查托与温达斯出版社出版——甚至有一段时间安吉拉和马克还考虑在卢瓦尔买一栋房子。

5月29日,安吉拉去看医生,被诊断为右耳耳垢累积。"太让人难堪了,"她对卡门写道,"护士冲洗了我的耳朵,而一块块阻塞耳朵的污垢就被冲了出来。你简直想不到一只耳朵竟然能装得下这么多耳垢。"

离开的日子越来越近,安吉拉开始注意到那些她离开普罗维登斯之后会想念的事物:建筑、清晨陌生的鸟鸣,光线——特别是库弗一家。她还发现自己有多喜欢住在共和国内。她的好几个通信人都在抱怨英国浸染着查尔斯王子和戴安娜·斯宾塞小姐婚礼的气氛,而她却能无视这点,倍感轻松。

她订了6月28日的机票,计划着几乎在7月初就直接前往佛罗伦萨,在保罗圣方济教堂待上一阵,8月底继续前往法国勒皮拜访里基和居伊。离开的时候,库弗一家为她办了个派对。英语系大部分成员和几个学生都参加了。他们送了她一把斧子——致敬她写的莉兹·波登的故事——作为临别赠礼。

第十九章
迷幻版狄更斯

1981年9月，萨尔曼·鲁西迪和伊恩·麦克尤恩的第二部长篇小说——分别是《午夜之子》和《陌生人的慰藉》——进入了当年布克奖的最终决选名单。作为英国对法国龚古尔奖的回应，布克奖成立于1969年，在起初的十二年内都被老一代的作家统治，艾丽斯·默多克（生于1919年）、威廉·戈尔丁（生于1911年）是明星获奖者，C. P. 斯诺（生于1905年）和伊丽莎白·鲍文（生于1899年）是其中的龙套角色。它广受尊重，但并不性感。它有种学院里的教员活动室的味道。

10月20日，当《午夜之子》被宣布获奖时——颁奖仪式首次在BBC上直播——人们普遍认为这预告着英国小说进入了世界主义的青春新纪元。尽管之前有几位布克奖得主将背景设在了印度——J. G. 法雷尔（J. G. Farrell）的《包围克里希纳普》（*The Siege of Krishnapur*）、鲁思·普罗厄·贾布瓦拉（Ruth Prawer Jhabvala）的《热与尘》（*Heat and Dust*）以及保罗·斯科特的《眷恋》（*Staying On*），《午夜之子》却是第一部运用生动的喜剧文字，欢快地反抗社会现实主义传统的印度裔作家作品。一夜之间，三十四岁的鲁西迪成了超级明星。"我们的生活失控了。"他的第一任妻子克拉丽莎·卢亚德说。

之后的几年间，英国正在经历着一场文艺复兴的观点——鲁西迪—麦克尤恩—艾米斯代表着与僵化、四平八稳的文学传统划出清晰的界限——成了正统。随之而来的是公众的文学兴趣暴增。小说家（尽管很少有小说）成为报纸头条。五花八门的宣传活动，包括《格兰塔》杂志在 1983 年 4 月列出的"最佳英国青年小说家"前二十人名单，使他们名声大噪。文学界在狂飙突进。

重要的是我们不应夸大安吉拉置身事外的程度。她一直以特立独行的天才闻名，在她生命的最后十年这点越来越突出。她经常上电视和广播节目，受邀在文学节日盛会上发言，还有机会出国巡回演讲。她的书获得广泛而重要的评论，口气时常热情洋溢，时而充满敬意。她甚至收获了一些趣味高雅的小奖，却几乎不能和鲁西迪、麦克尤恩和艾米斯相提并论。她的职业进展——尽管在 80 年代缺乏新闻的时期疯狂增长——和他们的不可同日而语。她很少登上畅销书榜（除非你把《城市极限》的"另类畅销书"榜算上），也几乎没有进入过最有声望的奖项最终名单。她在拥挤的书评栏目之外很少受到公众审视。

这种悬殊有几个可能的解释。安吉拉·卡特大概太过个人主义，她的写作有意与众不同，很难被媒体纳入英国小说新潮流；而且尽管和大部分"黄金一代"成员生于同一个十年期，她却经常被划入更早期的作家中。她比《格兰塔》评选"英国青年小说家"的标准老了几岁，而这个评选巩固了艾米斯、麦克尤恩、鲁西迪，还有她曾经的学生帕特·巴克和石黑一雄的地位——年龄分界线是四十岁。无疑这些因素都是她受到忽视的原因。她还怀疑它和性别有关。她在受到称赞时，身份常常是先驱女作家，而不是先驱作家。哪怕洛娜·塞奇这位她忠实的支持者兼敏锐的批评者，也习惯性地在描述她的成就时带上她的性别。1980 年，《格兰塔》出了一期《英语小说的尽头》专题论丛，塞奇是五个投稿人中唯一提到安吉拉·卡特的，将她描述为"最具自我意识，多才多艺，让人印象深刻"的"女作家……发现了英语家庭系统的恐怖裂口"。

几年后，安吉拉告诉一位采访者：

> 在发表作品方面我从来没有问题。要说那些并不比我更好的男人比我更有名，比我有钱得多，还被当作……正确的事，这就像是发牢骚了。那肯定不是我。不过那些老男孩俱乐部的自娱自乐还是非常有意思。他们列出了"重要的英国当代作家"，他们列出了马尔科姆·布拉德伯里和金斯利·艾米斯，但他们忽视了多丽丝·莱辛这个唯一享有巨大国际声誉的人。他们还排除了贝丽尔·班布里奇。还有……

在说出他们还排除了安吉拉·卡特之前，她的声音越来越小。

卡门理解她的沮丧："她不想当什么女王，不过她知道自己所受到的关注远远不及伊恩、马丁和其他所有人……如果你是个女人，在我们这一代，就得忍受这些事情，这很艰难。这不是怨恨的问题，就是太糟糕了。"利兹·考尔德赞同安吉拉为自己的声望停滞不前而颇感失望："她一辈子都有种没有真正取得突破的感觉，不管是在文学圈还是大范围的世界内都没能如她所愿……她对此难以理解——关于那些男孩获奖了，而她没有。"

那些男孩自己非常清楚她的感受，但她从来没让他们觉得不舒服。"她很好的一点在于她从来不会羡慕别人的成功，"鲁西迪回忆道，"虽然我觉得她真心希望人们能把她的作品看得更重。"石黑一雄表示了赞同：

> 我想安吉拉对自己的写作非常自信。认识她这段时间，我从没感觉到她对自己的作品价值不自信。但她似乎非常困扰于自己永远不能出名这一点。我想要是知道现在学校里在教她的作品，

每一间书店大量售卖她的书，她会非常惊喜。安吉拉习惯了受到忽视，习惯了出版商不严肃地对待她。我想她从一开始就认定我会比她取得更大的商业成功，而且非常支持这个观点。

这些印象自身很能说明问题，但它们不能代表全部真相。如果安吉拉非常珍视一个作家的作品，就像她对鲁西迪和石黑一样，那么她就会热烈无私地支持他们；但是如果她感觉他们名不副实，只是搭了青春、阶级或性别的便车，情形就会不同。这就是她对麦克尤恩的感受，她谈起他时语气中总是透着一丝尖刻。她说他是"可怜的伊恩"，"小伊恩"，还有一次说他是"时尚的弄潮儿"。他仍然经常到蔡斯街来吃晚饭，这意味着她在个人层面上和他没有丝毫不合——但无疑她对他的声望怀有怨言。

80年代，英国文学的公众影响越来越大，与出版业的结构变迁相辅相成。在竞争日趋激烈的市场中，中型独立出版社为维持竞争力组成了联合集团。早在1973年，查托与温达斯、乔纳森·凯普和博德利·黑德就开始强强联合。1982年2月，又有悍妇社宣布加入。卡门·卡利尔继续在她一手组建的出版社担任董事长，但不再负责它的日常经营；自4月起，她成了查托与温达斯（艾丽斯·默多克和A. S. 拜厄特的出版社，还有一张包括马克·吐温、威廉·福克纳和马塞尔·普鲁斯特的重版书目录）的出版总监和联合管理董事。她接替的出版界先驱诺拉·斯莫尔伍德从秘书做起，一路进入董事会，但即便有这个先例，一个女人——一个外国出生的女性主义者——能在主流出版社中晋升高位仍属罕见，于是卡门的任命吸引了文学圈以外的新闻报道。安吉拉在《时尚》上为朋友撰写了一份简介，其中写道："英国出版社高高在上的董事、总监阶层，那些能接触到酒橱里陈年老酒的位置，是由男性重重把守的……越往高处，三件套①的人群就越密集。"

安吉拉借这篇《时尚》的杂文列举卡门作为编辑的优点。"如果不是她的唠叨，我永远没法写完《萨德式女人》，"她写道，"她希望能对书'做正确的事'，确保字体和封面都正确无误。要有正确的宣传，书是为哪些读者写的，就要让它到达这些人手中。"这些是安吉拉非常欣赏的优点。既然如今卡门身处与格兰茨和哈特-戴维斯竞争的位置，她们就商讨起了通过查托与温达斯出版安吉拉下一本小说——在她的设想中，这是一部"令人眼花缭乱的大型喜剧，涉及几千个角色的史诗狂文！"

* * *

《马戏团之夜》围绕着不同寻常的人物费芙斯进行，她是个生来就长着翅膀的人，在 19 世纪的伦敦，她巧妙地维持着双重谎言——说了真话，却让人们以为她只是假装拥有翅膀——以成就自己的事业。安吉拉认为这个情形比较"具有象征性"。费芙斯大致以演员梅·韦斯特为原型，是个吵闹粗暴、行为不得体的角色。她拥有光滑的金发和闪闪发亮的蓝眼睛，身高超过六尺，美貌享誉欧洲；在私密的角落，她却"与其说是天使，不如说更像辆大卡车"，脸"是宽大的椭圆形，像个肉碟"，"声音像垃圾箱的盖子一样铿锵作响"。这个胃口巨大、不修边幅的女人"充满热情地"打嗝、放屁、流汗、吃喝。她的更衣室"有种非常个性化的气味"，到处扔满了被她丢弃的内衣：这是个"精心织就的女式邋遢杰作"。

费芙斯比安吉拉之前的女主角都自信而可信得多——《魔幻玩具铺》中的梅勒妮和《英雄与恶徒》中的玛丽安娜只有她一半鲜活——

---

① 男性正装的款式：衬衣、西裤、外套，喻男权。

而且那些小说中自我发现的主题在《马戏团之夜》中已经被自我表达的兴趣所取代("看我。"费芙斯似乎在高喊)。有几个采访者好奇这是否因为安吉拉已经能更泰然地面对自己。"我想你很可能说到了点子上,实际上,"她对其中一人说,"我之前有很多关于青春期少女的问题需要探讨。但是费芙斯,她这样的类型在英国电影中通常是第二主角,经常是性感的酒吧女侍……我想把她放到舞台中心。"她自日本回英国后就开始构思这部小说,早在1977年就已经写下了不少笔记,但她告诉另一位采访者,她不得不等到"我够大、够强,才能去描绘一个长了翅膀的女人"。

小说设定在1899年,正是19与20世纪之交("这点很重要,它说的是转折点。"安吉拉说)。这是关于女性投票权的讨论在英国日趋激烈的时期。那些关于女人与男人是否有根本不同——更加柔弱、温和,不擅长处理盘根错节的政治问题——或者说她们只是被迫扮演这一角色,掩饰天生的才智,正如费芙斯假装自己不会飞一样。小说不时强调女主角的象征意义——有一处,将她描述为"这个世纪最纯粹的孩子,正好整装待发,守候着新世纪的到来,彼时女人将不会被束缚于地面"——不过如批评家艾丹·戴(Aidan Day)所说,一个带翅女子的隐喻更是"被赋予了心理学意义"。如果我们感觉到费芙斯的能力不合情理,我们的态度就类似于那些认为女人没有能力投票的19世纪男人。

在小说的第一部分,这种不合情理由杰克·华尔斯疑心重重的视角折射出来。他是个美国记者(原型是年轻的杰克·伦敦,安吉拉认为他在1900年代"写了许多杰出的新闻报道"),正忙于写一系列名为"世界鬼话大全"的系列文章。华尔斯在化妆间采访了费芙斯,她对他讲述了生平经历:她在婴儿时期被抛弃在东伦敦妓院的台阶上。在那儿,她舒舒服服地长大了,"在女士向绅士自荐的那个会客厅的壁龛里"拿着玩具弓箭扮演丘比特,后来才发现自己能飞。她十七岁时,

第十九章　迷幻版狄更斯

妓院关闭了，于是她参演了一种通过小孔观看的色情表演——"母兽展览馆"，专门服务于"那些灵魂……正在受着煎熬的人"——组织者是邪恶的女家长施雷克夫人。其中一个客人认定费芙斯是天使，绑架了她，想通过一个性虐仪式杀死她，汲取她的精华来永葆青春。她逃走了——这开启了她从色欲熏天的男人间逃脱的数次经历——然后决定到马戏团当一位高空秋千表演者。在小说的这一部分，同伴莉琪打断了费芙斯的叙述。莉琪"身材矮小，长满了皱纹，像个地精，年龄在三十到五十岁之间都有可能……全身都写着自己从前是个妓女"——她扮演着希腊戏剧中歌队的角色，揭露故事中的潜台词（费芙斯有时会为这个习惯扼腕）。

故事起起伏伏来到第二章，费芙斯和莉琪随卡尼上校的马戏团来到圣彼得堡，打算经由西伯利亚前往日本。她们不知道的是华尔斯扮成小丑尾随。他从母老虎——"棕黄色的闸门在索求着，熊熊燃烧的炽烈死亡"——的嘴里救出"猿人"的妻子米尼翁，带她去了费芙斯的酒店房间，让这位明星杂技演员爱上了他。

小说的第三部分，也是最后一部分开始时，前往西伯利亚的火车被一群不法分子炸飞了。费芙斯的一只翅膀断裂，她和莉琪沦为囚犯。从火车的废墟中被挖出来的华尔斯失忆了，逃进了荒野之间。费芙斯和莉琪眼见歹徒被一阵神秘旋风卷走，趁机逃命。她们朝大雪间走去，遇见了华尔斯，他已经恢复了记忆。在小说的结尾，费芙斯和华尔斯上了床。小说最后的玩笑是让两件事情真相大白：不仅费芙斯的翅膀是真的，而且她也不像自己一直以来宣称的那样是个处女。"想到我真的骗到了你！"她笑道，"它证明什么都比不上自信。"

《马戏团之夜》中热闹欢快的喜剧和狂欢节气氛与安吉拉·卡特之前的作品皆不相似。它在高雅与低俗文化的结合上比《影舞》和《新夏娃的激情》更甚：那些乔伊斯、弥尔顿、莎士比亚、梅尔维尔和爱伦·坡的典故，与恶俗的插科打诨、漫画书中的辞藻、音乐厅主题争夺着空间。不过,尽管具有元素丰富、兼容并蓄的后现代气质,哪怕融合了魔幻和讽喻,在形式上,它却十分传统。"我想让《马戏团之夜》有一种 19 世纪的稳健。"安吉拉告诉一位采访者。她戏仿了她眼中社会现实主义小说的部分传统:《马戏团之夜》的人物总是在倒茶、点烟,在她看来,这是现实主义作家认为会貌似逼真的细节。她写完第一部分的初稿后给德博拉·罗杰斯写了一封信,在其中描述它是"迷幻版狄更斯……不过这可不一定是坏事"!

安吉拉对这本书的信心也体现在(在对卡门的一封信中表达出来)美国维京企鹅出版社的编辑阿曼达·瓦伊尔要她修改几处手稿时,她的反应:

> 我读到那段的时候,突然对整个美国,尤其是它的出版业,燃起了一腔强烈的憎恨。既然我想要《马戏团之夜》与众不同,我就要用不同的方式来写。她要是"坚持"要改,就让她滚蛋吧……我会让德布[①]从她手中取走小说……我反应过度了吗?是的,我可能是反应过度。不过:不改。

* * *

1982 年春,在安吉拉的四十二岁生日来临之际,她和马克"终于谈起了要不要孩子的问题",因为"现在我剩下的生育能力只能以月计算,而不是以年了"。他们决定尝试。她将这个计划告知了一些朋友,表现得非常泰然自若。"很容易假装这是个重要决定,但是我没这么觉得,真的,"她在 4 月 1 日对洛娜·特雷西写道,"我总是相信人应该服从感性冲动。"

她很快就怀孕了,在日记中记下了症状:"恶心;乳房不再紧绷,

---

① 德博拉的昵称。

总是尖挺着，压着还是疼，但乳头已经变软扩大了——总是有晕船一般的感觉，但不会不舒服。有时兴奋，有时恐惧。"她戒烟了，而且完全不能忍受咖啡或酒精的气味。但事情进展并不顺利。到第七八周时，她写道：

> 心怀希望的旅行比到岸更好；我们没能到岸。一团团的黑血，仿佛来自过时的流产；一个下午伤心流泪，悲伤到了灵魂深处，虽然怪不了别人，只能怪我，只有我。

流产之后的自责很常见，但安吉拉却对自己的罪责深信不疑。在之后的几篇日记中，她说得仿佛这次流产是预先策划好的一样。她在思考"未来的不现实"时写道："但这也是我为什么没能生孩子，不想要孩子的一个原因。"她还说"根本不可能想象还要再来九个月，恶心、骨头的疲惫和那种走向厄运的感觉"。在这之后，她"没有痛悔，只是抱歉，很容易为现在我感觉好些了而感到抱歉"。

显而易见，她从前对做母亲的矛盾情绪并未完满解决。不过，她几乎马上又开始备孕，这让理解她的心态难上加难。也许1982年夏天是改变人生的时刻。没过多久，她就写道："（马克）在我眼中从未像现在这样漂亮可爱；我似乎要为爱惊异得无法呼吸了，一想到可能会失去他就恐惧不已。"

6月，安吉拉和安东尼·伯吉斯、威廉·恩普森（William Empson）、丹尼斯·波特、钦努阿·阿契贝（Chinua Achebe）等作家一道受邀至都柏林纪念詹姆斯·乔伊斯的百年诞辰。他们被安排住在五星级的谢尔本酒店，由爱尔兰公款奢侈款待。安吉拉自60年代起再没来过爱尔兰，十分诧异于它的变化。她感觉都柏林再也不是《尤利西斯》中美丽的18世纪城市，而是一个被高楼群和外卖商店毁容的丑陋城市。

当周的一个晚上,安吉拉在达姆街上的中国餐厅和电影导演尼尔·乔丹共进晚餐。1979年他们曾见过一次面,当时乔丹的第一本书——一本名为《突尼斯之夜》(*Night in Tunisia*)的梦幻短篇小说集——获得了《卫报》小说奖。他的第一部故事片《天使》(*Angel*)讲述的是在贝尔法斯特巡演的爵士乐团遭遇的谋杀与复仇,当月早些时候已经开放给安吉拉所称的"自产自销的评论";他的第二部长篇小说《野兽的梦境》(*The Dream of a Beast*)定在1983年由查托与温达斯出版。他与安吉拉口味相近,两人相处融洽。"我觉得她特别迷人,"他说,"非常邪恶。她这个人的想象力与你当时在英国小说界遇到的人截然不同。"他最近刚听过《与狼为伴》的广播剧版,安吉拉回到伦敦后,他联系上她,提出他们一起制作这个故事的电影版。安吉拉为这个想法高兴,他们定下让乔丹1983年夏天来伦敦一起改编剧本。

那个晚上,二十七岁的时事刊物《马吉尔》(*Magill*)的编辑科尔姆·托宾(后来也是《黑水灯塔船》和《布鲁克林》的作者)也加入了他们。"安吉拉询问了爱尔兰与英格兰的关系,想知道旧时的仇恨还有多少延留至今,现状如何,"他回忆说,"她看上去真的对此兴趣盎然。"

6月16日——每年一度纪念《尤利西斯》故事发生的二十四小时——整个都柏林成了巨大的舞台,上演着乔伊斯伟大杰作的片段。爱尔兰广播电视协会(RTC)播出了长达三十小时的马拉松小说朗读会,演说者遍布全城。托宾陪着安吉拉四处游荡。他记得陪她站在卡佩尔街桥上,目睹人们身着爱德华式的时装进出奥蒙德酒店,那是《尤利西斯》的"塞壬"一章设定的地点:

> 她不说什么话,这种态度感染着人。她时常望着周围,仔细观察着每个细节。她看上去就像在对着这些事物出神,一脸困惑

而好笑的样子。她的目光柔和，却仍然有穿透力，只是在她的光环中隐约难辨，仿佛有所收敛。有了这些特点，她会是和你漫步都柏林的好伙伴。我感觉她注意到了很多小事，而且有可能，在我看来，也在想着其他事情。

那天晚上在都柏林城堡有个招待会（"就是乔伊斯钟爱的那种闹哄哄的派对"，安吉拉写道）。开场是一个晚宴，这时博尔赫斯向乔伊斯和爱尔兰祝酒（"因为对我来说，二者是不可分割的"），还提出总有一天，人们会"像对其他伟大的书那样"把《尤利西斯》读给孩子们听。回到伦敦后，安吉拉告诉了萨尔曼·鲁西迪——他也受邀参加了都柏林的纪念活动，但因病取消了行程——关于博尔赫斯的一切，转达了他说的话，还拿腔作势地模仿他的口音。"能与他见面，我想这对她而言是个很重要的时刻，"鲁西迪说，"没有博尔赫斯就没有安吉拉·卡特。"

《无关神圣》——那本卡门构想的非虚构作品集——于 1982 年 10 月 31 日出版，评论多倾向于在她散文作家和小说家身份间玩"找不同"的游戏。小说家弗兰克·图伊（Frank Tuohy）在《卫报》上表示她的新闻优于小说，因为"它涉及我们了解或者自以为了解的世界。现在有了第一个描述在东京舞女酒吧工作的严肃作家，她同时也是一个自由游走在自传式勾勒、社会批评和文学拆迁①之间的作家"。对比之下，安格斯·威尔逊却在《观察者报》的文章开头就宣布"过去二十年内几乎没有作家像安吉拉·卡特一般带给我如斯愉悦"——尤其赞美了《霍夫曼博士的魔鬼欲望机器》和《烟火》——随后却批评她的新闻写作"咄咄逼人地表达了她的信念"，总结说《无关神圣》是一

---

① 顾名思义，即批评、嘲弄一些文学传统和辞藻，动摇它们的根基。

本"总体乐趣横生,不过有时非常恼人的书"。

在《伦敦书评》中,诗人兼牛津大学教员汤姆·波林指出安吉拉实现了"小说的流畅"而牺牲了"形式和对现实的摹仿",但说她的新闻写作是"非常杰出的形式,介于社会学观察和自娱自乐的反讽之间……卡特是去工业化时代英格兰的桂冠诗人,她文字中追求享乐的平等主义……让她成为整个国家最超前的文体家"。他认为她拥有"后帝国时代新生的敏锐"和"地中海式的愉悦",同"火星派"诗人(他们意图将 20 世纪后半叶生活中的日常现象陌生化)一样,引用了几句克里斯托弗·里德①的诗《整个资产阶级原始派》来自证。这种随意激起了接下来的几期读者来信页上安吉拉粉丝的怒火。"他有什么借口在一篇评论卡特小姐文字之杰出的文章中毫无必要地抬出别的名人?"其中一位来信者质问,"这种类比简直臭不可闻……那片火星诗跟卡特没得比,也不该出现在这儿。"另外一个人则反对将她和任何人对比:"最像她的作者就是她自己,她与读者直接分享自己的原创性,这难道不是她最大的天赋之一吗?"

---

① 活跃于 20 世纪 70 年代末至 80 年代初的"火星派"代表诗人。

第二十章
注定的爱

1983年2月,奖项组委会找到安吉拉担任当年布克奖的评委。这是份艰难的工作:她要读100部长篇小说(两倍于鲁西迪获奖那年上交的作品总数),评审费只有1000英镑,分两次付清。但她在收到邀请后两天就答应了下来。也许她认为这个角色会增进她的威望。要是这样,她的希望倒是很快就遭受了重创:布克・麦康奈尔有限公司(Booker McConnell Ltd)4月的媒体公告将她描述为"儿童文学作家"。

和她一同担任评委的有小说家费伊・韦尔登(Fay Weldon),担任评审委员会主席;《观察者报》的文学编辑特伦斯・基尔马丁(Terence Kilmartin);诗歌和文化评论家彼得・波特(Peter Porter);BBC评论员兼《尚流》编辑利比・珀维斯(Libby Purves)。以前从未有过女性主席,女性评委数量也从来没超过男性,在评选早期,记者们对这两个"空前"的看法乏善可陈。"我能从今年布克奖的评审团中看出一点女性主义倾向吗?"《旗帜晚报》的日志作者说。"韦尔登和卡特会确保奖项能比往常更充分地代表女性,"《休闲时光》杂志也证实道。E. J. 克拉多克(E. J. Craddock)在《泰晤士报》上预测"奖项多半会落到一本女人写的、资金不足的小型无名出版社出版的小说手中"。卡门・卡利尔是布克奖委员会成员,于是很多人暗示她的干涉是安吉拉被选中的唯一原因。根据《泰晤士报》的报道,利比・珀维斯在第一次会议时就宣称"奖项不会成为……女性主义宣传":"无论她这么说是不是为了激怒(其他)评委,安吉拉都被激怒了。"

担任布克奖评审期间,安吉拉要应对的还不止心胸狭隘的媒体流言。参评的大部分小说竟然都是一堆古板的中产阶级垃圾,"完全脱离公共背景的个人经历",特别常见的是主角为一个打杂女佣,身边围绕着一群配角,却从来不是从她的视角写作。安吉拉写道,这"才是写在被吹嘘上天的英国小说文艺复兴之下的潜台词,就是让你读过之后就忘了它"。她觉得连续读这么多烂书是个辛苦而又令人丧气的过程。"我曾经信心满满地期待着各种好事发生,"这事结束后,她在《新社会》中表示悔不当初,

> 出版社提供的大餐,也许吧;简单包装的一瓶瓶香槟;各方人士溜须拍马。没有人恭维你的生活。这就是英国。唯一不请自来的礼物包得严严实实,装的是某出版社寄来的一批新书,必须匿名,以免这些名字狼藉——这个出版商已经交过一批书了,现在不是为了竞赛而寄来,显然是寄给我个人的,一个自由文学爱好者……我快速地翻完了所有页,想检查里面有没有塞着几张10英镑的钞票,从来没这种好事。

她想在评审过程中表现出冷漠的顽皮和隐隐的不耐烦,甚至告诉朋友们她劝服了马克为她读其中的书。他表示这故事就是天方夜谭:"她把这些事看得很严肃。她肯定读完了所有的书。"她私下回顾起自己的角色时,也支持了他的说法。她问自己文学奖的意义是什么:奖励的是书还是作者,什么样的书和作者应该受到褒奖?她得出的结论是她要寻找用新颖有趣的方式运用语言的小说,就这方面而言,她被鲁西迪的《羞耻》深深打动,认为这是比《午夜之子》更好的书。鲁西迪记得她竭力克制对他天然的偏心:"她太谨慎了,不想让她和我的私人关

系给我开后门,于是整个夏天都没跟我说话。"

评审程序刚启动,它在安吉拉生活中的重要性就淡化成远景了:1983年4月,她得知自己已有两个月身孕。她已经快四十三岁。20世纪80年代早期,四旬女子生育的情况极为少见,而安吉拉收到建议,三个月之内不要告诉任何人,其间医生会做各式检查。到了终于公布消息时,她宣称怀孕不是有意而为。"他们不得不又踢又叫地把我拽进产房,"几年后她告诉记者,"我坚持说太迟了,我对这种事来说太老了。"

起初很困难——她晨吐得非常厉害。(几年以后,她的一个创意写作班上的学生问她怎样描绘一个怀孕的人物,安吉拉的建议是让他想象一个人"每天早晨起来,只要不是躺着,都在晕船"。)不过,她似乎没有像去年那样心情矛盾了。"我想自己已经太老了,"她在《今日马克思主义》1985年1月刊上说,"我不能重新把自己定义成母亲。"她说这话时带着一丝自我批评,但也可能是指她不会重新定义自己了——她已经拥有足够的成熟和镇静来承受身为母亲的文化压力,总算在展望此事时更多感受到愉悦而非惧怕。

尽管安吉拉相信做母亲不会瓦解她的个性,她却知道它会消耗她的时间,于是她整个1983年夏天都在疯狂工作。除了为布克奖担任评审之外,她在孩子降生前还有一系列稿件要完成,其中最重要的是《马戏团之夜》。5月5日,她向德博拉寄出了第二部分的完稿,并保证"第三部分正在打字机里呢"。四个月后——9月17日——她已经能寄出一份完整手稿了。它长达"宏伟"的14万字,成为她篇幅最长的书,远胜于其他作品。她赶紧写完了倒数第三本小说,这在发行版中松垮的结尾有所暴露——莉琪[①]有次弄丢了坤包,却在两页后就从

[①] 《马戏团之夜》中的人物。

这小包里取出一叠卡（安吉拉以前的学生安德鲁·考恩顽皮地写信提醒了她）——不过总的来说，它还是一次华丽的演出，是她迄今为止最自信、成就最高的长篇小说。

她收到了来自查托与温达斯的26000英镑（精装书出版权）和潘神/斗牛士出版社的25000英镑（平装版）。哪怕算上通货膨胀，这两个数字加起来也超越了她之前任何一本书的所得，而且是均价的五倍以上。她很满足，多方罗掘的日子至少暂时结束了。她优先考虑的是有序地安排手头事务，而且马上给艺术委员会写信撤回了几个月前的奖金申请。当年的文学组主席玛佳妮塔·拉斯基（Marghanita Laski）写了一封略带疑惑的感谢信："您的诚实正派让我们深感温暖……我希望自己不必这么说，不过如果您仍然需要这笔钱的话，只要开口，我们都会另眼相看。"艺术委员会的文学组主任查尔斯·奥斯本（Charles Osborne）在另一封信中强调了这一点："如果您不告诉我们自己的经济状况好转的话，一定会得到这笔奖金……我们对您的慷慨深表感激，以后如果您再次申请，我们将会郑重考虑这点。"

尽管《马戏团之夜》的收入跃涨，安吉拉在1983年夏天还是写了大量纪实报道，还承担了其他写作任务。她没法评论任何新的小说（至少那些布克奖竞争名单上的书目），但她精力充沛地在《新社会》和《卫报》上评论非虚构作品。5月，她为第四频道的《视野》录了一期关于让-吕克·戈达尔的节目。6月，她在伦敦大学参加了名叫"哥特小说中的女人"的研讨会，还为《新政治家》写了一长篇关于新大选和"撒切尔现象"（在其中她非同寻常地站在显贵一边，抱怨着首相的方方面面，从她那"矫揉造作的嗓音"，"女治安官般"的着装风格，到"雅利安人的脸"）的文章。她还给几本书写了长文章：一本悍妇社反核武器的女性作家文集；一篇同样是悍妇社的文集中关于父亲休·斯托克的文章（"她非常不情愿，"这本书的编辑厄休拉·欧文回忆道，"就像是强人所难"）；还有一篇关于她和女权运动关系的文章，投给潘多拉出版社的《性别与写作》(Gender and Writing);一篇关于乔叟笔下女人的精彩文章，投给劳伦斯与威沙特的《左派与情色》(The Left and the Erotic)。

7月，她和尼尔·乔丹一起写作《与狼为伴》的剧本。三四周之内，每天早晨他们都一起坐在蔡斯街107号的厨房桌上，从茶炊里接茶水出来喝，规划着场景。下午，他们分开来写作，两人分摊当天要写的场景，第二天早晨再聚时仔细阅读对方的稿子。这是安吉拉第一次与人合作写作，她发现这是个十分愉悦的过程。"有时我们会因为对方创作的完美而愉快地吱吱叫起来。"她在第二年如此回忆道。乔丹表示赞同："我们都有点想比对方做得好，在能用电影做些什么，怎么打破所有叙事规则这些方面。"几年后，他在《独立报》上暗示是她引导了这种动态关系：

> 在那之前或之后，我都没感受过这种兴奋。在她将小说世界里的文字、意象和反讽转化为构成银幕剧本的直率手段时，我感受到工作时完全自由的想象力演出。我每收到一页都喜惧交加——乐于见识到这纯粹的原创性，又害怕自己不知道究竟该怎样才能在银幕上充分实现她的构想。

他们很快意识到原著短篇中的短句——"一个来自山谷北部的女巫曾因为新郎另娶他人，而把整个婚礼派对的人都变成了狼"——可以被展开成整个叙事线索，于是他们决定搭一个框架，以便自由地在各个没有或几乎没有直接联系的场景之间自由跳转。他们从两人共同欣赏的两部电影结构中汲取灵感——波兰导演沃伊切赫·哈斯的《萨拉戈萨手稿》和捷克斯洛伐克导演亚罗米尔·伊雷什的《瓦莱丽和她的奇迹一周》——剧本围绕少女罗莎琳的梦境和她的祖母从梦境里告诉她的故事展开。影片营造了罗莎琳少女时期通灵的氛围：我们在一个装满衣服和书的房间中与她邂逅,房间里"满是压抑的热,压抑而散漫的官能感受,少女的骚动"。她正在试姐姐的化妆品——侵入成年人的禁域。正如在《魔幻玩具铺》中一样,是女主人公抛弃童年的企图让一切崩溃。整部影片将青春期隐喻成黑暗潮湿的森林,充满惊恐和诱惑。

虽然《与狼为伴》主题连贯,影片却无意讲述连贯的故事。这是一部高度超现实主义的作品:以罗莎琳的梦境作为框架,用扰人心神的奇异场景和画面轰炸观众。许多场面并非为了象征具体内容。某次罗莎琳从一个"爱慕她的男孩"身边逃跑,沿着树爬上树枝弯钩中鹳鸟的巢穴。鸟飞走了,罗莎琳望见巢中有四个蛋和一只带镀金把手的镜子。她开始对着镜子涂口红。她这么做时,四个蛋开了壳,冒出四个婴儿的小雕塑(原剧本中是真正的婴儿)。罗莎琳把其中一个带回家给祖母看;当她张开捧着的手,露出小雕塑时,它流下了一滴泪水。创作剧本时,安吉拉已有五个月身孕,表示这个场景是她纯粹无意识的产物。"我们完成(剧本)后,我意识到里面的蛋、婴儿、胎儿和身孕比大部分电影都多,"她告诉一位采访者,"我不是有意的,它们就是渗透了进来。"

在创作电影剧本上唯一的限制是电影这种媒介本身。安吉拉想让罗莎琳在结尾时从梦中醒来,像在游泳池跳水一样跳到房间地板上。"这是个如此简单的画面,现在要完成起来很容易,"乔丹在2014年回顾时说,"但当时是不可能的。"实际上,结尾是罗莎琳从梦中惊醒,看见一群狼冲进了她的家,吓得尖叫。安吉拉失望极了。"我去试映会时,坐在尼尔旁边,非常享受这部电影,很高兴它的效果这么好——如我期待的一样,"几年后,她告诉一位记者,"直到结尾,我简直不能相信——我太沮丧了。我说,'你毁了它'。他非常抱歉。"

7月中旬,安吉拉的耐力开始衰退。"从春天到目前的夏天都太艰难了,"她给里基·迪科尔内写信说:

第二十章 注定的爱

我一直每天工作18到（至少看起来是）20小时，投入在一个可能成形、可能无法成形的电影上——整个项目太文艺了，很幸运不是我去说服银行家它会像电影院门口的小吃摊一样给他们带来大把的钱。它肯定是有用的工作，我也学到了很多。但我学到的东西能否派上用场却是另一回事。

实际上，它马上就派上了用场。王宫电影公司（Palace Pictures）的斯蒂夫·伍利（Steve Wooley）为《与狼为伴》通过ITC娱乐股份有限公司筹来了250万英镑。"能获得资金我其实非常惊喜。"乔丹后来坦承。不过在当时，他却全无迟疑。他很快和场景设计师安东·弗斯特（后来为斯坦利·库布里克的《全金属外壳》和蒂姆·波顿的《蝙蝠侠》设计场景）以及特效化妆专家克里斯托弗·塔克（把演员约翰·赫特变成了大卫·林奇执导的《象人》中的畸人约翰·梅里克）投入了工作。在场景搭建期间，安吉拉几次造访谢珀顿影棚。"看到我们笔下的世界有了实体，她兴奋极了，"乔丹回忆道，"我想这对她是很棒的经历。"1984年1月至3月，电影在谢珀顿拍摄了九周，演员包括扮演罗莎琳的萨拉·帕特森，扮演她祖母的安吉拉·兰斯伯里，饰演魔鬼的特伦斯·斯坦普，还有斯蒂芬·雷，他饰演一位在自己的婚礼之夜消失、几年后回来已变成狼人的男子。

7月底，安吉拉刚完成了《与狼为伴》的第三稿，就与马克重返佛罗伦萨，去程经过日内瓦。他们原计划回程时拜访里基和居伊·迪科尔内，但安吉拉身怀六甲，并不十分享受意大利的高温炙烤，到8月底，她就已经想尽快回家了。怀孕的症状让她精疲力竭："我每天几乎要睡12个小时，有时甚至更多，更久，更长，更深，更不可阻挡，"她对里基·迪科尔内说。"我活跃的生命已经缩到接近于无，我几乎没提过笔。"她说她和马克"既紧张又快乐"。

回到伦敦后，她专注于布克奖最后的审读工作。9月21日，她与其他评审团敲定了一张短名单。他们选择了马尔科姆·布拉德伯里的《汇率》(*Rates of Exchange*)；J. M. 库切的《迈克尔·K的生活和时代》；约翰·富勒的《飞向乌有之乡》(*Flying to Nowhere*)；安妮塔·梅森的(Anita Mason)的《魔术师》(*The Illusionist*)；萨尔曼·鲁西迪的《羞耻》；格雷厄姆·斯威夫特的《水之乡》。媒体对女性作家占据短名单的预测偏差太大，徒显滑稽，然而唯一对此结果发表意见的记者只有《第三只眼》的"书虫"，他将其归结于女性评审的暗斗（"本来短名单上应该有三部女作家的小说，但三位女评审无法达成共识，所以就只有一本了"）。

其他媒体的反应没有那么性别主义，但同样充满喧哗与骚动。可靠的异见者奥伯龙·沃在《星期日电讯报》的专栏中宣称六本进入短名单的书都写得糟糕又无聊，而布克奖把它们摆在威廉·特雷弗、莫莉·基恩[①]和弗朗西斯·金（Francis King）之上，"是帮了小说的倒忙"。短名单揭示几日后又现争吵，因为富勒的《飞向乌有之乡》，一部设在中世纪威尔士修道院的犯罪小说，形似翁贝托·埃科新近译成的英文版《玫瑰之名》，一部设在中世纪意大利修道院的犯罪小说。富勒通过火蜥蜴出版社发出声明，表示自己自1977年起——《玫瑰之名》在意大利现身前三年——就开始创作这部小说，且有笔记为证。

接下来的几周，安吉拉重读了六本短名单小说，一面等待婴儿降生。10月的第二周，她做了最后一次检查，得知她会生下一名男孩（"没法忽视这事啊"）。10月19日——预产期前"三周减三天"——她对里基·迪科尔内写道：

> 昨天有很多动静，前天也是，我想他有点操之过急了，但现

[①] 莫莉·基恩（Molly Keane, 1904—1996），爱尔兰小说家、剧作家。

在一切都安静了。感谢老天，因为什么都还没准备好呢——我还没交税；卧室还没上漆；马克的窑还没造好；只有从我最老的朋友（科琳娜·萨古德）处继承的几袋二手的婴儿装和婴儿睡篮堆在走廊里。我有一栋房子那么胖，每天睡 18 个小时。他们告诉我尽量睡好，因为这是我接下来的几个月，如果不是几年的话——最后的酣眠。不过一切基本进展顺利，我相信他不关心这间卧室是不是室内装饰家的杰作……他是否在意母亲被税务稽查员抓进监狱，就是另一回事了。

* * *

10 月 26 日周三下午三点半，布克奖的评审们聚在巴克勒斯伯里大楼——伦敦市内的庞大建筑物，布克·麦康奈尔有限公司的总部所在——来决定胜者。安吉拉仍然支持《羞耻》，特伦斯·基尔马丁也是如此，但彼得·波特和利比·珀维斯却都支持《迈克尔·K 的生活和时代》。剩下费伊·韦尔登来投出决定性的一票。她让每一位评审同僚朗读他们倾向的小说中最喜欢的一句话，再发表总结陈词。在她思索期间，他们稍事休息。他们返回后，她让他们再次发言。听过他们的话之后，她决定奖项应该归属于鲁西迪——不，库切——不，鲁西迪，肯定是鲁西迪。"摇摆不定，"她回忆道，"我从没经历过这样举棋不定的状态。"最终，就在为全国报刊的文学编辑召开的媒体发布会开始前几分钟——就在奖项管理人马丁·戈夫的手扶上门的时候——韦尔登决定获奖者是库切。安吉拉感到失望，但根据各种流传的说法，她淡然地接受了结果。

当晚在伦敦书籍出版业公会举办的颁奖礼是"一场噩梦般的重负"。它比起之前的颁奖礼宏大得多，而且明显一切安排都是为了配合电视直播；镜头无孔不入；在活动开始前，来宾收到应该在什么时候开始鼓掌的指示，很多人都被惹恼了。活动请来了伦敦文学圈的大人物，包括小说家玛格丽特·德拉布尔和罗莎蒙德·莱曼（Rosamond Lehmann）；传记作家、评论家兼主持人赫米奥娜·李；《伦敦书评》和《泰晤士文学副刊》的编辑们；艺术部长高里勋爵；除了J. M.库切申请免除从南非至此"8000英里的长途奔波"，所有上了短名单的作者悉数到场。和安吉拉同桌的除了马克还有文学经纪人彼得·詹森-史密斯，作家德温特·梅（Dewent May），翻译兼评论家马尔科姆·伊姆里（Malcolm Imrie），还有一些和布克·麦康奈尔相关的人。他们要吃下一顿四道菜的晚餐配"上好的意大利红酒"，接下来是咖啡和甜酒。安吉拉这时已有八个半月的身孕，感觉这一切太累人了。

费伊·韦尔登发表讲话，表达了对生活在一个小说家"深受重视和尊敬"的年代的喜悦心情，接着斥责了屋里的出版商们没有好好欣赏他们的"原材料"。她讲完后，出版商联合会的主席克莱夫·布拉德利穿过房间，向她的经纪人贾尔斯·戈登提出抗议——根据有些说法，还打了他。

但比起韦尔登这番决定性的演讲，如今人们记起这个盛会却更多地是因为晨间电视主持人塞利娜·斯科特无能的BBC主持秀。她问小说家去写他们没有亲身经历的事情能"有多令人信服"，而且一来就在直播中惹恼了韦尔登，问她是否阅读了所有递交上来的书；然后是安吉拉，问她怎么看获奖者的选择。"我就是评审之一，"安吉拉露出了尴尬神色，"我会因此被禁止发表见解吗？""我很抱歉，你的名字是？"斯科特回答，然后继续犯蠢，"库切是她的第一选择吗？""你不应该问这种问题。"安吉拉抗议道。

第二天，安吉拉带着高血压和肿胀的脚进入南伦敦妇科医院。正当她接受检查时（"平躺着，裙子被撩起来，脱下鞋子，脆弱无助，毫无尊严"），咨询的产科医师——一个被安吉拉描述成看上去像玛格丽

第二十章 注定的爱

特·撒切尔①"减去漂白剂和力气"的女人——问她的感觉如何。安吉拉对这个询问后的对话提供过几个版本,有些无关紧要的细节差别,但基本主旨一致。这是她在下个月为《新社会》简述自己分娩期经历时的一段:

> 我想讲点笑话,结果事与愿违。上帝啊,它竟然是这个效果。"你感觉如何?""有点害怕,"我说,"比起生育本身,更怕之后的二三十年。"那位医生……对我板起一张具有高度道德严肃感的便秘脸。"你没堕胎是对的,"她说,"但现在还有时间。如果你对此还有疑问,我劝你认真和丈夫讨论领养的问题——当然,我知道他跟你只是事实婚姻。"

这些话如果是故意说来气安吉拉的,它们可能还不如实际效果。可以理解她对这位咨询医师的自视正义、多管闲事和顽固气不打一处来,但她还可能想起了之前两次怀孕,感觉自己在最脆弱的时候遭到攻击。这很能解释为什么她的反应如此激烈。"每次想起来,血管里的肾上腺素都会飙升。我想杀了这个女人,我想英国医学联合会的人把她钉上十字架。"事情发生几天后,她对洛娜·塞奇写信说:"如果我朝她裤裆踹过去,周围应该有一圈掌声。"

她还有可能感觉到自己因为年龄而备受迫害。那位咨询医师告诉她医院政策要求年纪较长的女人在生产前两周就需开始接受观察,她需要回家打包行李后立即返回;安吉拉怀疑她当场编造了这个要求。

接下来两周的产房她觉得"非常不错……就像个女生宿舍,梦幻,催眠"。里面全是"庞大柔软的女孩,行动很缓慢,仿佛是在水下"。安吉拉的大部分时间花在了读书和看电视上。她分娩前(至少她在一

---

① 玛格丽特·撒切尔(Margaret Hilda Thatcher,1925—2013),一般称为撒切尔夫人,是英国保守党第一位女领袖,也是英国历史上第一位女首相。

封写给作家兼艾滋病活动家西蒙·沃特尼的信中这样宣称，他们在皇家节日大厅的反审查活动中相识）还在看1927年的史诗默片《拿破仑》。

亚历山大·罗伯特·皮尔斯（Alexander Robert Pearce）生于1983年11月7日星期一凌晨，安吉拉正好四十三岁半，而马克是二十八岁。亚历山大是休·斯托克的中间名，而取罗伯特是为了纪念库弗，安吉拉提名他做婴儿的教父（"世俗意义上的"），卡门·卡利尔和伊丽莎白·哈德威克则成了她的教母（或分别称"马克思-母"和"名誉阿姨"）。为了生他，安吉拉不得不做外阴侧切，当接生妇将他交给她时，她已经给哌替啶麻醉了。"我嘎嗒着对他说了什么，"她在日记中写道，"但我不记得了。"

哪怕在这一浓墨重彩的时刻，她也对母性的要求维持了实际的态度。当接生妇指示她在喂母乳时要凝视儿子的眼睛时（"它能拉近两人的关系"），她不为所动：

> 真是鬼扯！在这种事情上，我们没有选择的吗，他和我？我不能学着爱他，他学着爱我，而不是去听信什么大自然母亲的心理生理学双重约束吗？他和父亲的关系又如何，当爸爸的可没有乳房！另外，要凝视他的眼睛可太难了。他紧紧贴在乳头上，就像是个酒鬼悄悄抱着英国雪莉酒一样贪婪，鬼鬼祟祟，眼睛往后瞟，确保没人先凑过来。一旦成功，他就昏昏欲睡。我应该戳醒他："嘿，宝贝，别打瞌睡了，我们要培养感情呢……"这些东西让生育孩子这事笼罩着一层厚厚的神秘感。他注定要爱我们，至少会爱很长一段时间，因为我们是他的父母。对我们来说也一样。这就是生活。这就是它没道理的地方。

那段时间，安吉拉更倾向于用为人父母而不是身为人母的框架来阐释有孩子之后的情感反应。第二个概念有过分强烈的性别色彩，充斥着艰涩的联想；前者却让她承认自己对亚历克斯的爱不至损害她的个性。只需要一个小小的语义学切换，她就可以自由地谈论他让她多么幸福，他的降生是怎样一件改变人生的大事。"也许我当了父母之后证明的唯一真理，"仅一年后，她告诉丽莎·阿皮尼亚内西，"就是在有孩子之前，你一点都不懂得无回报的爱。"

第二十一章
貌似矛盾的体面生活

亚历克斯出生后几周安吉拉一直感觉不适:她总是很倦,发了一次烧,一直打寒战和胃痛。11月23日,她诊断出产后感染,紧张了一阵,因为1797年玛丽·沃斯通克拉夫特①就是因此丧生。所幸医学取得进展,到1983年,这种病的死亡率已经下降了:医生开给安吉拉十天的抗生素,建议她禁酒精和性事。不过她还是感觉自己承受了古时的艰辛。"整个分娩过程像是19世纪而不是20世纪的文学女性经历。"12月14日,她对西蒙·沃特尼写道。

他们和休伊、琼一起度过了圣诞节,夫妻俩已经搬回了约克郡北部,休伊60年代时曾在当地的津格尔斯威克学校教授音乐。安吉拉的父亲从苏格兰南下来和婴儿交换"无齿的笑容"。平安夜,马克从伦敦一路开车前往约克郡。"我们是焦虑的父母,带着个婴儿长途跋涉,为了确保他感到舒适温暖,我们都累坏了,"他回忆说,"我们花了好久才到……几乎每个服务区都停一下。"

哪怕是在到达之后,安吉拉也觉得很难放松。在圣诞节当日的日记中,她写道:"焦虑——婴儿猝死;他会含乳头噎死吗?会变胖变瘦

---

① 玛丽·沃斯通克拉夫特(Mary Wollstonecraft, 1759—1797),英国社会哲学家、倡导女权主义的先驱。她嫁给了艺术哲学家威廉·戈德温,生完女儿不久就去世。其女为玛丽·沃斯通克拉夫特·戈德温,即玛丽·沃斯通克拉夫特·雪莱,小说《弗兰肯斯坦》的作者。

吗？会再也拉不出屎吗？以后会不爱我或者会一直不爱我吗？"克里斯蒂娜·唐顿这段时间在伦敦拜访他们时，立即嗅出了安吉拉对于婴儿的不安："有这样一个小东西依赖着你，我想这是她小心翼翼的原因。我想她就像是在害怕把他碰坏了。"几年后，安吉拉告诉苏珊娜·克拉普拥有一个孩子就是"无法不焦虑的开端"。

亚历克斯出生前不久，安吉拉曾接到邀请，1984年第一学期到阿德莱德①大学担任驻校作家。职位从3月12日持续至5月11日，薪酬为4000美元（约2500英镑），分两次付清，再加上每个月155美元（约100英镑）的食宿用度津贴。根据邀请函，她需要"自系内伊始，到整个阿德莱德社区范围内，激励学生正式或非正式的文学研习"。实际上，她要做的跟在谢菲尔德大学做的差不多：指导学生，办零星的朗读会和讲座，不必定时授课。确认自己能带上马克和亚历克斯后，她接受了。学期临近，她非常期待这次旅行："一个朋友的朋友……从阿德莱德毕业，把这个城市描述得跟天堂一样。（黄昏的日光下，林荫大道的树木间居住着凤头鹦鹉……是真的吗？我等不及了！）"

圣诞节后，她回到伦敦急急地安排好了一切——机票、签证、现金。1月7日，她写信给英语系主任迈克尔·托利，告诉他关于住宿的要求："显然我想要个漂亮的住所，带游廊、阳台和木板条百叶窗之类的会很好……但这不重要！我们真正需要的是，家具齐全，不要②装饰精美，有一些基本的厨具、碗碟之类。"写完之后，她担心自己对于奢华程度的追求有点太过小心了，于是加上了附言："如果可能的话漂亮的地方最好；我承认了！（可能比我们乐意承认的更为重要。）"

他们于2月26日周日早晨出发。在新加坡机场转机，安吉拉感觉

---

① 南澳大利亚首府。
② 原文有删除线。

到了"亚洲的热度扑面而来",有些怀念起在日本的时光。几个小时后到达阿德莱德,她却为那里的光而非热目眩神驰:"一下飞机……我就像是才擦干净眼镜,就像是除去了迷雾。"在这个国家见识愈多,她的热情愈涨。"我去过的地方中,除了意大利,我最喜欢这儿。"她告诉卡门。她在日记中写道:

> 这个国家诞生的剧情与美国截然不同;故事里是英国穷人、弃儿、没有前程的人来到这里,继承了世界上最美丽富饶的国家……因为统治阶级的忽视、愚蠢和自以为是。这个故事的道德寓意与《圣经》中的某些寓意太过近似而让人没法舒舒服服地接受,特别是如果澳大利亚坚持着反核政策,她必承受地土。但他们完全不顺从①。

只有几个缺点。"大学里邀请我们来的人太坏了,"她对卡门写信说,"他给我们在(丑陋的)郊区,开车半个小时才能到达的地方,找了一间最丑的公寓;这种公寓被称为家庭单元房,里面有人造皮沙发三件套,背后是个砖厂,还有个干衣机。"这能泄露出安吉拉的一些世界观——虽然她屡屡对工人阶级表达团结之意——一想到要待在其间,她就无限苦恼。一周后,他们搬进了奇尔德斯街上的一幢平房。这里街道宽敞,两旁绿树成荫,位于阿德莱德北部的资产阶级住宅区。它不豪华——前面有一间起居室,背后是安装了基本设施的厨房,一边有一间小卧室——但至少这是幢独立的房屋,距市中心只有一小段步程。

最后发现,屋外是如此美丽,没有漂亮的房屋并不那么重要。"每天都有奇迹。"马克回忆道。安吉拉爱看夕阳——"这是世界上最粗俗

---

① 影射《圣经》:"顺从的人有福了,他们必将承受地土。"(《马太福音》5:5)"顺从"(meek)或译温柔,"地土"(the earth)或译世界。

得神气活现的日落"——也喜欢身边围绕的异域鲜花和野生动物。弗勒·阿德科克曾给过她一本关于观鸟的书,安吉拉给她写信,列出了在她窗外树荫间栖息的所有鹦鹉种类。

不过,她最喜欢的还是澳大利亚居民:"天!他们知道怎么享受时光,"她在一篇难产的报道中写道,"澳大利亚人的诸多特点,比如外向、善待儿童,太不像英国人了。"彼得·波特——她的布克奖评审同僚——曾对她抵达之后怎样表现提出建议。"什么都别夸,"他告诉她,"他们会觉得红脸佬儿①的夸赞可疑。你一夸,他们就觉得是不是哪里出问题了。"安吉拉在文章中写道:"我现在怀疑这(个建议)可能是我初次遇到澳大利亚人的消遣方式,也就是逗人取乐。"她很快就欣赏起这种"奇特而无私的幽默方式,在一个毫不提防的手提袋中种下笑话,任人将它带走"。一个刚从澳大利亚回来的英国学者告诉她考拉会爆炸——她问澳大利亚人这是不是真的。他们"慢吞吞地,饱满地,咯咯笑了起来。这样的玩笑被传回澳洲,是件少有的趣事。他们很善良。他们不会笑话你。他们赞美那个无名的传谣者"。

开学前一周,安吉拉参加了阿德莱德艺术节的作家周。来自英语世界的作者们,包括安德烈·布林克(来自南非)、约翰·麦加亨(爱尔兰)、布鲁斯·查特文、萨尔曼·鲁西迪和戴维·哈森特(英国)、伊丽莎白·乔利和托马斯·肯尼利(澳大利亚)都到场了。3月3日周六晚,来宾们受到了奢靡的晚餐款待。其中一位嘉宾是澳大利亚小说家、艺术家芭芭拉·汉拉恩(Barbara Hanrahan)——一个十分神经质的四十五岁女人,留着长长的白发,宽阔的面目如雕塑一般——她非常崇敬安吉拉的作品。对汉拉恩而言,亲眼见到偶像的肉身让她激动得难以自持。"我太喜欢她了,"她在日记中这样写,"她那卷曲的

---

① "Pom"是澳大利亚人给英国人取的外号,关于其起源,其中一种说法是他们认为英国人的脸颊常呈石榴(pomegranate)一般的红色。

白头发，粉色的脸庞，鼻子在冷风中有点流涕……她太好了，一点没有架子，非常温柔。"好感是相互的："她非常非常好。"安吉拉对卡门写道。但汉拉恩发现偶像有了孩子后难免失望："我当然失望，我从没把她和孩子想在一块儿。"这是安吉拉飙升的名气带来的一个麻烦：从现在起，她遇见的人经常会热情地预先勾画出一个形象，但她并不总是符合他们的期待。

之后一周，安吉拉参与了"幻想与现实"和"活在刀口上"小组讨论会，还朗读了一些作品。大部分活动都在艺术节中心的草坪上一座印着糖果条纹的明亮帐篷中举行，毗邻书店和酒吧。有一天午餐时，鲁西迪将她介绍给了布鲁斯·查特文——《巴塔哥尼亚高原上》魅力非凡的作者——他那土灰金色的头发、精致的脸庞和恍若沉思的蓝眼睛，男男女女都无法抵抗。"安吉拉一开始不太情愿，因为我不确信她是否那么喜欢他的作品。"鲁西迪回忆说。查特文立即注意到了她的冷淡，但决意要赢得她的好感——"我们得庆祝一下。"两人握手时他宣布，然后马上去找了两瓶昂贵的酒——到午餐结束前，两人已经像老友一样，一起大笑、八卦。安吉拉不耐胡说八道（尤其是任何类型的故作神秘，查特文的某些作品可能受到这个指控），但她对老派魅力不能免疫。

那周她还结交了伊丽莎白·乔利。乔利生于1923年的英格兰，三十五六岁时搬到了澳大利亚；1980年发表第一部长篇小说时，她已经快六十岁了，但她很快就确立了自己"疯子界桂冠文人"（《卫报》的讣闻中如此写道）的地位——一位畸人和怪事的记录者。她是一个体格纤细的白发女人，拥有鸟一般的容貌，聪慧的蓝眼睛从金属边眼镜后面体谅地端详着——她的含糊其词很有欺骗性。她对安吉拉提议怎样帮亚历克斯抵御酷热："我们怎么收拾小鸡的，你就怎么对他：把他放进浴缸里，用一个洒水壶往他身上浇温水。"安吉拉受到了触动："我决定马上看完这个女人写的所有东西。"她看完后触动更深了。她向卡门写信，请求她在英国出版乔利的一些作品："像她的只有格蕾丝·佩利……你肯定能出版她的！她应该被列入悍妇社现代经典文库；但不管怎么说，应该不惜一切代价在英国出版它们。"

阿德莱德是一个预先规划建设的城市，构造充满几何精确感：街道呈网状，五个散布的公共广场呈现梅花点式。城中心由重重公园绿地环绕。安吉拉每个工作日早晨从奇尔德斯街穿过公园步行 1.5 英里到学校办公室。"就像是走入了仙境。"马克回忆道。他每天早晨都推着亚历克斯在附近的植物园走走，中午在学校的人工河旁与安吉拉会合吃午餐。她大部分时间都坐在办公室里写作《黑色维纳斯》中的短篇，而马克则当上了全职爸爸。（芭芭拉·汉拉恩在日记中提到他总是给亚历克斯换尿布。）

2 月到 5 月期间，亚历克斯长大了一倍，在连续的阳光下晒成了棕色，尝试爬行而未果。安吉拉给他笼上了 T 恤，上面印着闪闪发亮的口号"小澳大利亚""漂亮诚实的小澳"和"全澳式小孩"。她很遗憾他对这段旅行毫无记忆了，"要是他最初的记忆就是鹦鹉、袋鼠和鸡蛋花该多好啊"，她对伊丽莎白·哈德威克写道。

到了学期末，他们租了一辆车向东穿越将近一千公里的草原和灌木丛林到达悉尼。安吉拉觉得它"令人陶醉……一座美丽得过分的城市，就像是一条裙子太漂亮了，让人没法穿"。大约一周后，他们向南到卡门·卡利尔位于墨尔本的家。安吉拉在迪金大学开了一场读书会，5 月 27 日返家。（"没时间四处看看，"她对卡门写道，"这点让我感觉自己不够忠诚。"）离开让他们倍感悲伤；安吉拉觉得她会回到这里写一本关于澳大利亚南部的旅行指南，不过她怀疑在阿德莱德艺术节之后行至澳大利亚腹地的查特文和鲁西迪也有同样的计划。（实际上，他们的这趟旅行催生了查特文介绍土著文化的《歌之版图》。1987 年它出版时，安吉拉在《卫报》上写了一篇热情洋溢的书评。）我们不禁想象，如果安吉拉·卡特实现了这个想法会怎样：从她在日记中写下的澳大利亚随笔来看，那可能会是一本相当生动迷人的书。

在澳大利亚待过三个月后，伦敦显得苍白又凄冷。"实际上，回家的感觉令人抑郁。"安吉拉对里基·迪科尔内写道；她和马克都没法安定下来工作。他们聊过回澳大利亚长居的事：他们可以四处旅游，决定最喜欢这个国家的什么地方——从考虑两人工作方便到亚历克斯上学的问题——然后在此扎根。同时，他们还是给亚历克斯穿着"小澳大利亚"的T恤，还买了一只虎皮鹦鹉，取名叫阿德莱德。他们养的两只猫——科克尔和蓬斯——阴恻恻地望着这只鸟在厨房里疾飞盘旋。

回伦敦后几天，安吉拉收到一封来自英国-巴基斯坦小说家佐勒菲卡尔·高斯的一封信。他是得克萨斯大学创意写作课的教授。"我的位置可以推荐作家（做客座教授），"他告诉她，"我欣赏你的小说，想推荐你来。"安吉拉还在怀念着澳大利亚，这时赶紧抓住了在国外待上几个月的机会（显然是忘记了她曾在布朗寂寞地过了一年后发誓再也不去美国了）。他们达成协议，她1985年1月到5月期间会待在得克萨斯大学奥斯汀分校，获得"17000至18000美元"的工资。她向未来的房东保证"我和我的丈夫，还有，其实要加上我的宝宝，都是万分在意他人财产的人。我们的生活方式中有着貌似矛盾的体面端整，甚至被人比作马格利特①的作品。"

如果说把马克称作她的丈夫（哪怕"我们从来没准备结婚"）算符合精神实质，那么把她的生活方式说成"貌似矛盾的体面端整"就诚实得无可指摘了。矛盾在于他们的家装布置确实披着一件厚厚的波希米亚外衣。蔡斯街的访客们都会强调它的装饰个性十足，房子凌乱无章。"楼下是个嘉年华，"苏珊娜·克拉普写道，"紫罗兰加金黄色的

---

① 勒内·马格利特（René Magritte，1898—1967），比利时超现实主义画家。

墙,猩红色的漆。从起居室的天花板悬下一只风筝,架子上放着一堆木质兽形,椅子上堆着书。"伊恩·麦克尤恩也勾画出相似的图景:"舒适的二手家具饱受猫的侵害,书从电视机上方的架子垂悬而下,脏盘子的山峰占据了洗碗池。"随着宠物队伍壮大,凌乱的氛围愈显。很快,阿德莱德就有了另一只虎皮鹦鹉楚伯里做伴,波斯地毯上散落羽毛和鸟食。厨房表面经常埋在混杂的小摆设之下:集市淘来的艺术品、维多利亚时代的壁炉钟、马克做的碗碟——"非常漂亮,但也特别大,"洛娜·塞奇写道,"于是它们和临时餐桌基本不搭,你感觉自己就像来到了巨人的宴会。"

但从其他很多方面来看,安吉拉和马克是80年代中期中产阶级体面的典范。他们不吸毒也不酗酒,到亚历克斯出生时,连烟也不抽了。他们作息规律。他们越来越富裕——在1984至1985税年,安吉拉预计的收入是40000到50000英镑——他们还有一些昂贵的爱好,比如出国旅行和(安吉拉喜欢的)歌剧。他们读《卫报》,听BBC广播三台,看《九点新闻》。朋友们每个月至少来家里吃几次饭,安吉拉会向简·格里格森、伊丽莎白·戴维或普罗斯珀·蒙塔涅吸取烹饪的灵感:杏仁片鳟鱼,或者可能是正宗的法式豆焖肉。他们精心料理花园,种攀缘的玫瑰和苹果树,而且很爱炫耀("我特别喜欢客人们端着玻璃杯在花园里闲逛,"安吉拉对罗伯特·库弗写道,"它满足了我有些深沉的资产阶级幻想。")。他们甚至还雇了一位清洁女工——人如其名的萨拉·麦克莱恩①——在亚历克斯将近两岁之前每周都要来打扫几次。"安吉拉看上去很野性,但她是最温和的女人,"麦克莱恩回忆说,"是你希望拥有的母亲的类型。"

《与狼为伴》于1984年9月21日在伦敦发布,首映安排在奥迪

---

① 其姓氏麦克莱恩的英文为Maclean,含clean(清洁)一词。

恩-莱斯特广场电影院。英国电影分级委员会给了它一个18禁的分级，一次性排除了很大一部分潜在观众，而且伦敦地铁也拒绝展示狼的口鼻从人嘴里冒出来的广告画面。这些挫折让安吉拉着恼——她抱怨"撒切尔政府的审查制度……他们没法指出问题到底在哪儿，但就是知道有问题"——但它们没怎么拖累电影的势头。影评人欣喜若狂。"不管英国电影复兴的概念是否虚构，"戴维·罗宾逊在《泰晤士报》上说，"《与狼为伴》无疑是这个时期最有抱负的英国电影。"《观察者报》的菲利普·弗伦奇深表赞同："卡特的女性主义哥特与乔丹神秘主义的电影叙事相得益彰，他们共同创作出了一幅魔幻的图景，带我们途经科克托和鲍威尔、普雷斯伯格①的梦境世界，到达了20年代德国表现主义电影《卡里加利博士的小屋》和帕布斯特（Pabst）的心理分析之作《灵魂的秘密》。"电影的全球票房达到了400万美元，还获得了四项英国电影与电视艺术学院奖（BAFTA）提名（最佳服装设计、最佳化妆、最佳制作设计/艺术指导、最佳视觉效果）；第二年，尼尔·乔丹获选伦敦影评人协会奖最佳导演。

那个月，安吉拉受到的英国媒体关注度是她一生的巅峰。《与狼为伴》发布一周后的1984年9月29日，《马戏团之夜》得以出版，二者的宣传互相促进。著名摄影师杰里·鲍尔（Jerry Bauer）和伊芙·阿诺德（Eve Arnold）都到蔡斯街来为安吉拉拍摄肖像。《卫报》（上面写着"在四十四岁的高龄生下一个孩子，此事与她第一次在传媒上大获成功同时发生……她在克拉法姆的房子……看不出一点名利的痕迹"）、《星期日泰晤士报》（作者是伊恩·麦克尤恩，他写道"《马戏团之夜》肯定会证实她是个文体家、幻想家，也会迫使人们承认她作家生涯的惊人成长"）和《城市极限》（将她描述成"女性文学的新偶像"）上出现了她的长篇简介。《面孔》的记者惊讶地发现"安吉拉·

---

① 鲍威尔（Powell）和普雷斯伯格（Pressburger）都是英国电影人，两人合作编导出品了24部电影。

卡特……不是那种典型的慷慨激昂的女性主义者……男人本身不在她的攻击目标名单前列。她真正蔑视的是那些夺人自由的现存社会体制堡垒——警察和教会"。不过她的女性主义已经足够让对批评敏感的男人心慌意乱：小说家、批评家兼传记作家彼得·阿克罗伊德（Peter Ackroyd）在《旁观者报》上的一篇赞扬文章（"我乐于见到这样的作品，不仅因为它是在对抗局限性与日俱增的传统社会戏剧。实际上，它更是一种另类电影形式"）引出了一封愤怒的读者回信：

> 在这锅呼声很高的诗意和魔法大杂烩中不仅有女性主义的歇斯底里和憎男，还有思想和艺术上的一团乱麻，可以归结为幻想和想象的主观性。卡特女士通过将狼鞭尸来把它们转化成受人憎恨的阴茎形象，本令人作呕，再不时暗示有些男人尚可忍受，这种自我陶醉就更坏了。我抗议对这个不停自夸的女人谄媚的行为。

安吉拉享受着所有关注，不论评价正负。她参加了多伦多电影节（《与狼为伴》在放映），给西蒙·沃特尼写道："名气让我变得如此讨厌，马克不得不把我送到加拿大待一周。"

9月19日的布克奖短名单给她泼了一盆凉水。名单上有 J. G. 巴拉德的《太阳帝国》、朱利安·巴恩斯的《福楼拜的鹦鹉》、安妮塔·布鲁克纳的《杜兰葛山庄》、安妮塔·德赛（Anita Desai）的《护卫》（In Custody）、佩内洛普·莱夫利（Penelope Lively）的《据马克说》（According to Mark）和戴维·洛奇的《小世界》。《马戏团之夜》——与缪丽尔·斯帕克所作《唯一的问题》（The Only Problem）以及马丁·艾米斯的《金钱》一起——几乎被所有文评人点名为耀眼的遗珠。《卫报》的文学编辑、安吉拉的好友 W. L. 韦布推测小说"对于相当保守的评审委员会来说可能做得太过了"。实际上，其中两位评审安东尼·柯蒂斯和小说家波莉·德夫琳都将它加入了自己的短名单中，但这些不会公之于众，而剩下的三位（牛津教师理查德·科布；诗人小说家约翰·富勒——他的《飞向乌有之乡》在前一年安吉拉担任评委时进入了短名单；工党议员泰德·罗兰兹）则从一开始就没考虑过它。短名单公布时，"查托的办公室里是死一般的寂静"，安德鲁·莫申回忆道，他 1983 至 1989 年在此担任诗歌编辑。"卡门垮掉了。"但她不是那种会长时间保持沉默的人。"我很震惊，"她在 9 月 23 日告诉《卫报》记者，"那是一部好作品，而她是个好作家……奖项的短名单应该给予好作品承认。"波莉·德夫林打破了布克奖评委之间通常遵守的保密协议，告诉记者她非常"困惑"于评审同僚们对《马戏团之夜》的漠视："这是一本杰作，一本好书。"

文评人大多表示赞同，其中几个将专栏用作了攻击布克奖的武器。《旗帜晚报》上，保罗·贝利说《马戏团之夜》被忽视让他觉得是"对最优秀大胆的英语作家之一精心策划的一次羞辱……卡特被抢走了一次重要的机会——目前还算重要的——一次对她杰出才能的认可，这种才能在这本充满独创性，而且从头至尾都趣味横生的小说中得到了淋漓尽致的体现"。甚至布克奖管理人马丁·戈夫也表明他不同意评审们的意见。在一篇为《每日电讯报》写的评论文章中他说《马戏团之夜》是"极其动人的杰作……杰出的想象力投射在文风和辞藻之上，透露出恰如其分的自信……我怀疑今年任何一部小说都没法达到它想象力的高度"。

这些评论都不吝溢美之词，但其中也存在一些批评。迈克尔·伍德在《伦敦书评》上称《马戏团之夜》的"叙事让人发窘……就像是一个戏仿故事，但戏仿的是什么呢？我们需要明白，我们不是在观看对世纪之交某些形象的模仿，而是一个会自嘲的神话，不像费芙斯，它从一开始就很难挣脱地面飞起来。小说从伦敦移到圣彼得堡，再到了西伯利亚后……表达就清楚多了"。与之相反，亚当·马尔斯-琼斯在《泰晤士文学副刊》中却把赞美主要献给了小说的第一部分："《马戏团之夜》开头像是碎浪一样自然……它的前三分之一是辉煌的杰作。"他对第二、三部分的喜爱要少很多:"没有费芙斯的声音和华尔斯的视角,叙事就摇摇欲坠了。在伦敦其实和在圣彼得堡一样发生了许多不可能的事,但现在它们是直接呈现出来,而不是通过一个可能是江湖骗子或疯子的角色中介。"

文评人的赞扬缓和了未能进入布克奖短名单的失落。第二年,《马戏团之夜》获得了几个文学小奖,带来了进一步的安慰。它进入了惠特布雷德图书奖最终名单(输给了克里斯托弗·霍普的《克鲁格的高山》),和 J. G. 巴拉德的布克奖短名单作品《太阳帝国》共同获得詹姆斯·泰特·布莱克纪念奖,奖金 3000 英镑。两个奖都没能受到媒体哪怕短暂的关注(惠特布雷德短名单甚至没有公之于众,"这是 20 世纪最神秘的奖。"卡门对安吉拉写道),但这并不是说它们缺少威望。詹姆斯·泰特·布莱克纪念奖是英国现存最早的文学奖,评委是爱丁堡大学的学者和研究生:它有种蒙尘的庄严。安吉拉很高兴获了奖。她对爱丁堡大学雷吉乌斯文学教授[①]阿拉斯泰尔·福勒写信说她"深感满足和自豪——实际上,很荣幸——能和 J. G. 巴拉德的《太阳帝国》分享詹姆斯·泰特·布莱克纪念奖!……我珍惜自己的奖项……谢谢你"。从《马戏团之夜》今后的名声来看,她高兴能与巴拉德相提并论这点不免令人心酸。2012 年,在她去世后 20 年,它被评选为詹姆斯·泰特·布莱克纪念奖 93 年获奖历史上的最佳小说:这个范围可不止包括《太阳帝国》,还包括 D. H. 劳伦斯、格雷厄姆·格林、伊芙琳·沃、缪丽尔·斯帕克、艾丽斯·默多克、威廉·戈尔丁、萨尔曼·鲁西迪、艾伦·霍林赫斯特和扎迪·史密斯的作品。

到一岁生日时——1984 年 11 月 7 日——亚历克斯已经长出了茂密

[①] 雷吉乌斯教授(Regius Professor),在英国受到皇家任命、资助的学者。

的黑发，打着光亮的螺旋卷，粉嫩的饱满双颊，露出天使般的笑容。"他真是漂亮得不得了，"保罗·贝利回忆说，"他看上去就像个小天使。他可能会被那些意大利大师们画进作品里，就是这么漂亮。"他精力充沛地爬来爬去，也开始努力把自己拽成直立的姿势，虽然总是跌倒。他能说一个字——"蕉"来称呼自己最喜欢的水果。"哪怕周围没有香蕉，他也经常愉快地喂嚅着'香蕉'。"安吉拉在日记中写道。

她十分为他骄傲，她和马克都是特别甘于奉献的父母——"他们基本每天晚上都在婴儿床旁边徘徊，直到他睡着。"丽贝卡·霍华德说——但她对自己未能将他融入丰富高产的生活就不那么自豪了。自从他出生后，她就什么都没写过，无论长短。"（孩子）确实占据了很多时间，"她在当代艺术学院的一次对话中告诉丽莎·阿皮尼亚内西，"我的意思是，他们会要求你付出时间——而你又不介意给他们……显然，智力活动和小孩是不相容的。"她想从 J. G. 巴拉德的事例中寻找勇气——他一手带大了三个孩子，还写出了大量一流的作品——却发现她根本不能拾回写新小说的精神自由。"安排生活是几乎不可能的，"她告诉另一位记者，"尤其是当你已经习惯了一定的生活节奏，现在却必须要彻底改变"：

> 逃避了 43 年后，我现在被迫接受了自己的无能。有很多问题你都可以扫到地毯下藏起来，直到你面对的是一个需求无法延迟的人。你不能让他们走开，等五分钟再回来。我意识到我实际上是个非常无能的人，我经常虚度时间。我必须得学会接受这点。

写小说暂时不可能，于是她开始着手一些不那么费精力的项目。她和悍妇社签约编辑一个故事集，暂时命名为《海盗珍妮为女孩和女人们编写的故事书》——最终出版时名为《迷途少女与恶女人》(*Wayward Girls and Wicked Women*)——精装版加平装版一同算，她收到2000英镑酬劳。她惊讶于甚少有故事（无论作者性别）把主人公当作完整意义上有道德的角色——道德总是和性行为相联系，于是迷途少女就是婚前失贞，恶女人就是与人通奸——她开始用那些给予女主角更大范围道德责任感的故事构建自己的故事集，最终成果是一部覆盖广泛、容纳世界各地故事的文集。安吉拉最初的选择包括克里斯蒂娜·斯特德（澳大利亚）的《噢，要是我能打个冷战》、莱奥纳拉·卡林顿（英国）的《初出闺阁》、贝茜·黑德（博茨瓦纳）的《生》、苏妮蒂·南荷许（印度）的《三则女性主义寓言》、阿马·阿塔·艾杜（加纳）的《李子》、格蕾丝·佩利（美国）的《一个年轻苍老的女人》、安德烈·谢迪德（法国）的《漫长的考验》、罗淑的《刘嫂》、伊萨克·丹森（丹麦）的《猴》，还有马维斯·加仑特的（加拿大）《接受他们的方式》。"还有别的作品可以加进来，"安吉拉对萨拉·巴克斯特写道，"如果这些例子，比如伊萨克·丹森或马维斯·加仑特，太贵的话"：

> 其中一个是爱德华时期的灵异作者弗农·李写的，非常棒的鬼故事，但长得不可思议——四五十页纸稿。不过，令人愉快的是它已经过了版权期。我也想放一则凯瑟琳·曼斯菲尔德的进去，因为她的作品也是过了版权期，而且非常非常好，但我不想跟赫米奥娜·李编撰的《秘密的自我》（*The Secret Self*）① 内容重叠……这就是为什么我没加入一个自己的故事。实际上，不是这样；我认为它的形式会很糟糕，这才是原因。

悍妇社不像安吉拉那样担心与《秘密的自我》内容重叠，也不在意她所说的好形式。在最终出版的《迷途少女与恶女人》中，既有弗农·

---

① 一部两册女作家故事集，其中包括安吉拉·卡特自己的一篇，当年通过人人文库（Everyone's Library）出版。——原注

李的《奥克斯特的奥克》、凯瑟琳·曼斯菲尔德的《少女》，也有安吉拉·卡特自己的《紫女士之爱》，取代了加仑特、丹森和斯特德。

1985年1月7日，安吉拉拖家带口来到奥斯汀。佐勒菲卡尔·高斯到机场接他们。"我们是很好辨认的三人组，"安吉拉之前给他写信说，"马克留了络腮胡，我有一头灰白色的长发，宝宝（上帝保佑）正在长牙……在你开口之前，我们会一脸茫然。"高斯开车送他们去斯坦福德巷1908号他们租的房子。这是一幢位于塔里敦老城区的小房子（但有个巨大的花园，1985年2月10日，亚历克斯在那儿迈出了第一步），在学校西面几英里处。尽管它靠近市中心，安吉拉还是觉得这附近的街区有种田园气氛。"有些房子前面有溪流，溪上架着乡村小桥。"她在日记中写道。其中很多还有风铃——"疯狂的声音"。

街边没有人行道。花园一直延伸到路缘。大部分本地人不受此影响，因为他们普遍到哪儿都开车；安吉拉和马克走路去杂货铺，吸引了一些有趣的目光。马克认为他们经常在街上看见的死狗是从高速行驶的皮卡车背后掉下来的，而安吉拉注意到大部分奥斯汀人只把他们的城市当作"一片片内陆腹地"。她为他们眼界之狭窄深感沮丧。她对西蒙·沃特尼写信说："奥斯汀报纸上完全没有外国新闻……实际上，从休斯敦或达拉斯来的新闻都很少。'地方主义'是个合适的形容词。"这个城市被广泛誉为极端保守的得克萨斯州内自由派的孤岛，但安吉拉被她亲眼所见的狭隘态度吓坏了。"这儿每个人都是傻子。"她对苏珊娜·克拉普写道。她还在日记中留下了对他们的几条扫射式评论："——长着疖的脸，天真，傲慢，漠然。"

五年前她曾抱怨普罗维登斯蔓延的资本主义，这点在奥斯汀更加突出。80年代中期，这个城市是蓬勃发展的科技和太空领域中心，像IBM、洛克希德和摩托罗拉都在这里开了工厂。一栋栋写字楼将奥斯汀城区从一堆懒散的酒吧和书店中改造成了实用型的商务区；地产开

第二十一章　貌似矛盾的体面生活

发商覆盖了迷人的石灰岩山丘，一直延伸到坐落着豪华宅邸的城市西部。"耶稣，这个城市可真有钱！"安吉拉对西蒙·沃特尼说，"我还在找当地的斯巴达克斯主义联盟①分部，我想加入。"每次到访美国都让她愈发"左倾"，但她很少有这么强烈的冲动。

其至连她对好天气的盼望都落空了。1月11日——他们到达后的一周——得克萨斯遭受了破纪录的暴风雪，整个城市笼罩了十四英寸高的雪。几天之内，怪异的天气占据了电视头条；学校和公司关门了，整个城市的生活陷入停滞。对安吉拉而言，这就是压垮骆驼的最后一根稻草。"得克萨斯人以为得克萨斯像澳大利亚，"她对伊丽莎白·乔利写道，"他们错得离谱……我们无法拒绝温暖天气的诱惑，现在活该为不能拒绝诱惑受到惩罚。"

得克萨斯大学是全美最大的大学之一。它的校园——大约位于得州议院诸多厅室的一英里之外——由几幢粉白相间的布杂②风格大楼组成，呈几何图形分布。"人们一直在冲洗大楼，"安吉拉在日记中写道，"穿着橡胶外套的人，用水管从上冲下来——细细的水流，看上去就像灰尘一样——于是一切都维持粉嫩新鲜，仿佛是婴儿的屁股。"

英语系驻扎的主楼中因为有一个300英尺高的中心塔楼而尤其显眼。1966年8月1日，就在这个塔上，一个学生开枪射死了14人。到80年代中期，系里有将近100个员工。"我刚进来时……只有三四个教授不是白人男性，"佐勒菲卡尔·高斯说：

> 70年代末期，种族和性别比例开始转变，所以安吉拉来时，系里已经有了几个女教授，其中两三个还是热忱的女性主义者。我觉得最有意思的是在她刚到的两个月，没有一个女教授主动去

---

① 全称是国际共产主义联盟（第四国际主义者）美国支部。
② "美术"的谐音。布杂风格是巴黎学院派的一种新古典主义建筑晚期流派。

接近安吉拉，虽然每个人都知道她是个女性主义象征式的人物。

这意味着她独来独往，对校园生活也不比对周遭城市更为享受。她教授两门研究生课程：一堂入门创意写作课，有二十个学生报名，另一堂高级班只有十个学生。她两周见这两个班的学生一次，分别在周二和周四，每次一个半小时。她告诉高斯不想用工作坊的形式教入门班：

> 我想由几个叙事范本开始，比如民间传说，一些卡尔维诺和契诃夫的短篇小说，分开来阐述它们是怎么写成的，自此讲了一些小说的资源后，就可以继续了。如果这听上去野心太大了，整个计划可以缩小规模，不至于显得太吓人。不过有时我发现自己会对学生说："你会发现真的读过一些小说后，小说会好写很多。"似乎（这节课）就是给他们一个始于起点的机会。

安吉拉提出的形式有可能是教授创意写作最有价值的方法，但它也比传统的工作坊更耗费精力。她没怎么考虑得克萨斯大学的学生——她在信件和日记中几乎没提到他们，也没有把任何一个人推荐给卡门或德博拉，抑或是她的美国编辑阿曼达·瓦伊尔——但她仍然为他们付出了大量的时间和精力。"她总是在那儿。"马克记得。在备课和读学生作品之间，她也没法写太多自己的东西。她修改了一些《黑色维纳斯》中的故事，但没有展开新的计划，甚至也没写任何新闻作品。"我非常努力地在大学里工作，在家里也分担着我那份带孩子的任务，"她对卡门写道，"压力很大，疲惫不堪，抑郁，而且没有时间。在那儿一点都不好玩。"

在奥斯汀的四个月，安吉拉和马克尽可能地出城旅行。他们开车前往泰勒市，穿过散布着"可笑的，摇摇欲坠的木头"农庄的广阔平原,去看当地报纸上宣传的一个"套响尾蛇"比赛。这个赛事在一个乡村集市上举行。穿着思特森牌蛇皮靴和紧身牛仔裤的男人们一个个走进一圈有机玻璃墙内。整个圈子里都是响尾蛇。他们用一根带钩的棍子尽可能多舀几条蛇装进袋子里,直到裁判吹响哨音。"好多男子气①,"安吉拉在日记中写道,"响尾蛇竖立身子的天性——抬起头、胀大、嘶嘶簌簌,然后喷出毒液——让整个象征更加大胆。"

不久之后,他们去了新墨西哥、圣安东尼奥和圣塔菲,之后跨越边境到了奇瓦瓦。"墨西哥很多事物有种耀眼而又不祥的感觉。"安吉拉充满艳羡地在日记中写道。回奥斯汀的路上,他们在印第安人的居留地稍作休息。"气氛太抑郁了,"马克回忆说,"所有人都昏昏欲睡地坐在一起,甚至都不会看你一眼,每个人都在嗑药。我们没法安心做游客,呆头呆脑地望着他们……我们只好开走了。"

3月,他们飞到东部普罗维登斯和库弗一家度过了"乐而忘忧"的一周。整趟行程的亮点是见到了约翰·霍克斯——《血橙》和《第二张皮》(Second Skin)如此华丽丽、催眠术一般的实验小说的作者——安吉拉几年前在布朗大学时报道过他的作品。"在这短暂的时间之内,他已经接近一个伟大的作家,同时他还是个有魅力的人,"她对卡门写道,

> 他有一双球根一样的大眼睛,给人的印象像是某类易受惊的带翅小虫——他身材娇小——有一副沙哑的高音嗓子,说话经常像是W. C. 菲尔茨②附身。要我说,他是独一无二的。马克说他是那种你总会想着要注意他,以免他有所企图的人,我明白他在说什么。无论如何,他真是有点意思,让人无法拒绝。

---

① 原文为西班牙语。
② W. C. 菲尔茨(W. C. Fields, 1880—1946),美国喜剧演员。

对比奥斯汀和普罗维登斯，她发现自己最不喜欢前者的一点是什么："我在得克萨斯最不能忍受的是种族主义。它很少公开展现……但它毁了一切。"她在那里确实见识过公开的种族主义——就在套响尾蛇的活动上，她和马克无意间走进了一家三K党开的商店——据马克回忆，奥斯汀是由明显的种族界限分隔，白人社区住在铁轨的一边，黑人和西裔住在另一边，互相几乎不往来。夜间出门，他自己那深棕色的皮肤和浓密的卷发就曾招来许多充满敌意的目光。他们5月10日（安吉拉四十五岁生日后几天）返回英国。芭芭拉·汉拉恩那年夏天正好在伦敦，到蔡斯街拜访了他们，并在日记中写道："他们都比以前胖了（比起在阿德莱德），所有奥斯汀的食物——他们吃吃喝喝，因为无事可做。"

第二十二章
我拒绝出演悲剧

从得克萨斯回来后不久,安吉拉开始在日记中记录绝经的症状。她记下了晚上将她惊醒的灼热感、经期的紊乱、脊椎反复的刺痛。她还注意到自己的形象在发生改变:

> 腹部周围一圈板油;胸变大变沉——突然之间,在四十五岁的年龄上人生第一次成了一个大胸女人;我生亚历克斯之后长了一英石,还戒烟了——但我的脸变得瘦削,几乎是骨瘦如柴的样子……我越来越常发现镜子里的自己像我的父亲。

这个比较说明了她觉得自己多大程度上丧失了性别特征(她的母亲活到了六十五岁,周围还有很多女性亲属让她去对比)。"我在心理上对这些事情的接受方式比我想的糟糕很多,"她写道,"人老珠黄,在街上不被人注视,不被人渴望。我感觉自己一夜之间就要变成干瘪老太婆了。"她很容易跟马克怄气("他让我无聊,还同样惹恼我。我简直看不出来自己为什么还要继续忍"),而且经常突然爆发不快情绪("我像一个装满眼泪的花瓶,只要将我侧一点身,它们就会流出来")。她感到"极端痛苦的孤独,不被爱,盲目的自怨自艾,还有被利用，不被欣赏，等等等等；非常讨厌的感觉，但我能怎么办[1]呢，我感觉得到它们，饱受折磨"。

一段时间后，灼热感消失了，但她还是在凌晨三四点惊醒。她累得无法工作，只好在家里转来转去，直到八点左右，听到亚历克斯唱着他"甜美而粗哑的无调歌"。医生认为她有些抑郁。1986年8月初，她写道："吃抗抑郁药的第四天。生机勃勃。"我们不清楚她坚持吃了多长时间，但她1990年最后几次经期的记录中满是"想自杀"和"绝望"的心情，她在日记本中也仍旧写下了"我感觉自己在日渐枯竭"和"我感觉自己的年龄很丑陋"。

这些日记可能会让她的大部分朋友吃惊。从她乱蓬蓬的灰白色头发（她看上去"像是被人留在了飓风中"，安德鲁·莫申说）和对时尚越来越漠不关心的态度（她的外表像"阁楼上的疯女人"，伦尼·古丁斯说，"她从来不作经典女性打扮"），他们都相信她大胆地、厚脸皮地拥抱着衰老。她的形象改变"是自己的选择"，保罗·巴克强调，"从少女到祖母，从聪明的小鬼到睿智的女巫"。苏珊娜·克拉普表示同意："她带着刻薄的眼光和孩子般的不服从抛弃了时尚。"这些显然都是她想给人留下的印象——如同《明智的孩子》中的钱斯姐妹，她拒绝为不再年轻流露出羞耻——但它不像人们臆测的那样自然而成。到了中年，她仍然在构建自己，有意识地扮演着人们眼中的角色。

1985年1月2日，安吉拉签下了第三部短篇集《黑色维纳斯》的出版合同，收到6000英镑，书于10月出版。一年前《马戏团之夜》和《与狼为伴》大大扩展了安吉拉的读者群，新的书评要么透露出对她之前作品的了解，要么至少都听说过她的大名。《星期日电讯报》的贾尼丝·艾利奥特六年前就赞美过《染血之室》，如今写道："《黑色维

---

[1] 原文为法语。

纳斯》将安吉拉女巫的一面推向至高点——不比从前的难,但一样精彩绝伦。"洛娜·塞奇在《泰晤士文学副刊》一并评论了这本故事集和《来到黄沙的海滨①》(安吉拉的广播剧集,当年1月由血斧图书出版),说道:"她那些以为她就是虚构、越轨和变形的仰慕者会对这本书感到不快,因为我们不能逃避这个事实——卡特认为我们讲给自己听的故事,无论多么波谲云诡,都来源于——最终又回归于——具体的现实。"

也有人觉得赞美之声有些失控了。诗人道格拉斯·邓恩(Douglas Dunn)在《格拉斯哥先驱报》上点名赞美《帮厨男孩》(围绕英国乡村小屋仆人把戏展开的喧闹戏剧),但觉得整个集子对自己的长处太过在意:"标题故事无疑十分优秀,同样的还有《埃德加·爱伦·坡的私室》,但两个故事在我看来都是极其充满想象力的文学史和文学批评而不是动人的小说……我认为她的作品让我恼火的地方在于它的文学性。"在《新政治家》中,小说家、诗人格蕾丝·英戈尔德比(Grace Ingoldby)也表达了类似的保留意见:"安吉拉·卡特的作品……人们很容易钦佩,但较难享受。"此类批评从一开始就围绕着她的作品("卡特小姐太机智、太复杂了。"B. A. 扬 1966 年 8 月 24 日就在《笨拙周报》的"处女作综述"中写道),不过只有现在,她的声名愈响,老调才响亮地重弹。安吉拉将它们看作极端的保守主义。"反智主义一直是英国知识分子圈的传统特征。"1983 年,她在关于让-吕克·戈达尔的节目中疲惫地说。

话虽如此,整个 1986 年,她还是大刀阔斧地修改了早期作品,苛刻程度堪比她最顽固的诋毁者。《与狼为伴》大获成功后,格拉纳达电视找上门来让她为《魔幻玩具铺》编写电影剧本。如 1969 年一样——那是她第一次试图把这部小说改编成电影——她发现这是个无趣而累

---

① 引用莎剧《暴风雨》第一幕。

人的过程。"我发现非常难坚持下去，因为我自己就不相信它是一部好小说，"她告诉女同杂志《方钉》(Square Peg)的记者，"我不知道他们为什么选了那一部。我有十五到二十年没看过它了，现在一读就觉得尴尬。"不过，她还是写出了一版十分忠实原著，但利用视觉媒介加入新鲜色彩的剧本（乔纳森对船的朦胧眷恋由一个他镜片的特写展示："上面倒映着一只乘风破浪的三桅帆船"）。《魔幻玩具铺》的导演戴维·惠特利记得在安吉拉创作剧本时，和她讨论过《瓦莱丽和她的奇迹一周》（影响了《与狼为伴》的作品）和鲍威尔与普雷斯伯格出品的《霍夫曼的故事》。电影1986年11月在利物浦拍摄（因为南伦敦已经不像故事设定的模样了），1988年11月5日在英国独立电视台播出。

与此同时，查托与温达斯计划再版《烟火》和《爱》。重读第二本书使安吉拉一头扎入了二十几岁时的精神状态，回到了和保罗·卡特结婚的那十年，孤寂而窒息。"它还萦绕在我心头。"丽莎·阿皮尼亚内西在当代艺术学院问到她对这本书的看法时，她如此回答。她告诉卡门回顾的过程"令人苦恼"，她想"做点粗略的活儿——不是重写，否则我得全部重写，但可以删减和校订……我尤其想给这一版加上后记。"

修订版的《爱》于1987年2月见光。在后记中，安吉拉提到小说"对男性形象的刻画，对疯女孩冷漠无情的态度以及贯穿其中的不快乐气氛，几乎达成了邪恶的成就"。但她没有深究这些特点，而是提出"也许谈论这部小说最好的方式是多去写写它"，转而开始想象这些角色后来的人生。这么做的结果是她无需写多少关于安娜贝尔的内容——这个人精神的孤僻是以保罗·卡特为原型的——她的命运在书的结尾已成定局（"哪怕是女权运动也帮不了她了"）。她对其他角色的处理显得喜恶参半。基于卡萝尔·罗芙创作的心理学家成了三家药剂公司的总经理，主持电台的一个关于神经官能症的咨询节目，还写下了一本非虚构类畅销书《即便是女人也能成功》。她开保时捷，"开得相当快"。巴兹经营了"几个朋克乐队",在纽约过着介于"终极时尚"和"妄想狂的隐居"之间的完美生活。李成了"一个挺不错的老师",住在南伦敦,"那是他成长的城市的孪生兄弟",幸运地拥有了稳定的关系和孩子,他想到他们时说(正如安吉拉想起亚历克斯):"噢,这其中的痛苦……那种无回报的爱带来的尖锐痛苦。"

"至于我,"安吉拉在后记的草稿中写道,"我了解了女权运动,增了重。我将自己现在的心理健康归功于这两点"——这句话暗示着要么她使用抗抑郁药的时间短暂,要么她决心无论如何也要展示自己快乐的一面。即便如此,她还是用了悲哀的语气结尾:"我和这本书保持了特别的关系;这是个鬼屋,我是其中的鬼,困在青年时代的尖锐痛苦中。"

* * *

1985年9月20日,安吉拉对民间传说学者杰克·宰普斯写道:"亚历山大现在重16公斤了,但他还是只能说'香蕉'。"第二年夏天,他学会了几个单词,能大声地将它们吐出来,但还是没法把它们串成句子。不过,他却"能更好地掌握字母表,尤其是字母Q和W,花了很长时间在他的黑板上写它们……说不定他学写比说快"。

他还只有两岁半,但尽管口气轻描淡写,安吉拉却开始担心了,为他约了克拉法姆庄园诊所的语言治疗师。她告诉弗勒·阿德科克当时的经历:

> 语言治疗师说:"你们对他说话吗?"她没有对他讲话!她对我说:"你们对宝宝说什么?"我说:"就是一些口头描述……就是这样,对孩子们说英语。"她从来没想过这点。她就像是给他擦干净了,搂抱他,给他掖好被子,但她说得很少,所以他也不懂。她可能觉得讲奶话有点侮辱人。

这是个类似她在日本很难和外国人交谈时的思想障碍。对安吉拉而言，语言首先是自我表达的工具——这种态度在她找不到合适的词时就甘于撤离社交圈中显露无遗，也许我们还能由此理解为何她的小说对话稀少，叙事者的话占据了特别高的比例。她觉得无话可说时，甚至是找不到最好的表达方式时，再说什么都没有意义。为了怕冷场而说话——为了别人而说——她似乎不太认同。但她留意了治疗师的建议，开始多跟亚历克斯说话，读书给他听［《野兽们哪去了》的作者兼插图师莫里斯·森达克（Maurice Sendak）成了他们钟爱的作者］，至少在1987年秋天——也许更早——他的语言水平达到了自己的年龄标准。

得克萨斯的工作经历没能吓倒她。回到伦敦后仅六个月，安吉拉接受传记和回忆录作家约翰·莱格特（John Leggett）的邀请，于1986年秋季学期坐镇爱荷华大学作家工作坊。很有可能这个工作坊的声誉和17000美元（合12000英镑）的工资是诱使她重返美国的因素。这是世界上最古老的创意写作课程，在80年代中期取得了美国文学圈内的传奇地位。在过去的五十年内，美国的许多杰出作家（弗兰纳里·奥康纳、雷蒙德·卡佛、约翰·欧文、安德烈·迪比二世）都师出于此，还有许多作家（罗伯特·洛厄尔、约翰·贝里曼、库尔特·冯内古特、菲利普·罗斯）在这里当过导师。用《洛杉矶时报》1986年5月（安吉拉到达前三个月）某期的话说，爱荷华市已经成了"美国的雅典"。她告诉莱格特她"很高兴"能收到邀请。

她对美国的恶感并未消散，8月初，就在计划出发前两周，她来了次神经质大爆发。美国驻伦敦领馆官员——"一个口臭的胖男人"——告诉她马克得不到伴侣签证，因为他们不是合法婚姻关系。"他态度非常挑衅，"安吉拉对爱荷华作家工作坊的同事康妮·布拉泽斯写道，"他抖动着皮带上方的肚皮，说他不是个卫道士，不过这就是美国的法律，上次（去得克萨斯）的是签错了。"她得到的建议是去向芝加哥的移民官解释情况，他能为马克延长旅游签证。她可没从中得到多少安慰。"哪怕状况最好的时候，我也容易焦虑……我需要他照看孩子、慰藉我们……没有他我过不下去……他们能拆开一个家庭吗？……我确信我有点过虑了；但那也阻止不了担忧。"她确实是过虑了，8月21日，他们轻轻松松地获得了入境许可。

爱荷华是个惊喜：它一点也不像得克萨斯。它是玉米带中心地带的一个小小的自由州，1986年经济还在大量依赖农业。风景丝毫不受污染：起伏的山峦和金色的玉米地占了主导，四处是翩飞的蝴蝶。哪怕在城中，安吉拉也感受到了牧歌般的氛围。"很难想起……爱荷华市属于这个先进的工业国家，"她对杰克·宰普思说，"仿佛连电脑的发丝中都有稻草①。"对她而言这不是个问题——她还在用打字机。9月15日，她对萨尔曼·鲁西迪写道：

> 你还记得在（雷·布拉德伯里的书）《火星纪年》中那个楔形板屋小城，里面有个教堂的，火星人修建这个城市作为诱饵，让地球人以为他们返璞归真，抑或是来到了自己梦中的家园，有老伙计在游廊上闲逛之类的？爱荷华城就像那样……自从见过华盛顿广场后，我还没有对美国别的地方喜欢到那个程度……一切都有点像乌克兰——玉米地、树篱里种满葵花，皮卡车驶过后，石子小路上一缕白尘升上云霄……

他们租的房子在城市边缘——或者用安吉拉对美国编辑阿曼达·瓦伊尔的话说，"直接乡村"——林间高地15号。它建在大路旁的斜坡上，能望见屋后的树梢，漆成了"婴儿屎的颜色"。"你从未见过这样雅致的粗俗，"她对卡门写道，

---

① 成语"头发中有稻草"（have straw in one's hair）通常用于表达"疯了"，这里可能一语双关，用稻草暗示田园牧歌氛围。

但这是我住过最舒服的房子。亚历克斯把长毛绒地毯当成了蹦床,在上面跳来跳去。淋浴间——房子带两卫——里面有小小的坐凳,以防你累得站不起来。好处真是说不完。客卫的毛巾和客房的地毯是同样的颜色——薄荷绿……厨房的用具太多了。一套涮肉锅具、洋蓟料理机、美膳雅牌多功能食物处理机。我们的房东是电器狂,他们过着隐居的极乐生活。

房子背后有个小小的湖泊,又或是大大的池塘。亚历克斯爱这儿。"我们眼看着他在阳光下玩耍,晒成了棕色,"安吉拉告诉一位采访者,"他喜欢抓蟋蟀,在笼子里养它们。"马克在爱荷华也过得同样快乐。"那是个温柔的地方,"他回忆道,"食物棒极了……都那么新鲜。"安吉拉只提到过一个住在当地的缺点,虽然她向好多朋友都提起过:"很难买到一块好面包。目前我们能找到最好的是奥马哈一家立陶宛烘焙房的黑面包,一周运来两次。"

作家工作坊在西爱荷华大道251号的英语-哲学系大楼,一幢融合现代和古典主义形式的建筑。安吉拉发现这是个宜人的环境。"大学里到处都画着恰到好处的涂鸦,"她告诉鲁西迪,"'里根是个恐怖主义者','尼加拉瓜——六年受辱'("六"被叉掉了,旁边用另一种颜色喷上了"七"),'立即制裁'一类的。这些口号存在很长时间了;空调机上有一则褪色的口号是'荷兰人滚出印度尼西亚'……意味着长时间持续保持清醒和判断力。"

她教两门课:一个小说工作坊;还有一个文学研讨会,她会从夏洛特·勃朗特到J. G. 巴拉德的作品中挖掘"异化和道德焦虑"的主题;她为它命名为(引用了托马斯·沃尔夫)"生命吊诡,世界败坏"。两门课都有十五名学生,都是每周见一次——各在周二和周三下午——于是安吉拉每天早晨都可自由安排,周末比周中还长。上第二门课的戴维·迈克尔·卡普兰(David Michael Kaplan)回忆说课堂内容其实相当密集：

> 她非常严谨，也非常主观。我想她是觉得学生的文学素养太糟糕了，经常批评他们；我记得有天她让我们读一篇卡夫卡的故事，不告诉我们这是谁写的，然后问我们作者是谁，只有我知道，于是躲过了她的怒火……我不清楚她在我的同届学生中是否非常受欢迎，我认为他们可能觉得她太爱批评人、太严苛了……我却非常习惯她——她的严谨，她的渊博。

卡普兰对于同届学生的直觉似乎是对的：其中几个人不愿为这本书提供关于她的回忆。反感是双向的。一次，卡普兰和安吉拉共进午餐，记得她说"不喜欢自己正在审阅的学生作品，对它们非常失望"。她可能主要是厌恶他们的特权。她对之前的学生里克·穆迪写信说（他现在在西蒙与舒斯特工作，正尽力在美国再版他老师的早期作品）："那些来自爱荷华写作项目的孩子实在过得太容易了……噢，上帝！基本上，他们不知道其中有多少是纯粹的运气。"

10月，安吉拉从爱荷华前往多伦多参加国际作家节，这在当时是世界上最大的文学节庆。1986年，它吸引了来自十几个国家的五十位作家，包括来自英国的彼得·阿克罗伊德、玛格丽特·德拉布尔和毛翔青；美国的伊丽莎白·哈德威克和露易丝·厄德里奇（Louise Erdrich）；以色列的阿摩司·奥兹（Amos Oz）；加拿大的艾丽丝·门罗和约瑟夫·史克沃莱茨基（原捷克斯洛伐克，现居加拿大）。他们都被安排住在多伦多海港城堡酒店，除了交通和住宿之外还提供三餐费用，而且基本一路受到VIP待遇。作为回报，他们需要每人朗读20分钟的作品，参与一次研讨会，二者都得到了会有大量观众的保证。格雷厄姆·斯威夫特——也到场了——将临港中心描述为"我去过最好的场地……我相信没有一个作家不感觉到他们的作品受到了极高尊重，有了一种仪式感。"

白天，作家们被安排参加远足或各种其他活动。10月21日周二早上，大约有二十个人乘车前往城外的一个土著文化保护区。他们到达后，当地居民为他们表演了"战舞"。二十八岁的小说家卡里尔·菲利普斯（Caryl Phillips）饱受折磨：

> 我们来到了仪式现场，我痛苦而尴尬地清楚地意识到（它是场）没有价值的舞台秀，给我们游客看的。他们在展示自己的"文化"，我记得当时在想，不知道有没人懂——转过身，我看到安吉拉眼睛里闪着光。她冲着我扬扬眉毛，点头微笑，于是我想，她懂了……在那个眼神后，我们就成了朋友。

节会期间，菲利普斯和斯威夫特几乎每晚都要到附近一家名叫"竹子俱乐部"的破旧酒吧去喝酒。早餐时，他们都表现出明显宿醉的神色，而安吉拉会嘲弄般地责备他们。"她叫我们'淘气鬼'，"菲利普斯回忆道，"那一周，她特别……有母性，同时机智淘气。"

除了多伦多，安吉拉在爱荷华期间没怎么（与她在奥斯汀的时候相比）四处旅游。"在伍德·格思里①的歌曲之境中安居后，我们就不愿走了。"她告诉西蒙·沃特尼。他们给亚历克斯在当地的蒙台梭利学校报了名，他每天早上去待上几个小时。安吉拉的几个学生——包括安·帕切特（Ann Patchett）和简·萨特菲尔德（Jane Satterfield）——下午会过来带带孩子，或者晚上，要是安吉拉和马克那时出门的话。马克向当地的陶艺家借了一间工作室，还认识了一个牧场主，向他学会了骑马（"你可以不必含着鹅卵石说话就在爱荷华做这件事。"安吉拉

---

① 伍德·格思里（Woody Gurthrie, 1912—1967），美国民谣歌手，最著名的一首歌为《这是你的土地》。

写道)。他带亚历克斯去湖边钓鱼。"几乎和在澳大利亚一样好,"他回忆道,"就像是一直在度假。"安吉拉表示同意。"我回到伦敦会懊悔不已的,"她告诉《锡达拉皮兹报》的记者,"亚历克斯……会和我们花园尽头的奶牛棚里每一头奶牛吻别。"

截至1986年12月安吉拉回到伦敦,德博拉·罗杰斯已经做了她将近十四年的经纪人了。这段时间,她手下也有几个年轻作家——包括布鲁斯·查特文、萨尔曼·鲁西迪、伊恩·麦克尤恩和石黑一雄——他们都已经超级有名气了。1981年,她代理的作家获得了毛姆奖(克莱夫·辛克莱)、惠特布雷德最佳小说和最佳处女作奖(莫里斯·利思和威廉·博伊德)、布克奖(鲁西迪)和詹姆斯·泰特·布莱克纪念奖(还是鲁西迪)。《卫报》上一则日志赞扬她提升了文学经纪人——"在图书制造产业通常默默无闻的角色"——的重要性。

然而,六年后,德博拉在经纪业的地位已经不太稳当了。她最近收养了一个孩子,放任自己分心照顾,无暇顾及手下作家们的权益。"经纪工作进展得不是非常高效,或者说没什么效率,"麦克尤恩回忆说:

> 这段时间,安吉拉和我有过很多对话,关于我们如何爱德博拉,没法离开她,然后谈到了什么事,安吉拉就会说:"行了,我受够了,我要走了。"接下来,她又会说:"我做不到,因为德博拉。"

不是所有德博拉的客户都像安吉拉这样对人忠诚,其中几个开始感觉到也许换个经纪人会更有益。文学经纪人由斯文职业向高竞争行业转型,自80年代初期以来尤为迅猛。出版业内一阵合并与接管的旋风扫过,独立出版社几乎荡然无存——皮尔逊·朗文公司买下了企鹅出版社，后者又转而买下了维京和哈米什·汉密尔顿；兰登集团买下了CVBC（查托与温达斯、悍妇社、博德利·黑德和乔纳森·凯普）；柯林斯买下了格拉纳达和哈珀与罗——书店业也遭遇了类似震荡，一串商业街连锁店（比如水石书店）兴起，意欲将文学小说转化成价值高昂的商品。虽然这些改变带来的大部分收入都向上流动，落到了股东手中，但一小部分作者还是获得了前所未有的高额稿费。其中最轰动的包括格雷厄姆·斯威夫特以他接下来的两部长篇，从维京企鹅那里得到15万英镑，费伊·韦尔登将接下来的三部长篇以45万英镑的价格卖给柯林斯，迈克尔·霍尔罗伊德则凭借他的三册萧伯纳传记从查托与温达斯获得62.5万英镑。这些作者都不是由德博拉代理的。

她的客户们想另寻出路，而有一个人格外有吸引力。常驻纽约的经纪人安德鲁·怀利（Andrew Wylie）是个极有魅力的人物，时尚的眼镜后面一双冰蓝色的眼睛一眨不眨地盯着你看，还长着一对显眼的眉毛，说话慢条斯理，被评论家们拿来和杰克·尼克尔森[1]相比。他1980年才开始进入经纪人行当，但迅速以想方设法为客户获得高额稿酬闻名。"他不在乎迄今为止英国出版业弥漫的体面的风气。"艾伦·拉斯布里杰在《卫报》上的小传中写道。这些体面的其中一条就是经纪人不会从别的同行手里挖作者；怀利曾暗示般地说过，只要能很好地为作者服务，经纪人无需畏惧。

1987年6月19日，安吉拉参加了萨尔曼·鲁西迪的四十岁生日派对。地点是在牛津郡艾普斯登村附近布鲁斯·查特文的房子"荷马庄园"，周围绿荫环绕，俯瞰伯克郡丘陵的秀丽景观。那是一个美丽的晴天，他们在外面的花园待了很长时间。客人还包括努鲁丁·法拉赫（Nuruddin Farah）、保利娜·梅尔维尔（安吉拉和他们俩相处得都很好）两位小说家，利兹·考尔德、德博拉·罗杰斯和安德鲁·怀利。

---

[1] 杰克·尼克尔森（Jack Nicholson, 1937— ），美国著名演员、导演、制片人、编剧，主演的电影有《飞跃疯人院》《闪灵》《尽善尽美》等。

"我就是有种奇异的感觉，"德博拉二十五年后回忆道，"布鲁斯和萨尔曼都在斥责现状太荒唐、太可恶了，钱全都到了出版商而不是作者手里……我感到非常不安，我知道出了问题。"利兹·考尔德的回忆中，这件事更加公开："简直难以置信。你能看见（怀利）……在他们身上施加了什么伎俩……那不是偷盗，而是厚着脸皮当着他们所有朋友和现任经纪人的面展开追求。太可怕了。"

9月16日，鲁西迪和查特文同时写信告诉德博拉，他们会转向怀利和他的两个英国合伙人吉伦·艾特肯和布莱恩·斯通开的公司。鲁西迪曾答应过将新小说《撒旦诗篇》交给利兹·考尔德（她出版了他之前所有小说，但最近从乔纳森·凯普跳槽到了布鲁姆斯伯里，所以可能失去了她手下最成功的作家的忠诚），但怀利将它英国和美国的出版权以85万美元（约合52.5万英镑）的价格卖给了维京企鹅。这对于一本文学小说来说是个天价，让之前打破纪录的韦尔登、霍尔罗伊德和斯威夫特的稿费都黯然失色。不久之后，年轻小说家卡里尔·菲利普斯和本·奥克瑞都离开德博拉的经纪公司，去了怀利、艾特肯和斯通那里。看上去德博拉·罗杰斯已经走到了崩溃的边缘：几家报纸上的文章都在暗示这一点，用的是幸灾乐祸的口气。德博拉和帕特·怀特（两人自70年代以来长期合作）拉来了合作伙伴吉尔·柯勒律治，把公司改名为"罗杰斯、柯勒律治与怀特"。利兹·考尔德给鲁西迪写了一封怒气冲冲的信，她之后为此懊悔（1995年，她告诉《纽约客》说这封信"火气太大了"），两人一年多没有讲过话。

出版业弥漫着恐慌的气氛。10月5日，卡门在从纽约到富兰克林的路上停下来，对安吉拉写了一封真诚的信：

> 萨尔曼的情况演变得如此丑陋，我希望特别确认你和我之间不会搞得像利兹和萨尔曼之间一样……
>
> 我说这些不是为了让你下本书出版时少讨要一点稿费。我写

> 这封信是想说……无论发生什么,我都不会和你断绝友谊……我非常清楚自己不是世界上唯一可以出版安吉拉·卡特的人……你可以想象,我会去想这种事可能发生在我们之间,是因为出版业的现状如此,我很焦虑,想在白纸黑字上表明决心,说这不会发生。

即使安吉拉写过回复信,它也没有留存至今。但她肯定注意到了自己的优势地位。她计划写一部新的小说——暂命名为《机会与偶然》——已经有一年多了,但恰在此时她决定对卡门提出来。10月28日,两人共进晚餐,安吉拉自夸起这本书。第二天早晨,卡门给查托与温达斯的同事递了一张备忘录:"(小说)灵感源自莎士比亚晚期喜剧,不过又是典型的安吉拉式。梗概就快成型了。我认为她会在1989年完稿,1990年能出版。"但其中有一段是这样的:

> 安吉拉想要通过这本书赚钱,赚很多。她既精明又现实。她知道费伊·韦尔登拿了多少……也知道那是三本书的价格。但她认为自己是比费伊·韦尔登更好的作家,所以我猜测她不会接受比她的单本书价格更低的数。她知道自己现在可能不会卖得那么好,但会比费伊·韦尔登更经得起时间考验……
>
> 基本上,我知道她想知道自己的市价是多少,要拿到这个价位……如果我们给得不够多,她可能就要去公开市场上试水了。我问德博拉她可否给我们开个价,但她说不行,安吉拉想知道我们认为她值多少钱……
>
> 我猜测她至少想要15万英镑。

11月10日,安吉拉给卡门寄去了"一本我决定取名叫《明智的孩子》的小说"梗概,将小说描述为"长篇喜剧全景式小说,殷勤地戏仿和复制家族史诗的文学体裁,还会用到戏剧形式,正统话剧和杂耍都有,加上莎士比亚的剧本,用来隐喻过去一百年的英国社会……显然,它的潜台词是父权体制的无用"。卡门非常热情,但现在 CVBC 的拥有者是兰登出版社,她不得不经过集团新上任的首席执行官西蒙·马斯特的认可。他最多只能给 6 万英镑买下英联邦地区的出版权。这比起安吉拉从《马戏团之夜》那儿得到的多一点,但比鲁西迪、斯威夫特和韦尔登赚的(哪怕是卡门猜测的她的心理价位)就少太多了。也许她接受了这就是她的价值——别的出版商或经纪人也不能要到更高了——但也有可能是她太重视德博拉和卡门的友谊,不想离开她们中任何一个。怀利似乎没有主动接近她的姿态,这也可能冒犯了她的虚荣心,从而导致她的忠诚更加深厚了——但这只是猜测。"我只知道我从来没怀疑过她。"德博拉说。

* * *

安吉拉有时告诉采访者她在十岁前就读完了"大部分莎士比亚"。我们有理由怀疑她没有——她准备高等水平测试时的笔记本记下了她对几部重要剧本最早的感想——但她完全有可能(基于她母亲对他的偏好)不满十岁就接触过一些莎剧。成年之后,她仍然用儿童理解莎士比亚的词汇来解释对他作品的喜爱。她爱他的语言、情节,喜欢他那些高于生活的角色和他粗俗的幽默感。"我能舒舒服服地蜷在那儿,《量罪记》就像一本活色生香的小说。"她曾说(尽管她最爱的剧是《仲夏夜之梦》,她对它的喜欢"几乎是莫名其妙的")。"我觉得莎士比亚有种把最世故的人变成天真的观察者的才能。"她告诉洛娜·塞奇。她在另一个场合说他是"史上最伟大的大众娱乐家"。

她知道这不是对莎士比亚意义的普遍理解。自 18 世纪晚期以来,莎士比亚登上了英语文化圈的神坛。他是国家的代表诗人,但除此之外,他更是"民族身份"的象征——在安吉拉看来,这是统治阶级确认自身文化至高地位的方式。莎士比亚的剧经常由泰斯庇斯腔调的悲剧演员主演（他们也经常因表演出色而被授爵）。他成了高雅艺术的堡垒。安吉拉对此趋势深表质疑，认为英国最伟大的作家被打扮成了某一个特定（上流父权社会的浮华）版本的英国风味。她母亲的家族已经揭示了他的作品更加兼容并包："他们都知道……对莎士比亚的爱是他们阶级的复仇。"

《明智的孩子》用莎士比亚的剧作，尤其是他的喜剧来歌颂英语文化的多元化，语含讽刺地追问高雅与低俗、中心与边缘文化、正统和非正统的差异。安吉拉想影射所有莎剧，遗憾自己不能给《泰特斯·安德洛尼克斯》(*Titus Andronicus*) 和《两贵亲》 (*The Two Noble Kinsmen*) 腾出空间。"但我加了很多进去！"她对保罗·贝利保证。她也确实做到了：小说中挤满了长得一模一样的双胞胎、敌对的兄弟、戴了绿帽子的丈夫、代人结婚的新娘、昏聩的父亲和亡魂隆重的回归。它将莎士比亚的动机滑稽地融汇在一起，疯狂而精彩纷呈。

剧情贯穿世纪，横跨大洲，却呈现在一日的框架之内：4月23日，即圣乔治（英格兰的守护圣者）日，也通常被认为是莎士比亚的生日。这天是七十五岁的叙事者、任性的朵拉·钱斯和她双胞胎姐妹诺拉共同的生日；也是她们的生父梅尔基奥尔·哈泽德爵士和他双胞胎兄弟，即朵拉和诺拉的养父佩里·格林（假死）的生日。故事开始时，朵拉和诺拉姐妹收到了一封看似最后时刻才发出的梅尔基奥尔百岁生辰请柬。"有什么让你感觉他们不想我们去吗？"诺拉问。不被需要对她们而言不是什么新鲜体验：梅尔基奥尔（"在世最伟大的莎士比亚演员"）是"正统剧院的台柱子"，而钱斯姐妹却"无论怎么看都是不正统的"：她们是私生女，来自南伦敦（"轨道错误的一边"），在嬉闹的"音乐厅"表演，特别还是女人。错综复杂的哈泽德-钱斯家族之树——坚硬的主干对蔓延的旁枝麻木不仁——是小说对英国社会最重要的隐喻。

这一天由一则重磅消息展开，特里斯特拉姆·哈泽德——一个下流的电视有奖竞猜节目主持人，看似朵拉和诺拉的侄子，但实则是她们的异母兄弟——出现在门口，宣布她们挚爱的教女、他的交往对象蒂凡尼失踪了。他放了一段他前一天晚上直播的"小节目"，在此期间蒂凡尼当众崩溃（她怀上了特里斯特拉姆的孩子；他不想知道这点）。第一章结束时，河里发现了一具很像她的尸体。

在接下来的一百页左右，故事回到了朵拉的回忆中，叙述了她和诺拉童年在溺爱的钱斯奶奶监护下成长的经历；她们与父亲偶尔的交集；叔叔佩里的来来往往；与她们讨厌的异母姊妹（最后发现是堂姊妹）伊摩琴和萨斯基亚的冲突。其中充满了华丽的时代细节（"起居室置办了人造皮家具，熏橡餐具柜上摆着一瓶甜雪莉酒，六只灰扑扑的玻璃杯立在黯淡的银托盘上——上面刻着'向来自滨海弗林顿①快乐马丁家族的小戏骨致敬，1919'"）和精彩的片段（在梅尔基奥尔乡村别墅举行的《第十二夜》化装舞会，也就是他的百岁生日，以混乱的火灾告终，过程起伏转折，包括佩里和朵拉欢快的通奸）。

在此期间，它勾勒了 20 世纪表演行当的秘史。朵拉和诺拉 20 年代在音乐厅跳舞为生。30 年代的事业巅峰期，她们在伦敦西区演了一出名为《如你所愿》（或称《你愿意，干什么？》或《什么！你愿意？》②）的时事讽刺剧，还同梅尔基奥尔一起去了好莱坞——他想"为英格兰、莎士比亚和圣乔治收复北美"——拍《仲夏夜之梦》的电影（许多细节灵感来源于马克斯·莱因哈特③1935 年的版本）。战后事业衰落，她们开始出现在《世界裸体大全》和《金发姑娘和三个裸体人》的秀场中。

---

① 英国埃塞克斯郡地名。
② 三个剧名都是"What you will"，但中间标点符号不同。
③ 马克斯·莱因哈特 (Max Reinhardt, 1873—1943)，生于奥地利，戏剧和电影监制人，20 世纪德语剧场最重要的经营商。

安吉拉·卡特的书全都是关于各种形式的表演和自我创造，但只有《明智的孩子》和《马戏团之夜》这两部集中描写了职业表演者。去世前一个月，安吉拉在纪录片《文艺面面观》中谈及原因：

> 她们是有用的人。我是说，用这种方式来谈论我的角色听上去很残忍。但她们是有用的人，因为她们的生活，整个生存方式，都是建立在某些性征、女性气质的展现上，她们对此了然于心。秀场，成为一个秀场女演员，这简直就是隐喻着身为女人，清楚自己的女性身份，不得不借此与世界谈条件。

角色衰老后，这点就变得尤其令人心酸。年轻时，朵拉和诺拉伸伸手就能找到大把工作；进入中年，她们只能越来越多地蓄意展现女性气质，甚至到了要在舞台上袒胸露乳的地步。现在人老珠黄，她们根本找不到任何工作。《明智的孩子》讲述的核心是当女人衰老，社会不再将她们当作有性生物后，女性身份的变化。安吉拉有意识地用了凯蒂姨妈做朵拉和诺拉的人物原型［"从（朵拉）的话中能辨认出她来。"休伊说］，但她们也同样塑造于她一生中对年老女性富有同情心的观察。1966年，她还在写那部流产的纪实作品《纵情声色》，当时她发现了当地酒吧中的两个人物：

> 两个老年女子，一个塌鼻子，另一个没有，两人都戴着金耳环，手上戴着金戒指，同声地提高嗓门。其中一个的头发一丝不苟地梳在发网中，另一个将头发整整齐齐地结成束，一束一束像瓦楞铁。她们的静脉突出，像绑在手臂上的绳子。一个人喝金酒配橙汁，另一个将一杯金色淡啤举到唇边。她们要么是姐妹，要么是姑嫂、妯娌，穿着上好的大衣，满身珠光宝气。她们用颤抖的嗓音高唱着爱常存于心。她们褪衰的女性气质依然像茶一样浓

烈而甜美。

朵拉和诺拉就像这两人，无意识地优雅地衰老。到了小说末尾，她们准备着去参加梅尔基奥尔的派对，坐在镜子前化妆，一切和年轻时一样：

> 花了快一个世纪的时光，不过我们总算完成了，在自己现在的脸上画出了自己从前的脸蛋。灯在背后三十尺，乍看之下，我们倒正像是做回了那个伦敦大雾、夜莺在伯克利广场歌唱时，和威尔士亲王跳舞的那个女孩。回忆的欺骗性。那个女孩像鸡蛋一样光滑，口红从来不会顺着唇角的裂纹滑下，因为那时根本就没有这种东西。
> "这是每个女人的悲剧，"诺拉说，我们还在对着这杰出的妆容沉思，"过了一定年龄，她就像是在扮演女人了。"

此类悲悼的口气在《明智的孩子》中极为罕见。"我断然拒绝出演悲剧。"朵拉有一次说，而由她主演的这部小说也是彻头彻尾的喜剧——粗俗、下流、轻浮而乐观。在纪录片《文艺面面观》中，安吉拉说："你知道，喜剧代表了丰饶、延续，像是这个世界变化多端的天性，是世界不可磨灭、难以平息的天性，是胃口和欲望难以平息的天性。"通篇洋溢着欢庆的色彩——几乎每一章都是围绕一个生日展开——而且朵拉和诺拉对她们衰老色相的态度更像是叛逆的喜悦。在最后一章梅尔基奥尔的生日派对中，她们看了一眼镜中的自己，发现自己妆化得有点过了，也没有受到打击："我们只好对着自己亲手制造的场面大笑，在姐妹情深的鼓舞下，大摇大摆地走进舞厅。哪怕他们都受不了我们的样子，我们还是可以给他们展示点什么。"

《明智的孩子》是安吉拉最好笑、最阳光的作品，她最聪明、最感人的小说,同样也是她最活泼的书,远胜其他。这是她一生思想、见识、感受和经历的精华。即便如此,她也没觉得写它是件容易的事。1988年3月20日,她给卡门寄了非常粗糙的第一章草稿:"还有很多需要修改的地方……最后,朵拉叙述中腔调和人物的变化会完全成型。但这是它的基本方向,我总体感觉还算满意;实际上,我尤其喜欢有奖竞猜节目那一场。"

在她写作《马戏团之夜》和《明智的孩子》——两本关于女性戏剧从业者的小说——期间,安吉拉也在创作自己的剧本。1987年9月,她受尤思顿电影公司(Euston Films)的安德鲁·布朗委托写一部电影剧本,故事原型是1954年新西兰两个臭名昭著的青少年保利娜·帕克和朱丽叶·休姆谋杀帕克母亲的案件。两个女孩沉溺于自己构建的幻想世界,想象自己结交了电影明星詹姆斯·梅森、阿娃·加德纳和奥森·威尔斯。当帕克的母亲准备阻断两人的友谊时,她们用砖块砸死了她。这个案子在过去六十年内启发了许多虚构作品——从贝丽尔·班布里奇的《哈丽雅特说……》到彼得·杰克逊的电影《罪孽天使》——也为安吉拉之前的作品提供了主题,包括50年代的少女经历(《魔幻玩具铺》)、弑父(她关于莉兹·波登的故事)和好莱坞的骗局(《新夏娃的激情》)。

委托来得正是时候。10月7日,安吉拉回到澳大利亚——带上马克和亚历克斯——做为期三周的宣传。回到伦敦前,他们去了一趟谋杀案发生的新西兰克莱斯特彻奇市;安吉拉认为那座城市"一片死亡气息。其实,不会让人不快,但让人麻木"。她在档案馆待了一会儿,在剪辑的报纸、女孩们对警察的陈述和庭审记录中探寻案件始末。回到伦敦后,安吉拉开始写初稿,命名为"克莱斯特彻奇谋杀案"。这是她自60年代中期以来最依赖现实主义手段的一部作品,只改动了几个名字(休姆成了奈丽莎·洛克,帕克成了莉娜·鲍尔),做些表面的修改。令人惊异的是，安吉拉在这种模式下写作竟然非常自如：剧本有种十分不祥的气氛，仿佛冷冰冰而令人信服地预言着母女之间的冲突最终可能酿造谋杀。1988年8月，她呈上了二稿，但尤思顿电影很难为她找到一个制作公司——奥克兰的南太平洋电影公司曾在考虑之列——最终放弃了这个项目。

几乎同时，国家大剧院的导演理查德·艾尔（Richard Eyre）找上了她，请她创编现代版的弗兰克·韦德金德①的"露露"系列剧本——《地之灵》（Eearth Spirit）和《潘多拉魔盒》（Pandora's Box）——它那美艳、性解放、古灵精怪的女主角（包括谋杀、通奸和女同性恋情节），故事描绘她跌宕起伏的蛇蝎美人生涯，直到她最后惨死在开膛手杰克手中。安吉拉热爱这个点子。她在少女时期通过G. W. 帕布斯特1929年电影改编版（露易丝·布鲁克斯主演）接触过露露，该电影成了她钟爱的作品之一。在爱荷华时，她为学生播放过它："只有《潘多拉魔盒》可以做到……露露的角色……是20世纪文学中对女性存在极为重要的呈现。"

不过她对原剧作却远没有这么倾心。帕布斯特和布鲁克斯都竭力证伪恶劣的"蛇蝎美人"神话，"一面用行动展现出（这个形象）让人无法抗拒，一面又证明它的荒诞性"，韦德金德却还沉湎其中。安吉拉感觉他的露露展现出一系列对性强势女人的担忧："她是自由的，所以必须死。"她的版本想要摆脱神秘感。她删去了其中顽固的元素，像韦德金德的开场白——露露穿着男丑角的戏服，被一个驯兽师带上台来，后者介绍她是"最原始本质的女人……生来就是煽动罪恶，/引诱，诱惑，腐化，毒害"——并加上了舞台提示，强调露露遵守男性社会的规则：

---

① 弗兰克·韦德金德（Frank Wedekind, 1864—1918），19世纪末至20世纪初活跃于德国文坛的一位引人瞩目的剧作家。

她带着愉快的狡黠穿着打扮，仿佛看到了自身魅力可笑的地方……就像其他以取悦他人为生的人一样，她非常清楚自己在世界中不牢靠的地位。她知道自己的角色，一个迷人的孩子（当她淘气起来，可能就会受到惩罚，这是"为她好"）。她魅力四射地扮演着它。

安吉拉·卡特笔下露露的悲剧不是她那毁灭性的性存在，而是她构建的女性气质。这是个聪明的变化。然而，重塑这个素材和忠实于韦德金德原作之间有着激烈的冲突。要把两部长篇悲剧揉进一个剧本中也颇有技术难度。成品笨重（全剧要演五个小时）而不自然。尽管安吉拉这段时期对戏剧越来越感兴趣了，她却不是剧院的常客：吸引她的更多是作为小说中的舞台布景或隐喻，而非艺术媒介本身。这也许可以解释她唯一一次尝试写剧本，成果却为何如此令人失望。

安吉拉欣赏露露不加矫饰、明媚动人；这是她想在自己身上培养的特质。然而，在她的生活中却有这样的一个领域，她在其中已足够幸福，可以稍微虚伪一些。她让她的父亲相信在亚历克斯出生时，她已经和马克结婚了。在那之前，休都以为他们分房睡，这样的欺骗只是小事，只要这能让一个老头子开心。随着他越来越虚弱，安吉拉越来越喜欢他了。"'我的父亲'这几个字总教我忍俊不禁。"她在1983年写道。在母亲死后，他已经为自己找到了全新的生活，于是她从未有过"人们通常对年迈父母妖魔化的感受"。他们一年去陪他几次，近几个月安吉拉还在说着要在苏格兰他家附近买房，因为她已经开始担心他一个人住在斯托克商店楼上了。

她没能实现这个计划。1988年5月15日星期日，仅差一个月就到他93岁的生日时，休在前往教堂时滑倒了，"侧翻"（据目击证人他的医生说）到了房子的石阶下。他在这次事故后活了下来，却在医院染上了肺炎。安吉拉带着亚历克斯赶到了苏格兰,休伊和琼也到了。休死于 5 月 23 日周日,当时他们都在场。

葬礼第二周在麦克达夫举行,他在阿伯丁火化,距离奥利芙长眠之地万兹沃斯 600 英里。两人都没有从心理上疏远自己童年的世界。安吉拉曾强硬地抵制自己的童年,但父亲的死让她倍感凄凉。"自从失去第一个深爱之人后,我从未有如此感受。"她在日记中写道。她想尽可能多地留下一些休的遗物,但马克很抵触再往家里塞一堆废品。8 月,安吉拉在日记中写下一段话:

> 星期天,爸爸的遗物运到了——马克允许我保存的东西,也就是说,屈指可数的传家宝。他们结婚时做的红木餐桌……抽屉柜,诸如此类的。对我的多愁善感,马克唯一的妥协是让我留下一箱照片,这个妥协恐怕已经够可以了。整个晴朗、静谧的周日,街上的人都走了,我感觉非常欣快而安全,脑海里自在无比,仿佛我们把爸爸接回家了,终于……
>
> 我也开始感觉和妈妈和好了,就像是她在某处舒了一口气,知道这套好家具有人照看了。她确实做过很好的事,也希望我做好事。她会感激马克称赞这些椅子的。

不久后,他们爆发了一场关于玻璃门陈列柜的争吵。"气疯了,"安吉拉在日记中写道,"盛怒之下,我回忆起了——当年想要独立的过程多么艰难,是怎样的一场斗争;想起我有多恨……(空间)受人侵犯。"

第二十三章

也许写作是生死大事

1988年夏天,英国已经与安吉拉成长的那片故土相去甚远。自1945年到70年代中期几乎无可动摇的全民"左倾"思潮——包括对提高福利、混合经济和重要产业国有化的广泛支持——在玛格丽特·撒切尔的保守党政权下,已经由逆反的个人主义代替,根基是对自由市场、低税收和最小国家的信仰。金融业和地产市场欣欣向荣;公共部门和贸易联盟萎缩。撒切尔的反对者认为她践踏公民自由,社会上贪婪、粗鲁的精神气质正在侵蚀英国传统中对正派庄重的追求。1984至1985年的矿工大罢工引起的暴乱可以揭示出许多工人阶级群体的尖锐对立情绪,但更广大的选民仍旧支持撒切尔推进英国现代化的事业。1987年6月11日,她已连续三次获得大选,凭借略有下滑(但仍占绝对优势)的102个席位成为议会多数党的代表。

安吉拉从不掩饰对撒切尔的反感。1982年,她在当代艺术学院——同萨尔曼·鲁西迪及作家、活动家安东尼·巴内特一道——对英国想从阿根廷手上夺回福克兰群岛①的话题发表演讲,大部分时间都在斥责首相的侵略主义。1983年大选期间,她在《新政治家》上发表文章声讨撒切尔,竟仿佛是从女性气质的角度出发,令人瞠目结舌。

---

① 即马尔维纳斯群岛。

"她对撒切尔的恨非常夸张,"鲁西迪回忆说,"她真的真的非常憎恨她。"

即使在文艺圈和媒体圈的传统左翼群体中,人们也普遍不是类似态度。文学穹顶上的几颗明星——包括金斯利·艾米斯、菲利普·拉金、V. S. 奈保尔、艾丽斯·默多克和安东尼·鲍威尔——都热忱颂扬着这届政府。国内报刊大多都支持撒切尔的政策。那些反对者常常觉得自己的意见无人倾听。

1988 年 6 月,安吉拉受邀前往剧作家哈罗德·品特和传记作家安东尼娅·弗雷泽夫人①位于西伦敦的家中,那里有一群左翼作家和知识分子聚在一起讨论如何"重建左翼知识圈基础"。到场的还有作家兼大律师约翰·莫蒂默和他的妻子佩内洛普·戈洛普;小说家伊恩·麦克尤恩、萨尔曼·鲁西迪、艾玛·坦南特和玛格丽特·德拉布尔;女性主义作家、活动家杰梅茵·格里尔;剧作家戴维·黑尔;传记作家迈克尔·霍尔罗伊德;前《新政治家》编辑安东尼·霍华德;BBC 记者玛格丽特·杰伊;工党政治家马克·费舍尔和威廉姆斯勋爵;历史学家本·平洛特。

他们盘腿坐在地上依次发言。约翰·莫蒂默作为主席首先描述了"一种对我而言崭新的偏狭和残忍……在英国的公共生活中极不寻常"。安东尼·霍华德接着长篇大论地叙述了撒切尔如何转化了保守党的"阶级诉求",她是一个多么可怕的对手。绝望之下,杰梅茵·格里尔发表了一番对工党的分析("我们是要讨论未来的政府。如果我们有点反抗,我会满意得多")。萨尔曼·鲁西迪表示反对,因为他没想过来参加忠于某个党派的会议。伊恩·麦克尤恩提出了作家是否应该将自己的政治观点融入作品框架的问题。过了一会儿,会议有序的安排崩溃了,人们开始互相指责对方"接受了撒切尔主义的基本信条",以及

---

① 弗雷泽是伯爵之女,享有"小姐""夫人"(Lady)称号。

为默多克的出版社出书，间接支持了政府。

"实际上，我记得安吉拉说得不多，因为她感觉有点不自在。"鲁西迪说。编校过的会议记录也验证了这点：安吉拉唯一的发言来得十分突然，仿佛是鼓足了勇气才开口。到会议尾声，正在他们讨论下次会议的方向时——是否需要议事日程，是否要请嘉宾发言人——她突然插进来，哀叹她生下亚历克斯的那个医院被关闭了。

> 我住的地方附近有个医院——南伦敦妇科医院——那是最后一家综合性的妇科医院。关闭它的理由是每年要花两百万运营经费。卫生专家收集了超过两百万个签名来申请保留它。人们从遥远的格拉斯哥过来，还有许多少数族裔的女人，因为她们都喜欢接受女医生的治疗。我想这类事情自1979年来就反反复复地发生，本质上已经侵蚀了人们对生活在一个民主社会的信心。你得开放地方医院。你竭尽所能地请求保留它，但他们关了它。你会想，我不会投托利党的，我不会投工党，我会一个人待在家自暴自弃。

在前面高屋建瓴的发言后，这段话更显得像是一声微弱而真挚的痛苦嚎叫。他们决定将自己称为"6月20日党人"（既是取自他们第一次会议的时间，也同样影射了1944年一群德国贵族企图暗杀希特勒的"7月20日阴谋"）。这个小小的浮夸举动最终反倒让他们丢了脸面。

聚会的风声通过某种方式——也许是通过其中一位意见不同的受邀者——传到了媒体耳中。嘲讽的海啸席卷而来。《独立报》专栏作家彼得·詹金斯最先开炮："安东尼娅·弗雷泽（或品特）夫人和她的朋友们想要为我们重新考虑社会主义的未来，这消息……唤起了滑稽至极的场面。谁能想象这些天赋异禀、名利双收的伦敦人——按照约翰·莫蒂默得意的自称，'香槟社会主义者'——是那些可能扭转思想浪潮的人呢？"小说家、评论家 D. J. 泰勒在《旗帜晚报》上也是同样轻蔑："我赞同觉得这种事很可笑的人……令人沮丧的是，据说加入这个新联盟的文学人物都是些耳熟的名字……玛格丽特·德拉布尔。安东尼·霍华德。约翰·莫蒂默。哈罗德·品特。我不想失礼，但他们绝对不是一个文学大家的万花筒。"哪怕是安吉拉的朋友保罗·贝利，自称"老派工党票源作家"，也说在撒切尔治下名利双收的小说家却"反咬一口供养他们的人"，非常虚伪。

安吉拉没有退缩。她仍坚持参加"6 月 20 日党人"的会议——在接下来的一年左右时间，每几个月举行一次——而且越来越勇于表达意见。当年晚些时候，她成了在《八八宪章》①——呼吁"制定宪法"奉公民自由为神圣——上最早签字、建立同名群体的人之一。第二年，她签了一封抗议人头税的公开信，并在《城市极限》登文议论撒切尔主义当道几年后，"伦敦会成为雨中的第三世界城市，交通堵塞无穷无尽，有人在翻着垃圾堆，还有人开着保时捷从他们身边路过"。

在她去世后的几年——她声名大噪，生命经历都化成了神话故事——她坚定却鲜能奏效的反撒切尔主义成了华丽颂词的主题。在 2013 年的《伦敦书评》中，作家伊恩·辛克莱（Iain Sinclair）——安吉拉认识他，欣赏他的作品——甚至大胆地把她和撒切尔作为时代的两种对立精神：

> 撒切尔意味着不存在，比不存在更甚，她是一种否定，是对有机社会概念的侵犯，而卡特是她的反面，是白巫师，是伦敦乱炖文化变态而好色的拥护者，……我突然发现，在朋克和约翰·

---

① 受启发于 1977 年捷克斯洛伐克的《七七宪章》运动，《八八宪章》原是英国自由派和社会民主派知识分子写给《新政治家》杂志的一封公开信，表达对 1987 年大选结果的不满，呼吁立宪并改革选举。

梅杰①之间的这段时期,这两个自立强大、坚守信念、咄咄逼人的女人给予了英格兰某种平衡……奇怪的是,我们两者都需要:黑暗和光明。

这是个惊人的想法,但它将对比夸张到了"黑暗和光明"——正好是安吉拉·卡特努力破除的浮夸神话——实在太过粗糙。真相比辛克莱的语言所能承载的要复杂得多。"撒切尔治下的英格兰无聊、可怕又危险,"安吉拉对里克·穆迪说,"我们只是朦朦胧胧地想着继续……但我在撒切尔时期赚的钱比以往都多,目前海外也只有一个让人不快的问题。"本质上,同时相信一个政府对国家有害和承认它对自己不那么坏其实并无虚伪之处——无论保罗·贝利怎么想。

* * *

80年代末期,到外国高校担任客座教师成了安吉拉生活中的重要环节:这是她发表小说的间隙开源的途径,也是增长见识的方式。1988年秋季学期,她又到了纽约州立大学奥尔巴尼分校的作家学院执教。这座城市建在纽约市以北150英里的哈德逊河畔,是现存最古老的英国殖民地之一。安吉拉喜欢它——虽然超市的数量让她沮丧——也热爱周围的乡村风光。她对洛娜·塞奇写信说:"纽约上州太漂亮了。岩石、水流和森林。"她在其他地方还把哈德逊河描述成了"世界上最美丽的河流"。

她发现"胖女孩"占主体的学生群体是该学校社会地位的标志:"如果说在第三世界,肥胖是富有的象征,在第一世界中它就是贫穷的标志。"这里没有她在普罗维登斯和爱荷华感受到的优越感,而她也尽力为学生提供各种帮助。除了定期课程,她还为不能承担学费的人开

---

① 1990年到1997年间担任英国首相。

设了一个无偿的"社区工作坊"。她享受着这份工作。她告诉洛娜·塞奇,唯一的缺陷在于女性研究系"太可怕了",成员全是"顽固的极端女性主义者,差不多是抗议过我的"。学期中,几个著名作家——包括约翰·巴思、T. C. 博伊尔（T. C. Boyle）和玛丽莲·罗宾逊（Marilynne Robinson）——会到学校来举办读书会或针对学生的演讲,但安吉拉来奥尔巴尼优先考虑的是"与世隔绝,好好工作",不会为定期摄入这类文学生命而欣喜。不授课时,她将大量时间花在学校图书馆的电影区,为《明智的孩子》的好莱坞部分阅读"标题类似于'为睫毛膏和马丁尼流泪已晚'"的传记。

奥尔巴尼之旅临近结束,安吉拉到美国的其他地方参加了几次宣传《圣徒与陌生人》——美国版《黑色维纳斯》,它的平装版新近发布——的活动。11月3日,她在佛罗里达的盖恩斯维尔开了一场读书会。她本想当周在普罗维登斯再办一次,但这次活动取消了,因为她同时还和诗人约瑟夫·布罗德斯基有约。接下来的一周,她在纽约市办了两场读书会:一场是11月14日周一在林肯中心,另一场是第二天在哥伦布大道的恩迪科特书店。"我、马克和亚历克斯,也就是我的男人和男孩,会一起去纽约市,"她对里克·穆迪写信说,"多少年过去了,我可能会让你失望,里克,不过还是希望你能到场一次。"这种令人心酸的道歉说辞显示出随着名望的增长,安吉拉对人们如何想象她越发敏感。

1988年底,安吉拉版的《露露》已经改了好几个版本,融入了理查德·艾尔和霍华德·戴维斯的编辑意见——后者正在等着当导演。艾尔和戴维斯私下已经开始怀疑这个项目不能成功（"也许这是个糟糕的结合。"艾尔1996年回顾说）,但他们没在安吉拉面前提出太多疑虑。1988年12月,戴维斯写信告诉她《露露》没法加入国家大剧院现有的演出节目单中:

> 也许你能回想起来，我一直较难适应这部剧的"风格"——滑稽讽刺剧东拉西扯的叙事似乎太过啰唆，很难用当代平民化的地道语言来演绎。无论何时我想要修改——或说是踩躏它，你都像是讽刺地耸耸肩接受了。我一直感觉很不安心；也许我确实不是它合适的导演。

即便如此，他还是向安吉拉保证这部剧可能会在"明年，或 1990 年初"上演。三个月后又来了一封信，这次是来自理查德·艾尔，告诉她制作再次推迟：

> 我想霍华德一开始错误地想在奥利维尔①剧场上演这出戏……他越是去设想《露露》在奥利维尔舞台上的样子，就越担心他会被迫将它改得面目全非——不得不将艰深晦涩的语言改得更亲民，根据奥利维尔的要求来制造一场"秀"……我非常抱歉，你那精妙流畅的剧本不得不继续等待（哪怕仅是导论部分就是戏剧构作的杰作。）让我尤其抱歉的是，你第一次大胆尝试编剧，就遭遇了如此混乱倒霉的情况，我还是非常希望未来能将你的《露露》搬上舞台。

这时，安吉拉已经学会了读懂字里行间的含义。苏珊娜·克拉普记得这件事过去不久后，在塔夫内尔公园的派对上和她巧遇，看见她"脸色煞白，气得眯起了眼睛"："'国家大剧院把我的《露露》扔进马桶里冲掉了。'"作品并没有彻底作废：安吉拉后来说对韦德金德的研究为《明智的孩子》提供了灵感。"我猜露露性格深深地吸引了我，其中很多特点都进入了双胞胎的角色中。"1991 年她这样告诉洛娜·塞奇。

---

① 国家大剧院最大的剧场。

不过不同于露露的是,朵拉和诺拉拒绝了蛇蝎美人悲惨的命运——她们拒不承认她悲剧的方面,快乐地、不优雅地老去了。

1989年2月10日周五,亚历克斯开始放期中假,安吉拉一家人到了佛罗伦萨度假。正是在那里——四天后——他们听说伊朗的阿亚图拉①霍梅尼对萨尔曼·鲁西迪下达了死刑令。他鼓励全世界的穆斯林追杀鲁西迪,以及所有涉及小说《撒旦诗篇》的出版和传播的人员。这是个严肃的威胁,鲁西迪第二天就躲了起来。

安吉拉非常焦虑。去年9月小说出版时,她曾经在《卫报》上盛赞过它("精妙繁复,令人亢奋……饶舌,有时候非常搞笑,非凡之作"),但和其他所有西方评论者一样,她没有意识到它有得罪人的可能。然而,在接下来的几个月,结果不啻为显而易见。截至1988年底,《撒旦诗篇》已因亵神罪遭到印度、埃及和南非封禁。1989年1月,它在布拉德福德街上遭到烧毁;2月13日,巴基斯坦发生了一场针对它的暴动,一人死亡,逾百人受伤。死刑令引发的一系列暴力行动已然失控。3月底,两位为这本书辩解的温和伊玛目②在布鲁塞尔被射杀身亡;英国和美国的几家书店遭到爆炸袭击;十二人在孟买的暴动中遇害。

英国的反应非常暧昧。政府保护言论自由,轻微谴责阿亚图拉煽动谋杀英国公民,但他们并未和德黑兰断交(3月7日,德黑兰主动与伦敦断交),而且玛格丽特·撒切尔和外交部部长乔弗里·豪都专门贬低了《撒旦诗篇》,对想要谋杀其作者的人表示了同情和理解。"我们从自身的宗教观照,都知道我们中曾经有人受到冒犯,"撒切尔解释道,"我们非常能感同身受。这就是现在发生在伊斯兰世界的事。"

好几个著名作家也附和着这可怜的界限——是的,它是本坏书,

---

① 阿亚图拉是伊朗宗教领袖的一个等级。
② 伊玛目,指率领穆斯林做礼拜的人或对伊斯兰著名学者的尊称。

他是个坏家伙，但是，不，他不应该被杀死。历史学家休·特雷弗-罗珀（Hugh Trevor-Roper）宣称支持给予鲁西迪警力保护，却加上了一句话，似乎让自己站不住脚："他写书时知道自己在做什么，能预见后果……如果英国的穆斯林为他的做法感到痛心，在暗巷里伏击了他，教训他一顿，我都不会流下一滴眼泪。"类似的，恐怖小说作家约翰·勒卡雷（John Le Carré）也声称死刑令"残忍至极"，却暗示更合适的是轻微的惩戒："我不认为我们中的任何人能对世界主要宗教无礼而免于处罚。"儿童文学作家罗尔德·达尔给《泰晤士报》写了一封有点神志失常的信，其中将鲁西迪称为"一个危险的机会主义者……他清楚知道自己在做什么……这种轰动效应会让一本平平的书蹿上畅销书榜单……但在我看来这是种非常掉价的方式……身处文明世界中的我们有对自己稍作审查的道德责任，才能更好地支持言论自由原则"。

安吉拉对鲁西迪的支持一如既往地毫不动摇，无所保留。"她是能让我打电话过去大发一番脾气的人，"他回忆道，"那时她除了倾听以外也做不了什么。"不过，她还是尽全力提供别的支持。3月1日，她在《世界作家宣言》上署名，宣布——和全世界几千个文学人物一同——他们都涉入了《撒旦诗篇》事件，支持它出版。"6月20日党"当月的会议几乎全在讨论鲁西迪的不幸遭遇，与会者决定给工党领袖尼尔·金诺克写信敦促他为鲁西迪发表宣言。不久以后，安吉拉加入了第十九条组织①——一个专注于保护言论自由的活动组织——派出的作家代表团，并在一个温和派穆斯林领导人的聚会上发言谈论《撒旦诗篇》。那天只有安吉拉和石黑一雄准时到场了。石黑记得当时的气氛让人极不舒服：

> 有些人对《撒旦诗篇》非常非常生气，而安吉拉当然是处于

---

① 组织名称来源于特别针对言论自由权的《世界人权宣言》第十九条。

安吉拉模式。她非常古怪,形如梦游。有人会发出一些愤怒的嚷嚷,她却在引用希腊掌故之类的……我于是想,其他那些第十九条组织的专业活动家发生了什么呢?

安吉拉这段时期都与鲁西迪保持了联系,而且在他躲躲藏藏的现状下,只要状况允许,就尽可能地同他见面。他记得保护他的警官们比起别的朋友家,还是最喜欢去蔡斯街做客,因为大部分人都会忽视他们的存在,"她却会保证他们都吃上一顿好饭,有人招待,有电视可以看"。

直到生命的最后时刻,她都对鲁西迪的遭遇震怒不已。1992 年,她的新闻报道合集《被删除的感叹词》(*Expletives Deleted*)出版,她在引言中写道:

> 有三年多的时间,英国最杰出的作家萨尔曼·鲁西迪因为写作、出版了一本书而遭受着最古老、残酷的死刑威胁。所有同行,不管是否知道这件事,都受到了他可怕困境的影响。它对作家的自由和责任启示深远。也许写作正是生死大事。祝你好运,萨尔曼。

"我看到的时候感动得落泪了,"萨尔曼说,"在生命中的那个时刻,我为自己的遭遇感到软弱畏缩。她是我的患难之交。"

尽管她还是没有获得鲁西迪和麦克尤恩那样的关注,在 80 年代末,安吉拉·卡特还是名声大振,引起了狂热的崇拜。伦敦文学圈有一小群人——包括悍妇社和《伦敦书评》相关人士——将她当成超级明星。"她身边总是围着人,"弗勒·阿德科克说,她经常在派对上见到安吉拉,"每个人都在讨好她。""身边的人或多或少都在奉承她,"安德鲁·莫申表示赞同,"'噢安吉拉,你太棒了!'这差不多就是她小圈子里的气氛。"这其实也是小圈子以外的气氛。到四十八岁，她收到了世界范围内以她的作品为博士论文研究课题的学生来信，还经常受邀讲课或在学术会议上发言。

1989年，她作为荣誉嘉宾到巴塞尔大学参加瑞士高校英语教师联合会组织的"论陌生性"研讨会。在日本交到的老朋友尼尔·福赛思也在那儿发表了一篇关于汤姆·斯托帕的论文，安吉拉是听众的一员。据他回忆，因为她的一头灰发，他花了好一会儿才认出她来，在那之后，她笑他"花了这么长时间才透过变化的外表认出我"。他们谈论了斯托帕在《多格的哈姆雷特》《卡胡的麦克白》和《罗森克兰茨和吉尔德斯特恩已死》，该课题被安吉拉认为与《明智的孩子》"有重合之处"。她自己则贡献了一篇《爱丽丝在布拉格》——一个受杨·史云梅耶（Jan Švan kmajer）的电影启发而成，融合《爱丽丝漫游仙境》中炼金术主题的新编故事——对它的创作过程做了一番综述，称自己倍感荣幸能在炼金师、神秘学者帕拉塞尔苏斯（Paracelsus）念过的大学朗读这个故事。

之后的一个月，她来到布达佩斯。由美国女继承人安·格蒂和英国出版商韦登菲尔德共同创办的惠特兰基金会自1987年开始出资举办国际作家大会，提供平台让世界各地作家（在同声传译的协助下）展示各自国家的文学现状。这是会议第一次在东欧举办——苏联领导人米哈埃尔·戈尔巴乔夫的对外开放政策使之成为可能——这个国际大事的中心有着令人振奋的气氛。会谈所在的希尔顿酒店大会议厅曾是匈牙利国会场地。到场的包括几位世界文学巨擘：阿兰·罗伯-格里耶、钦努阿·阿契贝、纳丁·戈迪默、努鲁丁·法拉赫、苏珊·桑塔格和理查德·福特。安吉拉所在的英国小组还有保罗·贝利、石黑一雄、杰里米·特雷格洛恩、戴维·黑尔、克里斯托弗·霍普以及戴维·普莱斯-琼斯。

安吉拉喜欢布达佩斯——"一个破旧而可亲的城市，（散发出）中欧夏季的气息,是菩提花的香味吗?"——但会谈大多无聊至极。"作家们骤然以为自己是在联合国展示自己的国家。"石黑一雄说。保罗·贝利大部分时间都坐在安吉拉身旁,记得两人面对浮夸的盛会像中学生那样咯咯地笑个不停:

> 有一天,我们有幸聆听了苏珊·桑塔格的讲座……我不记得她到底说了什么,但大概内容是:"我五岁时在读狄更斯……不到十岁,我就开始阅读真正的大部头著作,比如托尔斯泰和陀思妥耶夫斯基。"安吉拉倾身过来对我耳语,"你他妈敢信吗?"她完全不会对名人另眼相看。哪怕别人把他们吹上了天,她也有自己的判断。

当周,平静的湖面掀起了第一缕涟漪:俄国右翼作家、活动家爱德华·利莫诺夫(Eduard Limonov)在波兰诺贝尔文学奖得主切斯瓦夫·米沃什的主题发言中诘问后者。米沃什当时正谈起 1939 年纳粹-苏维埃协议,利莫诺夫开始大喊俄罗斯对打败纳粹所做的贡献高于其他任何国家:"有多少苏维埃士兵为解放奥斯维辛而牺牲?"他喊道。米沃什没理他。

但利莫诺夫没有善罢甘休。会议最后一天的 6 月 24 日晚,各国代表在宾馆酒吧中畅饮香槟。英国和俄国小组坐在相邻的桌上。保罗·贝利描述了当时的情景:

> 每个国家都选出了一个人来对格蒂和匈牙利艺术委员会等组织机构表示感谢。我感谢了他们,说:"这是难忘的一周,只有一个小小的缺憾,有一个人的表现无耻之尤。"但我没提到他的名字。他……突然转过来,直接走到我面前问我:"你支持死刑吗?"我说:"这对于凌晨两点来说是个奇怪的问题。"他又问:"你支

死刑吗?"我说:"不,我当然不。"他说:"我就知道。你是个自由派婊子,不是吗?"于是我说:"你没出什么问题吧?你自己是个秘密异装癖者吗?"他举起一个香槟瓶砸中了我的脑袋。

这是个惊人的瞬间。保罗倒在地上,"有几分钟眼冒金星"。安吉拉坐得很近,挥动的酒瓶差点就砸中了她。其他俄国代表过来,在《新共和国》编辑利昂·维瑟尔捷的帮助下拉开了利莫诺夫("没人想到会卷入这类事,"石黑一雄说,"整件事太超现实了")。不过保罗最后只是头上被砸了一个包,很快他们都把这看作一段可笑的插曲。第二天,马克到机场来接他们。开车回伦敦的路上,安吉拉把利莫诺夫的故事当笑话讲了,但马克气坏了。他想找到利莫诺夫,揍他一顿。"他总是情绪激动地想要保护她,"洛娜·麦克杜格尔(她已经和石黑一雄结婚了,也和他们一起去了布达佩斯)回忆道,"我觉得有时候她是故意激怒他,激得他跳出来保护她,因为他对此非常擅长。"至少在这个例子中,马克的保护欲颇有根据。1992年,利莫诺夫出现在拉多万·卡拉季奇身旁,后者被称为"波斯尼亚屠夫",2016年3月被判种族灭绝罪。在萨拉热窝被围困时,利莫诺夫还被拍下用狙击步枪朝着公寓区开枪。

安吉拉·卡特在学术界突然名声大噪,其中一个原因是20世纪80年代,在之前的十年间深深影响她的南美文学——尤其在《烟火》和《霍夫曼博士的魔鬼欲望机器》中展现无遗——突然风靡。如今,就在人们将她等同于某种潮流之时,她开始尽力和它们拉开距离,强调自己的个性。1989年7月,在当代艺术学院的一场关于魔幻现实主义的对谈中,她坚决否认自己是该体裁的代表,称这一短语一旦脱离拉美文学的背景,应用在其他"描写奇异故事"的作品身上都毫无意义。

三个月后,10月18日,她在皇家艺术协会下属英-阿文化交流会的豪尔赫·路易斯·博尔赫斯纪念讲座上演讲。她主要谈论的是博尔赫斯生动奇异的虚构动物寓言集《想象中的动物》,说"那种分门别类,把事物分成许多部分再整齐地贮存起来的冲动——分类学家的激情"是他作品中她最喜爱的一点。她的说法令人吃惊。她自己感兴趣的是打乱顺序、冲破类别和破坏分组。也许这是一种策略:一边承认她偏爱阿根廷作家——或总的来说,整个南美文学——一边转移视线,掩盖南美文学对她真正的影响。

* * *

按合同要求,安吉拉应该在 1988 年 12 月前交出《明智的孩子》,但一年后,她仍在纵笔如狂。"我没见过任何人——也许除了卢西安[①]——这样专注于工作,"马克回忆道,"我会说有点过分沉迷了,但又不是强迫症式的作息。一切都很流畅……她还有空间做别的事情,但她绝对不会为此分心。重心永远是在工作上。"现在亚历克斯白天都待在学校——1989 年底他已经六岁了——她差不多拾回了他出生前的工作习惯。她会暂停一会儿,去为他准备从学校回来后的食物,坐下来陪他吃东西,但之后马上又回归工作。马克早上送他去上学,还要负责在周末和节假日照看他。安吉拉的几个朋友认为马克作为父亲太过严格,但也注意到安吉拉从来不干涉这类事。

当全职爸爸意味着马克投入陶艺的时间越来越少。1985 年从奥斯汀回来后不久,他放弃了在东伦敦租下来的工作室,而最近还开始在亚历克斯的学校帮忙。他乐在其中,决定取得教师资格。"安吉拉鼓励了我。"他回忆道。他需要首先取得英语和数学的中等教育证书,所以他报了布里克斯顿的辅导课程,每天送亚历克斯去学校后都要到那儿上课。

---

① 卢西安·弗洛伊德(Lucian Freud, 1922—2011),英国艺术家,心理学家西格蒙德·弗洛伊德之孙。

大约此时，他们买了一艘"很二手"的船——名叫"毛茛号"——停在摄政公园的运河上。周末马克和亚历克斯经常去划船；安吉拉有时也和他们一起。这很符合她对民间浪漫主义的口味。一次坐过游船后，她对洛娜·塞奇写道：

> 运河太美了……就像是从奥菲利亚①的角度看河岸，鲜嫩欲滴的植物、鲜花和草地；我们看见了鹭鸶和一只翠鸟，这脆弱清冷的早春正是英国的味道，还有东区——我们穿过了哈克尼区——现在就像是一片生态保护区，连绵几英里，废弃的工厂正在回归野生环境。我不停地想："这片废乡使伦敦成为世界上最富有的城市。"一切都消逝了。恍若奥兹曼迪亚斯。

最远的一次他们到达了沃尔瑟姆修道院，平常也经常去肯萨绿地的墓园。他们有时带上朋友一同出游。利兹·考尔德有一次和他们一同去了小威尼斯，回忆说"马克掌船，支使着每个人做这做那，包括（安吉拉）……她喜欢人们欣赏他做的陶艺，或者欣赏他的船——这是他的玩具。"苏珊娜·克拉普记得坐在船舱里，亚历克斯给她讲了一个"关于老鼠的故事，漫长而细腻"。弗勒·阿德科克于1990年2月11日与他们同船，回忆说船上有个收音机，安吉拉为大家端上了橄榄面包和丰盛的汤。有几次他们就在船上过夜：清晨被河上的鸭子唤醒，在甲板上看着伦敦动物园的大象享用早餐。"太迷人了。"马克说。

---

① 暗指约翰·埃弗里特·米莱画作《奥菲利亚》。

第二十四章
大团圆结局

1990年初,安吉拉的头发开始由灰转白。她戴着遮住半边脸的大眼镜,爱穿飘逸的长裙和松松垮垮的套衫("我已经过了那个有尺寸障碍,也就是你想要的和你合身的尺寸全然不同的阶段。"她解释说)。她大部分朋友都感到她随着年纪渐长,过得越来越快乐而自信,这个时期才认识她的人倾向于将她描述为祖母式的人物:温柔、心善,看上去怡然自得。她没有打破这种印象。当年夏天,她参加英国文化协会在那不勒斯的庆典,一个观众问道:"谁是安吉拉·卡特?"她回答:"一个牙齿大多尚在的中年女人。"

虽然我们很难测出她这一时期公众形象和真实自我之间的距离,却几乎可以肯定她不像表面上那么快乐。自亚历克斯出生后她越来越少记日记——1983年的那篇,五年之后才有了续文——1991年诊断出癌症后,她就彻底放弃了它。她1990年的绝经日志中经常提到"眼泪"和"绝望",表明她并不总是如人们所想的那般快乐而自信。然而我们也不可能判断这些短暂的(通常只是一个词)记录监测的是主导精神状态还是稍纵即逝的情绪。关于她生命的最后两年,我们所能了解到的只有她暴露给他人的精神状态——在白纸黑字和人际交往间——即她成功创造出了如今的生活环境,对职业生涯、家庭、生活方式和自己都非常满意。

戴维·米切尔（David Michell）当年还是二十一岁的肯特大学学生（后来成为布克奖提名小说《九号梦》和《云图》的作者）。他记得安吉拉1990年到学校来举办一场读书会。她看上去"像个善良的巫师"，他在2010年写道，"有种……缥缈的安详"。她朗读创作中的小说（《明智的孩子》）片段时，两位坐在大厅另一头的老年观众睡着了，开始"此起彼伏地制造立体的呼声"。安吉拉停下来，看了他们一眼，说："我走到哪儿，崇拜者们就跟到哪儿。""笑声吵醒了打呼的人，显得更滑稽了。"米切尔说。

读书会后，他请安吉拉在二手的《染血之室》上签了名：

> 幸运的是，我紧张得不敢告诉安吉拉我也想成为一个小说家……不那么幸运的是，我花了60秒提了一个关于她作品中荣格式典型人物的问题，意图向她展示我对诺斯洛普·弗莱的深刻理解。如果是那类对傻瓜很不耐烦的人，可能会把这个自以为是的小子嘲弄得体无完肤——我也确实活该——但安吉拉·卡特的回答是一句温柔的"我不是故意的，不是"。她不知道她启发了我：对像我一样曾经那么傻的人宽容一点。

* * *

3月11日，安吉拉飞往新西兰参加惠林顿国际艺术节，马克和亚历克斯随行（节会组织者为他们三个支付了头等舱机票）。她参加读书会、参与会议讨论时，"男孩们"（她这样称呼他们）沿海郊游，有一次还看见了一只信天翁，愉快极了。"（安吉拉）想让他们为她骄傲，体验她的职业带来的种种好处。"一同参加艺术节的卡里尔·菲利普斯回忆道。英国代表团还有伊恩·麦克尤恩，诗人詹姆斯·芬顿和查尔斯·考斯利（Charles Causley），作曲家迈克尔·蒂皮特以及林赛弦乐四重奏的成员。

第二十四章　大团圆结局

菲利普斯和麦克尤恩每天早晨都一起打网球，认真地较着劲。他们回来时，安吉拉常常坐在宾馆大厅和他们打招呼："男孩们好，谁赢了？"菲利普斯认为她是在恶作剧，"方式是温和的，完全不带恶意，但她绝对是个淘气的人……我好高兴见到她"。麦克尤恩自几年前从伦敦搬到牛津去之后就没怎么见过她，非常惊讶于她的改变：

> 那时安吉拉已经成了大明星，是个引人注目的角色，一头纯白的头发垂在肩背上，在我看来，（她）已经建立了威严。她过去总是小心翼翼——说话时有些口吃，总是在审视、修改自己的话，在一句话中途停下来思索，陷入有趣的纠结中——现在让我吃惊的是她性情大变，要冷静、自信得多了……她再也不会在说话时不停地打断自己了。

在这次节会后，安吉拉、马克和亚历克斯开车到陶波湖和奥克兰，3月29日飞到南岛参观了达尼丁、达菲尔德和克莱斯特彻奇。"我从来没见过这样一个国家——也许除了在法国——有这样丰富的风光，美得应有尽有，"安吉拉在日记中写道。一周后，他们飞往悉尼，住在画家亚瑟·博伊德家中。他们4月13日返回伦敦。

三周后，德博拉·罗杰斯为安吉拉举办了五十岁生日派对。来宾包括石黑一雄、洛娜·麦克杜格尔、卡门·卡利尔、苏珊娜·克拉普、洛娜·塞奇、鲁珀特·霍德森、罗伯特和皮利·库弗、厄休拉·欧文、比尔·韦布、约翰·考克斯和约翰·海斯、安·麦克费伦和斯努·威尔逊，还有科琳娜·萨古德。亚历克斯与安、斯努家的孩子们一起玩，大人们则小心地端着餐碟和酒杯倾谈。那天，卡门拍了几张照片：每一张上的安吉拉都在开怀大笑。

夏日将尽，安吉拉向第四频道的艺术总监沃尔德马·雅努茨扎克

（Waldemar Januszczak）提供了一个建议。《神圣家族影集》（*The Holy Family Album*）是一部混接各种元素的纪录片，想法大胆而发人深思：西方艺术中的基督形象——从文艺复兴的杰作一直到漫画书中的图像——都是上帝影集中的照片。雅努茨扎克爱极了这个提议："我把它看作很有安吉拉·卡特风格的短篇小说，只不过是电视版。"大门影视公司的约翰·埃利斯受邀担任制片人，约·安·卡普兰担任导演。安吉拉和卡普兰一起到伦敦市中心的维多利亚与阿尔伯特博物馆参观，指出几部可以放进影片中的画作和雕塑，带她去一个名叫皮奥神父的天主教塑像商店。"她对于某些事具体怎么做、自己想要什么有很多见解。"卡普兰回忆说。她想到了科琳娜·萨古德——现住在东伦敦，但每年都会在墨西哥待上一段时间——在花园里挖的一个洞穴。它最后成了影片中布拉格耶稣圣婴像出现的地点。

安吉拉1991年3月1日上交的剧本有故意激怒基督徒之嫌。高礼帽、燕尾服的拙劣魔法师和耶稣喂饱五千人的画作镜头交叠。有一个镜头拍下了女人生产时暴露出的阴部——婴儿探出血淋淋的头——后面紧接着就是耶稣诞生的场景。"（上帝）没有忘记把相机带到圣婴出生现场，但他必须小心谨慎，因为他只是他的生父，不是合法的父亲。"画外音说，这是由安吉拉自己录制的。到了殉难的部分，她说：

> 他是个残酷的上帝。他是个残酷的父亲。记着，他计划了这一切。所有书上都说是他计划了一切，从一开始就计划好了……也许我们用错误的方式解读了俄狄浦斯的冲突。也许男人们并不想杀他们的父亲——肯定不是这样，否则基督教怎么能存在这么多年？——但在心底深处，他们想杀自己的儿子，就像上帝一样，为了摆脱她认为是天赐礼物的竞争对手，做父亲的从心底深处知道她最爱的是那个人。

这段时期安吉拉参与的另一项主要工作是关于女孩和女人的民间故事集——暂命名为《女性主义童话》——她以10000英镑的价格卖出了世界范围内精装和平装本的出版权。80年代中期，她本想编辑一个系列文集（模仿安德鲁·兰的十二个"有色"童话故事——蓝色、红色、绿色一类），1988年11月还签订了第一册的合同。那时卡门已经不参与悍妇社的日常运营了，第一册是由厄休拉·欧文监督发行，第二册则由伦尼·古丁斯（欧文离开悍妇社担任工党的文化政策顾问和党内的保罗·哈姆林基金总监）监督发行。

安吉拉对童话的定义就是来源于口述传统的故事，"没有具体的作者"。至少在欧洲文化中，这是个饱受轻视的"鹅妈妈"传统，一个老女人坐在炉火旁讲着轻浮的故事。安吉拉选择书名时带着点叛逆精神："你觉得马丁·艾米斯会愿意被人看见在翻阅《悍妇社精怪故事集》吗？他宁愿人们逮住他在看《枪支与子弹》。"但是，她选择的故事大多完全不是儿童能看的童话：里面充满粗俗的妙语和荤段子。其中精怪也不是主要角色，尽管总是有这样那样的超自然生物出现。故事选材范围广泛——中国、俄罗斯、克什米尔、因纽特——但所有故事中都有一个女性主角。安吉拉将这样的地理范围和特定性别的故事融合，并不是要展示"我们是不同肤色的姐妹……我不相信那些……相反，我更想展示面对同一个困境——生存——人们的回应方式那么丰富多样，以及，在'非正式'的文化中女性气质的呈现角度也如此丰富多样：它的手段、计谋和努力"。她在几个故事下添加了小脚注，"不是学术性质的注解，而是个人的理解。"她坦然自白道。"斯瓦西里的作者相信女人坏得无可救药，狡猾得像魔鬼，在性上永远无法满足，"她谈及其中一个故事，"为了女人好，我希望这是真的。"

她的研究大多在圣詹姆斯广场的伦敦图书馆完成，她每周有几个下午游荡在书架之间，在研究中获得了"极大的满足"。经历过完成《明智的孩子》的压力（"整整250页保持有趣太可怕了，"她12月时对弗勒·阿德科克写道,"我差点要被折磨死了"),她现在很高兴能专注于一项给她喘息空间的工作,也让她能有时间陪陪马克和亚历克斯。1991年《星期日泰晤士报》登载的一篇专题文章表明她这段时间已经实现了工作和家庭生活的完美平衡:

> 收音机闹钟早上7:30响,我们在令人愉快的新闻播报声音中起床。亚历克斯走进房间发表今日隽语。"鸭子们什么时候起床啊?"他会说,对此正确答案是:"我不知道。"然后他就说:"在清晨鸭叫的时候。"
>
> 有一部50年代的电影《穿晨衣的女人》,那就是我接下来几个小时的状态。我穿上这件沾着蛋液的晨衣做早餐,迅速把自己搞得邋里邋遢。马克每三个月去一次塞恩斯伯里,之后的六周他就吃穆兹利①;亚历克斯吃吐司和酸奶,而我在食品柜里随便翻点什么出来都行——只要我能安然无恙的话,比如昨晚剩的咖喱外卖,冷的都行。
>
> 我们喝点上好的咖啡,然后我会读《卫报》;亚历克斯读《比诺》(*Beano*)或《恶作剧与小把戏》(*Whizzer and Chips*),马克炫耀般地什么也不读。这会儿信件大概已经到了。我似乎在很多人的发信地址簿上。我收到的很多信要么让我加入反色情社团,要么让我支持色情作品的社团,但很少收到真正的色情作品。
>
> 房子里到处都装着收音机,调到了第三频道。听完早晨8:30的新闻一览,我们发现亚历克斯还没刷牙或洗脸,马克会让我去做点母性的事,比如给他梳头。马克把亚历克斯送去学校,之后他会去进行成人学业……
>
> 10:30左右,我优哉游哉地爬到顶楼工作。马克一直建议我带

---

① 一种牛奶伴干麦片。

一个水瓶或电水壶上楼,因为我想喝咖啡时总是得下楼来,在厨房里做点这样那样的事,或者找到要读的书。但我不明白为什么自己得像个圣物一样被高高地供在楼上。我想更加融入这栋房子。

她经常和卡门或德博拉共进午餐。在家里,她会把午餐推迟到 2:30 左右,这样在此之前她可以连续工作不被打断。等到饥饿终于占了上风,她就快速地吃完一顿"烤奶酪三明治、酸奶、水果,食物储藏柜里的随便什么东西"。午餐后,她会工作一段时间再做家务:

> 去接阿尔①的路上,我会去买点东西。他已经累坏了,就想着回家脱掉鞋看电视上的《怪鸭历险记》呢。我也会一起看……
>
> 工作日,阿尔 6 点喝下午茶,然后我们就会一起度过宝贵的家庭时光。我们一起玩十字戏,或者要么是他读书给我听,要么我读给他听,要不我们就坐在一起各做各的事,互不干扰。我在他的涂鸦本上拼贴明信片。然后他的爸爸把他送上床,我做晚餐。

"三十岁时,要是我知道五十岁的生活是什么样的,我会割腕自杀的,"安吉拉告诉《星期日泰晤士报》,"当时我要的是闪闪发光的东西。"但她学会了欣赏生活中不那么闪耀的事物,变得珍视平静的家庭生活片段。"实话说,"朵拉·钱斯说,"这些灿烂的间歇有时会出现在生活不和谐但可以互补的故事中,如果你决定在这里停下,不再继续向前,那么你就可以管它叫大团圆结局了。"

---

① 亚历山大的昵称。

第二十五章

多甜啊！

1990年9月——她正在准备一场关于皮埃尔·保罗·帕索里尼生平和作品的活动——安吉拉感觉到胸口疼痛。没过多久，她开始咳嗽，有时严重到无法入睡。医生给她开了抗生素，但没有起作用。1991年1月中旬，她的胸口已经"非常非常疼"了，身体还出现别的症状：她总是疲惫不堪，一坐下来就肚子疼。她回到医生处，被安排3月21日周四到布朗普顿医院接受X光检查。检查发现了肺部肿瘤，已经扩散到淋巴结，无法做手术切除。

"那之后一切都来得很快。"她给弗勒·阿德科克写信说。她做了几次检查，安排了一个疗程的放疗。缓和疗法的护士专家温迪·伯福德和她谈了怎样处理她的病情。接近二十五年后，伯福德还记得这段对话：

> 我看见她穿过门诊部监护室，头发非常……飘逸，她长着一张热情友好的脸，会诊医师让我和她谈谈。她一直在说她的男孩们，所以我以为她有不止一个孩子……大部分人刚确诊时都对将要发生的事非常焦虑、恐惧，但通常在治疗开始之后就会平静下来。她会同病魔抗争。我们第一次见面时她很焦虑，但她从头到尾就打算与之抗争。她非常坚强。

马克放弃了课程来照看她——接送她往返医院，为她做饭、打扫卫生——他们一起将真相告诉亚历克斯。"我们非常厌恶英国文化传统中向孩子隐瞒这类事的做法，"马克说，"我们当然不会知无不言，但亚历克斯知道安吉拉病了，然后，慢慢地，我们知道得越来越多，他也会知道得越来越多。"他班上的同学还送了她一些"早日康复"卡。

布朗普顿医院没有自己的放疗部，于是安吉拉每天早上 10：30 要到皇家马斯登医院，在那里"吹着 γ 射线——每一面半分钟，就像一分钟煎牛排——然后回家"。治疗没有给她带来痛苦或不适，却让她非常困倦。她经常从医院回家之后直接上床睡觉，直到亚历克斯放学才起床，努力表现得更精神一点。她告诉萨尔曼·鲁西迪治疗"让人萎靡不振，想不了别的"：

> 我一直对自己念着"杀掉疯狂的坏细胞！"直到意识到自己给那些讨厌的小东西注入了拜伦式的魅力，就像《失乐园》中的路西法，那种无政府、反独裁的混乱……那不会管用的，所以现在我念的是"杀掉精神错乱的细胞！"把它们都想象成小小的罗威纳犬，肮脏蠢笨，露出满口牙，一点不灵敏，我相信这是更积极的态度。

* * *

一旦能思考治疗以外的事情，她的头脑通常非常实际：她想要确保马克和亚历克斯在她死后能得到恰当的安排。4 月 16 日，她留下了遗嘱。她赠予休伊和琼两万英镑，剩下的全部留给了马克，并指派苏珊娜·克拉普做她的遗稿保管人。"她对自己的遗产要求如果不算直截了当的话，其实非常宽松，"苏珊娜回忆道，"我可以想尽办法'为（她的）男孩们赚钱'。"安吉拉还担心因为他们没有结婚，如果她去世了，马克不能自动获得亚历克斯的监护权。5 月 2 日，他们在兰贝思登记所正式结为夫妻。他们的邻居珍妮和伊恩·麦克莱恩到场见证，亚历克斯也在场，穿着他们特地为他参加这个场合购买的蓝色天鹅绒套装。他们没有邀请别人。之后，他们到当地一家印度餐馆就餐。

安吉拉一边做着安排，一边计划着康复。6月1日，她的放疗疗程刚结束，她就向卡门提出要写一部新的小说。《阿黛拉》是基于《简·爱》的学生阿黛尔·瓦伦斯（有时被称作阿黛拉）的幻想之作，情节承接夏洛特·勃朗特小说的结尾，简和阿黛拉的监护人罗彻斯特先生结为连理。阿黛拉被送到了寄宿制学校，在那里"终于发现了自己的母亲没有死，而是好好地活在巴黎"。一次在桑顿府①企图引诱罗彻斯特却发现他是（哎哟）自己的父亲后，阿黛拉到了巴黎，发现母亲"在一个臭名昭著的卡巴莱夜总会唱着煽动性的革命歌曲。她老态龙钟，是个出人意料的发现"。之后，普法战争爆发，巴黎受困（《简·爱》的故事情节发生在五十年前；《阿黛拉》"开了点历史的玩笑"，安吉拉写道）。最后，简把阿黛拉从牢里救了出来，告诉她罗彻斯特终于承认了她是他的孩子。"阿黛拉说她宁愿被称为她母亲的女儿。"我们只能看到这样的情节骨架，不过看上去《阿黛拉》会回归《明智的孩子》的某些主题："正统"与"私生"，疏远的父亲和胆大的女儿，父权制的缺陷。

"我想象它会在五万字左右，"安吉拉对卡门说，"尖刻而疯狂，更像是《染血之室》的风格，但带着更多笑料。"卡门想提供比《明智的孩子》更高的稿费，但首席执行官西蒙·马斯特态度谨慎："此时此刻，我们最不愿意做的就是不为安吉拉的作品提供支持。但这只是部由一个有趣的'小点子'引出的中篇……肯定不会成为大作——显然安吉拉现下几乎没有办法考虑创作什么大作了——我想知道你对此有什么打算。"最终卡门用十万英镑买下了世界范围内的精装和平装出版

---

① 据说是《简·爱》中罗彻斯特先生居住的桑菲尔德府的原型。

权——但合同中还包括一部新的新闻集,以及一部新故事集(二者都会从安吉拉已经完成的作品中选材)。这是个精明的举动。《阿黛拉》只进展到提案就没有了后文,但新闻集《被删除的感叹词》和故事集《美国鬼魂与旧世界奇观》分别于1992和1993年出版。

6月12日,《明智的孩子》隆重出版。伦敦地铁里四处张贴着海报,书店橱窗摆上了精妙的展品,宣传活动充满野心,虽然由于安吉拉精力不济,不得不有所缩减。她勉力参加了5月11日周六的伯明翰读书节和伦敦的几场读书会、签售会,还接受了《星期日独立报》的苏珊·克拉普、《星期日泰晤士报》的彼得·肯普和BBC广播三台的保罗·贝利的采访。

许多评论来自别的小说家,也大多非常正面。谢娜·麦凯在《苏格兰人》上称《明智的孩子》是"(卡特)天赋的华丽展示……对生命和爱的慷慨证言"。《每日电讯报》上,露丝·伦德尔也夸它"太棒了……很少有这么好的小说"。埃德蒙·怀特为《泰晤士文学副刊》写稿说它是"安吉拉·卡特最好的小说。它理应斩获众多奖项,更配得上数代读者爱戴"。乔纳森·科为《卫报》写评论说,其中高雅与低俗文化的碰撞"是所有小说的重要题材。但我们阅读安吉拉·卡特这样机智聪颖,而且显然很热爱生活的作家时,重要性不一定体现为庄重"。萨尔曼·鲁西迪在《星期日独立报》上称这是本"非常非常非常有趣的书……甚至超过了《马戏团之夜》。它配得上鲜花、钻石、后台男粉丝的追捧[①]和圣冠"。

负面评价通常集中在小说的疯狂色彩以及走极端的趋势。在《泰晤士报》一篇思考深入、阐释精微的文评中,传记作家维多利亚·格伦迪宁(Victoria Glendinning)承认它展现出"丰富而精湛的技巧",

---

① 指在剧院后台门口等候女演员,抱着和她们见面甚至约会目的的男士。

但认为"闹哄哄的喜剧片段太长了，使读者的感官渐渐麻木。作者不断调皮地推搡和使眼色让人倦怠"。小说家、批评家哈丽雅特·沃在《旗帜晚报》上赞同小说为了搞笑牺牲了情感深度："把那个年代的褐色照片用漫画的方式刻画出来是个有趣的尝试，但好不容易才挨到角色谢幕……有点太冗长了。"

这类异见淹没在一片叫好声中。《明智的孩子》获选《星期日快讯》年度最佳书籍，还成了安吉拉写作生涯中的最高商业成就，持续两周位居畅销书榜单下段。

6月12日周三，卡门在切尔西的家中举办了一次新书发布派对。查托与温达斯出版社的乔纳森·伯纳姆演奏钢琴，作家弗朗西斯·温德姆（Francis Wyndham）演唱音乐会金曲。安吉拉一直坐在现场，旁边是马克，但除此之外她就像是独自待着。不是所有人都意识到她病了。后来保利娜·梅尔维尔才理解当她询问安吉拉是否介意她抽烟时，对方为何闪过"一丝……不悦或者否定"。另外，玛丽娜·沃纳注意到了安吉拉嗓音的不同："听上去像是呼吸短促。"但是当苏珊娜·克拉普问她是否开心时，安吉拉说："是的……我感觉受到珍爱。"

6月30日，安吉拉和马克、亚历克斯一起到利兹·考尔德位于法国南部卡尔卡索纳附近的家中暂住。利兹不在那儿，不过卡门和苏珊娜都飞过来陪他们。卡门拍的一张照片上面，他们坐在室外享受夜晚，中间的桌上摆着一杯杯红酒和矿泉水，其他人都对着镜头微笑——除了马克，他看上去疲惫而心事重重。白天他在水池边练习射箭（他最新的爱好），安吉拉坐在附近画画。她在感谢信上留下了一幅用粉色和绿色的彩色铅笔画的西瓜，而亚历克斯在来宾留言簿上写下了一句话："这儿很棒希望你两[1]在。爱你的亚历克斯。"

---

[1] 亚历克斯原本想写"也"（too），结果写成了"二"（two）。

第二十五章　多甜啊！

他们7月12日返回伦敦。最初的迹象表明放射治疗成功了。8月13日,卡门对小说家玛格丽特·福斯特写信说:

> 安吉拉那边是好消息:放射治疗已经结束了,他们说完成得很好。但她因此胸口感染,持续咳嗽,我想她是筋疲力尽了,她现在肩膀也疼,因为她在去医院途中从出租车上跌下来,押了肩。她在放射治疗后显然非常衰弱,这种事在这个时候就显得更为要紧。不过医生对她的治疗很满意,我们都心怀更大的希望:这真是一段严酷的考验。

胸口的感染酿成了肺炎,月底安吉拉在布朗普顿住了几天。她在病床上编辑自己向卡门保证完成的三本书之首部——《被删除的感叹词》。在查托与温达斯的助理编辑马克·贝尔(曾经是德博拉·罗杰斯经纪公司的助理,她自嘲地称他为自己的秘书)的协助下,她已经开始审阅过去三十年的新闻稿。他到蔡斯街来见她——有时在布朗普顿——她交给他一摞文章拿去复印,或者让他记录一下细节。"我不知道自己已经做了这么多了。"她9月3日对他写信说。选择标准除了要展现她最好的作品外,也同样希望展现她广泛的兴趣。"她选择的作品就像是为了结合人生中最重要的主题。"贝尔回忆道。9月26日,她让他从文集中去掉她1974年对博尔赫斯《英语文学概述》的负面评论("这是一本特别无味的小书……仿佛是在永恒的茶食时间,在镶满壁板的图书馆中舒舒服服地写成"),因为"我认为这篇对影响我至深的伟大老头子来说并不公平"。

8月底的检查表明病情正在恶化。安吉拉接受了短暂的化疗——迈克尔·莫尔科克为她准备了一些大麻,她将它烤进蛋糕中缓解副作用——10月1日,她写信给爱荷华作家工作坊的项目合伙人康妮·布拉泽斯,询问自己"病情缓解"后是否可以再度前往,因为"我们一家三口都爱着那个地方。我也认为那儿对我的健康有好处"。不过，很快她就发现病情无法缓解了。"她应对得很好，"温迪·伯福德说，"但是她也有悲伤的时候，她跟别人一样不想死。她不想抛弃家人。"

虽然离开马克和亚历克斯让她悲伤，安吉拉却拒绝把死亡看作一件"高贵的事"（亨利·詹姆斯的著名语录）。早在1967年出版的《数种知觉》中，她就写过："死亡肯定不骄傲，甚至连自尊都没有；他实际上是个挂着铃铛和气球的小丑。"直到病情的最后阶段，她还持有这一看法。"她非常勇敢地面对整件事，"丽贝卡·霍华德回忆说，"我想她非常生气自己被夺走了生命。我相信她也害怕，谁不会呢，但她表面上很勇敢，充满从容赴死的幽默感。"有几个这样的事例得以流传。"别担心，"她对迈克尔·莫尔科克说，他来看她时，她正咳嗽不止，"我不会咳出肺渣子的。"她还告诉一位通信者说她"死死抓住半条命，以便能投票赶走这届该死的政府。医院说这是个'优秀的短期目标'"。一天，在与科琳娜·萨古德打电话时，她发现有个男人走到了门口。"没事的，"她说，"我会放他进来的。他没有镰刀①。"

私下里，她也没有崩溃。"她非常顽强，从不抱怨。"马克回忆道。她在三十多年前就开始修养自身，努力培养出的活泼明媚、目空一切的幽默性格，终于维持至生命终点。

9月发生了一件怪事。《家装世界》杂志刊登了一位名叫戴维·卡特的市场顾问的简介，文章介绍了他装饰豪华的家，也提到他对冗长独白和寓言故事的喜爱。"只有新手和傻瓜才会怀疑他故事的真实性。"记者评论道。不过，倒真有几位读者对他所说的"在爱尔兰被安吉拉·卡特养大；她就是小说家，《与狼为伴》的作者，也是他的母亲"

---

① 暗指带着镰刀的死神形象。

表示怀疑。马克记得安吉拉快被那篇文章"气疯了"。杂志编辑给她写了一封信,开玩笑般地问她是否愿意收养戴维·卡特。"显然不是我收到的最好的道歉信。"她气鼓鼓地说。哪怕到了生命的最后时期——她已经无比清晰地建立起自己的个性和创造力时——那些企图"控制她"的人仍然能造成她的幽默感短路。

当月晚些时候公布的布克奖短名单是另一个愤怒之源。有两位评审支持《明智的孩子》,即前《泰晤士文学副刊》编辑杰里米·特雷格洛恩和作家兼教师乔纳森·基茨。但这是在长名单公之于众之前的事了,而其他评审的反对(小说家佩内洛普·菲茨杰拉德、尼古拉斯·莫斯利和安·施利)使得钱斯姐妹无法再前进一步。"我显然没有得到同情票。"消息公布时安吉拉说。有人注意到没有女作家进入当年的短名单——它由马丁·艾米斯的《时间之箭》(*Time's Arrow*)、罗迪·多伊尔(Roddy Doyle)的《货车》(*The Van*)、罗欣顿·米斯特里(Rohinton Mistry)的《漫长旅程》(*Such a Long Journey*)、蒂莫西·莫(Timothy Mo)的《勇气的冗余》(*The Redundancy of Courage*)、本·奥克瑞的《饥饿的路》和威廉·特雷弗的《阅读屠格涅夫》(*Reading Turgenev*)组成——于是包括悍妇社的伦尼·古丁斯在内的一些人计划为女性小说专门设立一个奖项。这就是橘子奖,后更名为百利奖[①]——不过它一开始差点被命名为安吉拉·卡特奖。

《神圣家族影集》在全国公映前一周邀请了一组基督徒记者和牧师来观看试映,许多评论者认为这是一次引起争议的无耻行径。几个小时内,第四频道遭到了要求撤下节目的消息轰炸,甚至自由派宗教人士也加入了愤怒的人群。威斯敏斯特大教堂教士保罗·贝茨谴责影片是"二流作品,思想混乱,轻浮不堪……我不明白放映它的意义。它

---

① 又叫百利女性小说奖。

不是个艺术节目,不机智、不聪明也不深刻"。在公映前,独立电视委员会罕见地审查了《神圣家族影集》。沃尔德马·雅努茨扎克用了会进一步激怒批评者的寓言为影片辩护:"人们想要扼制言论自由。我认为它和萨尔曼·鲁西迪受到的压制类似……我们不能让宗教激进主义者在人们发表宗教观点时堵住他们的嘴。"安吉拉则用更加温和的方式煽风点火。"我没打算亵渎,"她告诉《观察者报》,"因为我不认为你能亵渎根本不存在的东西。"不过,她却打电话问温迪·伯福德——一个虔诚的基督徒——问她是否愿意继续治疗她。

1991年12月3日——影片上映的当天——《泰晤士报》在社论中批评了它:"虔诚基督徒不再占大多数这点已经不重要了。卡特女士和第四频道是打算以此为借口批评黑人、穆斯林和残障人士吗?"四日后,《反馈是您的权利》——一个鼓励观众表达对第四频道内容意见的节目——举办了一场天主教神学家詹姆斯·康罗伊和沃尔德马·雅努茨扎克之间的辩论,后者似乎突然丧失了战斗的欲望。康罗伊抱怨画面被"粗暴"地组合在一起,以及安吉拉的画外音透着"嘲讽",雅努茨扎克说——带着急于辩解的颤抖嗓音——它本意不是嘲讽。主持人罗里·麦格拉斯插话说:"那显然是嘲讽的声音。"雅努茨扎克回答:"她声音的虚弱可能会让人产生误解。"康罗伊最后总结陈词说节目"思想见识不足",不仅轻视了宗教,更轻视了观众。

对于影片的意图,各方评论者也不见得有多少同情。《每日电讯报》上艾伦·斯坦布鲁克的反应是个典型例子,称《神圣家族影集》"不可否认是冒犯无礼的,更别提亵渎神灵了……那些登载在校刊上的自矜蠢话,真正的艺术家成熟后就抛弃了……安吉拉·卡特剧本的悲哀之处是它对自己也不诚实。她对《福音书》新弗洛伊德式的解读中竟然丝毫未提及耶稣复活和赎罪,这点十分刺眼。毕竟它们是这个宗教最核心的信条……因为它们无法融进她的理论中就加以忽视,安吉拉·卡特不仅仅是削弱,而是彻底毁灭了己方"。不过,安吉拉的朋友和小说家同行却不吝赞美。J. G. 巴拉德对她写信说："布列东＋厄恩斯特会非常为你骄傲的——你对救世主的拆解非常到位——彬彬有礼、优雅＋冷峻——恭喜。"萨尔曼·鲁西迪主动请求帮忙，安吉拉回复说："我应该不需要你的帮助。"

安吉拉症状加重后，温迪·伯福德和另一位专门护士斯蒂芬·巴顿开始到蔡斯街来照顾她。克拉法姆公园有个圣三一临终关怀医院，但她非常笃定自己不想去那儿；她希望保留本质的自己。在此期间，她和伯福德非常亲近，从对上门拜访的朋友的感受——"如果有人说了些对她无甚帮助、不够圆通的话，她会有些看法"——聊到对马克和亚历克斯的担忧。"她是位很可爱的女士，"伯福德说，"我非常喜欢她。"

这段时期，她还一直收到工作邀请。她受邀评判年度心理健康好书/艾伦·兰奖，到斯德哥尔摩和剑桥大学开讲座，为威廉·巴勒斯的一本书写评论，为《新世界》供稿短篇小说。尼尔·乔丹联系上了她，提议和她合作两部新电影：其中一部根据她的故事《埃德加·爱伦·坡的私室》改编，而另一部暂时定名为《情色故事》，由"一些关于性的诡计和堕落的故事构成，每个都含有讽刺的道德扭曲"。她推掉了所有邀请。她还不得不取消了到墨西哥找科琳娜·萨古德以及到密苏里州华盛顿大学圣路易斯分校担任客座教授的计划。

12月11日，她收到了皇家文学协会的一封信，通知她当选其成员。她没能到典礼现场。这段时间她接受的邀请只有两个BBC采访：一个来自《文艺面面观》，而另一个则来自广播四台的旗舰节目《荒岛唱片》。后者尤其令人期待——"我幻想上《荒岛唱片》很多年了。"1985年，她曾对卡门写道——但制作组不能到她家里来录制，而她又病得没法到录播间。"那么，去他的吧！"是她的反应。然而，她已经选好了要带到荒岛上去的八张唱片：德彪西的《亚麻色头发的少女》

(她记得休伊40年代时在钢琴上弹过这支曲子);马迪·沃特斯的《小男子汉》(因为她喜欢它,而且它让她回忆起50年代末期);舒曼《诗人之恋》中的《我爱你》① (这是她买的第一张黑胶唱片);比莉·哈乐黛的《柳树之泪》(让她回想起童年到斯特里塞姆冰场的经历);伍迪·格思里《开我的车-车》② (亚历克斯正在学着用吉他演奏这首歌);鲍伯·马利的《女人,别哭》(因为它让她想起南伦敦);理查·施特劳斯的《在暮色中》(因为大卫·林奇电影《我心狂野》中用过这首歌)。她要带的书是《拉鲁斯美食百科》,奢侈品是一匹斑马。

她花了很多时间看电影、读书("你明白的,那些人一直想读的书……"),要么就是享受马克和亚历克斯的陪伴。"我还在,"12月11日,她写信给卡里尔·菲利普斯,

> 大声地叫骂,也能愉快地用"我告诉过你的!"点评本·奥克瑞③,我听说,他低调地担当了天才角色一事成了整个秋季文学界的乐事,只是我已经淡出了。每件事情都有积极的一面。我已经九个月没去过文学派对了,感觉因此精神升华。
>
> 马克振作起来了;我们都振作起来了,其实。我们看了很多录像。实际上,好笑的是,这简直是一段享乐主义的生活。卧床不起加上饮食富足。

她在生活中极尽可能地挤出快乐。她送给了温迪·伯福德一个手写的故事,是根据著名佛教寓言即兴创作而成的:

---

① 舒曼的《诗人之恋》套曲中实际上并没有这首歌,这里可能指的是《诗人之恋》中第四首《当我望见你的眼》中的一句歌词。
② 实际歌名为《坐我的车》,但歌词中有很多"车-车"短语。
③ 是当年的布克奖获奖者。

第二十五章　多甜啊！

献给温迪

　　一个禅宗和尚走在山间。他逼近了一条狭路。路的一边是陡峭的悬崖，往后是一片空茫。另一边，一堵石墙直达苍穹。

　　通过路口时，他看见一只山狮向前走来。他急忙转身，发现后面也有一头山狮。悬崖上垂着一条攀缘的藤；他抓住那枝条，荡了下去。

　　他抓着藤的一端，荡入空茫之中。阳光熠熠，清新的微风微拂。藤的身侧生长着一株野草莓，熟透了的果实红彤彤的。上面的两只狮子怒吼着，谁也不让对方过路。

　　一只老鼠从石缝里钻出来，啃起了藤。很快他就会一路将它啃完。

　　和尚伸出手摘下了草莓。他吃掉了它。

　　它多甜啊！

* * *

　　她勤勤恳恳地处理着诸多事物。她精心核算自己的经济状况，为马克和亚历克斯留下财产，还为葬礼下达了确切指令。她编完了《被删除的感叹词》和《悍妇社精怪故事集》第二卷（虽然她没能做脚注），编录了剩下的文件。相对精力充沛时，她尽可能地和朋友见面，一个个邀请他们来蔡斯街做客。他们大多都清楚地意识到她是在向他们告别，但她拒绝使用庄严或自怨自艾的语气。萨尔曼·鲁西迪记得他最后一次拜访时，她还努力为这场茶话会打扮了一番：

　　　　她明显非常痛苦。你能从她脸上看出她的痛苦之强烈……（但她）穿着一条褶边高领长裙……直直地坐在一把背直椅上，为我们倒茶。能够从容不迫地坚持四十分钟左右，你知道，这绝对是意志的作用。她完全做到了，而且她还在讲着有趣的故事。

其中的一件——关乎在她诊断出癌症前购买的人寿保险——"带着如此洋洋得意的黑色幽默调调,让人忍不住不笑"。她还谈到了现实问题,让鲁西迪在她的葬礼上朗读安德鲁·马维尔的《露珠的坠落》。这样一首形而上的诗歌选择让他吃惊:"我认识的安吉拉·卡特一直是热衷于淫秽而缺乏宗教情怀,最不敬上帝而不顾后果的女人。"其实这不是临终皈依:她一直喜欢马维尔的诗。她正要解释,却已经感到萎靡了。马克插进来结束了对话:"我想我们得停下了。"

洛娜·塞奇自70年代中期以来一直是她最亲密无间的朋友之一,但有几个人提出在安吉拉生命尽头,这段关系有所动摇。马克不记得有这事——"据我所知,两人没有吵过架,没有撕破脸的事,而我又一直在她身旁"——但卡门说洛娜酗酒的习惯开始让安吉拉有点不满,而莎伦·塞奇记得她妈妈"非常受伤,因为有人,我不知道是谁,不想让她参加安吉拉的葬礼"。安吉拉这方面的情绪转冷有当时的一点零星证据支持,虽然它不是决定性的。洛娜作为谈话嘉宾出现在《文艺面面观》中,但她不在安吉拉1992年1月20日为制片方规划的名单上,而且上面提出要求:"请不要邀请名单以外的人。"对塞奇的遗漏令人震惊:名单上不仅包括安吉拉特别亲近的人(比如休伊和卡门),还有一些不如洛娜亲近的(比如她的邻居珍妮和伊恩·麦克莱恩,还有小说家努鲁丁·法拉赫)。

这段时期,丽贝卡·霍华德经常造访蔡斯街:"安吉临终前很想回顾往事……在布里斯托时期的事之类的。她想聊天,想八卦。她说'我们别说严肃的事了,我就想八卦'。"即便如此,安吉拉生命尽头的往事之旅显然包括了回顾她当初是怎样的一个人。在《被删除的感叹号》引言中,她写道:"这么多年,我都没怎么变。也许现在我用的形容词更少了,心变得善良了一些。"善良是她这几周经常谈起的问题。"安吉拉身上的热情很棒,"温迪·伯福德回忆说,"但她曾经说过'我不是一直这么友善'。我不明白她的意思。"

她肯定想到了自己对韩国男孩高的行为，1972年她伤了他的心，1974年又企图再次伤害他。他之后的生活非常不好：他在东京四处游荡，经常睡在咖啡厅中，而且越来越沉迷于毒品和刀。最终，1991年7月，他从大阪一栋楼的八楼上跳了下来；他没有留下遗言。1992年1月14日，安吉拉对告诉她这个消息的泰德·霍尔斯特写信："别以为我对内疚免疫……噢，天，噢，天啊。太糟了。"

不过，无论安吉拉对高造成了多少痛苦，她也同时丰富了其他很多人的生命。当她临终的消息传遍伦敦，她开始收到许多来信，人们希望她知道她对他们的意义。伦尼·古丁斯1992年2月11日寄给她的信尤其显得优美而真诚：

> 我想写信说谢谢你——为了很多事情。为了你给作为读者的我带来的快乐；为了你给我和悍妇社的支持和鼓励；为了你在我们这儿出版的众多好书。这个周末和朋友聊天时，我提到你的名字，她说她不怎么崇拜偶像，但你是她的偶像——我猜这是另一种可以表达我感受的方式。但偶像通常太遥远，也太过冰冷，除非你接近他们，然后他们就跟脚灌了铅一样小心（或者别的什么样子，反正就是这个说法！），那不是你。你好玩极了；你是个强大、有趣、善良、慷慨的人。我很荣幸能和这样一位内心丰富、使人受益匪浅的作家一同工作——她总是散发着母性……
>
> 在此，我向你、马克和亚历克斯表达我的爱意。人人都说你们三个拿出尊贵的精神来面对这最悲伤、最艰难的时刻。向你和马克致敬。你是个特别棒的女人，安吉拉。

* * *

病情到了这个阶段，安吉拉的生活逐渐压缩——她越来越足不出户,然后困囿于病榻——她越来越依赖马克完成所有事情。他做饭,打扫卫生,接送亚历克斯往返学校,还要处理医院的事情;渐渐地,他不得不帮助安吉拉起身走动,为她洗澡穿衣。"他忠心耿耿,他非常非常好。"丽贝卡·霍华德回忆道。星期天,温迪·伯福德会来照看安吉拉几个小时,马克则趁机到水晶宫国家体育中心练习射箭:"那是我的冥想时间,那是我每周的休息时间,它让我保持清醒。"

1月底,安吉拉脸上掉了很多肉,她的精力非常低下。她躺在床上,由一个便携式注射泵注入吗啡。几个密友和家人——德博拉·罗杰斯和迈克尔·伯克利,丽贝卡·霍华德,卡门·卡利尔,休伊和琼·斯托克,苏珊娜·克拉普——最后阶段也来看过她,但她不想让人看见自己形容枯槁的样子。她呼吸不畅,意味着她说话越来越困难,经常只用点头和微笑交流。她不能专心看书或电影,但她喜欢听BBC广播三台的音乐,觉得它令人镇静。

2月16日周日早晨,她疼痛不堪。显然结局近在咫尺了。温迪打电话请求医生允许加量注射吗啡:"我们希望确保她比较舒服,让她的呼吸尽可能平稳。"接下来的几个小时,安吉拉的意识慢慢消退。马克一直待在她的身边直到死亡到来,那是在当天下午2:25。

跋

死后的第一个早晨,安吉拉·卡特即跻身伟大作家之列。讣告赞美她是活力无限的鲁西迪一代的先驱,是对众人梦境特立独行的阐释者,"英语文学界的萨尔瓦多·达利"。五周后,全国性媒体上报道了在布里斯克顿的里兹电影院举行的一场纪念仪式——播放了她为《荒岛唱片》选择的音乐和她最喜欢的电影。"我惊讶极了,"伊恩·麦克尤恩说,"通常作家死后会名声暴跌,十年后才重新火起来。"

在之后的二十五年间,安吉拉·卡特在当代文坛的地位从未受到质疑。她所有的长篇和短篇小说都还在不断再版。《明智的孩子》和《染血之室》都是佳酿经典(Vintage Classics)系列有史以来排名前十位的畅销书,《马戏团之夜》则排在前二十五位。和她以及她的作品相关的事件——比如2012年去世二十年祭日、2015年诗集再版——都在黄金时间段播出,让她的书籍一售而空。下一代许多杰出作家都承认受到她的影响,包括珍妮特·温特森、阿里·史密斯、安妮·恩赖特、戴维·米切尔、萨拉·沃特斯、希纳·米维尔和尼古拉·巴克。通过这些作家的作品,安吉拉·卡特的精神——她活泼的文风和尖锐的智识,对现实主义的冷淡和对低俗体裁的偏爱——延续至21世纪。

迄今为止,有几十本书为她而作,不过它们大部分都面向学院读者群。那些对她的生平感兴趣的人没有多少信息可以参考。很多年来,最丰富的资源还是洛娜·塞奇1992年11月为《格兰塔》杂志写的一篇长文，之后它被编入小书《安吉拉·卡特》中。它真实地描述了安吉拉热情的个性，但它的范围有意局限于为她的作品拉出生平框架，而不是为她的生活提供一份详细的记录。2011年以来，又出现了几位朋友和学生的描述——苏珊娜·克拉普的回忆录小书，克里斯托弗·弗雷灵、里克·穆迪和安妮·恩赖特的文章——但因为没有一本完整的传记，杜撰神话的行为一直未受约束。

我不记得什么时候在哪儿知道这个人了。2001年10月进入大学之前，我就知道她是英语文学界大方，但她的声誉也有倒胃口的一面（也许以为她的作品是给女孩看的——而学界又不惜一切代价强调她的女性主义思想），所以我当时没读过她的书。毕业后我搬到了柏林，在那儿待了一年，带人步行游览市中心，写旅游导览，写着一本写不完的小说。有一天，我在英语书店中看见了一本二手的《魔幻玩具铺》。我不久前才听我一直喜欢的作家阿里·史密斯谈起她对安吉拉·卡特作品的爱——那就是我甘心花钱买下它的原因。回到我那位于烘焙坊楼上的小房间，我用几个小时如痴如醉地读完了它，深为其中无畏的想象力和灿烂的文字所震撼。那一年，我读完了手边能找到的所有她的书，对它们奔放的天才作者有了一点有限的认识，她与我之前认识的英语作家都如此不同。

五年前我见到了苏珊娜·克拉普，她自1997年来一直担任《观察者报》的剧评人。我们谈到了安吉拉·卡特，我提出了自己的迷惑，为什么现在没有一本传记？她解释说尽管安吉拉死后不久就不少人有兴趣，他们却认为需要等亚历克斯能够决定时再讨论请人来写一本正式传记——不过，到他长大到能够做决定时，却没有了合适的人选。我之前从没想过毛遂自荐，不过我们谈着谈着就说到了这点（苏珊娜读过我在《伦敦书评》和《泰晤士文学副刊》上的一些文章，但我不记得谁最先提出这个想法），几天后我又写信说明我有兴趣参与。

我很清楚有些安吉拉·卡特的粉丝对于她的第一本传记要由男人

来写感到失望。我和他们一样担心自己能否还她公道——但性别并非我最大的担心。当我听人说男人没法完全理解她时，我会指出有很多优秀的女性传记是由男人写成的（以及女作家写的杰出男性传记）；而且，所有的传记都涉及认同那些和作者在某些重要方面很不一样的人；再说，安吉拉也不认为性别是区分人最重要的界限。前面的几百页文字会证明我这些论点的优劣，在此不必赘述。但我承认书写一个女人的一生——一个坚定的女性主义者，一个贪爱感官刺激，时而易怒的女人——比我想的还要启迪人心。

也许我们不太可能将自己完全投入别人的生命中——读他们的信，追溯他们的旅途，花时间和他们的家人朋友相处——而永不露出自己的身份。写到这本书尾声部分时，我知道了安吉拉在哪天写完《新夏娃的激情》以及她到底在爱荷华大学待了多少天，但我有时甚至很难记住自己生活中的基本事实，比如我自己多大，什么时候遇见了我的妻子，哪年从大学毕业。这是个奇异甚至有些灵异的过程：萦绕在脑海中的幽灵，但有时我不知道它是安吉拉还是我自己。

2013年春天，在我追寻她四十二年前从俄罗斯到达日本的重大旅程时，这种感觉尤为强烈。无论1971年的西伯利亚大铁路还保留着多少沙皇时期的奢华，到了我去的时候，它们已经完全消失了。戴着黑领结倾倒香槟的服务生被妆容浓艳的乘务员取代，她们的烟味加重了煎炸油脂的臭味。我从不可辨识的菜单上随便点了一份，端上来的是让人反胃的一节节肉和用苦药草装点的油腻炖菜，不时能从中吃出一根头发。但在个人经历的表面之下，我的心中一直装着安吉拉的经历——就像复写的羊皮纸上的文字——我躺在窄窄的火车铺上，经过她笔下同一片荒芜的平原时，从她那儿吸取了勇气和浪漫主义的力量，驶向同一个不可靠的男人。

我是从安吉拉寄给卡萝尔·罗芙的信件中找到荒木创造这个人的名字，通过一个神奈川大学的研究生找到此人信息。没花多长时间。虽然荒木没能成为一个小说家，他却出版了十几本书名类似于《爱之策略》《婚外恋情》的书。在4月初一个明媚而清冷的早晨,他带我在新宿散步,指出他和安吉拉待过的酒吧和咖啡厅,很多(包括风月堂在内)都已经消失了,取而代之的是没有特征的摩天大楼。荒木此时六十八岁,仍旧保持着敏捷而落拓不羁的形象,身穿运动外套和运动鞋,鬓角的头发刚刚开始转灰。他邀请我回到他的公寓继续访问。我去了卫生间:猫王的照片从墙上一直贴到天花板。有一刻我仿佛回到了四十年前,仿佛身后起居室桌前的男人又成了安吉拉爱着的那个不安分、爱做梦的二十四岁男子。

还有一些时候,安吉拉的生活和我之间似乎有着不可填补的鸿沟。虽然我尽可能勤思苦耕,这本书却并非——大部分传记梦想达到的目标——详尽无遗。安吉拉·卡特生活(并从某种程度上塑造)的世界正在迅速消失,有些在她生命中扮演重要角色的人也在我有机会与之攀谈前随她走进了历史长河。《坏血》获得惠特布雷德传记奖一周后,洛娜·塞奇在2001年死于肺气肿。她的声音在这本书中回响——但要是她活着,也许我对她们友谊的刻画会有所不同。更深刻的沉默来自保罗·卡特。我曾希望他能重新考虑拒绝和我对谈一事,但他在2011年我第一次联系他之后几个月就去世了,将他对安吉拉的回忆和对这段婚姻的见解带入了坟墓。

还有几个帮助这本书成形,并在早期阶段对我无限慷慨的人,没能活着见证它完稿。其中我蒙受卡萝尔·罗芙照顾最多。我第一次联系她是在2012年1月,卡萝尔(当时已改回娘家姓豪厄尔斯)说她一直在等着传记作家来找她:她留下了几百封安吉拉写的信,不知该拿它们如何是好。接下来的一周,我到她位于纽卡斯尔的家中拜访她,在那儿,她让我复印了所有信件,并且在抽完无数根烟,喝过无数杯茶(夜深后由红酒代替)后,她用对安吉拉的回忆盛情款待了我。十八个月后——我还在普罗维登斯见罗伯特和皮利·库弗——我收到卡萝尔的一封邮件,告诉我她诊断出了癌症。我帮她将她的信件转交给了保存着大量安吉拉·卡特文件的大英图书馆,在接下来的几个月里又见了她两次。情况恶化后,她曾要我将已经完成的部分章节读给她听;我很高兴能向她展示关于她和安吉拉友情的片段。让我倍感遗憾的是不能用同样的方式对德博拉·罗杰斯表达感谢,因为她 2014 年 4 月 30 日在伦敦家门口突发心脏病而亡。六个月后,她的纪念仪式上聚集了安吉拉世界中许多重要的人物,包括马克·皮尔斯、苏珊娜·克拉普、石黑一雄、保罗·贝利和卡门·卡利尔。2016 年 1 月,我获悉安吉拉的哥哥休伊也去世了——死时几乎和他父亲同岁,而且原因也诡异地相似——都是在约克郡家门口摔下楼梯。这些人的去世对我的影响之深,更甚于我之前短暂遭遇过的生离死别。

还有一些不那么令人心酸的障碍也限制了本书的内容。有几个表达过对安吉拉负面感受的人不愿意公开发表看法。还有几个基本忽视了我(越发坚持)的访谈请求。一个和我谈过的人——非常在乎安吉拉的人——一到要给我看她的信就突然退缩了。很多其他人已经丢失或者丢弃了她给他们写的信。这些缺口可能导致这样那样的曲解。让我尤其抱歉的是,由于文献的缺失,我无法尽述哥哥休伊在她生命中的重要性,也无法阐释她和科琳娜·萨古德的友谊。

这本书的写作目的终究是剥离安吉拉身上的神秘色彩。我想通过展示她努力建立、保护的自我的其他方面——并非全然充满吸引力——将单一的"白巫师"或"神仙教母"形象复杂化。不过,其他传记作者可能会从别的角度解读同样的素材。安吉拉的第一部完整传记花了整整二十五年才得以面世,但如果没有第二本,我们也无法真正全面地认识她。一本书实难写尽她的伟大。

埃德蒙·戈登
2016 年 2 月 28 日

致　谢

写这本书期间我受到许多人的恩惠，其中最重要的莫过于马克和亚历克斯·皮尔斯，他们给了我时间，为我清除了一些障碍，却从不干涉我写的内容。鲜少有传记作家在处理文学遗产时能这样幸运。安吉拉·卡特的遗稿管理人苏珊娜·克拉普冒了很大的险委任我来撰写它，而且之后一直在回答我的问题，巧妙地应付我的焦虑。我希望她知道我有多么感激她。

感谢这些人向我分享对安吉拉的回忆（经常还允许我阅读信件、日记和观看照片）：弗勒·阿德科克、杰奎琳·安东尼、丽莎·阿皮尼亚内西、荒木创造、保罗·贝利、帕特·巴克、保罗·巴克、马克·贝尔、罗杰·宾、约翰·布思、娜奥米·布伦特、卡克图斯·利奇、约翰·布罗迪、艾伦·布鲁克、桑迪·布朗、A. S. 拜厄特、林内·布赖恩、温迪·伯福德、利兹·考尔德、卡门·卡利尔、雪莉·卡梅伦、彼得·卡佛、彼得·康拉迪、罗伯特和皮利·库弗、安德鲁·考恩、克里斯蒂娜·考克斯、约翰·考克斯和约翰·海斯、托尼·克罗夫茨、尼尔·柯里、克里斯蒂娜·唐顿、里基·迪科尔内、安妮·恩赖特、尼古拉·法辛、尼尔·福赛思、克里斯托弗·弗雷灵、伊丽莎白·格雷弗、佐勒菲卡尔·高斯、伦尼·古丁斯、托尼·古尔德、雷吉·霍尔、约翰·亨蒂、加里·希克斯、理查德·霍姆斯、泰德·霍

致　谢

尔斯特、已故的卡萝尔·豪厄尔斯、马丁·霍伊尔、石黑一雄和洛娜·麦克杜格尔、尼尔·乔丹、杰伊·杰夫·琼斯、戴维·迈克尔·卡普兰、乔·安·卡普兰、哈尼夫·库尔希、赫米奥娜·李、约翰·洛克伍德、雷·劳里、伊恩·麦克莱恩、已故的萨拉·麦克莱恩、伊恩·麦克尤恩、安·麦克费伦、亚当·马尔斯-琼斯、保利娜·梅尔维尔、戴维·米勒、里克·穆迪、安德鲁·莫申、迈克尔和琳达·莫尔科克、安德烈娅·纽曼、珍妮·奥斯本、厄休拉·欧文、格伦·帕特森、卡里尔·菲利普斯、埃丽卡·雷克斯、尼尔·罗伯茨、贾尼丝·罗伯森、吉尔·匡特里尔·罗宾、已故的德博拉·罗杰斯、玛莎·罗、萨尔曼·鲁西迪、科琳娜·萨古德和理查德·华莱士、亨利·斯科特·斯托克斯、海伦·辛普森、奥斯卡·斯玛兹伦、菲利普·斯宾塞、哈丽雅特·斯派塞、琼和已故的休·斯托克、乔·斯蒂普尔斯、彼得和珍妮特·斯旺、莎伦·托拉伊尼-塞奇、科尔姆·托宾、洛娜·特雷西、安德鲁·特拉弗斯、玛丽娜·沃纳、西蒙·沃特尼、凯特·韦布、费伊·韦尔登、奈恩·伍德罗和杰克·宰普思。

　　查阅资料时，我仰赖许多档案管理员和图书管理员的支持。我尤其想要感谢这些机构的员工：BBC 文字档案馆、大英图书馆、牛津大学博德利图书馆、利兹大学布拉泽顿图书馆、科林代尔报纸档案馆、多布金收藏馆、艾默里大学手稿图书馆、得克萨斯大学哈里·兰塞姆中心、国际安东尼·伯吉斯研究会、印第安纳大学利利图书馆、伦敦市图书馆、伦敦大都会档案馆、英国国家档案馆、澳大利亚国家档案馆、澳大利亚国家图书馆、苏格兰国家图书馆、纽卡斯尔大学特别收藏馆、俄亥俄州立大学珍稀书籍及手稿图书馆、新南威尔士州立图书馆、南澳大利亚州立图书馆、阿德莱德大学档案馆、布里斯托大学图书馆、伦敦大学学院图书馆及档案馆、东英吉利大学图书馆及档案馆、爱丁堡大学图书馆、雷丁大学图书馆、牛津布鲁克斯大学特别收藏馆、兰登出版社档案馆及图书馆、罗杰斯、柯勒律治与怀特档案馆、国家艺术图书馆和伦敦经济学院的女性图书馆。

我感激那些帮助我研究的人：约瑟夫·贝纳维德斯、长者菜央子和西蒙·哈蒙德。我需要特别提到弗朗西丝卡·韦德：几乎每一章内容都受益于她过人的精力、丰富的资源和对细节的精益求精。

我的经纪人彼得·斯特劳斯在我大胆梦想写一本安吉拉·卡特传记前就默默支持着我，在整个进程的每个阶段都给了我许多建议和鼓励。同样感谢罗杰斯、柯勒律治与怀特经纪公司的戴维·米勒、马修·特纳及其他所有人。查托与温达斯出版社的克拉拉·法默（本书委托者）和帕里萨·埃布拉西米（本书编辑）自始至终都非常了不起。戴维·米勒的文字编辑、约翰·加勒特的校对和克里斯·贝尔提供的索引都相当仔细周到。感谢牛津大学出版社的诺曼·伊尔希和布伦丹·奥尼尔监督美国版的发行。

万分感谢丽莎·阿皮尼亚内西、奈德·博曼、乔恩·戴、拉拉·费格尔、亚当·马尔斯-琼斯、利奥·罗布森和弗朗西丝卡·韦德阅读了手稿的部分内容并提出修改建议；林赛·杜吉德和约翰·穆雷-布朗慷慨赠出一张美丽的书桌，本书大部分内容都在桌边完成；科尔姆·托宾和卡塔里娜与詹姆斯·利-彭伯顿提供了乡间隐居地（分别位于韦克斯福德海边和阿伯丁郡的山间），让我能专注工作；村井まや子[①]照料我在东京的生活并为我翻译安吉拉在日本刊登的文章；克里斯蒂安·洛伦岑、托马斯·米尼和戴维·沃尔纳在纽约照料我；罗伯特和皮利·库弗带我参观了普罗维登斯；安德鲁·比斯维尔、罗恩·博伊森、里克·杰寇斯基、生驹夏美、劳拉·凯、凯伦·西姆维尔、丹妮尔·肖、伊沃·斯托顿和安德鲁·威尔逊分享他们的资源，提供了新线索。同样感谢皇家文学协会和2012年哲尔伍德奖的评审——理查德·达文波特-海因斯、卡洛琳·穆尔黑德和加比·伍德——他们提供

[①] 这位日本教授的名字中带有两个假名，不能完全对应汉字，可译为摩耶子，但出于对本人的尊重，保留了假名。

的五千英镑让我得以在2013年春天访问日本,重游安吉拉第一次横跨西伯利亚之旅。

写作期间忝获朋友慷慨支持,我深受启发。除了以上名单外,我还想在此感谢亚历克斯·梅弗、阿梅利·赫加蒂、亚当·奥赖尔登、安德鲁·奥黑根、埃德·金、塔玛拉·阿特金、威廉·布雷特、克莱尔·穆克吉、汤姆·弗莱明和乔纳森·贝克曼。我在伦敦国王学院的同事们,我传记写作和1850年至今英语文学专业的研究生,都帮助我打磨了想法。我的父母简和理查德·戈登曾向幼年的我灌注了对阅读的热爱;对于这点,以及其他种种,我难以言说对他们的感谢。

我的妻子索菲宽容我时常不在身边,仁慈地忍耐了我过去五年强迫症般的行为。我将这本书献给她,因为如果没有她的慷慨、乐观和坚强——没有她的爱——它一定无法完成。

文献来源说明

安吉拉·卡特的拼写很具个人特色。对她显然是无意识地偏离了英语规范的写法，我擅自做了改动，对她的语法疏漏则没有做出同样调整，不仅因为后者更为罕见，更因为它们深深地交织在她的文字织体中。

在我的调研开始时，有些资料属私人所有——比如安吉拉·卡特写给卡萝尔·罗芙的信——此后被几家档案馆获取。其中很多还在编录，有几种被归在受限阅览的门类下，但以下文献目录尽可能与材料当下的所在地一致。

安吉拉·卡特有关作品：

《焚舟纪：短篇故事集》

BYB：*Burning Your Boats: Collected Stories*（London：Vintage，1996）

《古怪的房间：剧本集》

CR：*The Curious Room: Collected Dramatic Works*（London：Vintage，1997）

《霍夫曼博士的魔鬼欲望机器》

DH：*The Infernal Desire Machines of Dr Hoffman*（London：Penguin，1982）

《夏尔·佩罗童话故事集》

FTCP：*The Fairy Tales of Charles Perrault*（London：Penguin，2008）

《英雄与恶徒》

HV：*Heroes and Villains*（London：Penguin，1981）

《爱》

L：*Love*（London：Vintage，2006）

《魔幻玩具铺》

MT：*The Magic Toyshop*（London：Virago，1981）

《马戏团之夜》

NC：*Nights at the Circus*（London：Vintage，1985）

《新夏娃的激情》

NE：*The Passion of New Eve*（London：Virago，1982）

《无关神圣》

NS：*Nothing Sacred*（London：Virago，1982）

《影舞》

SD：*Shadow Dance*（London：Virago，1995）

《抖腿：新闻报道集》

SL：*Shaking a Leg: Collected Journalism*（London：Vintage，1998）

《数种知觉》

SP：*Several Perceptions*（London：Virago，1995）

《萨德式女人》

SW：*The Sadeian Woman*（London：Virago，1979）

《悍妇社精怪故事集》

VBFT：*The Virago Book of Fairy Tales*（London：Virago，1990）

《明智的孩子》
WC：*Wise Children*（London：Vintage，1992）

其他资料：

大英图书馆补充手稿部
Add. MS.：Additional Manuscripts collection of the British Library

作者采访——
AI：Author's interview with—

大英图书馆声像资料部
BlSA：The British Library Sound Archive

得克萨斯大学哈里·兰塞姆中心
HRC：The Harry Ransom Center at the University of Texas

私人收藏——
PC：Private collection of—

俄亥俄州立大学珍稀书籍及手稿图书馆
OS：Ohio State University Rare Books and Manuscripts Library

罗杰斯、柯勒律治与怀特档案馆
RCW：Rogers, Coleridge & White Archive

兰登出版社档案馆及图书馆
RH：The Random House Archive and Library

英中译名对照

A

ABC Theatre, Belfast　ABC 剧院,贝尔法斯特

Aberdeen Free Press　《阿伯丁自由报》

Aberdeenshire, Scotland　阿伯丁郡,苏格兰

Abortion Act (1967)　1967 年《堕胎法》

Achebe, Chinua　阿契贝,钦努阿

Ackroyd, Peter　阿克罗伊德,彼得

Acton, Harold　阿克顿,哈罗德

Adcock, Fleur　阿德科克,弗勒

Adela　《阿黛拉》

Adelaide, South Australia　阿德莱德,南澳大利亚

Adelaide Festival　阿德莱德艺术节

Adolphe (Constant)　《阿道夫》(康斯坦特)

Adorno, Theodore　阿多诺,西奥多

Adventures of Don Quick, The　《唐·奎克的冒险》

Advertiser　《广告人报》

Agenda　《议题》

Aidoo, Ama Ata　艾杜,阿马·阿塔

Aitken, Gillon　艾特肯,吉伦

Albany, New York　奥尔巴尼,纽约州

Albert Road, Sheffield　艾伯特路,谢菲尔德

Aldermaston, Berkshire　奥尔德马斯顿,伯克郡

Alice books (Carroll)　《爱丽丝漫游仙境》系列(卡罗尔)

"Alice in Prague"　《爱丽丝在布拉格》

Allen Lane Award　艾伦·兰奖

Allende, Salvador　阿连德,萨尔瓦多

Almansi, Guido　阿尔曼西,吉多

Alternative England and Wales (Saunders)　《另类英格兰和威尔士》(桑德斯)

Alvarez, Alfred ('Al')　阿尔瓦雷斯,阿尔弗雷德("阿尔")

Amateur Passions (Tracy)　《业余激情》(特雷西)

Amazing Stories 《惊奇故事》

Ambleside, Cumbria 安布尔赛德,坎布里亚郡

American Ghosts and Old World Wonders 《美国鬼魂与旧世界奇观》

American Independence Day 美国独立日

Amis, Kingsley 艾米斯,金斯利

Amis, Martin 艾米斯,马丁

And Tomorrow's Doomsday 《明日即末日》

Andaman Islands 安达曼群岛

Andersen, Hans Christian 安徒生,汉斯·克里斯蒂安

Anderson, Ian 安德森,伊恩

Angel (Jordan) 《天使》(乔丹)

Angela Carter (Sage) 《安吉拉·卡特》(塞奇)

Anglo-Argentine Society 英-阿文化交流会

Angry Brigade 愤怒旅

Anthony, Jacqueline 安东尼,杰奎琳

Anti-Gravity (Blue Aeroplanes) 《反重力》(蓝色飞机)

Appignanesi, Lisa 阿皮尼亚内西,丽莎

Araki, Sozo 荒木,创造

Araki, Violet 荒木,维奥莉特

Argentina 阿根廷

Arizona, United States 亚利桑那州,美国

Arlington Avenue, Providence 阿林顿大道,普罗维登斯

Arnold, Eve 阿诺德,伊芙

Arts Council 艺术委员会

Arts Tower, Sheffield 文科大厦,谢菲尔德

Arundel Place, Islington 阿伦德尔街,伊斯灵顿

Arvon Centre, Hebden Bridge 阿冯中心,赫布登桥

Astley, Neil 阿斯特利,尼尔

Athol Road, Bradford 阿索尔路,布拉德福德

Atwood, Margaret 阿特伍德,玛格丽特

Auckland, New Zealand 奥克兰,新西兰

Auden, Wystan Hugh 奥登,威斯坦·休

"Aunt Liu" (Luo) 《刘嫂》(罗)

Austen, Jane 奥斯汀,简

Austin, Texas 奥斯汀,得克萨斯

Australia 澳大利亚

Author 《作者》

Aylesford Review 《埃尔斯福德评论》

B

"Baby, The" 《婴儿》

Bach, Johann Sebastian 巴赫,约翰·塞巴斯蒂安

Bacon, Francis 培根,弗朗西斯

Bad Blood (Sage) 《坏血》(塞奇)

BAFTA (British Academy of Film and

Television Arts) BAFTA（英国电影与电视艺术学院奖）

Baikal, MS "贝加尔号",内燃机船

Bailey, Blake 贝利,布莱克

Bailey, Paul 贝利,保罗

Baileys Prize 百利奖

Bainbridge, Beryl 班布里奇,贝丽尔

Balham, London 巴勒姆,伦敦

"Ballad of a Thin Man"(Dylan) 《瘦男人的歌谣》(迪伦)

Ballads and Broadsides(Killen) 《民谣与宽边纸单》(基伦)

Ballantine, Bill 巴兰坦,比尔

Ballard, James Graham 巴拉德,詹姆斯·格雷厄姆

de Balzac, Honoré 德·巴尔扎克,奥诺雷

Bamboo Club, Toronto 竹子俱乐部,多伦多

Bananas 《狂人》

Banffshire Journal 《班夫郡日报》

Bangkok, Thailand 曼谷,泰国

Barbarella(Vadim) 《巴尔巴雷拉》(瓦迪姆)

Barber of Seville, *The*(Beaumarchais) 《塞维利亚的理发师》(博马舍)

Barker, Nicola 巴克,尼古拉

Barker, Pat 巴克,帕特

Barker, Paul 巴克,保罗

Barnes, Julian 巴恩斯,朱利安

Barnett, Anthony 巴内特,安东尼

Barnsley, South Yorkshire 巴恩斯利,南约克郡

Barth, John 巴思,约翰

Barthes, Roland 巴特,罗兰

Barton, Stephen 巴顿,斯蒂芬

Barty-King, Mark 巴蒂-金,马克

Basic Books 基本书籍出版社

Basie, William ("Count") 贝西,威廉("伯爵")

Bates, Paul 贝茨,保罗

Bath Arts Workshop 巴斯艺术工作坊

Bath, Somerset 巴斯,萨默赛特

Bathwick Hill, Bath 巴斯维克山,巴斯

Batman(Burton) 《蝙蝠侠》(波顿)

Battersea, London 巴特锡,伦敦

Baudelaire, Charles 波德莱尔,夏尔

Bauer, Jerry 鲍尔,杰里

Baxter, Sarah 巴克斯特,萨拉

Bayley, John 贝利,约翰

BBC（British Broadcasting Corporation）BBC（英国广播公司）

Beano 《比诺》

Beatles, The 甲壳虫乐队

Beaumarchais, Pierre 博马舍,皮埃尔

"Beauty and the Beast" 《美女与野兽》

de Beauvoir, Simone 德·波伏娃,西蒙娜

Beckett, Samuel 贝克特,萨缪尔

Beddoes, Thomas Lovell 贝多斯,托马

斯·洛弗尔

Bedford Hill, Balham 贝德福德山,巴勒姆

Belfast, Northern Ireland 贝尔法斯特,北爱尔兰

Bell, Mark 贝尔,马克

Belmondo, Jean-Paul 贝尔蒙多,让-保罗

Benn, Anthony Wedgewood ("Tony") 本,安东尼·韦奇伍德("托尼")

Bennett, Alan 本内特,艾伦

Berger, John 伯格,约翰

Berkeley, California 伯克利,加利福尼亚洲

Berkeley, Michael 伯克利,迈克尔

Berkeley Café, Bristol 伯克利咖啡厅,布里斯托

Berkeley Square, Bristol 伯克利广场,布里斯托

Berlin, Germany 柏林,德国

de Bernières, Louis 德·伯尼尔斯,路易斯

Berridge, Elizabeth 贝里奇,伊丽莎白

Berryman, John 贝里曼,约翰

Bertolucci, Bernardo 贝尔托卢奇,贝尔纳多

Best Young British Novelists 最佳英国青年小说家名单

Bettelheim, Bruno 贝特尔海姆,布鲁诺

Bibi-Khanym mosque, Samarkand 比比哈努姆清真寺,撒马尔罕

Bill and Tom Go to Pussy Market 《比尔和汤姆去小猫市场》

Birdhurst Rise, Croydon 伯德赫斯特高地,克罗伊登

Birmingham Readers' and Writers' Festival 伯明翰读书节

Black Panthers 黑豹出版社

Black September 黑色九月

"Black Venus" 《黑色维纳斯》

Black Venus 《黑色维纳斯》(短篇集)

Blake, William 布莱克,威廉

Bletchley Park, Buckinghamshire 布莱奇利公园,白金汉郡

Blitz (1940—1941) 闪电战

Blood Oranges, The (Hawkes) 《血橙》(霍克斯)

Bloodaxe Books 血斧出版社

"Bloody Chamber, The" 《染血之室》

Bloody Chamber, The 《染血之室》(短篇集)

Bloomsbury, London 布鲁姆斯伯里,伦敦

Bloomsbury (publisher) 布鲁姆斯伯里(出版社)

Blue Aeroplanes 蓝色飞机

Blue Angel, The (Sternberg) 《蓝色天使》(斯滕伯格)

"Bluebeard" 《蓝胡子》

Blunt, Anthony 布朗特,安东尼

Bodley Head 博德利·黑德出版社

Book of Imaginary Beings，*The*（Borges）《想象中的动物》（博尔赫斯）

Booker Prize 布克奖

"Bookworm" 《书虫》

Boorman, John 布尔曼,约翰

Boothe, John 布思,约翰

Borden, Lizzie 波登,莉兹

Borges, Jorge Luis 博尔赫斯,豪尔赫·路易斯

Bosnia 波斯尼亚

Bōsō Peninsula, Japan 房总半岛,日本

Boston, Massachusetts 波士顿,马萨诸塞州

Boston University 波士顿大学

Botswana 博茨瓦纳

Botticelli, Sandro 波提切利,桑德罗

Bourke, Richard, 6th Earl of Mayo 6 伯克,理查德,梅奥六世伯爵

Bourne Head Farm, Devon 伯恩·黑德农场,德文郡

Bowen, Elizabeth 鲍文,伊丽莎白

Bownass, Steve 鲍纳斯,斯蒂夫

Box of Delights，*The*（Masefield）《欢乐之盒》（梅斯菲尔德）

Boyars, Marion 博亚尔斯,玛丽昂

Boycott, Rosie 博伊科特,罗茜

Boyd, Arthur 博伊德,亚瑟

Boyd, Primrose 博伊德,普丽姆罗丝

Boyd, William 博伊德,威廉

Boyle, Thomas Coraghessan 博伊尔,托马斯·克拉格森

Bradbury, Malcolm 布拉德伯里,马尔科姆

Bradbury, Ray 布拉德伯里,雷

Bradford, West Yorkshire 布拉德福德,西约克郡

Bradford Playhouse 布拉德福德剧院

Bradley, Clive 布拉德利,克莱夫

Brandreth, Gyles 布兰德雷斯,盖尔斯

Brandt, Willy 布兰特,威利

Brasenose College, Oxford 铜鼻学院,牛津

Breathless（*à bout de souffle*）《断了气》

Brecht, Bertolt 布莱希特,贝托尔特

Brent, Naomi 布伦特,娜奥米

Breton, André 布勒东,安德烈

Brewster, Harry 布鲁斯特,哈里

"Bridegroom, The" 《新郎》

Brighton, Sussex 布莱顿,萨塞克斯

Brink, André 布林克,安德烈

Bristol Evening Post 《布里斯托晚报》

Bristol Evening World 《布里斯托夜世界》

Bristol, England 布里斯托,英格兰

Bristol Technical College 布里斯托技术学院

Bristol Zoo 布里斯托动物园

Clifton 克里夫顿

Greyhound pub 灰狗酒吧

Locarno Ballroom　洛卡尔诺舞厅
University of Bristol　布里斯托大学
British Academy　英国国家学术院
British Archaeological Association　英国考古协会
British Board of Film Classification　英国电影分级委员会
British Council　英国文化（教育）协会
British Institute　英国学院
British Library　大英图书馆
British Museum, London　大不列颠博物馆，伦敦
Brixton, London　布里克斯顿，伦敦
Broadway, New York　百老汇，纽约
Brodsky, Joseph　布罗德斯基，约瑟夫
Brompton Hospital, London　布朗普顿医院，伦敦
Bront, Charlotte　勃朗特，夏洛特
Bront, Emily　勃朗特，埃米莉
Brooke, Alan　布鲁克，艾伦
Brooklyn, New York　布鲁克林，纽约
Brookner, Anita 351　布鲁克纳，安妮塔
Brooks, Louise　布鲁克斯，露易丝
Brothers Grimm　格林兄弟
Brothers Karamazov, The (Dostoevsky)　《卡拉马佐夫兄弟》（陀思妥耶夫斯基）
Brothers, Connie　布拉泽斯，康妮
Brown, Andrew　布朗，安德鲁
Brown, Sandy　布朗，桑迪
Brown University　布朗大学

Browne, Thomas　布朗，托马斯
Brussels, Belgium　布鲁塞尔，比利时
Bryan, Lynne　布赖恩，林内
Bucklersbury House, London　巴克勒斯伯里大楼，伦敦
Budapest, Hungary　布达佩斯，匈牙利
Buddhism　佛教
Bunch of Joys, A　《纵情声色》
Bungeishunju　《文艺春秋》
Bunting, Basil　邦廷，巴兹尔
Burford, Wendy　伯福德，温迪
Burgess, Anthony　伯吉斯，安东尼
Burnell, Hal　伯内尔，哈尔
Burnett, Frances Hodgson　伯内特，弗兰西丝·霍奇森
Burnham, Jonathan　伯纳姆，乔纳森
Burning Your Own (Patterson)　《焚汝之所有》（帕特森）
Burns, Alan　伯恩斯，艾伦
Burns, Robert　彭斯，罗伯特
Burnt Diaries (Tennant)　《日记已焚》（坦南特）
Burroughs, William　巴勒斯，威廉
Burton, Tim　波顿，蒂姆
Butcher's Tales, The (Ducornet)　《屠夫的故事》（迪科尔内）
Butler, Richard Austen "Rab"　巴特勒，理查德·奥斯汀（"拉布"）
Butterfly bar, Ginza　蝴蝶酒吧，银座
By Grand Central Station I Sat Down and

Wept(Smart) 《我坐在大中央车站旁哭泣》(斯玛特)

Byatt, Antonia Susan 拜厄特,安东尼娅·苏珊

C

Cabinet of Dr Caligari, *The*(Wiene) 《卡里加利博士的小屋》(维内)

"Cabinet of Edgar Allan Poe, The" 《埃德加·爱伦·坡的私室》

Cahoot's Macbeth(Stoppard) 《卡胡的麦克白》(斯托帕)

Caldas da Rainha, Portugal 卡尔达什-达赖尼亚,葡萄牙

Calder & Boyars 考尔德与博亚尔斯出版社

Calder, Liz 考尔德,利兹

California, United States 加利福尼亚州,美国

Callil, Carmen 卡利尔,卡门

Calvinism 加尔文主义

Calvino, Italo 卡尔维诺,伊塔洛

Cambridge University 剑桥大学

Camden, London 卡姆登,伦敦

Cameron, Marsaili 卡梅伦,马赛丽

Cameron, Shirley 卡梅伦,雪莉

Campbell, Patrick 坎贝尔,帕特里克

Canada 加拿大

Capel Street Bridge, Dublin 卡佩尔街桥,都柏林

Capitol Theatre, Cardiff 朱庇特神庙剧场,卡迪夫

Carcassonne, France 卡尔卡索纳,法国

Cardiff, Wales 卡迪夫,威尔士

Carey, John 凯里,约翰

Carey, Peter 凯里,彼得

Carmelites 加尔默罗会

Carmina Burana(Orff) 《布兰诗歌》(奥尔夫)

Carpathian Mountains, Romania 喀尔巴阡山脉,罗马尼亚

le Carré, John 卡雷,约翰·勒

Carrington, Leonora 卡灵顿,莉奥诺拉

Carroll, Lewis 卡罗尔,路易斯

Carry On 《继续》

Carter, Angela 卡特,安吉拉

Carter, David 卡特,戴维

Carter, James Earl ("Jimmy") 卡特,詹姆斯·厄尔("吉米")

Carter, Paul 卡特,保罗

Carver, Catharine 卡佛,凯瑟琳

Carver, Peter 卡佛,彼得

Carver, Raymond 卡佛,雷蒙德

Castle, Barbara 卡斯尔,芭芭拉

Castle, *The*(Kafka) 《城堡》,卡夫卡

Cat's Cradle(Vonnegut) 《猫的摇篮》,冯内古特

Cat's Protection 猫咪保护协会

Catholicism 天主教

Causley, Charles 考斯利,查尔斯

Central School of Art and Design, London 中央艺术设计学院,伦敦

Ceremonies and Transformations of the Beasts 《野兽的仪式与变形》

"Chain He" "锁环人"游戏

Channel Four 第四频道

Chaplin, Charlie 卓别林,查理

Charles, Prince of Wales 查尔斯,威尔士亲王

The Chase, Clapham 蔡斯街,克拉法姆

Chatto & Windus 查托与温达斯出版社

Chatwin, Bruce 查特文,布鲁斯

Chaucer, Geoffrey 乔叟,杰弗里

Chedid, Andrée 谢迪德,安德烈

Cheever, John 奇弗,约翰

Cheju Do, Korea 济州岛,韩国

Chekhov, Anton 契诃夫,安东

Chelsea, London 切尔西,伦敦

Chiba, Japan 千叶县,日本

Chicago, Illinois 芝加哥,伊利诺伊州

Chihuahua, Mexico 奇瓦瓦,墨西哥

Child Street, Earls Court 蔡尔德街,伯爵宫

Childers Street, Adelaide 奇尔德斯街,阿德莱德

Children's Hour 《儿童时光》

Chile 智利

China 中国

Christ's Hospital, Sussex 基督医院,萨塞克斯

Christchurch Murder, The 《克莱斯特彻奇谋杀案》

Christchurch, New Zealand 克莱斯特彻奇,新西兰

Christianity 基督教

Church of the Ascension, Balham 升天教堂,巴勒姆

Church, Richard 丘奇,理查德

"Cinderella" 《灰姑娘》

City Limits 《城市极限》

Clapham, London 克拉法姆,伦敦

Clapham Manor Clinic 克拉法姆庄园诊所

Clapp, Susannah 克拉普,苏珊娜

Clarissa (Richardson) 《克拉丽莎》(理查德森)

Clarke, Arthur Charles 克拉克,亚瑟·查尔斯

Classic Cinema, Croydon 经典电影院,克罗伊登

Clifton, Bristol 克里夫顿,布里斯托

Clifton Suspension Bridge 克里夫顿吊桥

Clough, Jack 克拉夫,杰克

Club International 《国际俱乐部》

CND (Campaign for Nuclear Disarmament) CND(核裁军运动)

Cobb, Richard 科布,理查德

Cocteau, Jean 科克托,让

Coe, Jonathan 科,乔纳森

Coetzee, John Maxwell 库切,约翰·马

克斯韦尔

Coleman, John 科尔曼,约翰

Coleridge, Gill 柯勒律治,吉尔

Coleridge, Samuel Taylor 柯勒律治,萨缪尔·泰勒

Collected Works 《故事集》

Collector 收藏家唱片公司

Collins 柯林斯出版公司

Colston Hall, Bristol 科尔斯顿音乐厅,布里斯托

Come Unto These Yellow Sands 《来到黄沙的海滨》

Comédie-Francaise 法兰西剧院

Comfort, Alex 康福特,亚历克斯

Comfort of Strangers, The (McEwan) 《陌生人的慰藉》(麦克尤恩)

Comic and Curious Cats 《幽默好奇猫》

"Company of Wolves, The" (short story) 《与狼为伴》(短篇小说)

Company of Wolves, The (film) 《与狼为伴》(电影剧本)

Company of Wolves, The (radio play) 《与狼为伴》(广播剧)

Comyns, Barbara 科明斯,芭芭拉

"Confessions of a Free Woman" 《自由女性的自白》

Connecticut, United States 康涅狄格州,美国

Conradi, Peter 康拉迪,彼得

Conroy, James 康罗伊,詹姆斯

Constant, Benjamin 康斯坦特,本杰明

Coover, Pili 库弗,皮利

Coover, Robert 库弗,罗伯特

Cornwallis Crescent, Bristol 康沃利斯排屋,布里斯托

Cosmopolitan 《世界主义》

Cotswolds, England 科茨沃尔德,英格兰

Cottle, Arthur Basil 科特尔,巴兹尔

Country Life 《乡村生活》

Courtauld Institute 科陶德艺术学院

"Courtship of Mr Lyon, The" 《狮先生的恋曲》

Cowan, Andrew 考恩,安德鲁

Cox, Edith 考克斯,伊迪丝

Cox, John 考克斯,约翰

Craddock, E. J. 克拉多克,E.J.

Craig, Patricia 克雷格,帕特里夏

Craven Street, Westminster 克雷文街,威斯敏斯特

Crippen, Belle 克里平,贝尔

Crowfoot "毛茛号"小船

Croydon, London 克罗伊登,伦敦

College of Art and Design 艺术设计学院

Deaf Children's Society 聋孩协会

Folk Club 民谣俱乐部

Crystal Palace National Sports Centre 水晶宫国家体育中心

Cumbria, England 坎布里亚,英格兰

Curry, Neil 柯里,尼尔

Curtis, Anthony 柯蒂斯,安东尼
Curzon Street, Mayfair 柯曾街,梅菲尔区
Cymbeline(Shakespeare) 《辛白林》(莎士比亚)
Czechoslovakia 捷克斯洛伐克

D

Dadaism 达达主义
Dahl, Roald 达尔,罗尔德
Daily Mail 《每日邮报》
Daily Mirror 《每日镜报》
Daily Sketch 《每日见闻报》
Daily Star 《每日星报》
Daily Telegraph 《每日电讯报》
Dalí, Salvador 达利,萨尔瓦多
Dalley, Jan 达利,简
Dame Street, Dublin 达姆街,都柏林
Dance to the Music of Time, A(Powell) 《伴时间之乐起舞》(鲍威尔)
Darfield, New Zealand 达菲尔德,新西兰
Darwin, Charles 达尔文,查尔斯
David, Elizabeth 戴维,伊丽莎白
Davies, Howard 戴维斯,霍华德
Davies, Ron 戴维斯,罗恩
Day in the Death of Joe Egg, A(Nichols) 《乔·艾格死亡的一天》(尼克尔斯)
Day of the Triffids, The(Wyndham) 《三尖树时代》(温德姆)

de la Mare, Walter 德·拉·马雷,沃尔特
Deakin University 迪金大学
Dearman, Glyn 迪尔曼,格林
Debussy, Claude 德彪西,克劳德
"Debutante, The"(Carrington) 《初出闺阁》(卡林顿)
Decline and Fall(Waugh) 《哀亡》(沃)
Denmark 丹麦
Derrida, Jacques 德里达,雅克
Desai, Anita 德赛,安妮塔
Descartes, René 笛卡尔,勒内
Desert Island Discs 《荒岛唱片》
Devlin, Polly 德夫林,波莉
Devon, England 德文郡,英国
Diana, Princess of Wales 戴安娜,威尔士王妃
Dichterliebe(Schumann) 《诗人之恋》(舒曼)
Dick, Kay 迪克,凯伊
Dickens, Charles 狄更斯,查尔斯
Dickinson, Emily 狄金森,艾米丽
Didion, Joan 迪迪翁,琼
Dietrich, Marlene 黛德丽,玛琳
Dinesen, Isak 丹森,伊萨克
Discourse on Method(Descartes) 《论方法》(笛卡尔)
Divided Self, The(Laing) 《分裂的自我》(莱恩)
Dodd, Philip 多德,菲利普

Dogg's Hamlet(Stoppard) 《多格的哈姆雷特》(斯托帕)
Dolly sisters 多莉姐妹
Don Quixote(Cervantes) 《堂吉诃德》(塞万提斯)
"Donkey Prince, The" 《驴王子》
Donoso, José 多诺索,何塞
Dostoevsky, Fyodor 陀思妥耶夫斯基,费奥多尔
Doughty, Louise 道蒂,露易丝
Dove Cottage, Grasmere 鸽村,格拉斯米尔
Downton, Christine 唐顿,克里斯蒂娜
Doyle, Roddy 多伊尔,罗迪
Drabble, Margaret 德拉布尔,玛格丽特
Dracula(Stoker) 《德拉库拉》(斯托克)
Dream of a Beast, The (Jordan) 《野兽的梦境》(乔丹)
"Driving in my Car-Car"(Guthrie) 《开我的车-车》(格思里)
Dublin, Ireland 都柏林,爱尔兰
Dublin Castle 都柏林城堡
Dubus, Andre (II) 迪比,安德烈(二世)
Ducornet, Guy 迪科尔内,居伊
Ducornet, Rikki 迪科尔内,里基
Dunbar, William 邓巴,威廉
Dundee Courier 《邓迪通讯社》
Dunedin, New Zealand 达尼丁,新西兰
Dunkirk evacuation (1940) 1940年敦刻尔克大撤退
Dunlop 邓洛普
Dunn, Douglas 邓恩,道格拉斯
Durham University 杜伦大学
Duval, Jeanne 迪瓦尔,让娜
Dworkin, Andrea 德沃金,安德烈娅
Dylan, Bob 迪伦,鲍勃

E

Eagleton, Terry 伊格尔顿,特里
Earls Court, London 伯爵宫,伦敦
Early in the Spring(Seeger) 《早春》(西格)
Earth Spirit(Wedekind) 《地之灵》(韦德金德)
East Finchley, London 东芬奇利,伦敦
East Village, New York 东村,纽约
Eastbourne, Sussex 伊斯特本,萨塞克斯
Eco, Umberto 埃柯,翁贝托
Edel, Leon 埃德尔,利昂
Eden 伊甸园
Edinburgh Festival 爱丁堡艺术节
Education Act (1944) 《教育法》(1944)
Egypt 埃及
"Elegy for a Freelance" 《自由职业者的挽歌》
Elementary Education Act (1870) 《初等教育法》
Elephant Man, The(Lynch) 《象人》(林奇)

Eliot, George　艾略特, 乔治

Ellington, Edward ("Duke")　艾灵顿, 爱德华("公爵")

Elliott, Janice　艾利奥特, 贾尼丝

Ellis, John　埃利斯, 约翰

"Embarrassment and Social Organisation" (Goffman)　《尴尬与社会组织》(戈夫曼)

Emma (Austen)　《爱玛》(奥斯汀)

Empire Day　帝国日

Empire of the Sun (Ballard)　《太阳帝国》(巴拉德)

Empire Windrush　帝国疾风号轮船

"Empress of Cockaigne, The"　《乐土女皇》

Empson, William　恩普森, 威廉

"End of the English Novel, The"　《英语小说的尽头》

Endicott Books, New York　恩迪科特书店, 纽约

Enigma machine　恩尼格玛密码机

Enright, Anne　恩赖特, 安妮

"Entire City, The"　《整个城市》

Entwistle, John　恩特威斯尔, 约翰

Epsom Downs, London　埃普瑟姆丘陵, 伦敦

Equal Pay Bill (1970)　《同工同酬法》

Erdrich, Louise　厄德里奇, 露易丝

"Erl-King, The"　《精灵王》

Ernst, Max　厄恩斯特, 马克斯

Escher, Maurits Cornelis　艾雪, 毛利茨·科内利斯

Eton College, Berkshire　伊顿公学, 伯克郡

Eugenides, Jeffrey　尤金尼德斯, 杰弗里

Euston Films　尤思顿电影公司

Evans, Kim　埃文斯, 吉姆

Evening News　《晚间新闻》

Evening Standard　《旗帜晚报》

"Events of a Night, The"　《夜晚事件》

Everyman's Library　人人文库出版社

"Executioner's Beautiful Daughter, The"　《刽子手的美丽女儿》

Expletives Deleted　《被删除的感叹词》

Eyre, Richard　艾尔, 理查德

F

Faber & Faber　费伯出版社

Face　《面孔》

Fairweather, Eileen　费尔韦瑟, 艾琳

Fairy Tales of Charles Perrault, The　《夏尔·佩罗童话故事集》

Falklands War (1982)　1982年福克兰群岛海战

Fall River, Massachusetts　秋河城, 马萨诸塞州

"Fall Rivers Axe Murders, The"　《秋河利斧谋杀案》

Fall, The　逐出伊甸园

Falstaff (Verdi)　《福斯塔夫》(威尔第)

Famished Road，The（Okri）《饥饿的路》（奥克瑞）

Fantoni, Barry 凡托尼,巴里

Farah, Nuruddin 法拉赫,努鲁丁

Farrell, James Gordon 法雷尔,詹姆斯·戈登

Farthing, Ann 法辛,安

Farthing, Cecil 法辛,塞西尔

Farthing, Cynthia（"Kitty"） 法辛,辛西娅（"凯蒂"）

Farthing, Eric 法辛,埃里克

Farthing, Jane（née Stones） 法辛,简（原姓"斯通斯"）

Farthing, Nicola 法辛,尼古拉

Farthing, Olive see Stalker, Olive 法辛,奥利芙见斯托克,奥利芙

Farthing, Sidney 法辛,悉尼

Farthing, Walter 法辛,沃尔特

Faulkner, William 福克纳,威廉

Fearful Symmetry（Frye）《可怕的对称》（弗莱）

Featherstone Main, West Yorkshire 费瑟斯通梅因煤矿公司,西约克郡

Federation of Alternative Bookshops 非主流书店联合会

Fellini, Federico 费里尼,费德里科

Femfresh 芳芯集团

Feminine Mystique, The（Friedan）《女性的奥秘》（弗里丹）

Fenton, James 芬顿,詹姆斯

Fictions Written in a Certain City 《在一个城市写下的故事》

Field, Leonard 菲尔德,伦纳德

Fields, William Claude 菲尔茨,威廉·克劳德

Figes, Eva 费吉斯,伊娃

Financial Times 《金融时报》

Firbank, Ronald 费尔班克,罗纳德

Fireworks 《烟火》

First Love，Last Rites（McEwan）《最初的爱情,最后的仪式》（麦克尤恩）

First Surrealist Manifesto（Breton）《超现实主义的首次宣言》（布勒东）

Fisher, Mark 费舍尔,马克

Fistful of Dollars, A（Leone）《荒野大镖客》（莱昂内）

Fitzgerald, Ella 菲兹杰拉德,艾拉

Fitzgerald, Francis Scott 菲茨杰拉德,弗兰西斯·斯科特

Fitzgerald, Penelope 菲茨杰拉德,佩内洛普

Five Bells pub, East Finchley 五铃酒吧,东芬奇利

Five Quiet Shouters 《五个安静的呐喊者》

Flaubert, Gustave 福楼拜,居斯塔夫

Flaubert's Parrot（Barnes）《福楼拜的鹦鹉》（巴恩斯）

Fleet Street, London 弗利特街,伦敦

"Flesh and the Mirror" 《肉与镜子》

483

Florence, Italy　佛罗伦萨,意大利

Florida, United States　佛罗里达州,美国

Flying to Nowhere(Fuller)　《飞向乌有之乡》(富勒)

Foot, Michael　富特,迈克尔

Foot, Paul　富特,保罗

Ford, Richard　福特,理查德

Foreign Office　外交与联邦事务部

Foreman, John　福尔曼,约翰

Forster, Edward Morgan　福斯特,爱德华·摩根

Forster, Margaret　福斯特,玛格丽特

Forsyth, Neil　福赛思,尼尔

Foucault, Michel　福柯,米歇尔

Fowler, Alastair　福勒,阿拉斯泰尔

France　法国

François, Donatien Alphonse, Marquis de Sade　弗朗索瓦,多纳西安·阿方斯,萨德侯爵

Frankel, Judith　弗兰克尔,朱迪斯

Frankenstein(Shelley)　《弗兰肯斯坦》(雪莱)

Fraser, Antonia　弗雷泽,安东尼娅

Frayling, Christopher　弗雷灵,克里斯托弗

Frayn, Michael　弗雷恩,迈克尔

Free for All in the Arts　《自由竞艺》节目

Freischütz, Der(Weber)　《自由射手》(韦伯)

French, Philip　弗伦奇,菲利普

Frendz　《友人》杂志

Freud, Lucian　弗洛伊德,卢西安

Freud, Sigmund　弗洛伊德,西格蒙德

Friedan, Betty　弗里丹,贝蒂

Frogmore Street, Bristol　弗罗格莫尔街,布里斯托

Frye, Northrop　弗莱,诺斯洛普

"Fucking"　《肏》

Fugetsudo, Tokyo　风月堂,东京

Full Metal Jacket(Kubrick)　《全金属外壳》(库布里克)

Fuller, John　富勒,约翰

Furst, Anton　弗斯特,安东

Fury, Billy　法瑞,比利

G

Gainsville, Florida　盖恩斯维尔,佛罗里达

Gairloch, Highlands　盖尔洛赫村,苏格兰高地

Gallant, Mavis　加仑特,马维斯

Galsworthy, John　高尔斯华绥,约翰

Gance, Abel　冈斯,阿贝尔

Gant, Roland　甘特,罗兰

Garbo, Greta　嘉宝,葛丽泰

García Márquez, Gabriel　加西亚·马尔克斯,加布里埃尔

Gardner, Ava　加德纳,艾娃

Garforth, West Yorkshire　加福斯,西约

克郡

Garner, Katie 加纳,凯蒂

Garner, Lesley 加纳,莱斯利

Gauthier, Xavière 戈蒂埃,格扎维埃尔

Gay News 《同性恋新闻》

Gender and Writing (Wanda ed.) 《性别与写作》(万达编)

Genet, Jean 热内,让

Geneva, Switzerland 日内瓦,瑞士

Genovese, Eugene 吉诺维斯,尤金

George's Bookshop, Bristol 乔治书店,布里斯托

Germany 德国

Gershwin, George 格什温,乔治

Getty, Ann 格蒂,安

Gettysburg Address (1863) 1863年《葛底斯堡演讲》

Ghana 加纳

Ghose, Zulfikar 高斯,佐勒菲卡尔

Giggleswick, North Yorkshire 津格尔斯威克,北约克郡

Gilman, Richard 吉尔曼,理查德

Ginza, Tokyo 银座,东京

"Girl with the Flaxen Hair, The" (Debussy) 《亚麻色头发的少女》(德彪西)

Glasgow Herald 《格拉斯哥先驱报》

Glendinning, Victoria 格伦迪宁,维多利亚

Glyndebourne Festival Opera 格林德波恩歌剧节

Godard, Jean-Luc 戈达尔,让-吕克

Godwin, Tony 戈德温,托尼

von Goethe, Johann Wolfgang von 冯·歌德,约翰·沃尔夫冈

Goff, Martyn 戈夫,马丁

Goffman, Erving 戈夫曼,欧文

Gogol, Nikolai 果戈里,尼古拉

Goldberg Variations (Bach) 《哥德堡变奏曲》(巴赫)

Golding, William 戈尔丁,威廉

Goldman, Emma 戈德曼,艾玛

Goldsworthy, Joanna 戈兹沃西,乔安娜

Gollancz *see* Victor Gollancz Ltd 格兰茨,见维克多·格兰茨有限公司

Gollop, Penelope 戈洛普,佩内洛普

Good Times see Bunch of Joys, A 《美好时光》,见《纵情声色》

Goodge Street, Bloomsbury 古奇街,布鲁姆斯伯里

Goodings, Lennie 古丁斯,伦尼

Gorbachev, Mikhael 戈尔巴乔夫,米哈埃尔

Gordimer, Nadine 戈迪默,纳丁

Gordon, Giles 戈登,贾尔斯

Gorki, Maxim 高尔基,马克西姆

Gould, Tony 古尔德,托尼

Gowrie, Lord *see* Ruthven, Grey 高里勋爵,见鲁思文·格雷

"Grammar of Existence, The" 《存在的

485

语法》

Granada　格拉纳达公司

Granta　《格兰塔》杂志

Grasmere, Cumbria　格拉斯米尔,坎布里亚

Gray, Corrina see Sargood, Corinna　格雷,科琳娜,见萨古德,科琳娜

Gray, Nick　格雷,尼克

Gray, Patience　格雷,佩兴丝

Great Expectations (Dickens)　《远大前程》(狄更斯)

Greene, Graham　格林,格雷厄姆

Greenwich Village, New York　格林尼治村,纽约

Greer, Germaine　格里尔,杰梅茵

Greyhound pub, Bristol　灰狗酒吧,布里斯托

Grigson, Jane　格里格森,简

Grimus (Rushdie)　《格里茅斯》(鲁西迪)

Guardian　《卫报》

Gulliver's Travels (Swift)　《格列佛游记》(斯威夫特)

Gun for the Devil　《恶魔的枪》

Guthrie, Woody　格思里,伍迪

H

Hackney, London　哈克尼,伦敦

Haffenden, John　哈芬登,约翰

Hall, Reg　霍尔,雷吉

Hall, Robin　霍尔,罗宾

Haltrecht, Margaret　赫尔德勒支,玛格丽特

Hamilton, Ian　汉密尔顿,伊恩

Hamish Hamilton　哈米什·汉密尔顿出版社

Hamlet (Shakespeare)　《哈姆雷特》(莎士比亚)

Hampstead, London　汉普斯特德,伦敦

Hanrahan, Barbara　汉拉恩,芭芭拉

Harbourfront Centre, Toronto　临港中心,多伦多

Harcourt Brace Jovanovich　哈考特·布雷斯·约凡诺维奇出版社

Hardwick, Elizabeth　哈德威克,伊丽莎白

Hardy, Thomas　哈迪,托马斯

Hare, David　黑尔,戴维

Harper & Row　哈珀与罗出版社

Harper, Michael　哈珀,迈克尔

Harriet Said... (Bainbridge)　《哈丽雅特说……》(班布里奇)

Harrison, Tony　哈里森,托尼

Harsent, David　哈森特,戴维

Hart-Davis see Rupert Hart-Davis Ltd　哈特-戴维斯出版社见鲁珀特·哈特-戴维斯

Harvest　丰收商店

Has, Wojciech　哈斯,沃伊切赫

Hawkes, John　霍克斯,约翰

Hay Hill, Bath　海丘巷,巴斯

Hayes, John 海斯,约翰

Head, Bessie 黑德,贝茜

Hearnville Road School, Balham 赫恩维尔路小学

Heat and Dust(Jhabvala) 《热与尘》(贾布瓦拉)

Heath, Edward 希斯,爱德华

Heavenly Creatures(Jackson) 《罪孽天使》(杰克逊)

Hebden Bridge, Yorkshire 赫布登桥,约克郡

Heinemann *see* William Heinemann Ltd 海涅曼,见威廉·海涅曼有限公司

Hell's Angels(Thompson) 《地狱天使》(汤普森)

Help!(Wood) 《救命!》(伍德)

Hemmings, John 黑明斯,约翰

Hendrix, Jimi 亨德里克斯,吉米

Hendry, Ian 亨德里,伊恩

Henty, John 亨蒂,约翰

Hepburn, Katharine 赫本,凯瑟琳

Heppenstall, Rayner 赫彭斯托尔,雷纳

Heroes and Villains 《英雄与恶徒》

Hidden Faces(Dalí) 《隐藏的面孔》(达利)

Higgins, John 希金斯,约翰

Highgate, London 高门村,伦敦

Highsmith, Patricia 海史密斯,帕特里夏

Hildreth Street Market, Balham 希尔德雷斯街市场,巴勒姆

Hill, Geoffrey 希尔,乔弗里

Hilton hotel, Budapest 希尔顿酒店,布达佩斯

Histoires ou contes du temps passé avec des moralités(Perrault) 《有道德寓意的古老童话故事》(佩罗)

History Man, The(Malcolm) 《历史人》(马尔科姆)

History of Sexuality(Foucault) 《性史》(福柯)

Hitler, Adolf 希特勒,阿道夫

Hjoortsberg, William 乔兹伯格,威廉

Hodson, Rupert 霍德森,鲁珀特

Hoffmann, Albert 霍夫曼,阿尔伯特

Hoffmann, Ernst Theodor Amadeus 霍夫曼,厄恩斯特·西奥多·阿马德乌斯

Hogan, Barbara 霍根,芭芭拉

Holden, Molly 霍尔顿,莫莉

Holliday, Billie 哈乐黛,比莉

Hollinghurst, Alan 霍林赫斯特,艾伦

Holmes, Richard 霍姆斯,理查德

Holroyd, Michael 霍尔罗伊德,迈克尔

Holst, Ted 霍尔斯特,泰德

Holy Family Album, The 《神圣家族影集》

Homer End, Ipsden 荷马庄园,艾普斯登村

Honeybuzzard *see Shadow Dance* 哈尼巴萨德,见《影舞》

Hong Kong 香港

Hope, Bob 霍普, 鲍勃
Hope, Christopher 霍普, 克里斯托弗
Horesh, Edward 霍勒什, 爱德华
Horwell, Veronica 霍维尔, 韦罗妮卡
Hotel du Lac(Brookner)《杜兰葛山庄》(布鲁克纳)
Houston, Texas 休斯敦, 得克萨斯
How Many Children Had Lady Macbeth? (Knights)《多少孩子拥有麦克白夫人?》(奈茨)
Howard, Anthony 霍华德, 安东尼
Howard, Rebecca (*née* Neep) 霍华德, 丽贝卡(原姓尼普)
Howard, Sam 霍华德, 萨姆
Howe, Geoffrey 豪, 乔弗里
Howells, Carole *see* Roffe, Carole 豪厄尔斯, 卡萝尔, 见罗夫, 卡萝尔
Howkins, John 豪金斯, 约翰
Hoyle, Martin 霍伊尔, 马丁
Hudson river 哈德逊河
Hughes, Ted 休斯, 泰德
Hull, East Yorkshire 赫尔, 东约克郡
Hulme, Juliet 休姆, 朱丽叶
Hume, David 休谟, 大卫
Hungary 匈牙利
Hurt, John 赫特, 约翰
Huxley, Francis 赫胥黎, 弗朗西斯
Hyde Gardens, Eastbourne 海德公园, 伊斯特本

I

IBM IBM 公司
Ibsen, Henrik 易卜生, 亨里克
"Ich Liebe Dich"(Schumann)《我爱你》(舒曼)
Idiot, The(Dostoevsky)《白痴》(陀思妥耶夫斯基)
Ikezuki, Masako 生月雅子
Illusionist, The(Mason)《魔术师》(梅森)
"Im Abendrot"(Strauss)《在暮色中》(施特劳斯)
Imrie, Malcolm 伊姆里, 马尔科姆
In Custody(Desai)《护卫》(德赛)
In Patagonia(Chatwin)《在巴塔哥尼亚高原上》(查特文)
Independent《独立报》
Independent on Sunday《星期日独立报》
Independent Television Commission 独立电视委员会
India 印度
Indonesia 印度尼西亚
Infernal Desire Machines of Dr Hoffman, The《霍夫曼博士的魔鬼欲望机器》
Ingoldby, Grace 英戈尔德比, 格蕾丝
Ink《墨迹》
Inside Mr Enderby(Burgess)《恩德比先生的内心》(伯吉斯)
Institute of Contemporary Arts 当代艺术

International Festival of Authors 国际作家节

International Science Fiction Symposium 国际科幻小说论坛

International Writers' Conference 国际作家会议

Interpretation of Dreams(Freud) 《梦的解析》(弗洛伊德)

Intourist 茵图里斯特旅行社

Introduction to English Literature(Borges) 《英语文学概论》(博尔赫斯)

Inuit 因纽特

Iowa, United States 爱荷华州,美国

Iowa Review 《爱荷华评论》

Iowa Writers' Workshop 爱荷华作家工作坊

Ipsden, Oxfordshire 艾普斯登村,牛津郡

IRA(Irish Republican Army) IRA(爱尔兰共和军)

Irving, John 欧文,约翰

Ishiguro, Kazuo 石黑,一雄

Isis 《伊西斯》

Isis(Villiers de l'Isle-Adam) 《伊西斯》(维利耶·德利尔·亚当)

Islington, London 伊斯灵顿,伦敦

"It Was Such a Nice Little Planet" 《它是个如此可爱的小星球》

ITC Entertainment ITC 娱乐股份有限公司

ITV 英国独立电视台

J

"Jack and His Faithful Friends" 《杰克和他忠诚的朋友》

Jack the Ripper 开膛手杰克

Jackson, Peter 杰克逊,彼得

James Tait Black Memorial Prize 詹姆斯·泰特·布莱克纪念奖

James, Clive 詹姆斯,克莱夫

James, Henry 詹姆斯,亨利

Jane Eyre(Brontë) 《简·爱》(勃朗特)

Janson-Smith, Peter 史密斯,彼得·詹森

Januszczak, Waldemar 雅努茨扎克,沃尔德马

Jay, Margaret 杰伊,玛格丽特

Jazz Collector 爵士收藏家公司

Jeju, Korea 济州,韩国

Jenkins, Peter 詹金斯,彼得

Jennings at School 《詹宁斯上学记》

Jewel in the Crown, *The*(Scott) 《皇冠上的珍宝》(斯科特)

Jhabvala, Ruth Prawer 贾布瓦拉,鲁思·普罗厄

Jimi Hendrix Experience, The 吉米·亨德里克斯体验乐队

Jireš, Jaromil 伊雷什,亚罗米尔

John Llewellyn Rhys Prize 约翰·卢埃

林·里斯奖
John Snow pub, Soho 约翰·斯诺酒吧，苏活区
Johnson, Bryan Stanley 约翰逊，布赖恩·斯坦利
Johnson, Lyndon Baines 约翰逊，林登·贝恩斯
Johnson, Marigold 约翰逊，玛丽格尔德
Jolley, Elizabeth 乔利，伊丽莎白
Jonathan Cape 乔纳森，凯普
Jordan, Elaine 乔丹，伊莱恩
Jordan, Fred 乔丹，弗雷德
Jordan, Neil 乔丹，尼尔
Josephy, Irene 约瑟斐，艾琳
Journals(Wordsworth) 《日记》（华兹华斯）
Jouve, Nicole Ward 茹夫，妮科尔·沃德
Joy of Sex, The(Comfort) 《性的愉悦》（康福特）
Joyce, James 乔伊斯，詹姆斯
Joyce, Nora 乔伊斯，诺拉
Juliette(Sade) 《朱丽叶》（萨德）
Jung, Carl 荣格，卡尔
Justine(Sade) 《朱斯蒂娜》（萨德）

K

Kabukicho, Tokyo 歌舞伎町，东京
Kafka, Franz 弗兰茨，卡夫卡
Kahlo, Frida 卡罗，弗里达
Kanagawa University 神奈川大学
Kaplan, David Michael 卡普兰，戴维·迈克尔
Kappeler, Susanne 卡普勒，苏珊拉
Karadžić, Radovan 卡拉季奇，拉多万
Kashmir 克什米尔
Kasumigaseki building, Tokyo 霞关大厦，东京
Keane, Molly 基恩，莫莉
Keates, Jonathan 基茨，乔纳森
Keith, Eros 基斯，埃罗斯
Kemp, Peter 肯普，彼得
Keneally, Thomas 肯尼利，托马斯
Kennedy, Peter 肯尼迪，彼得
Kennedy, Susan 肯尼迪，苏珊
Kensal Green, London 肯萨绿地，伦敦
Kensington, London 肯辛顿，伦敦
Kent, England 肯特，英格兰
Kerala, India 喀拉拉邦，印度
Kerr, Judith 科尔，朱迪思
Khabarovsk, Russia 哈巴罗夫斯克，俄罗斯
Khomeini, Ruhollah 霍梅尼，鲁霍拉
Kiev, Ukraine 基辅，乌克兰
Killen, Louis 基伦，路易斯
Kilmartin, Terence 基尔马丁，特伦斯
King, Francis 金，弗朗西斯
King's College London 伦敦国王学院
Kinnock, Neil 金诺克，尼尔
Kinokuniya bookstore, Shinjuku 纪伊国

屋书店,新宿

"Kiss, The" 《吻》

"Kitchen Child, The" 《帮厨男孩》

Klein, Melanie 克莱恩,梅拉妮

Knights, Lionel Charles 奈茨,莱昂内尔·查尔斯

Knightsbridge, London 骑士桥,伦敦

Kō, Mansu 高,万寿

Kō, Mina 高,敏雅

Kodansha 讲谈社

Korea 韩国

Kosiński, Jerzy 科辛斯基,耶日

Krailsheimer, A. J. 卡莱尔西梅,A.J.

Kruger's Alp（Hope） 《克鲁格的高山》（霍普）

Ku Klux Klan 三K党

Kubrick, Stanley 库布里克,斯坦利

Kujukuri, Chiba 九十九里町,千叶县

Kwok, John 夸克,约翰

Kyoto, Japan 京都,日本

L

Labour Party 工党

Lacan, Jacques 拉康,雅克

Lacey, Ronald 莱西,罗纳德

de Laclos, Pierre Choderlos 德·拉克洛,皮埃尔·肖代洛

Lady Chatterley's Lover（Lawrence） 《查泰莱夫人的情人》（劳伦斯）

"Lady of the House of Love, The" 《爱之宅的女主人》

Laing, Ronald David 莱恩,罗纳德·戴维

Lake, John 莱克,约翰

Lake Taupo 陶波湖

"Land of Hope and Glory" 《希望与荣耀之地》

Langland, William 郎格兰,威廉

Langley, Gerard 兰利,杰勒德

"Language of Sisterhood, The" 《妇女解放运动者的语言》

Lansbury, Angela 兰斯伯里,安吉拉

Lansdown pub, Bristol 兰斯当酒吧,布里斯托

Large Door Productions 大门影视公司

Larkin, Philip 拉金,菲利普

Larousse Gastronomique 《拉鲁斯美食百科》

Laski, Marghanita 拉斯基,玛佳妮塔

Latin 拉丁语

Lawrence & Wishart 劳伦斯与威沙特出版社

Lawrence, David Herbert 劳伦斯,戴维·赫伯特

Le Guin, Ursula 勒·甘,厄休拉

Leach, Kaktus 利奇,卡克图斯

Leavis, Frank Raymond 利维斯,弗兰克·雷蒙德

LeCorney, John and Joss 勒科尔内,约翰与乔斯

Lee, Harry 李,哈里

Lee, Hermione 李,赫米奥娜

Lee, Vernon 李,弗农

Leeds, West Yorkshire 利兹,约克郡

Leeds Film Theatre 利兹电影院

Left and the Erotic, The 《左派与情色》

Lefty's bar, Tokyo 左翼人酒吧,东京

"Legends of Merlin in Middle English" 《中古英语中的梅林传奇》

Leggett, John 莱格特,约翰

Lehmann, Rosamond 莱曼,罗莎蒙德

Leitch, Maurice 利思,莫里斯

Leman, Martin 勒曼,马丁

Lenin, Vladimir 列宁,弗拉德米尔

Leningrad, Russian SFSR 列宁格勒,俄罗斯苏维埃联邦社会主义共和国

Leprince de Beaumont, Marie 勒普兰斯·德·博蒙特,玛丽

Lessing, Doris 莱辛,多丽丝

Levertov, Denise 莱芙多芬,丹妮丝

Lévi-Strauss, Claude 列维-斯特劳斯,克洛德

Leys, Brenda 利斯,布伦达

Librium 利眠宁

"Liede" 《歌》

Life and Times of Michael K (Coetzee) 《迈克尔·K的生活和时代》(库切)

"Life in the Day" 《一日生活》

"Life-Affirming Poem About a Small Pregnant White Cat" 《关乎一只孕期小白猫的积极诗作》

"Life" (Head) 《生》(黑德)

"Like a Rolling Stone" (Dylan) 《像一块滚石》(迪伦)

Limonov, Eduard 利莫诺夫,爱德华

Lincoln Center, New York 林肯中心,纽约

Lincoln Road, East Finchley 林肯路,东芬奇利

Lindsay String Quartet 林赛弦乐四重奏

Listener 《倾听者》

Lister's Mill, Bradford 利斯特工厂,布拉德福德

Liszt, Franz 李斯特,弗兰茨

Literary Review 《文学评论》

"Little Red Riding Hood" 《小红帽》

Lively, Penelope 莱夫利,佩内洛普

Liverpool, Merseyside 利物浦,默西塞德郡

"Lizzie and the Tiger" 《莉兹的老虎》

Locarno Ballroom, Bristol 洛卡尔诺舞厅,布里斯托

Loch Maree Hotel, Gairloch 莫里湖酒店,盖尔洛赫村

Lockheed 洛克希德公司

Lockwood, John 洛克伍德,约翰

Lodge, David 洛奇,戴维

Logan International Airport, Boston 洛根国际机场,波士顿

Loire Valley 卢瓦尔山谷

Lola Montès（Ophüls）《洛娜·蒙特兹》（欧弗斯）

Lolita（Nabokov）《洛丽塔》（纳博科夫）

Lomax, Alan 洛马克斯, 艾伦

London, England 伦敦, 英格兰

 Balham 巴勒姆

 Battersea 巴特锡

 Brixton 布里克斯顿

 Camden 卡姆登

 Chelsea 切尔西

 Clapham 克拉法姆

 Croydon 克罗伊登

 Earls Court 伯爵宫

 East Finchley 东芬奇利

 Fleet Street 弗利特街

 Islington 伊斯灵顿

 Notting Hill 诺丁山

 Soho 苏活

 Streatham 斯特里塞姆

 Wandsworth 万兹沃斯

London, Jack 伦敦, 杰克

London County Council 伦敦郡议会

London Critics' Circle Film Awards 伦敦影评人协会奖

London Essay Competition 伦敦作文大赛

London Library, St James's Square 伦敦图书馆, 圣詹姆斯广场

London Magazine 《伦敦文汇》

London Review of Books 《伦敦书评》

London Topographical Society 伦敦地图学会

London Underground 伦敦地铁

London Youth Choir 伦敦青年合唱团

London Zoo 伦敦动物园

Los Angeles, California 洛杉矶, 加利福尼亚

"Long Trial, The"（Chedid）《漫长的考验》（谢迪德）

Los Angeles Times 《洛杉矶时报》

Louis XIV, King of France 路易十四, 法国国王

Louisiana, United States 路易斯安那州, 美国

Love 《爱》

"Love's Impossibility"《爱的不可能》

Lovecraft, Howard Phillips 洛夫克拉夫特, 霍华德·菲利普斯

Lovelace, Linda 洛夫莱斯, 琳达

"Loves of Lady Purple, The"《紫女士之爱》

Lowell, Robert 洛厄尔, 罗伯特

Lower Globe, Bradford 南半球酒吧, 布拉德福德

Lowry, Laurence Stephen 劳里, 劳伦斯·斯蒂芬

Luard, Clarissa 卢亚德, 克拉丽莎

Lucie-Smith, Edward 露西-史密斯, 爱德华

Ludwig I, King of Bavaria 路德维克一

世,巴伐利亚国王

Lulu 《露露》

Lumb Bank, Hebden Bridge 卢姆·班克-阿冯中心,赫布登桥

Luna, La 《月亮》

Luo Shu 罗淑

Lykiard, Alexis 里基亚德,亚历克西斯

Lynch, David 林奇,大卫

Lyons Corner House, Strand 里昂街角餐厅,斯特兰德大街

M

Macaulay, Margaret 麦考利,玛格丽特

MacDonald, George 麦克唐纳,乔治

MacDougall, Lorna 麦克杜格尔,洛娜

Macduff, Aberdeenshire 麦克达夫,阿伯丁郡

Mackay, Shena 麦凯,谢娜

Maclean, Jeanne and Ian 麦克莱恩,珍妮和伊恩

Maclean, Sara 麦克莱恩,萨拉

Macmillan, Harold 麦克米兰,哈罗德

Mad, Bad and Sad (Appignanesi) 《疯狂、恶劣与忧伤》(阿皮尼亚内西)

Maddox, Brenda 马多克斯,布伦达

Magic Flute, The (Mozart) 《魔笛》(莫扎特)

Magic Toyshop, The 《魔幻玩具铺》

"Magicked Rose, The" 《带魔法的玫瑰》

Magritte, René 马格利特,勒内

Major, John 梅杰,约翰

Major State Studentship 国家重点奖学金

Makioka Sisters, The (Tanizaki) 《细雪》(谷崎)

Malabar, India 马拉巴,印度

"Man Who Loved a Double Bass, The" 《爱上低音大提琴的男人》

"Man's Duty to Animals" 《人类对动物的责任》

Manchester Evening News 《曼彻斯特晚间新闻》

Mandela, Nelson 曼德拉,纳尔逊

Manifesto for Year One, The 《第一年宣言》

Manley, Michael 曼利,迈克尔

Manning, Olivia 曼宁,奥利维娅

Manningham, Bradford 曼宁厄姆,布拉德福德

"Mannish Boy" (Muddy Waters) 《小男子汉》(马迪·沃特斯)

Mansfield Park (Austen) 《曼斯菲尔德公园》(奥斯汀)

Mansfield, Katherine 曼斯菲尔德,凯瑟琳

Manson, Charles 曼森,查尔斯

Mantua, Italy 曼托瓦,意大利

Manvers Main colliery, Wath-upon-Dearne 曼弗斯·梅因煤矿,德恩河畔的沃斯

Marine Midland building, New York 马

林·米德兰银行大厦,纽约

Marley, Bob 马利,鲍勃

Márquez, Gabriel García 马尔克斯,加布里埃尔·加西亚

Marriage of Figaro, The (Mozart) 《费加罗的婚礼》(莫扎特)

Marriage Plot, The (Eugenides) 《婚变》(尤金尼德斯)

Mars-Jones, Adam 马尔斯-琼斯,亚当

Marshall, Arthur 马歇尔,亚瑟

Martian Chronicles, The (Bradbury) 《火星纪年》(布拉德伯里)

"Martian" poets "火星派"诗人

Marunouchi, Tokyo 丸之内,东京

Marvell, Andrew 马弗尔,安德鲁

Marxism 马克思主义

Marxism Today 《今日马克思主义》

Maryland, United States 马里兰州,美国

Masefield, John 梅斯菲尔德,约翰

Mashiko, Japan 益子町,日本

Mason, Anita 梅森,安妮塔

Mason, Bobbie Ann 梅森,鲍比·安

Mason, James 梅森,詹姆斯

Master, Simon 马斯特,西蒙

"Master" 《主人》

Maturin, Charles 马图林,查尔斯

Max's Kansas City, East Village 马克斯的堪萨斯城,东村

May 1968 protests, Paris 1968 年 5 月巴黎示威活动

"May Day"(Fitzgerald) 《五一节》(菲茨杰拉德)

May, Derwent 梅,德温特

Mayo, Lordsee Bourke, Richard 梅奥勋爵,见伯克,理查德

McCarthy, Cavan 麦卡锡,卡万

McCarthy, Mary 麦卡锡,玛丽

McEwan, Ian 麦克尤恩,伊恩

McFerran, Ann 麦克费伦,安

McGahern, John 麦加亨,约翰

McGrath, Rory 麦格拉斯,罗里

Measure for Measure(Shakespeare) 《量罪记》(莎士比亚)

Mecca Leisure Group 梅卡娱乐集团

Meeting of Art Festival "邂逅艺术"国际艺术节

Meguro, Tokyo 目黑,东京

Melbourne, Victoria 墨尔本,维多利亚州

"Melmoth the Wanderer"(Maturin) 《流浪者梅莫斯》马图林

Melville, Herman 梅尔维尔,赫尔曼

Melville, Pauline 梅尔维尔,保利娜

Men Only 《男士专刊》

Merlin 梅林

Merrick, John 梅里克,约翰

Meshaw, Devon 梅肖村,德文郡

Mexico 墨西哥

Midnight's Children (Rushdie) 《午夜之子》(鲁西迪)

Midsummer Night's Dream, A (Shakespeare) 《仲夏夜之梦》(莎士比亚)

Miéville, China 米维尔,希纳

Miles, Graham 迈尔斯,格雷厄姆

Military Service Act (1915) 《兵役法》(1915年)

Miller, Jane 米勒,简

Miller, Roland 米勒,罗兰

Miller, William 米勒,威廉

Millgrove Street, Battersea 磨坊街,巴特锡

Mitosz, Czestaw 米沃什,切斯瓦夫

Milton, John 弥尔顿,约翰

Minehead, Somerset 迈恩黑德,萨默塞特

Minima Moralia (Adorno) 《最低限度的道德》(阿多诺)

Minneapolis, Minnesota 明尼阿波利斯,明尼苏达

Minotaur 弥诺陶洛斯

Mishima, Yukio 三岛由纪夫

Miss World 世界小姐

"Miss Z, the Dark Young Lady" 《黑姑娘Z小姐》

Mississippi, United States 密西西比州,美国

Mistry, Rohinton 米斯特里,罗欣顿

Mitcham Road, Tooting 米查姆路,图厅

Mitchell, Adrian 米切尔,阿德里安

Mitchell, David 米切尔,戴维

Mo, Timothy 莫,蒂莫西

Molloy (Beckett) 《莫洛伊》(贝克特)

Money (Amis) 《钱》(艾米斯)

"Monkey, The" (Dinesen) 《猴》(丹森)

Monkey's Magic Reader, The 《猴子的魔法读者》

Monroe, Marilyn 梦露,玛丽莲

Montagné, Prosper 蒙塔涅,普罗斯珀

Montessori schools 蒙特索里学校

Montez, Lola 蒙特兹,洛拉

Moody, Rick 穆迪,里克

Moon, Keith 穆恩,基思

Moorcock, Michael 莫尔科克,迈克尔

Morden, London 莫登,伦敦

Morgan, Edwin 摩根,埃德温

Morgan, Robin 摩根,罗宾

Morris, Brian 莫里斯,布莱恩

Mortimer, John 莫蒂默,约翰

Morton, Jelly Roll 莫顿,杰利·罗尔

Moscow, Russia 莫斯科,俄罗斯

Mosley, Nicholas 莫斯利,尼古拉斯

Motion, Andrew 莫申,安德鲁

Motorola 摩托罗拉

Mozart, Wolfgang Amadeus 莫扎特,沃尔夫冈·阿马德乌斯

Muddy, Waters 沃特斯,马迪

Muggeridge, Malcolm 马格里奇,马尔科姆

Mumbai, India 孟买,印度

Munro, Alice 门罗,艾丽丝
Murdoch, Iris 默多克,艾丽斯
Murray, Angus Wolfe 莫里,安格斯·沃尔夫
Museum of Folk Art, New York 民间艺术博物馆,纽约
Music People, *The*（Carter）《音乐家》（卡特）
"My Cat in Her First Spring" 《我的猫在她的第一个春天》
Mysterium Coniunctionis（Jung）《神秘契合》（荣格）
Mythologies（Barthes）《神话学》（巴特）

N

Nabokov, Vladimir 纳博科夫,弗拉基米尔
Naipaul, Vidiadhar Surajprasad 奈保尔,维迪亚德哈尔·苏拉易普拉萨德
Nakhodka, Russia 纳霍德卡,俄罗斯
Name of the Rose, *The*（Eco）《玫瑰之名》（埃科）
"Named Thing, The" 《命名之物》
Namjoshi, Suniti 南荷许,苏妮蒂
Naples, Italy 那不勒斯,意大利
Napoleon（Gance）《拿破仑》（冈斯）
Nara, Japan 奈良,日本
National Buildings Record 国家建筑档案馆
National Film Theatre, London 国家电影院,伦敦
National Health Service（NHS） 国家医疗保健服务（NHS）
National Theatre 国家大剧院
National Women's Conference 全国女性大会
Nativity 耶稣诞生
Neep, Rebecca see Howard, Rebecca 尼普,丽贝卡,见霍华德,丽贝卡
Nelson, Howard 纳尔逊,霍华德
Nepal 尼泊尔
Netherlands 荷兰
Neville, Jill 内维尔,吉尔
New Age Seekers 新纪元寻灵者
New American Review 《新美国评论》
New Bristol Centre 新布里斯托中心
New Left Review 《新左翼评论》
New Mexico, United States 新墨西哥州,美国
New Republic 《新共和国》
New Review 《新评论》
New Society 《新社会》
New Statesman 《新政治家》
New Worlds 《新世界》
New York, United States 纽约,美国
New York Review of Books 《纽约书评》
New York State University 纽约州立大学
New York Times 《纽约时报》
New Zealand 新西兰

Newcastle, Tyne and Wear 纽卡斯尔，泰恩-威尔郡
Newman, Andrea 纽曼，安德烈娅
Newport, Rhode Island 新港，罗德岛
Next Editions 下一版出版社
NHK (Nippon Hoso Kyokai) NHK(日本放送协会)
Nicaragua 尼加拉瓜
Nichols, Peter 尼克尔斯，彼得
Nicholson, Jack 尼克尔森，杰克
Nigeria 尼日利亚
Night in Tunisia (Jordan) 《突尼斯之夜》(乔丹)
Nights at the Circus 《马戏团之夜》
Nine O'Clock News 《九点新闻》
"No Woman, No Cry" (Marley) 《女人，别哭》(马利)
Nobel Prize 诺贝尔奖
Nonesuch 《典范》校刊
Norway 挪威
Norwich, Norfolk 诺维奇，诺福克郡
Nosferatu 《诺斯费拉图》
"Notes for a Theory of Sixties Style" 《六十年代风尚理论注释》
"Notes on the Gothic Mode" 《哥特体裁按语》
Nothing Sacred 《无关神圣》
Notting Hill, London 诺丁山，伦敦
Nottingham, Nottinghamshire 诺丁汉，诺丁汉郡

Nova 《诺瓦》杂志
Novel on Yellow Paper (Smith) 《黄色纸上的小说》(史密斯)
Now Read On 《继续阅读吧》
Nye, Robert 奈，罗伯特

O

"O, if I could but shiver!" (Stead) 《噢，要是我能打个冷战》(斯特德)
O'Brien, Edna 奥布莱恩，埃德娜
O'Connor, Flannery 奥康纳，弗兰纳里
O'Grady, Tim 奥格雷迪，蒂姆
O'Keefe, Georgia 欧基芙，乔治亚
O'Toole, Peter 奥图尔，彼得
Observer 《观察者报》
Odeon Leicester Square 奥迪恩-莱斯特广场电影院
Official Secrets Act 《公务员保密法》
Ogilvie, Mary 奥希尔维，玛丽
"Oke of Okehurst" (Lee) 《奥克斯特的奥克》(李)
Okri, Ben 奥克瑞，本
Old Soldiers (Bailey) 《老兵》(贝利)
Old Vic 老维克剧院
Olivier, Laurence 奥利维尔，劳伦斯
Omnibus 《文艺面面观》
"On a Drop of Dew" (Marvell) 《露珠的坠落》(马维尔)
120 Days of Sodom, The (Sade) 《索多玛的120天》(萨德)

One Hundred Years of Solitude（Garciá Márquez）《百年孤独》（加西亚·马尔克斯）

One Thousand and One Nights 《一千零一夜》

"Only Lovers" 《只是爱人》

Only Problem, *The*（Spark）《唯一的问题》（斯帕克）

Ophüls, Max 欧弗斯,马克斯

Orange Prize 橘子奖

Orff, Carl 奥尔夫,卡尔

Origin of the Brunists, *The*（Coover）《布鲁诺教派之由来》（库弗）

Orlando（Woolf）《奥兰多》（伍尔夫）

Orlando 《奥兰多》

Ormond Hotel, Dublin 奥蒙德酒店,都柏林

Orsborn, John 奥斯本,约翰

Orsborn, Jenny 奥斯本,珍妮

Orton, Joe 奥顿,乔

Osaka, Japan 大阪,日本

Osborne, Charles 奥斯本,查尔斯

Othello（Shakespeare）《奥赛罗》（莎士比亚）

Owen, Ursula 欧文,厄休拉

Owens, Tim 欧文斯,蒂姆

Oxford Encyclopaedia of British Literature 《牛津英语文学百科全书》

Oxford University 牛津大学

Oz 《澳大利亚人》

Oz, Amos 奥兹,阿摩司

"Ozymandias"（Shelley）《奥兹曼迪亚斯》（雪莱）

P

Pabst, Georg Wilhelm 帕布斯特,格奥尔格·威廉

Padre Pio, London 皮奥神父书店,伦敦

Pakistan 巴基斯坦

Palace restaurant, Croydon 汉宫中餐厅,克罗伊登

Palace Pictures 王宫电影公司

Palazzolli, Mara Selvini 帕拉佐里,玛拉·塞尔维尼

Pale View of Hills, *A*（Ishiguro）《远山淡影》（石黑）

Palestine 巴勒斯坦

Paley, Grace 佩利,格蕾丝

Palomino（Jolley）《银鬃马》（乔利）

Pamela（primary school friend）帕米拉（小学朋友）

Pan 潘神出版社

Pandora Press 潘多拉出版社

Pandora's Box（Pabst）《潘多拉魔盒》（帕布斯特）

Pankhurst, Emmeline 潘克赫斯特,艾米琳

Paolozzi, Eduardo 保罗齐,爱德华多

Paradise Lost（Milton）《失乐园》（弥尔顿）

499

Paramount 派拉蒙电影公司
Paris Review 《巴黎评论》
Paris, *France* 巴黎,法国
Parker, Pauline 帕克,保利娜
Pasolini, Pier Paolo 帕索里尼,皮埃尔·保罗
Passage to India, *A*（Forster）《印度之行》(福斯特)
Passion of New Eve, The 《新夏娃的激情》
Patchett, Ann 帕切特,安
Paton, Sandy 帕顿,桑迪
Patten, Nigel 帕滕,奈杰尔
Patterson, Glenn 帕特森,格伦
Patterson, Sarah 帕特森,萨拉
Paul Hamlyn Fund 保罗·哈姆林基金
Paulin, Tom 波林,汤姆
Pearce, Alexander Robert 皮尔斯,亚历山大·罗伯特
Pearce, Mark 皮尔斯,马克
Pearce, Philippa 皮尔斯,菲利帕
Pearson Longman 皮尔逊·朗文公司
Pearson, Kenneth 皮尔逊,肯尼思
"Penetrating to the Heart of the Forest" 《穿透森林之心》
Penguin 企鹅出版社
Penthouse 《阁楼》杂志
Perrault, Charles 佩罗,夏尔
Philippines 菲律宾
Phillips, Caryl 菲利普斯,卡里尔

Philosophy in the Boudoir（Sade）《闺房哲学》(萨德)
Picador 斗牛士出版社
Pimlott, Ben 平洛特,本
"Pin-Up of Yesteryear, The" 《去年的海报女郎》
Pinochet, Augusto 皮诺切特,奥古斯托
Pinter, Harold 品特,哈罗德
Plath, Sylvia 普拉斯,西尔维娅
Plats du Jours, *or Foreign Food*（Gray and Boyd）《每日食谱,或海外佳肴》(格雷与博伊德)
"*Plums*, *The*"（Aidoo）《李子》(艾杜)
Poe, Edgar Allen 坡,埃德加·爱伦
"Poem for Robinson Crusoe" 《为鲁滨逊作诗》
Poetry and Audience 《诗歌与读者》
Poetry Review 《诗歌评论》
Poland 波兰
Pollard, John 波拉德,约翰
Pomroy, Colin 波默罗伊,科林
Pontefract, West Yorkshire 庞蒂弗拉克特,西约克郡
Port Blair, Andaman Islands 布莱尔港,安达曼群岛
Porter, Cole 波特,科尔
Porter, Peter 波特,彼得
Portnoy's Complaint（Roth）《波特诺伊的怨诉》(罗斯)
Portrait of a Lady, *The*（James）《一位

贵妇的画像》(詹姆斯)

Portugal 葡萄牙

Pot Black 斯诺克黑池系列赛

Potter, Dennis 波特,丹尼斯

Pound, Ezra 庞德,埃兹拉

Powell, Michael 鲍威尔,迈克尔

Powell, Anthony 鲍威尔,安东尼

Presley, Elvis 普莱斯利,埃尔维斯("猫王")

Press Association 报纸联合会

Pressburger, Emeric 普雷斯伯格,艾莫里克

Pretending Not to Sleep (Hamilton) 《假装未眠》(汉密尔顿)

Pricksongs & Descants (Coover) 《对位旋律与分枝旋律》(库弗)

Pride and Prejudice (Austen) 《傲慢与偏见》(奥斯汀)

Priestley, John Boynton 普利斯特里,约翰·博伊顿

Princess and the Goblin, The (MacDonald) 《公主与小妖怪》(麦克唐纳)

Private Eye 《第三只眼》

Prix Goncourt 龚古尔奖

Protestantism 新教

Proust, Marcel 普鲁斯特,马塞尔

Providence, Rhode Island 普罗维登斯,罗德岛

Provisional IRA 爱尔兰共和军临时派

Pryce-Jones, David 普莱斯-琼斯,戴维

Publisher's Association 出版商联合会

Punch 《笨拙周报》

Purley, London 珀利,伦敦

Purves, Libby 珀维斯,利比

"Puss-in-Boots" 《穿靴猫》

Le Puy-Notre-Dame, Loire Valley 勒皮诺特尔达姆村,卢瓦尔山谷

Q

Quartet Books 四重奏出版社

Queen 《女王》杂志

Queen Elizabeth Hospital, Welwyn Garden City 伊丽莎白女王医院,韦林花园市

Queen's Road, Bristol 女王路,布里斯托

Quigley, Isabel 奎格利,伊莎贝尔

"Quilt Maker, The" 《织被人》

Quinn, Ann 奎因,安

R

Rachel Papers, The (Amis) 《雷切尔文件》(艾米斯)

Radio Times 《广播时间》

"Railway Station as an Art Form, The" 《火车站是一种艺术形式》

Random House 兰登出版社

Rangoon, Burma 仰光,缅甸

Rankin Crow in the Oregon Country (Crow) 《兰金·克罗与俄勒冈乡村》(克罗)

Rates of Exchange (Bradbury) 《汇率》

（布拉德伯里）

Rave 《锐舞》杂志

Ravenslea Road, Balham 雷文斯利路,巴勒姆

Raymond, Paul 雷蒙德,保罗

Rea, Stephen 雷,斯蒂芬

Read All About It 《精读》节目

Read, Piers Paul 里德,皮尔斯·保罗

Reading Turgenev (Trevor) 《阅读屠格涅夫》(特雷弗)

Reagan, Ronald 里根,罗纳德

"Red Riding Hood" see "Little Red Riding Hood" 《红帽》,见《小红帽》

Redgrove, Peter 雷德格罗夫,彼得

Redshank "红脚鹬"号小船

Redundancy of Courage, The (Mo) 《勇气的冗余》(莫)

"Reflections" 《倒影》

Regent's Park, London 摄政公园,伦敦

Reid, Christopher 里德,克里斯托弗

Rendell, Ruth 伦德尔,露丝

Resnais, Alain 雷奈, 阿兰

Rétif, Nicolas-Edme 雷蒂夫,尼古拉-埃德姆

Review 《评论》

Rhode Island, United States 罗德岛,美国

Rhys, Jean 里斯,简

Richard, Cliff 理查德,克利夫

Richardson, Samuel 理查德森,萨缪尔

Richmond, Kenneth 里士满,肯尼思

Rimbaud, Arthur 兰波, 阿蒂尔

Ritzy cinema, Brixton 里兹电影院,布里克斯顿

Robbe-Grillet, Alain 罗伯-格里耶,阿兰

Roberts, Neil 罗伯茨,尼尔

Robertson, Janice 罗伯森,贾尼丝

Robinson, David 罗宾逊,戴维

Robinson, Marilynne 罗宾逊,玛丽莲

Roe, Sue 罗,苏

Roffe, Carole 罗芙,卡萝尔

Rogers, Coleridge & White 罗杰斯、柯勒律治与怀特经纪公司

Rogers, Deborah 罗杰斯,德博拉

Rolls-Royce 劳斯莱斯

Romania 罗马尼亚

"Rose of England" 《英格兰玫瑰》

"Rosemary and Elizabeth" 《迷迭香与伊丽莎白》

Rosencrantz and Guildenstern Are Dead (Stoppard) 《罗森克兰茨与吉尔德斯特恩已死》(斯托帕)

Rosenkavalier, Der (Strauss) 《玫瑰骑士》(施特劳斯)

Ross, Alan 罗斯,艾伦

Rossini, Gioachino 罗西尼,乔阿基诺

Roth, Philip 罗斯,菲利普

Rousseau, Henri 卢梭,亨利

Rousseau, Jean-Jacques 卢梭,让-雅克

Rowbotham, Sheila 罗博瑟姆,希拉

Rowe, Marsha 罗,玛莎

Rowlands, Ted 罗兰兹,泰德

Royal Albert Hall, London 皇家艾伯特音乐厅,伦敦

Royal Army Clothing Store 皇家军服店

Royal Festival Hall, London 皇家节日大厅,伦敦

Royal Marsden Hospital, London 皇家马斯登医院,伦敦

Royal Society for the Prevention of Cruelty toAnimals (RSPCA) 皇家防止虐待动物协会

Royal Society of Arts 皇家艺术协会

Royal Society of Literature 皇家文学协会

Royal York Crescent, Bristol 皇家约克排屋

RTE (Raidió Teilifís éireann) 爱尔兰广播电视协会(RTC)

"Rule Britannia" 《统治吧,不列颠尼亚》

Rupert Hart-Davis Ltd 鲁珀特·哈特-戴维斯有限公司

Rusbridger, Alan 拉斯布里杰,艾伦

Rushdie, Salman 鲁西迪,萨尔曼

Ruskin College, Oxford 罗斯金学院,牛津

Russia 俄罗斯

Ruthven, Grey, 2nd Earl of Gowrie 鲁思文,格雷,第二代高里伯爵

S

Sade, Marquis desee Fran is, Donatien Alphonse 萨德,侯爵,见弗朗索瓦·多纳西安·阿方斯

Sadeian Woman, The 《萨德式女人》

Sadler's Wells, London 沙德勒之井剧院,伦敦

Sagan, Francoise 萨冈,弗朗索瓦丝

Sage, Lorna 塞奇,洛娜

Sage, Sharon 塞奇,莎伦

Sage, Vic 塞奇,维克

St Anne's College, Oxford 圣安妮学院,牛津

St James's Square, London 圣詹姆斯广场,伦敦

St Leonard's Road, Eastbourne 圣伦纳德路,伊斯特本

St Louis, Missouri 圣路易斯,密苏里州

St Luke's hospital, Bradford 圣卢克医院,布拉德福德

St Mary's Church, Balham 圣玛丽医院,巴勒姆

St Pancras, London 圣潘克拉斯公墓,伦敦

St Paul's Cathedral, London 圣保罗大教堂,伦敦

St Petersburg, Russia; see also Leningrad 圣彼得堡,俄罗斯;参考列宁格勒

St Saviour's Church, Battersea 神圣救世主教堂,巴特锡

Saints and Strangers 《圣徒与陌生人》

Salamander Press 火蜥蜴出版社

Salem, Massachusetts 萨勒姆,马萨诸塞州

Samarkand, Uzbekistan 撒马尔罕,乌兹别克斯坦

San Antonio, Texas 圣安东尼奥,德克萨斯州

San Francesco di Paola, Florence 保罗圣方济教堂,佛罗伦萨

San Francisco, California 旧金山,加利福尼亚州

San Lorenzo, Knightsbridge 圣洛伦佐餐厅,骑士桥

Sanders, Denis 桑德斯,丹尼斯

Santa Fe, New Mexico 圣塔菲,新墨西哥州

Saragossa Manuscript, The (Has) 《萨拉戈萨手稿》(哈斯)

Sarajevo, Bosnia 萨拉热窝,波斯尼亚

Sargood, Corinna 萨古德,科琳娜

Satanic Verses, The (Rushdie) 《撒旦诗篇》(鲁西迪)

Satterfield, Jane 萨特菲尔德,简

Saunders, Nicholas 桑德斯,尼古拉斯

Savage Mind, The (Lévi-Strauss) 《野性的思维》(列维-斯特劳斯)

Saville Place, Bristol 萨维尔街,布里斯托

Scannell, Vernon 斯坎内尔,弗农

Schewed, Peter 斯古德,彼得

Schlee, Ann 施利,安

Schulz, Bruno 舒尔茨,布鲁诺

Schumann, Robert 舒曼,罗伯特

Scotland 苏格兰

Scotsman 《苏格兰人》

Scott-Clark, Jeffry 斯科特-克拉克,杰弗里

Scott, Paul 斯科特,保罗

Scott, Selina 斯科特,塞利娜

Scottish Conservative Party 苏格兰保守党

Scripture 《圣经》课

Scrooge 《吝啬鬼》

Scrutiny 《推敲》杂志刊

Sea-Cat and Dragon King 《海猫与龙王》

Seabrook, Jeremy 西布鲁克,杰里米

Second Skin (Hawkes) 《第二张皮》(霍克斯)

Secret Garden, The (Burnett) 《秘密花园》(伯内特)

Secret Self, The (Lee ed.) 《秘密的自我》(李编)

Secrets of the Soul (Pabst) 《灵魂的秘密》(帕布斯特)

Seeger, Peggy 西格,佩吉

Seidensticker, Edward 塞登施蒂克,爱德华

Self-Starvation (Palazzolli) 《绝食》(帕拉佐里)

Selfridge, Gordon 塞尔弗里奇,戈登

Selfridges 塞尔弗里奇百货商店

Sendak, Maurice 森达克,莫里斯

Several Perceptions 《数种知觉》

Shadow Dance 《影舞》

Shakespeare, William 莎士比亚,威廉

Shame(Rushdie) 《羞耻》(鲁西迪)

Shaw, George Bernard 萧伯纳

Sheffield, South Yorkshire 谢菲尔德,南约克郡

Shelbourne Hotel, Dublin 谢尔本酒店,都柏林

Shelley, Percy Bysshe 雪莱,珀西·比希

Shepperton Studios 谢珀顿影棚

Shinjuku, Tokyo 新宿,东京

Shoes and Shit(Ducornet ed.) 《鞋子与其他杂物》(迪科尔内)

Shrapnel, Norman 施雷普内尔,诺曼

Siberia 西伯利亚

Siege of Krishnapur, The(Farrell) 《包围克里希纳普》(法雷尔)

Silkin, Jon 西尔金,乔恩

Sillitoe, Alan 西利托,艾伦

Simon & Schuster 西蒙与舒斯特出版社

Simpson, Helen 辛普森,海伦

Sinclair, Clive 辛克莱,克莱夫

Sinclair, Iain 辛克莱,伊恩

Singapore 新加坡

Sir Gawain and the Green Knight 《高文爵士与绿骑士》

Škvorecký, Josef 史克沃莱茨基,约瑟夫

Sladek, John 斯拉德克,约翰

"Sleeping Beauty" 《睡美人》

Small World(Lodge) 《小世界》(洛奇)

Smalley, Joansee Stalker, Joan 斯莫利,琼,见斯托克,琼

Smallwood, Norah 斯莫尔伍德,诺拉

Smart, Elizabeth 斯玛特,伊丽莎白

"Smile of Winter, The" 《冬季微笑》

Smith, Ali 史密斯,阿里

Smith, Patti 史密斯,帕蒂

Smith, Phoebe 史密斯,菲比

Smith, Stevie 史密斯,史蒂维

Smith, Zadie 史密斯,扎迪

"Snow Child, The" 《雪孩》

"Snow White" 《白雪公主》

Snow, Charles Percy 斯诺,查尔斯·珀西

Society for Antiquities 英国古迹协会

Society of Antiquaries 古文物协会

Soho, London 苏活区,伦敦

Solanas, Valerie 索拉纳斯,瓦莱丽

Soldier's Art, The(Powell) 《士兵的艺术》(鲍威尔)

Solotaroff, Ted 索罗塔洛夫,泰德

"Some Speculations on Possible Relationshipsbetween the Medieval Period and 20th Century Folk Song

Poetry" 《关于中世纪和 20 世纪民谣诗歌关系的一点思考》

Somerset Maugham Award 毛姆奖

Songlines, *The*（Chatwin） 《歌之版图》（查特文）

Songs from Aldermaston（London Youth Choir） 《奥尔德马斯顿之歌》（伦敦青年合唱团）

Songs of Robert Burns, *The*（Hall） 《罗伯特·彭斯歌谣集》（霍尔）

Sons and Lovers（Lawrence） 《儿子与情人》（劳伦斯）

Sontag, Susan 桑塔格,苏珊

Sound and the Fury, *The*（Faulkner） 《喧哗与骚动》（福克纳）

South Africa 南非

South London Hospital for Women 南伦敦妇科医院

South Pacific Pictures 南太平洋电影公司

"Souvenir of Japan, A" 《一份日本的纪念》

Soviet Union 苏联

Soyinka, Wole 索因卡,沃莱

Spain 西班牙

Spare Rib 《肋骨》杂志

Spark, Muriel 斯帕克,缪丽尔

Spectator 《旁观者报》

Spencer, Colin 斯宾塞,科林

Springfield Mental Hospital, Tooting 斯普林菲尔德精神病院,图厅

Square Peg 《方钉》杂志

Staffordshire, England 斯塔福德郡,英格兰

Stalinism 斯大林主义

Stalker, Christina 斯托克,克里斯蒂娜

Stalker, Hugh 斯托克,休

Stalker, Joan（*née* Smalley） 斯托克,琼（原姓斯莫利）

Stalker, Katie 斯托克,凯蒂

Stalker, Olive（*née* Farthing） 斯托克,奥利芙（原姓法辛）

Stalker, William 斯托克,威廉

Stalker, William Hugh（"Hughie"） 斯托克,威廉·休（"休伊"）

Stamford Lane, Austin 斯坦福德巷,奥斯汀

Stamp, Terence 斯坦普,特伦斯

Stanbrook, Alan 斯坦布鲁克,艾伦

Stand 《立》杂志

Star Gazers, *The* 《观星人》

Stationers' Hall, London 伦敦书籍出版业公会,伦敦

Staying On（Scott） 《眷恋》（斯科特）

Stead, Christina 斯特德,克里斯蒂娜

Steele, Tommy 斯蒂尔,汤米

Steeples, Joe 斯蒂普斯,乔

"Stepney Gavotte, The" 《斯特普尼的嘉禾舞曲》

Stockholm University 斯德哥尔摩大学

Stockwell, London 斯托克韦尔,伦敦
Stoke Newington, London 斯托克·纽因顿村,伦敦
Stoker, Bram 斯托克,布拉姆
Stone, Brian 斯通,布莱恩
Stonehenge, Wiltshire 巨石阵,威尔特郡
Stones, Henry 斯通斯,亨利
Stones, Janesee Farthing, Jane 斯通斯,简,见法辛,简
Stonewall riots (1969) 石墙暴动
Stoppard, Tom 斯托帕,汤姆
Stott, Catherine 斯托特,凯瑟琳
Strand, London 斯特兰德大街,伦敦
Strauss, Richard 施特劳斯,理查
"Strawberry Fields Forever" (The Beatles) 《永远的草莓地》(披头士)
Streatham Hill & Clapham High School, London 斯特里塞姆高地与克拉法姆中学,伦敦
Streatham Ice Rink 斯特里塞姆冰场
Street-Porter, Janet 斯特里特-波特,珍妮特
Such a Long Journey (Mistry) 《漫长旅程》(米斯特里)
Suffolk Regiment 萨福克兵团
"Summer Child" "夏日男孩"
Sun 《太阳报》
Sunday Express 《星期日快讯》
Sunday Telegraph 《星期日电讯报》
Sunday Times 《星期日泰晤士报》
Surréalisme et sexualité (Gauthier) 《超现实主义与性存在》(戈蒂埃)
Švankmajer, Jan 史云梅耶,杨
Swan Point Cemetery, Providence 天鹅角公墓,普罗维登斯
Swan, Peter and Janet 斯旺,彼得和珍妮特
Swift, Graham 斯威夫特,格雷厄姆
Swift, Jonathan 斯威夫特,乔纳森
Switzerland 瑞士
Sword of Honour (Waugh) 《荣誉之剑》(沃)
Sydney Buildings, Bath 悉尼大楼,巴斯
Sydney, New South Wales 悉尼,新南威尔士州

T

Tales of Hoffmann, The 《霍夫曼的故事》
Tamburlaine 帖木儿大帝
Tanizaki, Junichiro 谷崎润一郎
Tarkovsky, Andrei 塔可夫斯基,安德烈
Tarrytown, Austin 塔里敦,奥斯汀
Tatler 《尚流》杂志
Taylor, Bob 泰勒,鲍勃
Taylor, David John 泰勒,戴维·约翰
Taylor, Texas 泰勒,得克萨斯
Tebb, Barry 特布,巴里
Tempo 节奏唱片公司

Tennant, Emma　坦南特,艾玛

Tennessee, United States　田纳西州,美国

Ternan, Nelly　特南,内莉

Terson, Peter　特尔松,彼得

Tetbury, Gloucestershire　泰特伯里,格洛斯特郡

Texas, United States　得克萨斯州,美国

Thailand　泰国

Thames river　泰晤士河

That's The Way It Is　《猫王》纪录片

Thatcher, Margaret　撒切尔,玛格丽特

Themerson, Stefan　泰默森,斯特凡

Thomas, Donald Michael　托马斯,唐纳德·迈克尔

Thomas, Ronald Stuart　托马斯,罗纳德·斯图亚特

Thompson, David　汤普森,戴维

Thompson, Edward Palmer　汤普森,爱德华·帕尔默

Thompson, Hunter　汤普森,亨特

"Three Feminist Fables" (Namjoshi)　《三则女性主义寓言》(南荷许)

Three Royal Monkeys, The (de la Mare)　《三只皇家猴》(德·拉·马雷)

Thwaite, Anthony　斯韦特,安东尼

Tiger Who Came to Tea, The (Kerr)　《来喝茶的老虎》(科尔)

"Tiger's Bride, The"　《老虎新娘》

Time Out　《休闲时光》杂志

Time's Arrow (Amis)　《时间之箭》(艾米斯)

Times, The　《泰晤士报》

Times Educational Supplement　《泰晤士教育副刊》

Times Literary Supplement　《泰晤士文学副刊》

Tippett, Michael　蒂皮特,迈克尔

Titus Andronicus (Shakespeare)　《泰特斯·安德洛尼克斯》(莎士比亚)

Tlaloc　《特拉洛克》杂志

Tóibín, Colm　托宾,科尔姆

Tokyo, Japan　东京,日本

Tolley, Michael　托利,迈克尔

Tolstoy, Leo　托尔斯泰,列夫

Tom Cat Goes to Market　《汤姆猫去市场》

"Tom Thumb"　《拇指汤姆》

Tomalin, Claire　托马林,克莱尔

Tomalin, Nicholas　托马林,尼古拉斯

Tomlinson, Charles　汤姆林森,查尔斯

Tooting, London　图厅,伦敦

Topic Records　主题唱片公司

Toronto Film Festival　多伦多电影节

Toronto, Ontario　多伦多,安大略

Townshend, Pete　汤曾德,皮特

Tracy, Lorna　特雷西,洛娜

Trafalgar Square, London　特拉法加广场,伦敦

Trans-Siberian Railway　西伯利亚大铁路

Transatlantic Review 《大西洋两岸评论》

Travers, Andrew 特拉弗斯,安德鲁

Treatise on Human Nature(Hume) 《人性论》(休谟)

Treglown, Jeremy 特雷格洛恩,杰里米

Trevor, William 特雷弗,威廉

Trevor-Roper, Hugh 特雷弗-罗珀,休

Trinity Hospice, Clapham 圣三一临终关怀医院,克拉法姆

Troilus and Cressida(Shakespeare) 《特洛伊罗斯与克丽希达》(莎士比亚)

Trollope, Anthony 特罗洛普,安东尼

Troubadour, Earls Court 吟游诗人,伯爵宫

Troubled Love(Seeger) 《困惑的爱》(西格)

Trouille, Clovis 特鲁耶,克洛维斯

Tua Mariit Wemen and the Wedo, The (Dunbar) 《两个已婚妇人与寡妇》(邓巴)

Tucker, Christopher 塔克,克里斯托弗

Tuohy, Frank 图伊,弗兰克

Twain, Mark 吐温,马克

20 June Group 6月20日党

Two Noble Kinsmen, The (Shakespeare) 《两贵亲》(莎士比亚)

U

Ukraine 乌克兰

Ulysses(Joyce) 《尤利西斯》(乔伊斯)

Uncle Tomism 汤姆叔叔主义

"Unicorn" 《独角兽》

Union Street(Barker) 《联邦街》(巴克)

United States 美国

Iowa 爱荷华州

New York 纽约

Rhode Island 罗德岛

Texas 得克萨斯

Universal Baseball Association, The (Coover) 《宇宙棒球联盟》(库弗)

Universities Poetry 《大学诗歌》

University College London 伦敦大学学院

University of Adelaide 阿德莱德大学

University of Basel 巴塞尔大学

University of Bath 巴斯大学

University of Bristol 布里斯托大学

University of California 加利福尼亚大学

University of East Anglia 东英吉利大学

University of Edinburgh 爱丁堡大学

University of Essex 埃塞克斯大学

University of Hull 赫尔大学

University of Iowa 爱荷华大学

University of Kent 肯特大学

University of Leeds 利兹大学

University of London 伦敦大学

University of Sheffield 谢菲尔德大学

University of Texas 得克萨斯大学

Unofficial Rose, An(Murdoch) 《一支非

正式的蔷薇》(默多克)
"Upland Road, The" 《高地之路》
Upper Globe, Bradford 北半球酒吧,布拉德福德
Uses of Enchantment,*The*(Bettelheim)《咒语的用途》(贝特尔海姆)

V

Vaill, Amanda 瓦伊尔,阿曼达
Valerie and Her Week of Wonders(Jireš)《瓦莱丽和她的奇迹一周》(伊雷什)
"Valley of the Kings, The" 《帝王谷》
Vampirella 《吸血姬》
Van,*The*(Doyle)《货车》(多伊尔)
Velvet Underground, The 地下丝绒乐队
Venice, Italy 威尼斯,意大利
Verdi, Giuseppe 威尔第,朱塞佩
"Victims of Circumstance" 《情势的受害者》
Victor Gollancz Ltd 维克多·格兰茨出版有限公司
Victoria and Albert Museum, London 维多利亚与艾伯特博物馆,伦敦
Victoria, Queen of the United Kingdom 维多利亚,英国女王
Vietnam War(1955—75) 越南战争(1955—1975)
Viking 维京
Villiers de l'Isle-Adam, Auguste 维利耶·德利尔·亚当,奥古斯特

Vintage Classics 佳酿经典
Virago 悍妇社
Virago Book of Fairy Tales,*The* 《悍妇社精怪故事集》
Virginia, United States 弗吉尼亚州,美国
Vision 《视觉》
Visions 《视野》
Vladivostok, Russia 符拉迪沃斯托克,俄罗斯
Vogue 《时尚》
Vonnegut, Kurt 冯内古特,库尔特

W

Wain, Noel 韦恩,诺埃尔
Wakai-Josei 《年轻女性》日本版
Walcot, Bath 沃尔科特村,巴斯
Wales 威尔士
Walters, Margaret 沃尔特斯,玛格丽特
Waltham Abbey, London 沃尔瑟姆修道院,伦敦
Wandsworth, London 万兹沃斯,伦敦
War of Dreams,*The* see *Infernal Desire Machines of Dr Hoffman*,*The* 《梦的战争》,见《霍夫曼博士的魔鬼欲望机器》
Wardour Street, Soho 华都街,苏活区
Ware, Martin 韦尔,马丁
Warhol, Andy 沃霍尔,安迪
Warner Brothers 华纳兄弟
Warner, Marina 沃纳,玛丽娜

Waseda University 早稻田大学

Washington University, St Louis 华盛顿大学圣路易斯分校

Watergate hearings (1973) 水门事件听证会(1973)

Waterland (Swift) 《水之乡》(斯威夫特)

Waters, Sarah 沃特斯,萨拉

Waterstone's 水石书店

Wath-upon-Dearne, Yorkshire 德恩河畔的沃斯,约克郡

Watkins, Vernon 沃金斯,弗农

Watney, Simon 沃特尼,西蒙

Watt (Beckett) 《瓦特》(贝克特)

Waugh, Auberon 沃,奥伯龙

Waugh, Evelyn 沃,伊芙琳

Waugh, Harriet 沃,哈丽雅特

Wayward Girls and Wicked Women 《迷途少女与恶女人》

Webb, William L. 韦布,威廉·L.

von Weber, Carl Maria 冯·韦伯,卡尔·玛利亚

Wedekind, Frank 韦德金德,弗兰克

Weidenfeld, George, Baron Weidenfeld 韦登菲尔德,乔治,韦登菲尔德男爵

Weightman, John 韦特曼,约翰

Weldon, Fay 韦尔登,费伊

Welles, Orson 威尔斯,奥森

Wellesley, Boston 威尔斯利学院,波士顿

Wellington International Festival 惠灵顿国际艺术节

Welsh National Opera 威尔士国家歌剧院

"Werewolf, The" 《狼人》

West of England College of Art 西英格兰艺术学院

West, Mae 韦斯特,梅

Western Daily Press 《西部日报》

Western Scene 《西境》

Westminster Abbey, London 威斯敏斯特大教堂,伦敦

What We Talk About When We Talk About Love (Carver) 《当我们谈论爱情时我们在谈论什么》(卡佛)

Wheatland Foundation 惠特兰基金会

Wheatley, David 惠特利,戴维

Wheeler, Marion 惠勒,玛丽昂

Where the Wild Things Are (Sendak) 《野兽们哪去了》(森达克)

Whitbread Book Awards 惠特布雷德图书奖

White, Edmund 怀特,埃德蒙

White, Michael 怀特,迈克尔

White, Pat 怀特,帕特

Whitehead, Mary 怀特黑德,玛丽

Whitley, John 惠特利,约翰

Whitsun Weddings, The (Larkin) 《五旬节的婚礼》(拉金)

Whizzer and Chips 《恶作剧与小把戏》

Who, The 谁人乐队

"Whole School of Bourgeois Primitives, A" (Reid) 《整个资产阶级原始派》(里德)

"Why I Want to Fuck Ronald Reagan" (Ballard) 《为什么我想奸罗纳德·里根》(巴拉德)

Wieseltier, Leon 维瑟尔捷,利昂

Wild Animals of Britain (Richmond) 《英国野生动物》(里士满)

Wild at Heart (Lynch) 《我心狂野》(林奇)

Wild Tigers and Tame Fleas (Ballantine) 《狂野的老虎和温驯的跳蚤》(巴兰坦)

Wilde, Oscar 王尔德,奥斯卡

Willets family 威利茨家族

William Heinemann Ltd 威廉·海涅曼有限公司

Williams, Charles, Baron Williams of Elvel 威廉姆斯,查尔斯,艾尔维尔的威廉子爵(勋爵)

Williams, Evelyn 威廉姆斯,伊芙琳

"Willow Weep" (Holliday) 《柳树之泪》(哈乐黛)

Wills Memorial Building, Bristol 威尔斯纪念馆,布里斯托

Wilson, Angus 威尔逊,安格斯

Wilson, Snoo 威尔逊,斯努

Wimpy 温比汉堡连锁店

Winterson, Jeanette 温特森,珍妮特

Wise Children 《明智的孩子》

Wittgenstein, Ludwig 维特根斯坦,路德维克

"Wolf-Alice" 《狼女艾丽斯》

Wolfe, Thomas 沃尔夫,托马斯

Wollstonecraft, Mary 沃斯通克拉夫特,玛丽

Wolves and Were-Wolves (Pollard) 《狼与狼人》(波拉德)

Woman Hating (Dworkin) 《仇女》(德沃金)

Woman in a Dressing Gown (Thompson) 《穿晨衣的女人》(汤普森)

"Woman Young and Old, A" (Paley) 《一个年轻苍老的女人》(佩利)

Women in Love (Lawrence) 《恋爱中的女人》(劳伦斯)

Women's Liberation Workshop 妇女解放工作组

Wood, Charles 伍德,查尔斯

Wood, James 伍德,詹姆斯

Wood, Michael 伍德,迈克尔

Woodland Heights, Iowa City 林间高地,爱荷华市

Woodrow, Naine 伍德罗,奈恩

Woolf, Virginia 伍尔夫,弗吉尼亚

Woolley, Steve 伍利,斯蒂夫

Word for Word 《咬文嚼字》

Wordsworth, Christopher 华兹华斯,克里斯托弗

Wordsworth, Dorothy 华兹华斯,多萝西

Wordsworth, William 华兹华斯,威廉
World of Interiors 《家装世界》
World the Slaves Made, The(Genovese) 《奴隶创造的世界》(吉诺维斯)
World War I (1914-18) 第一次世界大战(1914—1918)
World War II (1939-45) 第二次世界大战(1939—1945)
World Writers' Statement 《世界作家宣言》
World's End, London 世界尽头,伦敦
Wuthering Heights(Bront) 《呼啸山庄》(勃朗特)
Wylie, Andrew 怀利,安德鲁
Wyndham, Francis 温德姆·弗朗西斯

Y

Yasuda, Takeshi 安田,武
Yeats, William Butler 叶芝,威廉·巴特勒
Yokohama, Japan 横滨,日本
Yorkshire, England 约克郡,英格兰
"Young Girl, The"(Mansfield) 《少女》(曼斯菲尔德)
Young Lady 《年轻女性》
Young, B. A. 扬,B.A.
Yoxall, John 约克斯尔,约翰

Z

Zam-Buk ointment 乌青膏
Zigger Zagger(Terson) 《齐声燥呀》(特尔松)
Zipes, Jack 宰普思,杰克
Zodiac killer 黄道十二宫杀人魔

安吉拉·卡特生平及其他

1940—1959

出生于伊斯特本

婴儿时期在德恩河畔的沃斯

搬往雷文斯利路,巴勒姆

在赫恩维尔路小学

赢得伦敦作文大赛

进入斯特里塞姆高地与克拉法姆中学

写下《帝王谷》

进入青春期

在休伊和琼的婚礼上当伴娘

为体重看医生;节食

通过英语文学和法语高等水平测试

开始在克罗伊登《广告人报》工作

成为专题作者

与保罗·卡特相识

加入 CND

与保罗订婚

1960—1969

与保罗结婚

搬到伯德赫斯特高地,克罗伊登

开始写作第一部小说

保罗辞去邓洛普的工作

保罗接受布里斯托技术学院的工作

宣布怀孕

搬到皇家约克排屋,布里斯托

开始写日记

写下《婴儿》

布拉德福德疫情暴发时注射天花疫苗

二十二岁生日

写下《爱上低音大提琴的男人》

为《西部日报》撰写民间音乐相关文章

写作《爱的不可能》

遇见佩吉·西格

开始在布里斯托大学学习

保罗患抑郁症

接管布里斯托大学文学社

编辑《视觉》

诗被《大学诗歌》录用

二十四岁生日

开始创作《影舞》
写作毕业论文
将《影舞》交给海涅曼出版社
和保罗同游爱尔兰
获得二级甲等学位
开始写作研究生论文
写作《魔幻玩具铺》
为《数种知觉》做笔记
将《魔幻玩具铺》交给海涅曼
认识爱德华·霍勒什
大选中投给工党
假妊娠
写字手麻木；放弃研究生论文
在卡迪夫听鲍勃·迪伦音乐会
在布里斯托听谁人乐队
在布里斯托动物园咖啡厅打工
简·法辛去世
《影舞》出版
开始为《新社会》供稿
写作《纵情声色》
和约翰·奥斯本发生性关系
收到《魔幻玩具铺》样稿
海涅曼拒绝出版《纵情声色》
开始在巴斯大学教授文科
认识卡萝尔·罗芙
写下《六十年代潮流理论》的笔记
写作《数种知觉》
《魔幻玩具铺》出版
写作三个童话故事
西蒙与舒斯特同意出版《黑姑娘Z小姐》
和《驴王子》
进入西英格兰艺术学院
保罗抑郁
《数种知觉》稿件交给海涅曼
雇艾琳·约瑟斐作经纪人
开始写作《英雄与恶徒》
《数种知觉》出版
《魔幻玩具铺》获约翰·卢埃林·里斯奖
参加《自由竞艺》节目，遇见A.S.拜厄特
收到改编电影《魔幻玩具铺》提案
开始写作《爱》
将《英雄与恶徒》交给海涅曼
《数种知觉》获毛姆奖
波士顿大学请求她提供手稿
从皇家约克排屋38号搬进27号
与保罗同游美国
前往日本
决定离开保罗
到香港和曼谷
与保罗分居；与丽贝卡住在伯爵宫区
《英雄与恶徒》出版
搬到布拉德福德与卡萝尔同住
与约翰·洛克伍德发生关系
《爱》完稿
母亲去世

1970—1979

搬到东京
写作《刽子手的美丽女儿》
写下《唐·奎克的冒险》剧本

拒绝海涅曼对《爱》的报价
在NHK找到工作
与荒木同看焰火大会
西蒙与舒斯特拒绝出版《爱》
讲谈社买下《影舞》和《爱》的译作出版权
生月雅子提交《黑姑娘Z小姐》日语试译稿
参加国际科幻小说论坛
写下《一份日本的纪念》
与哈特-戴维斯签下《爱》的合约
写下《紫女士之爱》
华纳兄弟买下《英雄与恶徒》
《Z小姐》出版
辞去NHK的工作；在千叶县租下小屋
开始写作《霍夫曼博士的魔鬼欲望机器》
回到东京；住到维奥莉特家
回到英国；住在丽贝卡伯爵宫区的家中
与保罗谈离婚
认识约翰·海斯
《爱》出版
伯父去世；和父亲一起到苏格兰
经俄罗斯返回日本
与"夏日男孩"发生关系
与荒木分手
搬到新宿
开始写作《在一个城市写下的故事》
与高建立关系
在蝴蝶酒吧找到工作
与高家在大阪共度新年
再度假妊娠

开始为《新夏娃的激情》写下笔记
西蒙与舒斯特终止合作关系
写下《穿透森林之心》
回到英格兰；搬到伊斯灵顿
为假妊娠咨询妇科专家
听到高失踪的消息
与卡萝尔关系恶化
《霍夫曼博士的魔鬼欲望机器》出版
接受《卫报》采访
担任约翰·卢埃林·里斯奖评委
申请东英吉利大学和伦敦大学学院的工作
签下《超现实主义与性存在》翻译合同
与安德鲁·特拉弗斯开展关系
搬到东芬奇利
获得艺术委员会资助
开始为《肋骨》供稿
开始写作《萨德式女人》
加入悍妇社编委会
卖出短篇故事集《烟火》
住在爱德华·霍勒什位于巴斯的家中
给安德鲁写信
在巴斯海丘巷购房
雇德博拉·罗杰斯为经纪人
与安德鲁分手
提交《超现实主义与性存在》译稿
开始写作《新夏娃的激情》初稿
悍妇社正式委托创作《萨德式女人》
开始为《广播时间》供稿
完成《烟火》修改

收到日文版《爱》样稿
凯蒂·法辛去世
将《新夏娃的激情》卖给哈考特·布雷
　斯·约凡诺维奇出版社
为《爱》的新书发布会返回东京
游览撒马尔罕
和威尔士邻居上床
怀孕；堕胎
《超现实主义与性存在》翻译项目破产
《烟火》出版
和马克·皮尔斯建立关系
写下《吸血姬》
约翰·约克斯尔来访；到德文，住在桑迪
　和安田家
写下《爱屋之女主人》
给约翰·伯格寄《萨德式女人》章节
回归《新夏娃的激情》写作
将《新夏娃的激情》寄给出版社
参加致敬多诺索的晚宴；结识萨尔曼·鲁
　西迪
《吸血姬》广播剧播出
为《新社会》写作关于摔跤的文章
搬到克拉法姆的蔡斯街
开始翻译《佩罗童话故事集》
开始在谢菲尔德大学教书
将《与狼共舞》交给《狂人》杂志
《新夏娃的激情》出版
《与狼共舞》发表，到意大利旅行
出版《夏尔·佩罗童话故事集》
将《染血之室》中的故事交给德博拉

前往葡萄牙
写作《穿靴猫》
和谢菲尔德大学续约
哈考特提供《萨德式女人》反馈
和格兰茨出版社签约
发表《师先生的恋曲》
在坎布里亚授课
在卢姆·班克-阿冯中心授课
开始在东安吉利大学教书
发表《狼女艾丽斯》
出版《萨德式女人》
出版《染血之室》
和洛娜同住在保罗圣方济教堂附近
写作《黑色维纳斯》
写作《与狼为伴》广播剧版

1980—1992

开始为《伦敦书评》供稿
改编伍尔夫的《奥兰多》
写下《妇女解放运动者的语言》
写下《织被人》
接受普罗维登斯市布朗大学的教职
寻找洛夫克拉夫特的坟墓
写下《埃德加·爱伦·坡的私室》
开始为《马戏团之夜》查阅资料
为《时尚》采访伊丽莎白·哈德威克
马克到普罗维登斯过圣诞节
《烟火》美国版宣传之旅
结识泰德·索罗塔洛夫
右耳暂时失聪

签订《无关神圣》合同
在当代艺术学院发表关于福克兰群岛海战的演讲
怀孕；流产
在都柏林参加乔伊斯百年诞辰纪念活动
《无关神圣》出版
受邀担任布克奖评委
怀孕
参加"哥特小说中的女人"的研讨会
创作《与狼为伴》剧本
前往佛罗伦萨和日内瓦
将《马戏团之夜》交给出版社
撤回艺术委员会资助申请
为布克奖担任评委
亚历山大出生
产后感染
在津格尔斯威克与休伊和琼共度圣诞节
《与狼为伴》拍摄
开始在阿德莱德大学工作
参观悉尼和墨尔本
回到伦敦
《与狼为伴》公映
《马戏团之夜》出版
参加阿德莱德艺术节
参加多伦多电影节
编辑《迷途少女与恶女人》
《来到黄沙的海滨》出版
在得克萨斯大学工作
绝经
受格拉纳达邀请编写《魔幻玩具铺》剧本

带亚历克斯接受见语言治疗师
《黑色维纳斯》出版
在爱荷华作家工作坊教书
参加多伦多国际作家节
参加萨尔曼·鲁西迪四十岁生日派对
查托与温达斯再版《爱》和《烟火》
受委托写作《克莱斯特彻奇谋杀案》
受邀改编韦德金德的"露露"系列剧本
前往澳大利亚和新西兰
暗示卡门给《明智的孩子》开价
父亲逝世
参加"6月20日党"会议
在纽约州立大学教书
美国《黑色维纳斯》出版宣传之旅
《魔幻玩具铺》在ITV上播出
获悉《露露》不会登上国家大剧院舞台
到佛罗伦萨旅行；得知鲁西迪被下达死刑令
在巴塞尔大学参加"论陌生性"研讨会
参加布达佩斯国际作家节
参与当代艺术学院魔幻现实主义对谈
安·法辛去世
豪尔赫·路易斯·博尔赫斯纪念演讲
买下小船"毛茛号"
参加惠灵顿国际艺术节
五十岁生日派对
编辑《悍妇社精怪故事集》
在《星期日泰晤士报》上发表文章《一日生活》
患肺癌

向第四频道提交《神圣家族影集》剧本
和马克结婚
前往法国卡尔卡索纳小住
编辑《被删除的感叹词》
《家装世界》上关于戴维·卡特的文章
《神圣家族影集》播出
为《荒岛唱片》节目选择唱片、书籍和物品
《文艺面面观》访谈
听到高自杀的消息
死亡

对家务有兴趣
幽默
个人主义
对中世纪文学感兴趣
喜爱音乐
害怕疾病,见"恐惧症"
喜爱歌剧
对画画感兴趣
假妊娠
对哲学有兴趣
煲电话粥
性欲
讲话方式
自我构建
自给自足
害羞
社会主义
孤独
吸烟的习惯
牙齿(见牙齿问题)
对剧院感兴趣
热情,友好
体重

个性关键词

异化
厌食症
无神论
爱猫
热爱电影
对烹饪感兴趣
残忍
牙齿问题
抑郁症
疾病
开车技能
对埃及学感兴趣
亲近焦虑
夸张
对时尚感兴趣
女性主义
慷慨
灰发

家庭住址

艾伯特路,谢菲尔德
阿林顿大道,普罗维登斯
阿伦德尔街,伊斯灵顿
伯德赫斯特高地,克罗宜登
蔡斯街,克拉法姆

奇尔德斯街,阿德莱德
海丘巷,巴斯
九十九里町,千叶县
林肯路,东芬奇利
目黑区,东京
雷文斯利路,巴勒姆
皇家约克排屋,布里斯托
新宿,东京
斯坦福德巷,奥斯汀
德恩河畔的沃斯,约克郡
林间高地,爱荷华市

法辛,安
法辛,塞西尔
法辛,辛西娅("凯蒂")
法辛,简
法辛,尼古拉
法辛,沃尔特
皮尔斯,亚历山大·罗伯特
皮尔斯,马克
斯托克,休
斯托克,琼
斯托克,奥利芙
斯托克,威廉·休("休伊")

影响

电影
欧陆理论家
童话故事,民间传说
法国文学
哥特文学
拉美文学,魔幻现实主义
中世纪文学
现代主义文学
"音乐厅"
哲学
心理分析学说
科幻小说
莎士比亚
超现实主义

朋友与同事关系

阿德科克,弗勒
安东尼,杰奎琳
阿皮尼亚内西,丽莎
荒木,维奥莉特
贝利,保罗
伯克利,迈克尔
博伊德,亚瑟
布拉德伯里,马尔科姆
布伦特,娜奥米
布拉泽斯,康妮
卡梅伦,雪莉
卡弗,彼得
查特文,布鲁斯
库弗,皮利
库弗,罗伯特
考克斯,约翰

家庭关系

卡特,保罗

柯里,尼尔
迪尔曼,格林
唐顿,克里斯蒂娜
迪科尔内,里基
凡托尼,巴里
法拉赫,努鲁丁
福赛思,尼尔
高斯,佐勒菲卡尔
古丁斯,伦尼
古尔德,托尼
格雷,尼克
汉拉恩,芭芭拉
哈德威克,伊丽莎白
黑尔,戴维
海斯,约翰
亨蒂,约翰
霍德森,鲁珀特
霍尔斯特,泰德
霍勒什,爱德华
霍维尔,韦罗妮卡
霍华德,丽贝卡
休斯,泰德
乔利,伊丽莎白
乔丹,尼尔
利奇,卡克图斯
莱格特,约翰
麦克莱恩,珍妮和伊恩
麦克莱恩,萨拉
麦克尤恩,伊恩
麦克费伦,安

梅尔维尔,保利娜
米勒,罗兰
穆迪,里克
莫尔科克,迈克尔
莫申,安德鲁
纽曼,安德烈娅
奥斯本,约翰和珍妮
欧文,厄休拉
帕米拉(小学朋友)
菲利普斯,卡里尔
波特,彼得
罗伯茨,尼尔
罗芙,卡萝尔
鲁西迪,萨尔曼
塞奇,洛娜
塞奇,维克
萨古德,科琳娜
斯蒂普尔斯,乔
斯旺,彼得和珍妮特
泰勒,鲍勃
韦恩,诺埃尔
沃纳,玛丽娜
沃特尼,西蒙
威尔逊,斯努
伍德罗,奈恩
约克斯尔,约翰
宰普思,杰克

情人关系

荒木,创造

比尔（出版商）
伯内尔,哈尔
法国士兵
高,万寿
洛克伍德,约翰
奥斯本,约翰
"夏日男孩"
特拉弗斯,安德鲁
威尔士邻居

斯古德,彼得
斯科特-克拉克,杰弗里
索罗塔洛夫,泰德
坦南特,艾玛
瓦伊尔,阿曼达
惠勒,玛丽昂

出版商、经纪人关系

巴克,保罗
巴蒂-金,马克
博亚尔斯,玛丽昂
布鲁克,艾伦
考尔德,利兹
卡利尔,卡恩
卡弗,凯瑟琳
克拉普,苏珊娜
甘特,罗兰
戈德温,托尼
戈兹沃西,乔安娜
生月,雅子
约瑟斐,艾琳
利斯,布伦达
麦卡锡,卡万
马斯特,西蒙
米勒,威廉
罗伯森,贾尼丝
罗杰斯,德博拉

师生关系

巴克,帕特
鲍纳斯,斯蒂夫
布赖恩,林内
考恩,安德鲁
道蒂,露易丝
恩赖特,安妮
石黑,一雄
卡普兰,戴维·迈克尔
夸克,约翰
兰利,杰勒德
穆迪,里克
特雷西,洛娜
帕切特,安
帕特森,格伦
萨特菲尔德,简

看法

流产
审查制度
阶级
资本主义
性别

母性

音乐

色情作品

种族歧视

宗教

性，性欲

撒切尔主义

作品集

《美国鬼魂与旧世界奇观》

《黑色维纳斯》

《染血之室》

《焚舟纪：短篇故事集》

《来到黄沙的海滨》

《被删除的感叹词》

《烟火》

《无关神圣》

儿童文学

《幽默好奇猫》

《海猫与龙王》

编辑

《悍妇社精怪故事集》

《迷途少女与恶女人》

非虚构作品

《艾利森咯咯笑了》

《黑色景致中的愤怒》

《自由女性的自白》

《妇女解放运动者的语言》

《柜中女王洛伦佐》

《六十年代风尚理论注释》

《哥特体裁按语》

《去年的海报女郎》

《火车站是一种艺术形式》

《萨德式女人》

《关于中世纪和20世纪民谣诗歌关系的一点思考》

《甜爸爸》

长篇小说

《霍夫曼博士的魔鬼欲望机器》

《英雄与恶徒》

《爱》

《魔幻玩具铺》

《马戏团之夜》

《新夏娃的激情》

《数种知觉》

《影舞》

《明智的孩子》

诗

《歌》

《关乎一只孕期小白猫的积极诗作》

《爱的不可能》

《我的猫在她的第一个春天》

《命名之物》

《只是爱人》

《为鲁滨逊作诗》

《独角兽》

《帝王谷》

评论和封套

《业余激情》(特雷西)

《民谣与宽边纸单》(基伦)

《早春》(西格)

《英语文学概述》

《月亮》(贝尔托卢奇)

《绝食》(帕拉佐里)

《歌之版图》(查特文)

《困惑的爱》(西格)

剧本与改编

《野兽的仪式与变形》

《克莱斯特彻奇谋杀案》

《与狼为伴》,电影

《与狼为伴》,广播剧

《恶魔的枪》

《神圣家族影集》

《它是个如此可爱的小星球》

《露露》

《魔幻玩具铺》

《奥兰多》

《吸血姬》

短篇小说与童话

《爱丽丝在布拉格》

《婴儿》

《黑色维纳斯》

《染血之室》

《新郎》

《埃德加·爱伦·坡的私室》

《与狼为伴》

《师先生的恋曲》

《驴王子》

《自由职业者的挽歌》

《乐土女皇》

《整个城市》

《精灵王》

《夜晚事件》

《刽子手的美丽女儿》

《秋河利斧杀人案》

《肉体与镜》

《存在的语法》

《杰克和他忠诚的朋友》

《吻》

《帮厨男孩》

《爱之宅的女主人》

《莉兹的老虎》

《紫女士之爱》

《带魔法的玫瑰》

《爱上低音大提琴的男人》

《主人》

《黑姑娘Z小姐》

《穿透森林之心》

《穿靴猫》

《织被人》

《倒影》

《迷迭香和伊丽莎白》

《冬季微笑》

《雪孩》

《一份日本的纪念》

《老虎新娘》

《高地之路》

《情势的受害者》

《狼人》

《狼女艾丽斯》

《夏尔·佩罗童话故事集》

《超现实主义与性存在》

遗失或未完成作品

《比尔和汤姆去小猫市场》

《纵情声色》

《阿黛拉》

《明日即末日》

《在一个城市写下的故事》

《人类对动物的责任》

《第一年宣言》

《观星人》

图书在版编目(CIP)数据

卡特制造:安吉拉·卡特传/(英)埃德蒙·戈登著;晓风译.—南京:南京大学出版社,2020.5(2021.3重印)
书名原文:The Invention of Angela Carter:A Biography
ISBN 978-7-305-22946-6

Ⅰ.①卡… Ⅱ.①埃…②晓… Ⅲ.①安吉拉·卡特—传记 Ⅳ.①K835.615.6

中国版本图书馆CIP数据核字(2020)第029494号

THE INVENTION OF ANGELA CARTER:A BIOGRAPHY
by EDMUND GORDON
Copyright © Edmund Gordon 2016
This edition arranged with ROGERS,COLERIDGE & WHITE LTD(RCW)
through Big Apple Agency,Inc.,Labuan,Malaysia.
Simplified Chinese translation copyright © 2020 by NJUP
All rights reserved.

江苏省版权局著作权合同登记 图字:10-2017-104号

出版发行	南京大学出版社
社　　址	南京市汉口路22号　　邮　编 210093
出 版 人	金鑫荣
书　　名	卡特制造:安吉拉·卡特传
著　　者	[英]埃德蒙·戈登
译　　者	晓风
责任编辑	沈卫娟　付　裕
照　　排	南京紫藤制版印务中心
印　　刷	南京爱德印刷有限公司
开　　本	880×1230　1/32　印张16.875　字数428千
版　　次	2020年5月第1版　2021年3月第2次印刷
ISBN	978-7-305-22946-6
定　　价	98.00元
网　　址	http://www.njupco.com
官方微博	http://weibo.com/njupco
官方微信	njupress
销售咨询	(025)83594756

＊ 版权所有,侵权必究
＊ 凡购买南大版图书,如有印装质量问题,请与所购图书销售部门联系调换